**초등 임용 2차 합격을 위한
수업실연 과정안 면접 안내서**

2모서모

2차의 모든것을
저자들의 의견을 모아 알려준다!

**2023 초등임용고시 2차 대비
합격생 5인의 생생한 면접기**

머리말 Preface

'나 잘하고 있는 걸까?', '이렇게만 하면 되는 걸까?' 2차 시험을 준비하면서 수험생들은 이런 생각을 많이 하게 됩니다. 이 책의 저자 5명은 본인의 기억을 되짚어보며, 1차보다 더 스트레스받고 고민이 많았던 2차 시험에 있어서 후배 수험생분들에게 도움이 되기를 바라는 마음에 함께 이 책을 집필하였습니다. 선배들에게 받은 방대한 양의 자료를 보며 갈팡질팡 헤매던 11월, 시험 준비에 대한 감은 잡았지만 잘하는 동기들 혹은 부족한 자신을 보며 좌절했던 12월, 끝까지 내가 잘하고 있는지 초조했던 1월. 시험이 끝나고 복기하면서 어떤 점이 도움이 됐고, 어떤 준비가 더 필요했던 것인지에 대해 다시 생각하게 되었고 '이런 고민을 친절하게 알려줬던 책이 있었다면 빨리 감을 잡고 시험을 준비하는 데에 도움이 됐을 텐데!'라는 아쉬움이 이 책의 출발점이 되었습니다.

수험생들에게 어쩌면 임용 1차보다 걱정되는 것이 2차일 것입니다. 실연 및 면접이 주가 되는 2차 시험은 끝없는 연습을 통해 자연스럽게 표현해야 하기에 '타고난' 능력이 시험 등락을 좌우하는 것처럼 보이기도 하고, '과연 객관적인 평가가 가능한 것인가'에 관한 의문이 들기도 하죠. 하지만 2차도 준비의 방향을 정확히 알고 노력한다면 여러분의 능력으로 합격을 이뤄낼 수 있습니다. 시험을 준비하는 여러분에게 합격을 향한 올바른 방향을 안내할 수 있도록 이 책에는 2차 시험에 대한 정보와 꿀팁, 그리고 저희가 수험생 시절 실제로 고민했던 점들을 책 안에 꾹꾹 눌러 담았습니다. 저희의 노력이 여러분이 시행착오를 줄이고 합격을 향해 나아가는 데 보탬이 되었으면 합니다.

이 책의 Part 01은 시험 준비와 지역별 차이점 및 시험에 대한 간단한 설명, Part 02는 자신의 교직관과 교실을 설계하는 과정과 합격생들의 시험 후기 및 시험 준비를 위한 체크리스트, Part 03은 과정안과 수업실연에 대한 설명 및 문제, 마지막 Part 04는 심층면접에 대한 설명 및 문제, 그리고 예시 답안으로 구성되어 있습니다. Part 01과 Part 02는 이 책을 공부하는 처음 1~2일 안에 마치시고, Part 02의 체크리스트를 바탕으로 7주간의 계획을 세워보세요. 그 계획에 따라 Part 03과 Part 04의 내용을 공부하시고 연습 문제를 해결해 나가다보면 어느새 자신감이 붙은 여러분의 모습을 발견할 수 있을 것입니다.

2차 시험 준비가 그저 막막하게 느껴지는 수험생, 꼼꼼하고 친절한 설명과 풍부한 자료가 필요한 수험생, 짧은 2차 준비 기간 동안 중요한 것만 추려 효율적인 선택과 집중을 하고 싶은 수험생 등, 많은 예비 선생님들께 도움이 되고자 책의 집필을 시작하게 되었습니다. 저자들이 수험생 입장에서 충분히 고민하고 공감하며 만든 책이기 때문에 수험생분들께 그만큼의 힘을 줄 수 있는 책이기도 합니다. 또한 여러분이 어떤 교사가 되려 하는지를 출발점으로 두고 합격이라는 목적지로 갈 수 있도록 안내하는 좋은 안내서가 되리라 생각합니다. 여러분의 합격을 진심으로 응원하며 저희의 책이 여러분의 밝은 교직 생활의 첫 단추가 되기를 소망합니다.

저자 일동(강소희, 김지은, 김희진, 나혜진, 남누리)

목차
Contents

PART 01 초등 임용 2차 시험 안내

CHAPTER 01 초등 임용 2차 준비의 중요성 ·············8

CHAPTER 02 지역별 초등 임용 2차 과목 및 배점 ·············10
1. 서울 ·············10
2. 경기 ·············14
3. 인천 ·············17
4. 대구 ·············20
5. 강원 ·············22
6. 세종 ·············25
7. 공통출제지역 ·············29

PART 02 2차 시험 준비를 위한 첫 걸음

CHAPTER 01 교사로서의 기초 토대 세우기 ·············34
1. 교직관 ·············35
2. 학급 운영 ·············42
3. 전문성 신장 ·············50

CHAPTER 02 실제 시험장 상황 및 저자 5인의 2차 시험 후기 ·············56
- 2차 시험 당일을 위한 준비 ·············56
- 강소희 선생님의 2차 시험 말말말 ·············58
- 김지은 선생님의 2차 시험 말말말 ·············59
- 김희진 선생님의 2차 시험 말말말 ·············60
- 나혜진 선생님의 2차 시험 말말말 ·············62
- 남누리 선생님의 2차 시험 말말말 ·············63

CHAPTER 03 미션 체크리스트 ·············65

PART 03 과정안과 수업 실연

CHAPTER 01 과정안과 수업실연의 유사성 ·············68

CHAPTER 02 교수·학습 과정안 고득점 노하우 ·············70

CHAPTER 03 수업실연 고득점 노하우 ·············72

CHAPTER 04 수업 실연 만능틀 만들기 ·············75

CHAPTER 05 반성적 성찰 고득점 노하우 ·············77

CHAPTER 06 교수·학습 과정안 기출분석 ·············79
  1. 2022학년도 기출 문제 (서울) ·············79
  2. 2022학년도 기출 분석 (서울) ·············81
  3. 2021학년도 기출 문제 (서울) ·············83
  4. 2021학년도 기출 분석 (서울) ·············85

CHAPTER 07 교수·학습 과정안 연습 문제 ·············87

CHAPTER 08 수업실연 및 반성적 성찰 기출분석 ·············112
  1. 2022학년도 기출 문제 (서울) ·············112
  2. 2022학년도 기출 분석 (서울) ·············115
  3. 2021학년도 기출 문제 (서울) ·············120
  4. 2021학년도 기출 분석 (서울) ·············123
  5. 2020학년도 기출 문제 (서울) ·············126
  6. 2020학년도 기출 분석 (서울) ·············129

CHAPTER 09 수업실연 및 반성적 성찰 연습 문제 ·············132

목차
Contents

PART 04 심층 면접

CHAPTER 01 면접 고득점을 위한 노하우 ································236
1. 말투 및 태도 ································236
2. 내용 구성 ································238
3. 기타 ································241

CHAPTER 02 알쓸교지(알찬 답변을 위한 쓸모 있는 교육지식) ··········242
Ⅰ. 교무기획부 ································243
Ⅱ. 교육연구부 ································253
Ⅲ. 과학정보부 ································266
Ⅳ. 문화예술진로체육부 ································276
Ⅴ. 인성안전부 ································285
Ⅵ. 복지방과후부 ································309

CHAPTER 03 심층면접 기출분석 ································315
1. 2022학년도 기출 문제 및 분석 (서울) ································316
2. 2021학년도 기출 문제 및 분석 (서울) ································327
3. 2020학년도 기출 문제 및 분석 (서울) ································337

CHAPTER 04 면접 연습 문제 ································350
- 1일차~32일차

CHAPTER 05 면접 예시 답안 ································453
- 1일차~32일차 및 번외 문제

PART 01

초등 임용 2차 시험 안내

01 초등 임용 2차 준비의 중요성

02 지역별 초등 임용 2차 과목 및 배점

> 먼저 임용고시 합격을 위해 1차 시험까지 달려오신 선생님들! 모두 수고하셨습니다. 하지만 최종 합격을 위해서는 임용후보자 선정 경쟁시험, 즉 2차 시험이 남아 있습니다. Part 01에서는 2차 시험 준비가 왜 필요한지, 지역별로 2차 시험은 어떤 과정과 과목으로 구성되는지를 소개합니다.

초등 임용 2차 준비의 중요성

수험생 여러분들에게 2차는 1차만큼이나 매우 중요하고, 그만큼 준비하기가 막막한 시험입니다. 그럼에도 불구하고 용기와 자신감을 가지고 2차에 도전해야 하는 이유를 알려드립니다.

① 합격으로 가는 마지막 여정

2차 시험이 중요한 이유는 당연히 2차 시험 준비가 합격으로 가는 마지막 단계이기 때문입니다. 1차 시험에서 1.5배수(100명의 교사가 최종 합격한다고 할 때 150명이 1차 합격한 상태)로 걸러진 상태이기 때문에 2차 시험에서는 3명 중 1명이 탈락하게 됩니다. 상당히 높은 합격률이라고 생각할 수도 있겠지만, 여기에서 떨어진다면 임용고시에 다시 응시해야 하는 상황이 되는 것이죠. 따라서 합격이라는 유종의 미를 거두기 위해서 임용 2차 준비는 꼭 필요합니다. 특히 서울, 경기, 광역시 지역에 응시하신다면 타 지역 교대 출신 수험생, 현직 출신 수험생의 수가 상대적으로 많기 때문에 더 열심히 준비하셔야 합니다. 타 지역 교대 출신 수험생은 그 교대 내에서 상대적으로 열심히 준비하시는 분들이 많고, 현직 출신 수험생의 경우 학교생활의 경험으로 인해 2차 시험의 과목들(과정안, 면접, 수업실연)에서 고득점을 받으시는 경우가 많기 때문입니다. 1차 합격자를 가릴 때 사용되었던 내신(학부 성적 등급)과 지역 가산점은 해당 지역 교대 출신 수험생에게 유리했었는데요, 이는 최종 합격자를 가릴 땐 사용되지 않기 때문에 1차를 붙었다고 해서 '매일 스터디만 하면 붙겠지~'라는 안일한 생각은 금물입니다.

② 불합격하더라도 결국 도움이 되는 2차 준비

'나는 1차 시험도 못 붙을 것 같은데...' 또는 '가채점 해보니까 1.5배수 정도인데...'라고 생각하며 1차 시험이 끝난 뒤 2차 시험 준비를 하지 않은 선생님 혹시 있으신가요? 1차 시험 성적 발표는 시험일로부터 약 한 달 뒤 이루어집니다. 교원임용시험은 채점 기준 및 정답이 공개되지 않는 시험이다 보니 가채점 성적과 실제 발표된 성적이 다른 경우가 많습니다. 특히나 논술은 해마다 난이도 및 기준이 조금씩 변경되기에 교육과정 때문에 망했다고 생각했는데 교직 논술을 만점 받아서 성적이 예상보다 높아지는 경우도 봤어요. 따라서 1차 성적 발표 전까지 여러분이 채점한 점수는 별 의미가 없다고 생각하셔도 좋습니다. 설령 1차 시험 결과 발표날 아쉽게 불합격하더라도 그간 2차 준비를 열심히 한 것이 다음 해의 합격에 큰 도움이 되기 때문에 2차 준비는 필수입니다. 실제로 저자들이 수험생분들께 피드백을 드릴 때도 전년도에 2차 준비를 하셨던 분과 올해 처음으로 준비하시는 분들의 차이를 느낄 수 있는 경우가 많았습니다. 따라서 정말 1차 가채점 점수가 아쉽다고 하더라도, 최소한 1차 성적 발표날까지는 2차 시험 준비에 매진하시는 것을 강력하게 추천합니다.

③ 끝날 때까지 끝난 것이 아니다!

　1차 시험(교직 논술+교육과정)에서 1배수인 선생님과 1.5배수인 선생님의 성적 차이가 얼마나 날까요? 여러분이 시험을 본 해마다 조금씩 달라지겠지만 100점을 기준으로 했을 때 서울은 보통 5점 내외의 차이입니다. (경기는 임용 인원이 많기에 편차가 10점대로 큰 편입니다. 경쟁률이 높을수록 '1.5배수-1배수'의 수치는 작아집니다.) 교육과정에서는 그 5점의 차이가 매우 크게 느껴지지만, 2차 시험에서 실수 한번 하면 2, 3점 깎이는 것은 예사이기 때문에 1차 시험에서 다소 미진한 성적을 받았다고 하더라도 2차 시험에서 고득점을 획득한다면 합격할 수 있습니다. 따라서 1차 성적이 아쉽다고 하여 기죽어있으실 필요가 전혀 없습니다. 하지만 반대로 1차 성적이 0.5배수와 같은 상대적 안정권이라고 하여 너무 안심하고 계시다가 최종에서 소수점 차이로 뒤집히는 안타까운 상황도 종종 발생하니 2차 준비는 모든 수험생 여러분께 중요합니다.

　자, 이제 2차 시험의 중요성이 느껴지시나요? 저희 책과 함께, 그리고 스터디원과 함께 으쌰으쌰하다보면 어느새 2차 시험이 감이 잡히는 순간이 올 것입니다. 앞으로 2차 시험장에 들어가는 날까지 선생님의 수험생활을 응원합니다!

Chapter 02 지역별 초등 임용 2차 과목 및 배점

이 책을 보시는 시점에서는 일부 지역 응시자를 제외한 많은 분들이 공립 초등교사 임용후보자 선정 경쟁시험 1차(이하 1차)를 마치셨을 것입니다. 이제 여러분의 앞에는 임용시험 2차라는 관문이 하나 더 남아 있지요. 그 관문에는 어떤 과목이 있고, 어떻게 이루어지는 것인지 간단히 알아볼까요? 아래에 실린 내용은 2022학년도를 기준으로 작성되었으므로 12월 초 여러분이 응시하시는 지역의 각 교육청 웹사이트 '행정정보-시험안내-교원임용시험안내' 게시판에서 2차 시험 안내 공고문을 꼭 확인하고 숙지해주세요.

1 서울 (출처: 서울시교육청)

1 2차 과목구성 및 배점

기존의 3일 간 치러지던 2차 시험이 코로나19 감염 예방을 위하여 2일로 축소 운영되고 있습니다.

일자	시험과목	배점	문항수		시험시간	비고
1일차	교수·학습과정안작성	10점	1문항		60분	-
	교직적성 심층면접	40점	구상형	1문항	1인당 10분 이내	구상시간 5분
			즉답형	2문항		
2일차	수업실연	40점	수업실연	1문항	1인당 15분 이내	구상시간 15분
			반성적성찰질문 (즉답형)	1문항		
	영어수업실연 및 영어면접	10점	영어수업실연	1문항	1인당 10분 이내	구상시간 10분
			영어면접	2문항		

이전 년도의 시험과 달리 교수·학습과정안 작성이 첫날, 수업실연이 둘째날에 배치되었습니다. 또한 심층 면접의 시험 시간이 1분 줄어들었습니다. 가볍게 보면 큰 차이가 아닌 것 같지만 막상 면접에서 1분은 꽤 큰 차이가 나기 때문에 유의하실 필요가 있습니다. 그럼 이제 각 과목들이 어떤 과목들이고 어떤 방식으로 이루어지는지 알아봅시다.

2 2차 과목 안내

① 수업 실연

 수업 실연이라는 단어에서부터 느껴지듯 여러분이 학부생 시절 교육 실습에서 수업하셨던 것처럼 수업을 하되, 시험이라는 점을 감안하여 감독관 앞에서 학생이 있음을 가정하고 수업을 축약하여 보여주는 일종의 실기입니다. 시험 날 '관리번호'를 뽑은 뒤, 번호대로 구상실로 이동하여 15분간 구상 후, 평가실에서 수업 실연을 10분 내로 마치고 반성적 성찰질문(즉답형)에 대해 5분간 답하고 나오시면 됩니다. 서울 지역의 경우 다른 지역에 비하여 수업 실연에서 요구하는 분량(예: 도입부터 전개 부분을 실연)이 상대적으로 많은데 문제에 주어진 여러 조건을 반영해야 하므로 군더더기를 쳐내고 수업에서 핵심적인 부분과 조건처리 위주로 실연해야 합니다. 수업 실연에서 좋은 점수를 받기 위해서는 1차에서 공부한 각론 내용 외에도 적절한 교수법의 실제 적용, 학습 목표에 적합한 활동 구성, 수업 실연 문제지에 담긴 조건 충족, 적절한 제스처, 또렷한 발성 등이 필요합니다. 더 자세한 내용은 'Part 03. 과정안과 수업실연'의 '수업실연 고득점 노하우'를 참고해주세요.

② 교직적성 심층 면접

 수업 실연의 벽을 하나 넘은 뒤에는 심층 면접이 기다리고 있습니다. 서울 지역의 경우 구상형 1문항, 즉답형 2문항으로 구성(이전에는 즉답형 뒤에 추가질의가 함께 있었는데, 2021학년도부터는 추가질의가 생략되었습니다)되어 있습니다. 서울 지역의 구상형 문항은 지문(자료)이 함께 주어지는 경우가 많습니다. 주어진 자료에서 문제점이나 시사점을 찾고 그에 대한 해결방안을 구술하는 것이 가장 일반적인 유형입니다. 별도의 자료가 없는 경우 특별한 정보 없이 자기가 알고 있는 주제에 대해서 5분간 구상 후 5분간 답해야 하므로 구상 과정이 다소 까다롭게 느껴질 수 있습니다. 예를 들어 서울시교육청의 경우 2019학년도에 6차시의 프로젝트 수업을 어떻게 운영할 것인지 묻는 문항이 출제되었는데, 주어진 조건에 대한 지식은 물론 프로젝트 수업에 대한 체계적인 아이디어까지 구상할 수 있어야 좋은 답변이 가능한 까다로운 문제였습니다. 서울 지역의 즉답형 문항은 문제를 읽고 바로 답해야 하므로 문제 자체는 비교적 평이하게 출제됩니다. 다만 출제되는 범위가 구상형보다 넓고 '이런 문제도 나오나?' 싶은 허를 찌르는 문제도 나오는 것이 즉답형 문항입니다. 결국 심층 면접에서의 고득점을 위해서는 꾸준한 연습과 답변 내용에 대한 공부가 필요합니다. 또한 현직교사 출신이 아닌 수험생의 경우 학교에 대한 경험이 적기 때문에 학교에서 이루어지는 교육활동에 대한 숙지가 더더욱 필요합니다. 더 자세한 내용은 'Part 04. 면접(심층면접, 교직면접)'의 '면접 고득점 노하우'을 참고해주세요.

③ 교수·학습과정안 작성

 수업실연이 말과 행동으로 교사로서의 수업 능력을 보여주는 과목이라면, 교수·학습과정안 작성은 글을 통해 수업을 구성하는 능력을 보여주는 과목이라고 할 수 있습니다. 따라서 수업실연과 교수·학습과정안 작성은 어느 한쪽을 잘한다면 다른 한쪽도 덩달아 어느 정도 잘하게 되는 짝꿍 과목이라고 볼 수 있습니다. 수업실연에 비해서 상대적으로 부담이 적고, 필기로 이루어지기 때문에 대부분의 수험생들이 좋은 점수를 받는 과목입니다. 매해 틀(시험지 구성), 중요한 조건들이 조금씩 달라지기 때문에 많은 과목과 모든 학년을 다양한 조건으로, 새로운 틀에서 써보는 연습이 필수적입니다. 이에 대한 자세한 설명은 'Part 03. 과정안과 수업실연'의 '교수·학습 과정안 고득점 노하우'를 참고해주세요.

④ 영어수업실연 및 영어면접

영어 과목이 없는 지역도 있지만 서울 지역의 경우 필수이며 한국어가 아닌 영어로 6분간 수업 실연 후 2개의 답변에 각각 2분, 총 4분간 답변해야 하는 과목입니다. 영어라는 교과목의 특성을 고려하여 영어 수업실연 및 영어면접을 대비해야 하지만, 큰 틀은 수업실연 및 심층면접과 유사합니다. 영어 과목은 본 책에서 다루지 않습니다. 수업 실연의 경우 3~6학년을 대상으로 듣기/말하기/읽기/쓰기 중 한 영역 또는 두 영역 등을 통합한 수업의 실연을 요구합니다. 이때 핵심 문장 및 단어 등이 문제지에 제시되어 있으므로 이를 잘 숙지하여 실연하시면 됩니다. 서울 지역 영어 면접의 경우 교사의 개인적인 가치관을 묻는 문제보다는 영어 수업 상황에서 벌어진 문제 상황(영어 학습 수준차가 심한 학급, 영어 성취도가 낮은 학생, 게임 활동 중에 생긴 갈등 등), 학생들의 영어 학습을 도울 수 있는 방법, 학교 원어민 선생님과 의사소통 및 협력 방법 등 선생님께서 영어 수업을 하며 맞닥뜨릴만한 문제가 주로 출제됩니다.

3 시험 진행 절차

① 수업실연 및 영어수업실연, 영어 면접

대기실에 입장 한 뒤 관리번호(날마다 뽑게 되는 식별번호)에 따라 수업 실연 구상실로 입장합니다. 구상실에서 15분간 구상한 뒤 수업 실연 평가실로 이동합니다. 평가실에서는 10분간 수업 실연을 하고, 자리로 돌아와 반성적 성찰 질문을 확인한 뒤 본인의 수업을 바탕으로 5분간(반성적 성찰 질문 확인 시간 포함, 별도 구상 시간 없음) 답변합니다. 영어수업실연 및 영어면접은 관리번호 순서대로 1명씩 구상실로 이동하여 진행하며, 구상실에서 10분간 구상(문제지에 메모 가능)한 후, 평가실에서 영어수업실연 1문항 6분, 영어면접 2문항 4분, 총 10분 동안 평가가 이루어집니다. 심층 면접과 마찬가지로 답변이 끝난 뒤에는 "이상입니다."라고 말하여 문제에 대한 답변이 끝났음을 알려야 합니다. 수업실연 구상실에 입실한 후부터 영어수업실연 및 영어면접이 끝날 때까지 화장실을 이용할 수 없습니다.

② 교수·학습과정안 및 심층면접

먼저 대기실에서 교수·학습 과정안을 작성합니다. 그 후 심층면접 구상실에서 5분간 구상한 뒤, 심층면접 평가실 1에서 5분간 구상형 1문항에 대해 답변하고, 심층면접 평가실 2에서 즉답형 2문항을 5분간 답변합니다. 평가실 1에서 구상형 문항에 대한 답변을 5분 이내로 마친 후 "이상입니다."라고 말하여 구상형 문항에 대한 답변이 끝났음을 알려야 합니다. 그 후 복도 감독관에게 구상형 문제지, 구상지를 제출하고 응시자 유의사항을 듣고 평가실 2에 입실합니다. 평가실 2에서는 즉답형 2개 문항에 대한 답변을 5분 이내로 하여야 합니다. 각 문항에 대한 답변을 마친 후 "이상입니다."라고 답변을 하여 답변이 끝났음을 알립니다. 즉답형 2개 문항에 대한 답변 시간 배분은 응시자 본인이 하며, 시간 관리는 응시자 본인의 책임이라고 하니 문제의 중요도 및 가짓수를 생각하여 적절하게 시간을 분배하는 연습이 필요합니다.

2 경기 (출처: 경기도교육청)

1 2차 과목구성 및 배점

기존 경기도 2차 시험에서는 1일차에 집단토의가 포함되었으나, 2021학년도와 2022학년도에는 코로나19로 포함되지 않았습니다. 해당 내용에 대해서는 올해 경기도교육청의 공고를 확인해주세요.

일자	시험과목	배점	문항수		시험시간	비고
1일차	교직적성 심층면접	40	구상형	3	1인당 10분 이내	구상시간 15분
			즉답형	2		
2일차	수업실연	25	수업실연	1	1인당 15분 이내	구상시간 25분
	수업나눔	25	수업나눔	3	1인당 10분 이내	-
3일차	영어수업실연	5	수업실연	1	1인당 10분 이내	구상시간 10분 (수업실연과 면접 동시 진행)
	영어면접	5	즉답형	2		

2 2차 과목 안내

① 교직적성 심층면접

교직적성 심층면접은 말 그대로 시험을 치르는 수험생이 교직에 적합한 인재인지를 가늠하기 위한 시험입니다. 따라서 면접의 문항도 이를 판단하기에 적합한 문항이 주어집니다. 주로 경기도 교육청의 교육 정책, 교사의 교직관, 수업에 대한 태도, 학생에 대한 마음가짐, 인생관 등을 묻는 문항들이 많습니다. 특히 경기도 교육청의 경우 혁신 교육을 지향하기 때문에, 면접 문항도 다소 신선한 내용을 담고 있는 경우가 많습니다.

경기도 교육청의 시험 방식과 다른 교육청들의 시험 방식에서 두드러지는 차이점은 시책을 정말 중요하게 여긴다는 점입니다. 이런 내용의 문제들은 주로 구상형으로 출제됩니다. 경기도 교육청이 시행하는 다양한 시책들을 직접적으로 물어보거나, 해당 시책을 교사로서 어떻게 구현할 것인지, 교사로서 어떤 역할을 수행할 것인지를 묻는 문제가 상당히 많이 나옵니다. 이미 시행되고 있는 정책에 대해서는 신문 기사나 사례를 제시하고, 해당 제시문을 분석하여 문제점을 찾아내고 문제점을 해결하는 문제가 출제되기도 합니다. 따라서 경기도 교육청 시험을 준비하는 수험생분들은 시책 공부에 비중을 좀 더 높여야 합니다! 답변 중간에 녹여내는 것도 중요하고, 무엇보다 시책 자체를 묻기 때문에 모르면 대답을 할 수가 없기 때문이죠. 즉답형의 경우는 교사로서 어떤 교직관을 가지고 있는지, 어떤 학생관을 가지고 있는지 등 전체적인 인성 평가적 문제가 많이 출제됩니다. 이런 문제는 평소 교육과 관련된 책을 읽고 정리하거나, 자신의 교육 철학을 정리하다보면 답변이 자연스럽게 정리가 됩니다. 또한, 평소에 스터디원들과 서로의 교직관에 대해서 대화를 나누는 시간을 많이 가지시면 도움이 될 거예요.

② 수업실연 및 수업나눔

2차 시험의 꽃, 수업실연과 수업나눔입니다. 수업실연은 교사의 가장 기본인 '수업 능력'을 평가하는 시험입니다. 문제에서 학습 목표(경기도에서는 배움 목표라고 합니다.)를 정확히 파악하고 해당 학습 목표를 달성하기 위한 수업의 구성이 적절한지가 가장 중요합니다. 경기도의 경우 전국의 모든 수험생들이 백이면 백 '혁신의 경기'라고 혀를 내두를 정도로 난이도가 높습니다. 우선 과목이 국어, 수학, 사회, 과학 등의 주지교과 뿐만 아니라 예체능 과목, 심지어 창의적 체험활동이 나오기도 하기 때문이죠. (역시 혁신 교육의 중심답죠?) 이는 경기에서 원하는 교사상은 그저 일방적인 지식전달을 하는 사람이 아닌, 학생들을 배움의 주체자로 참여시키는 조력자라는 것을 의미합니다. 따라서 수업실연을 준비할 때, 과목에 구애받지 않고 학생들이 협력하며 참여할 수 있는 다양한 수업 전략을 연구하는 것이 필요합니다. 평소 하브루타 수업, 토의토론 수업, 모둠형 수업 등 학생들이 서로 협력하여 참여하고 서로 질문과 대답을 하는 과정에서 자연스럽게 학습 목표에 도달할 수 있는 수업 방식을 많이 연습해 두시는 것이 좋겠죠?

수업나눔은 경기도 교육청에서만 추가로 실시하는 과목인데요, 자신의 수업에 대해 다른 교사들과 함께 나누고 반성하는 것을 말합니다. 때문에 자신이 수업을 구상할 때 어떤 의도를 가지고 발문을 했는지, 활동을 구상했는지를 정확하게 파악해야 합니다. 수업 나눔에서는 대개 문제의 조건을 수업실연에서 어떻게 구현했는지, 이에 대해 어떻게 생각하는지를 묻는 경우가 많습니다. 평소 연습할 때 수업실연이 끝나고 스터디원들과 토의를 많이 해보시는 것도 도움이 될 것입니다.

③ 영어수업실연 및 영어면접

영어 교과에 대한 전문성을 평가하기 위한 시험으로, 가장 배점이 작은 시험입니다. 하지만 0.1점으로 당락이 결정되는 임용시험이기 때문에, 영어도 철저한 준비가 필요합니다. 수업실연은 TEE로 진행되며, Listening / Reading / Speaking / Writing 중 한 가지 유형이 출제됩니다. 경기도는 대부분 위 네 가지 중 두 가지를 합친 문제가 많이 출제됩니다. 영어면접은 영어로 문제가 주어지고 문제에 대한 답변을 영어로 답변하는 시험입니다. 문제 내용은 주로 자신의 인생관에 대해 묻거나, 학교에서 일어나는 문제점을 어떻게 해결할 지로 구성됩니다.

3 시험 진행 절차

① 경기도 교육청은 모든 과목 시험이 아래 표의 형식으로 진행됩니다. 시험별로 시간은 다르니 시간에 대해서는 그 아래 내용을 확인해주세요.

(대기실 24명을 2개 조(조당 최대 12명)로 구성하여 각 조별로 실시)

① 교직적성 심층면접

경기도 교육청의 심층 면접은 개별로 진행되며, 제시문이나 문제를 읽고 구상 시간 내에 구상 후 답변하는 구상형 3문제, 문제를 즉석에서 보고 짧은 시간 안에 구상 후 답변하는 즉답형 2문제로 구성되어 있습니다. 구상형 3문제를 한꺼번에 구상 후 평가실에 들어가서 답변한 후 곧바로 이어서 즉답형을 대답하기 때문에 '시간 관리'가 정말 중요합니다. 즉 정리하면, 구상실에서 구상형 3문제에 대한 구상을 15분 동안 마친 후, 평가실로 들어가서 10분 동안 구상형 3문제와 즉답형 2문제에 대한 답변을 하는 것입니다. 따라서 10분 동안 구상형 3문제만 답변해버린다면 나머지 즉답형에 대한 답변은 하지 못하게 됩니다. 이 부분을 꼭 꼼꼼하게 확인해 보신 후, 스터디를 할 때 충분히 연습을 할 필요가 있겠죠? 참고로 즉답형 답변을 시작하라는 별도의 신호를 보내지 않기 때문에 수험생은 구상형이 끝나면 "이상입니다!"로 구상형 답변이 끝났음을 알리고, 즉답형 답변을 시작해야 합니다. 답변을 시작하고 끝나기 3분 전에 시간을 알려주기 때문에 이것을 적절히 활용하는 것도 필요합니다. (종료 전 3분 알림은 구상형과 즉답형의 구분을 알려주는 것이 아니라는 것을 꼭 알아두세요!)

> ⓘ 2020학년도까지 시행되었던 '집단 토의' 과목은 코로나19로 인해 2021학년도 시험부터 시행이 중지되었습니다. 해당 내용에 대해서는 올해 경기도교육청의 공고를 꼭 확인해주세요.

② 수업실연 및 수업나눔

총 25분으로 구성된 수업실연 및 수업나눔 과목은 함께 치러집니다. 수업실연 15분, 수업나눔 10분입니다. 15분 동안 수업실연을 한 후, 대기석에서 대기를 한 다음 수업나눔을 시작하게 됩니다. 시작령이 울린 후 15분 뒤에 벨이 울리기 때문에 해당 시간 안에 수업실연을 마치고, 다시 10분 동안 종료령이 울릴 때까지 수업나눔을 하는 방식입니다.

③ 영어수업실연 및 영어면접

영어 과목 역시 수업실연과 면접이 동시에 치러집니다. 구상실에서 수업실연 문제에 대한 구상을 마친 후, 평가실에서 수업실연과 면접을 둘 다 치르게 됩니다. 수업실연 6분을 하면 종료령이 울리고, 종료령이 울리는 즉시 면접 자리로 이동해서 4분 동안 면접 문항에 답변하면 됩니다.

3 인천 (출처: 인천광역시교육청)

1 2차 과목구성 및 배점

일자	시험과목	배 점	문항수		시험시간	비 고
1일차	교직적성 심층면접	40	구술형	3	1인당 20분 이내	구상 20분
2일차	교수학습과정안 작성	10	서술형	1	60분	
	수업실연	30	수업실연	1	1인당 15분 이내	구상 15분
3일차	영어수업실연	10	구상형	1	5분	구상 5분
	영어면접	10	구상형	2	5분	

2 2차 과목 안내

① 교직적성 심층 면접

교직적성 심층면접은 교사로서의 적성과 교직관, 인격 및 소양을 평가하기 위한 시험입니다. 인천의 경우, 구상형 문항과 즉답형 문항을 답변하는 시간이 구별되어 있지 않고 20분의 시간을 응시자가 적절히 안배하여 답변해야 합니다. 그러므로 면접에서 '시간 관리'가 정말 중요합니다. 매번 연습 때마다 문제에 맞게 답변 시간을 달리하는 것보다는 스터디를 하면서 각 문항에 대해 몇 분씩 답변할 것인지 미리 정해두고 그에 맞추어 준비하는 것을 추천합니다. 또한, 문항별 시간이 정해져 있지 않기 때문에 각 문항의 답변이 끝날 때마다 "이상입니다."와 같이 말하여 답변이 끝났음을 알려야 합니다. 더 자세한 내용은 'Part 04. 면접(심층면접, 교직면접)'의 '면접 고득점 노하우'를 참고해주세요.

② 교수·학습과정안 작성

수업실연이 말과 행동으로 여러분의 교사로서의 능력을 보여주는 과목이라면, 교수·학습과정안 작성은 글을 통해 수업실연을 보여주는 과목이라고 할 수 있습니다. 수업실연에 비해서 상대적으로 부담이 매우 적고 필기로 이루어지기 때문에 대부분의 수험생들이 좋은 점수를 받는 과목입니다. 인천광역시교육청의 경우 양면으로 구성된 B4 크기의 답안지 1매를 제공하고 있습니다. 지난해 후기를 보면 종이는 B4이나 답안을 작성하는 공간(과정안 표)이 작아 사실상 A4 사이즈와 차이가 없다는 의견도 있었습니다. 해마다 틀(시험지 구성), 중요한 조건들이 조금씩 달라지기도 하므로 다양한 과목과 다양한 학년을 다양한 조건으로, 다양한 틀에서 써보는 연습이 필수적입니다. 이에 대한 자세한 설명은 'Part 03. 과정안과 수업실연'의 '교수·학습 학습과정안 고득점 노하우'를 참고해주세요.

③ 수업실연

수업실연은 교사의 학습지도 능력과 의사소통 능력을 확인하는 시험입니다. 수업실연에서 가장 중요한 것은 학습 목표입니다. 수업 실연을 구상할 때는 학습 목표를 가장 중심에 두고 목표 도달을 위한 학습 활동과 목표 도달 점검을 위한 평가활동을 계획해야 합니다. 이와 더불어 각 문제별로 제시된 세부 조건을 충족하는 연습을 하시면 됩니다.

인천의 경우 수업 실연이 15분이므로 교사와 학생의 상호작용 모습을 다양하게 보여주는 것이 필요합니다. 다만 구상 시간이 15분으로 길지 않은 만큼 경기처럼 혁신적인 조건을 출제한 사례는 거의 없었지만 인천광역시교육청의 정책 방향과 관련된 조건이 주어지는 경우가 있었습니다. 2021학년도에는 수업 실연 조건 중 하나로 '인천이 추구하는 다양성 존중 역량을 함양하는 수업을 실연하시오'가 제시되었습니다. 인천광역시교육청의 주요업무계획(시책)을 꼭 확인하시고, 스터디를 할 때 이와 관련된 조건을 추가하여 연습하는 것을 추천합니다.

수험생들이 수업 실연하는 것을 피드백하다 보면 학습 활동 계획과 조건 달성에 집중한 나머지 동선이나 교사의 시선에 대해서는 충분히 연습이 되어있지 않은 경우를 볼 수 있었습니다. 스터디를 할 때, 수업 구성과 조건 달성 방법을 체크하는 것도 중요하지만, 교사의 움직임과 시선 처리도 꼭 꼼꼼하게 확인해 보세요. 평가관들 눈에는 모두 비슷한 수업 활동과 조건처리 방법보다는 실연하는 교사의 모습 그 자체가 더 많이 들어온답니다. 더 자세한 내용은 'Part 03. 과정안과 수업실연'의 '수업실연 고득점 노하우'를 참고해주세요.

④ 영어수업실연 및 영어면접

영어수업실연 및 영어면접은 각각 영어로 수업을 진행하는 능력과 영어 의사소통 능력을 평가하기 위한 수업입니다. 영어수업실연의 경우 만능틀을 충분히 숙지하는 것만으로도 충분히 고득점을 받을 수 있습니다. 영어에 자신이 없다고 주눅 들기보다는 자신감을 가지고 연습하시기 바랍니다. 영어면접의 경우 별도의 구상 시간이 없다 보니 많은 수험생이 부담을 느낍니다. 즉답으로 시간을 채우는 것이 어렵다면 미리 만능 서론과 결론의 틀을 만들어 두고 연습하는 것을 권장합니다. 처음 서론을 자신 있게 말한다면 평가관에게 좋은 인상을 줄 수 있겠죠?

3 시험 시행 절차

ⓘ 인천광역시교육청은 교수학습과정안 작성을 제외한 모든 과목 시험이 아래 표의 형식으로 진행됩니다. 시험별로 시간은 다르니 시간에 대해서는 그 아래 내용을 확인해주세요.

① 교직적성 심층 면접

면접문항은 구상형 1문항, 즉답형 3문항으로 구성되며 20분간 구상실에서 구상한 뒤, 평가실에 입실하여 총 20분 동안 구상형 1문항과 즉답형 3문항에 대해 답변합니다. 구상실에 입실하면 감독관이 문제지와 연습지를 배부하며 메모는 배부한 연습지에 작성해야 합니다. 즉답형 문항은 평가실 내에 배치되어 있으며, 구상시간이 별도로 주어지지 않습니다.

총 답변시간은 20분을 넘을 수 없으며 각 문항별로 별도의 시간이 나누어져 있지 않기 때문에 응시자가 20분의 시간을 적절히 안배하여 4개의 문항에 대해 답변해야 합니다.

② 수업실연

구상실에 입실하면 감독관이 문제지와 연습지를 배부하며 15분간 수업실연 문항에 대해 구상합니다. 구상 내용의 메모는 연습지를 이용해야 합니다. 평가실에 입실하면 행정요원이 "시작하십시오"라고 이야기하고 곧바로 전자시계와 초시계를 작동합니다. 전자시계 작동 후, 15분간 수업실연을 실시합니다.

수업실연 시 수업도구는 일체 사용할 수 없으며, 칠판에 판서는 가능합니다. 전자시계 작동 후 15분이 지나면 종료음이 울리고 평가시간이 종료됩니다. 종료음이 울리기 전 수업실연을 모두 마친 응시자는 본인이 원하는 경우 퇴실할 수 있습니다.

③ 영어수업실연 및 영어면접

구상실에 입실하면 감독관이 문제지와 연습지를 배부하며 10분간 영업수업실연 문항에 대해 구상합니다. 구상 내용의 메모는 연습지를 이용해야 합니다. 영어면접 문항은 평가실 내에 비치되어 있으며, 구상시간이 별도로 주어지지 않습니다. 평가실에 입실하면 행정요원이 "시작하십시오"라고 이야기하고 곧바로 전자시계와 초시계를 작동합니다. 전자시계 작동 후, 5분간 수업실연을 실시합니다.

영어수업실연이 끝나면 영어면접석으로 이동해 자리에 앉습니다. 행정요원이 "시작하십시오"라고 이야기하고 전자시계와 초시계를 작동하면, 5분간 답변을 실시합니다. 답변을 할 때는 "1번 문항에 대하여 답변드리겠습니다."라고 한 후, 답변을 하고 각 답변을 마치면 "이상입니다."라고 말하며 답변이 종료되었음을 알려야 합니다. 2번, 3번 문항도 동일한 형식으로 답변합니다. 영어면접 문항의 답변시간은 문항별로 나누어져 있지 않으므로 응시자가 5분을 적절히 안배하여 답변해야 합니다.

4 대구 (출처: 대구광역시교육청)

1 2차 과목구성 및 배점

일자	시험과목	배점	문항수		시험시간	비고
1일차	교직적성 심층면접	45	구상형	1	1인당 10분 이내	
			즉답형	2		
2일차	수업실연 (수업 설계 포함)	45	수업실연	1	1인당 25분 이내	구상 25분
3일차	영어수업실연	5	구상형	1	1인당 10분 이내	구상 10분 (수업실연과 면접 동시 진행)
	영어면접	5	구상형	1		

2 2차 과목 안내

① 교직적성 심층면접

교직에 대한 적성을 평가하는 시험입니다. 대구광역시교육청의 시책과 관련된 문제나 수험생의 교직관, 인생관, 학생관 등을 평가하는 문항이 출제됩니다. 대구의 경우는 특이하게 상담과 관련된 문제가 자주 출제됩니다. 그냥 출제되는 것도 아니고 무려 '시연'을 하라고 출제되니, 상담 시연에 대한 연습도 해두셔야 합니다. 학부모 상담, 학생 상담 등의 상황을 제시하고 해당 문제에 대한 상담을 시연하도록 하니, 스터디원들과 함께 다양한 상담 상황을 문제로 만들고 연습해 보는 것도 좋을 것입니다.

② 수업실연 및 수업 설계

교사로서 꼭 갖춰야 하는 능력인 수업능력을 평가하는 과목입니다. 수업실연에서 가장 중요한 것은 '해당 수업이 학습 목표를 달성하는데 적합한 수업인가?'입니다. 따라서 수업을 구상할 때 항상 저 질문을 머릿속에 떠올리며 구상하셔야 해요. 아무리 스킬이 능숙하고 참신한 내용의 수업이더라도 학습 목표를 달성하지 못한다면 아무런 의미가 없습니다. 따라서 항상 수업에서 학생들이 달성해야 하는 목표가 무엇인지를 가장 먼저 파악한 후, 수업을 구상하시기 바랍니다. 특히 대구는 25분으로 다른 지역에 비해 수업실연 시간이 긴 편입니다. 이 말은 각론 내용에 대한 이해가 충분히 되어있어야 하고, 해당 내용을 바탕으로 학생들에 대한 피드백이 많이 이루어져야 한다는 뜻입니다. 그렇지 않으면 수업 시간을 채울 수 없습니다. 따라서 준비할 때 실제 수업을 할 때처럼 발문을 종류와 피드백의 내용을 풍성하게 준비하시기 바랍니다. 추가적으로 대구에서는 수업실연 전 수업설계에 대해 발표합니다.

③ 영어수업실연 및 영어면접

영어 수업 능력을 평가하는 과목입니다. 영어 수업 실연을 6분(또는 7분)간 진행한 뒤 영어 면접 문제에 대해 4분(또는 3분)간 답변하기에 적절한 시간 안배가 필요합니다.

3 시험 진행 절차

시험 진행 절차는 각 과목별로 상이하므로 과목별로 안내합니다.

① 교직적성 심층면접

교직적성 심층면접은 구상형 1문제와 즉답형 2문제로 치러집니다. 대구는 2022학년도 시험까지 인문소양 평가가 치러졌으나 2023학년도부터는 사라졌습니다. 이 때문에 심층면접의 구체적인 시험 절차는 12월에 있을 2차 공고에서 정확하게 확인해보시길 바랍니다. 2022학년도까지 시험의 경우 구상실에서 20분간 구상을 한 후 평가실로 이동하여 10분간 시험을 치렀습니다.

② 수업 실연

수업실연은 구상 25분, 평가 25분으로 치러집니다. 구상실에서 구상을 마치면 곧바로 평가실로 이동하며, 25분 동안 수업실연을 하게 됩니다. 이때 수업실연 전에 자신의 수업설계 내용을 발표해야 하는데, 이에 대한 시간까지 고려하여 수업실연을 해야 합니다. 따라서 시간 안배하는 연습을 스터디 초반부터 철저히 하셔야 합니다.

③ 영어수업실연 및 영어면접

영어수업실연과 영어면접은 구상과 평가 모두 함께 치러집니다. 10분의 구상시간 동안 수업과 면접을 모두 구상하고, 평가실에서 두 문제에 대한 답변을 모두 합니다. 따로 시간이 정해져 있는 것이 아니기 때문에 수업실연이 끝나면 "이상입니다."를 말해 문제가 끝났음을 알리고, 면접을 시작해야 합니다. 수업실연과 마찬가지로 시간 안배 연습을 철저히 해야 합니다.

5 강원 (출처: 강원도교육청)

1 2차 과목구성 및 배점

일자	시험과목	배점	문항수		시험시간	비고
1일차	교직적성 심층면접	70	구상형	1	1인당 15분 이내	구상 15분
			즉답형	3		
2일차	수업실연	10	수업실연	1	1인당 15분 이내	구상15분
3일차	영어수업실연	10	구상형	1	1인당 10분 이내	구상 10분 (실연, 면접 통합 진행)
	영어면접	10	즉답형	2		

※ 대기 중에는 종이서적만 열람 가능
※ 평가실에서 자신의 인적사항(특정대학 명칭, 수험번호, 이름, 특정기관을 암시하는 제복 등)을 일절 말하지 않음
※ 평가가 끝난 후 퇴실 시 신발(구두, 하이힐 등) 소리가 나지 않도록 정숙을 유지하며 퇴실
※ 대기실에서 구상실로 이동시 대기실에서 한 번 나오면 다시 대기실로 들어갈 수 없음

2 2차 과목 안내

① 교직적성 심층면접

심층면접에서는 수험생들의 교사로서의 적성, 교직관, 인격 및 소양과 강원도교육청 사업 방향 등 종합적 부분을 평가합니다. 따라서 심층면접을 준비할 때 위의 나와 있는 항목들에 대해서는 완벽하게 정리가 되어 있어야 합니다. 특히 강원도교육청 홈페이지를 자주 들어가보시고, 중요하게 진행되고 있는 교육청 사업이 무엇인지 필기하고 외워두시기 바랍니다. 강원도의 경우 구상형 문제 한 개를 15분 동안 구상하고, 평가실에 들어가서 구상형 1문제, 즉답형 3문제를 15분 이내에 대답하게 됩니다. 이때, 한 문제에 대한 답변이 끝난 후 "이상입니다."를 이야기한 후 다음 문제를 답변합니다. 총 4문제를 답변하게 되는데 이때 본인이 생각한 바를 충분히 답변하기 위해 시간을 적당히 안배하는 것이 가장 중요합니다.

② 수업 실연

수업 실연에서는 교사로서의 학습지도 능력과 의사소통 능력을 평가합니다. 이때 학생과의 상호작용이 이루어진다고 가정하면서 가상의 수업을 진행하는데, 강원도에는 독특하게 필요한 경우 칠판에 판서를 하면서 진행할 수 있습니다. 학습지도 능력을 보여주기 위해서는 학생들이 학습 목표와 성취 기준에 도달할 수 있음을 실연해야 합니다. 의사소통 능력을 보여주기 위해서는 학생들과 활발한 상호작용 과정을 표현해야 합니다. 눈 앞에 학생들이 있다고 생각하면서 이 두 가지를 보여주는 과목입니다. 15분 동안 구상을 한 후 평가실로 이동하여 15분 동안 수업을 진행합니다. 구상실에서 학습 목표를 충분히 마음에 담고, 이 목표를 달성하기 위한 활동을 집약적으로 실연하면 됩니다.

③ 영어수업실연 및 영어면접

영어로 진행하는 수업 능력과 영어 의사소통 능력을 평가합니다. 10분 이내에 수업 실연과 즉답형 면접 문항 2가지를 통합하여 답해야 하므로 시간 분배가 중요한 과목입니다. 실연 6분, 면접 4분 등 적절한 시간 안배를 통해서 선생님들의 실력을 마음껏 보여주시기 바랍니다.

3 시험 진행 절차

시험 진행 절차는 각 과목별로 상이하므로 과목별로 안내합니다.

① 교직적성 심층면접

구상실에서 감독관으로부터 구상형 문제지를 받고 15분 동안 구상형 문항(1문항)을 열람 후 구상 및 답변준비를 합니다. 메모지는 따로 제공되지 않으며 문제지에 메모 가능하고, 이때 작성한 메모는 평가하지 않습니다. 평가실로 이동하여 15분 동안 구상형 1문항, 즉답형 3문항에 대한 답변을 합니다. 이때 즉답형 3문항은 파일철 안에 있는 문제지를 읽고 차례대로 답변하며, 평가위원의 질문은 따로 없습니다. 각각의 답변 완료 후에는 "이상입니다."라고 종료를 표시합니다. 시험이 종료되면 평가실내 감독관에서 문제지 및 관리번호명찰을 반납한 후 퇴실합니다.

② 수업 실연

응시자는 구상실에서 감독관으로부터 수업실연 문제지를 받고 15분 동안 구상 및 수업실연준비를 합니다. 이때 문제지 내에 메모가 가능하며 별도의 메모지는 제공되지 않습니다. 평가실로 이동하여 15분 동안 수업실연을 하며 완료후에는 "이상입니다."라고 종료를 표시합니다. 시험이 종료되면 평가실내 감독관에게 문제지 및 관리번호명찰을 반납한 후 퇴실합니다.

③ 영어수업실연 및 영어면접

응시자는 구상실에서 감독관으로부터 영어수업실연 문제지를 받습니다. 10분 동안 영어수업실연에 대항 구상을 실시합니다. 이때 영어수업실연 문제는 구상실에서 공개하고, 영어면접은 평가실에서 공

개되며 즉답하는 문제입니다. 10분의 구상 이후, 평가실로 이동하고 영어수업실연을 실시합니다. 수업실연이 종료되면 지정석에 착석하여 책상 위에 있는 영어면접 문제지를 읽고 차례대로 답변하며 평가위원의 질문은 따로 없습니다. 각각의 답변 완료 후 "이상입니다."라고 종료를 표시하고 시험이 종료되면 퇴실합니다. 수업실연과 면접 2문제의 답변시간이 총 10분이므로 답변시간을 적절하게 배분합니다.

6 세종 (출처: 세종특별자치시교육청)

1 2차 과목구성 및 배점

일자	시험과목	배 점	문항수		평가시간	비 고
1일차	교직적성 심층면접	40점	구상형	1문항	1인당 15분 이내	구상시간 15분
			즉답형	3문항		
2일차	수업실연 (수업설계 발표 포함)	40점	1문항		1인당 20분 이내	구상시간 20분
3일차	영어면접 및 영어수업실연	20점	영어면접 즉답형	2문항	1인당 10분 이내	
			영어수업실연	1문항		

2 2차 과목 안내

① 교직적성 심층면접

 교직적성 심층면접은 교사로서의 적성과 교직관, 인격 및 소양을 평가하기 위한 시험입니다. 세종의 경우, 구상형 1문항과 즉답형 3문항을 답변하는 시간이 구별되어 있지 않고 15분의 시간을 응시자가 적절히 안배하여 답변해야 합니다. 그러므로 면접에서 '시간 관리'가 정말 중요합니다. 구상형 문제 따로, 즉답형 문제 따로 연습하기보다는 한 세트씩 한꺼번에 답하는 연습을 많이 해보는 것이 도움이 될 것입니다. 또한, 문항별 시간이 정해져 있지 않기 때문에 각 문항의 답변이 끝날 때마다 '이상입니다.'와 같이 말하여 답변이 끝났음을 알려야 합니다.

 세종특별자치시교육청의 문제는 가짓수가 많다는 특징을 가지고 있습니다. 또한 교사의 인성적 측면에 대한 질문보다는 교사가 실천할 수 있는 '방안'을 묻는 경우가 많습니다. 문제 해결 방안, 분위기 조성 방안, 극복 방안, 지도 방안 등이 기출 문제로 출제되었으니 이를 대비하여 답안을 정리해두시길 바랍니다. 또한 다른 교육청들과는 달리 교육정책보다는 교육학적 지식(예: 에릭슨의 정체성 발달이론)을 사용하거나 평화통일 교육, 기초학력 향상 지원 사업 내실화 방안과 같이 큼지막한 주제를 다룹니다. 그리고 구상형 문제의 구상시간이 15분으로 긴 편에 속합니다. 이는 구상형 답변의 완성도를 그만큼 많이 요구하는 것으로 볼 수 있기 때문에 다양한 구상형 문제를 가짓수 하나 정도 추가해서 연습하는 것이 필요합니다. 즉답형의 경우도 인성적인 것보다는 지식적인 측면들을 많이 다루기 때문에 답변을 최대한 많이 정리하는 것이 도움이 될 것입니다. 또한 즉답형 문제임을 고려했을 때 요구하는 가짓수가 많기 때문에 논거는 한 두 문장 정도로 짧게 말하고 가짓수를 채우는 것을 우선시해야 할 것입니다. 기출문제로 보아 문제가 만능답을 활용하기 어려운 문제일 가능성이 높기 때문에 최대한 다양한 상황, 다양한 주제의 답변을 정리하시는 것을 추천합니다. 더 자세한 내용은 'Part 04. 면접(심층면접, 교직면접)'의 '면접 고득점 노하우'를 참고해주세요.

② 수업실연(수업설계 발표 포함)

 수업실연(수업설계 발표 포함)은 교사로서 꼭 갖춰야 하는 능력인 수업 능력 뿐 아니라 수업설계까지 평가하는 과목입니다. 이 수업설계 발표 부분이 다른 교육청에는 없는 세종시만의 특별한 시험이라고 할 수 있습니다. 수업실연을 잘하는 것도 중요하지만, '수업 설계를 얼마나 체계적으로 잘했으며 그것을 얼마나 잘 수행했는가'가 평가의 중점이라고 할 수 있습니다.

2019~2022학년도 기준으로 일반적인 수업설계 발표 조건은 다음과 같습니다.

(1) 성취기준과 역량에 도달할 수 있는 학습 주제와 학습목표를 설명하시오.

세종시는 학습 주제와 학습목표를 제시해 주지 않으며, 수험생이 직접 구상해야 합니다. 보통 제시된 성취기준을 바탕으로 학습 주제는 '~하기', 학습목표는 '~할 수 있다.'로 어미를 처리합니다. 이때 학습목표는 특별한 조건이 없을 경우, 행동적 목표로 진술해야 합니다. 예를 들어, 성취기준에 '~를 알 수 있다.'로 제시되어 있다면, 학습목표는 '~를 설명할 수 있다/ 소개할 수 있다.' 등으로 제시하는 것이 바람직합니다.

또한 설계 발표 시 "본 수업을 통해 제시된 성취기준에 도달하고 OO과 핵심 역량 중 ~을 함양하는 데 중점을 두었습니다." 라고 제시하면 조건이 더 명확하게 드러납니다.

(2) 학습목표에 도달하기 위한 수업 전략을 설명하시오.

마찬가지로 학습목표를 제시하고, '이러한 학습목표에 도달하기 위한~' 이라는 어구를 사용하면 설계 발표 조건이 더 명확하게 들릴 것입니다. 수업전략에서는 본인만의 수업의 장점을 살려서 제시하면 좋을 것 같습니다.

(3) 과정중심평가의 방법을 설명하시오.

세종시는 과정중심평가(성장지원평가)를 매우 강조하고 있습니다. 활동을 넘어갈 때뿐 아니라, 활동 중간에 지속적으로 평가 결과를 환류해 주는 것을 보여주는 것이 중요합니다. 이를 설계 발표 시 미리 설명해 주면 좋습니다. 다만, 설계 발표에는 포함되었으나 실제 수업실연에 녹아들지 않으면 감점 요인이 될 수 있습니다.

(4) 학생들이 유의미한 경험을 할 수 있는 활동을 구성하시오.

활동을 간단하게 설명해 주는 것은 면접관들의 이해를 돕기 위한 과정입니다. 면접관들의 눈을 마주치며, 필요한 말을 간결하고 이해하기 쉽게 전달해 주는 것이 이후 수업 실연 내용에 대한 집중도를 높여줍니다.

[출처: 작성자: xing, [초등교사 임용고시] 일반 수업실연 수업설계]

평가시간 20분은 응시자가 조절가능하나 수업설계 발표 5분, 수업실연 15분을 권장한다고 작년 안내사항에 명시되어 있으니, 연습도 수업설계 발표 5분, 수업실연 15분으로 하시는 것을 추천합니다. 수업실연 시간이 15분인 것은 타 지역에 비해 약간 긴 편입니다. 그러므로 각론 내용에 대한 이해가 충분히 되어 있어야 하고, 학생과의 의사소통에 시간을 할애하는 것이 필요합니다. 학생이 실제로 있다고 생각하고 눈을 맞추고 대화를 하며, 각론 내용을 녹여 학생의 답변을 예상하고 다시 말해주는 과정이 필요합니다. 저학년의 경우는 무릎을 꿇고 눈 맞추는 것도 좋습니다.

수업실연에서 가장 중요한 것은 학습 목표입니다. 수업실연을 구상할 때는 학습 목표를 가장 중심에 두고 목표 도달을 위한 학습 활동과 목표 도달 점검을 위한 평가활동을 계획해야 합니다. 이와 더불어 각 문제별로 제시된 세부 조건을 충족하는 연습을 하시면 됩니다.

수험생들이 수업실연하는 것을 피드백하다 보면 학습 활동 계획과 조건 달성에 집중한 나머지 동선이나 교사의 시선에 대해서는 충분히 연습이 되어있지 않은 경우를 볼 수 있었습니다. 스터디를 할 때, 수업 구성과 조건 달성 방법을 체크하는 것도 중요하지만, 교사의 움직임과 시선 처리도 꼭 꼼꼼하게 확인해 보세요. 평가관들 눈에는 모두 비슷한 수업 활동과 조건처리 방법보다는 실연하는 교사의 모습 그 자체가 더 많이 들어온답니다. 더 자세한 내용은 'Part 03. 과정안과 수업실연'의 '수업실연 고득점을 위한 팁'을 참고해주세요.

③ 영어수업실연 및 영어면접

영어 과목이 없는 지역도 있지만 세종시의 경우에는 필수과목입니다. 영어 면접 문제 2문항을 먼저 답변한 후, 영어수업실연을 진행하면 됩니다. 10분이라는 시험시간을 수험생이 분배하여 답변합니다. 영어라는 교과목 특성을 고려하여 영어 수업실연 및 영어면접을 대비해야 하나 큰 틀은 수업실연 및 심층면접과 유사합니다. 또한 영어 면접 만능 답변 등을 정리하여 암기하면 도움이 될 것입니다. 영어 과목의 배점이 크지 않기 때문에 변별력 또한 다른 과목에 비해 적은 편입니다.

3 시험 진행 절차

① 교직적성 심층면접

면접문항은 구상형 1문항, 즉답형 3문항으로 구성되며 15분간 구상실에서 구상한 뒤, 평가실에 입실하여 총 15분 동안 구상형 1문항과 즉답형 3문항에 대해 답변합니다. 심층면접 4문제의 답변을 한꺼번에 해야하기 때문에 답변시간을 본인이 적절히 안배하여야 합니다. 구상실로 이동하면 감독관으로부터 구상형 문제지를 받으며 문제지에 메모 가능합니다.

총 답변시간은 15분을 넘을 수 없으며 구상형 문항과 즉답형 문항의 별도 답변시간이 없기 때문에, 응시자가 15분의 시간을 적절히 안배하여 4개의 문항에 대해 답변해야 합니다. 본인이 소지한 문제지를 보면서 답변할 수 있지만 즉답형 문제지에는 메모를 할 수 없습니다. 순서를 바꿔서 답변할 수 없기 때문에 순서를 잘 지켜주시길 바랍니다.

② 수업실연(수업설계 발표 포함)

구상실에서 감독관으로부터 수업실연 문제지와 수업실연 설계지를 받습니다. 제공되는 수업실연 설계지에 수업설계를 하시면 됩니다. 응시자는 문제지 수령 후 20분 이내로 수업설계(구상) 및 수업실연 준비를 합니다.

수업설계 발표를 먼저 하고 수업실연을 하며 순서를 바꿀 수 없습니다. 수업실연 완료 후에는 "이상입니다."라고 종료 표시를 해야 합니다. 평가실에서 수업실연 문제지, 수업실연 설계지를 볼 수 있습니다. 평가시간 20분은 응시자가 조절가능하나 수업설계 발표 5분, 수업실연 15분을 권장합니다.

③ 영어수업실연 및 영어면접

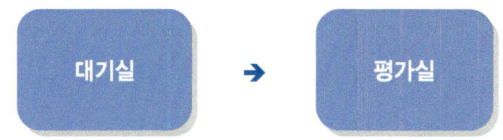

평가실에 입실한 후에는 응시자 지정석 앞에서 본인의 관리번호만을 말하고, 지정된 자리에서 평가위원의 시작 안내에 따라 영어면접과 영어수업실연을 시작합니다.

지정된 좌석에 착석 후 앞에 놓여져 있는 결재판을 펼쳐 영어면접 문제를 읽고 답변합니다. 영어면접을 종료하면 일어서서 "영어수업실연을 시작하겠습니다."라고 말한 후 영어수업실연을 시작합니다. 시계 작동 후 평가시간은 10분이므로 응시자는 영어면접 및 영어수업실연 관련 주어진 시간을 적절하게 조절하여 답변해야 합니다.

7 공통출제지역 (출처: 제주, 전북교육지원청)

1 2차 과목구성 및 배점

일자	시험과목	배점	문항수		시험시간	비고
1일차	교직적성 심층면접	35	구상형	1	1인당 10분 이내	구상 10분
			즉답형	2		
2일차	수업실연	45	수업실연	1	1인당 15분 이내	구상 15분
3일차	영어수업실연	10	구상형	1	5분	구상 10분
	영어면접	10	즉답형	2	5분	

2 2차 과목 안내

① 교직적성 심층면접

교직적성 심층면접은 교사로서의 적성과 교직관, 인격 및 소양을 확인하기 위한 시험입니다. 공통 지역의 교직적성 심층면접의 경우, 구상형 1문항과 즉답형 2문항을 답변하는 시간이 구별되어 있지 않고 10분의 시간을 응시자가 적절히 안배하여 답변해야 합니다. 그러므로 면접에서 '시간 관리'가 정말 중요합니다. 매번 연습 때마다 문제에 맞게 답변 시간을 달리하는 것보다는 스터디를 하면서 각 문항에 대해 몇 분씩 답변할 것인지 미리 정해두고 그에 맞추어 준비하는 것을 추천합니다. 또한, 문항별 시간이 정해져 있지 않기 때문에 각 문항의 답변이 끝날 때마다 '이상입니다.'와 같이 말하여 답변이 끝났음을 알려야 합니다. 더 자세한 내용은 'Part 04. 면접(심층면접, 교직면접)'의 '면접 고득점 노하우'를 참고해주세요.

② 수업실연

수업실연은 교사의 학습지도 능력과 의사소통 능력을 확인하는 시험입니다. 수업실연에서 가장 중요한 것은 학습 목표입니다. 수업실연을 구상할 때는 학습 목표를 가장 중심에 두고 목표 도달을 위한 학습 활동과 목표 도달 점검을 위한 평가활동을 계획해야 합니다. 이와 더불어 각 문제별로 제시된 세부 조건을 충족하는 연습을 하시면 됩니다.

수험생들이 수업실연하는 것을 피드백하다 보면 학습 활동 계획과 조건 달성에 집중한 나머지 동선이나 교사의 시선에 대해서는 충분히 연습이 되어있지 않은 경우를 볼 수 있었습니다. 스터디를 할 때, 수업 구성과 조건 달성 방법을 체크하는 것도 중요하지만, 교사의 움직임과 시선 처리도 꼭 꼼꼼하게 확인해 보세요. 평가관들 눈에는 모두 비슷한 수업 활동과 조건처리 방법보다는 실연하는 교사의 모습 그 자체가 더 많이 들어온답니다. 더 자세한 내용은 'Part 03. 과정안과 수업실연'의 '수업실연 고득점을 위한 팁'을 참고해주세요.

③ 영어수업실연 및 영어면접

영어수업실연 및 영어면접은 각각 영어로 수업을 진행하는 능력과 영어 의사소통 능력을 평가하기 위한 수업입니다. 영어수업실연의 경우 만능틀을 충분히 숙지하는 것만으로도 충분히 고득점을 받을 수 있습니다. 영어에 자신이 없다고 주눅들기보다는 자신감을 가지고 연습하시기 바랍니다. 영어면접의 경우 별도의 구상시간이 없다 보니 많은 수험생이 부담을 느낍니다. 즉답으로 시간을 채우는 것이 어렵다면 미리 만능 서론과 결론의 틀을 만들어 두고 연습하는 것을 권장합니다. 처음 서론을 자신있게 말한다면 평가관에게 좋은 인상을 줄 수 있겠죠?

3 시험 진행 절차

> ① 모든 과목 시험이 아래 표의 형식으로 진행됩니다. 시험별로 시간은 다르니 시간에 대해서는 그 아래 내용을 확인해주세요.

① 교직적성 심층 면접

10분간 구상실에서 구상한 뒤, 평가실에 입실하여 총 10분 동안 구상형 1문항과 즉답형 2문항에 대해 답변합니다. 구상형 문항을 위한 별도의 연습지는 제공하지 않으며, 필요한 경우 문제지에 메모 가능합니다. 즉답형 문항의 경우 평가실에서 공개하며 별도의 구상시간은 없습니다.

답변을 할 때에는 '구상형 문항에 대하여 말씀드리겠습니다.', '즉답형 1번 문항에 대하여 말씀드리겠습니다.'와 같이 답변하는 문항이 무엇인지를 밝혀야 하며, 각각의 답변을 완료한 후에는 '이상입니다.'와 같이 말해 답변이 끝났음을 알려야 합니다. 단, 답변 순서는 구상형, 즉답형 1번, 즉답형 2번 순으로 답변해야 합니다. 10분의 평가 시간은 디지털 타이머를 통해 계측하며, 10분이 경과하면 종료음이 울립니다. 구상형과 즉답형 문항 각각에 대해 별도로 구분된 답변 시간은 없으며, 평가 시간 10분을 응시자가 적절히 안배하여 답변해야 합니다.

② 수업실연

구상실로 이동해 15분간 수업실연 문항에 대해 구상한 뒤, 평가실에 입실하여 15분간 수업실연 합니다. 문제지 외에 별도의 연습지는 제공하지 않으며, 문제지에 메모 가능합니다.

수업실연 시 수업도구는 일체 사용할 수 없으며, 칠판에 판서는 가능합니다. 수업실연 시 평가위원 근처에 다가갈 수 없으니 유의해야 합니다.

디지털 타이머 작동 후 15분이 지나면 종료음이 울리고 평가시간이 종료됩니다. 수업실연을 마친 후, '이상입니다.'라고 종료 표시해야 하며, 종료음이 울리기 전 수업실연을 모두 마친 응시자는 본인이 원하는 경우 퇴실할 수 있습니다.

③ 영어수업실연 및 영어면접

구상실로 이동해 10분간 영어수업실연 문항에 대해 구상합니다. 문제지 외에 연습지는 제공하지 않으며, 문제지에 메모가 가능합니다.

평가실에 입실하면 5분간 영어수업실연을 하고, 영어 면접 2문항에 대해 별도의 구상시간 없이 즉답합니다.

디지털 타이머 작동 후 5분이 지나면 종료음이 울리고 평가시간이 종료됩니다. 영어 수업실연 평가 종류 후 지정석에 참석하여 감독관의 시작 안내에 따라 영어 면접을 시작합니다. 이때, 평가위원은 따로 질문하지 않으며 문제지를 읽고 즉답형 2문항에 대해 차례대로 답변합니다. 답변을 할 때에는 '1번 문항에 대하여 말씀드리겠습니다.'와 같이 답변하는 문항이 무엇인지를 밝혀야 하며, 각각의 답변을 완료한 후에는 '이상입니다.'와 같이 말해 답변이 끝났음을 알려야 합니다. 답변 순서는 바꿀 수 없습니다.

PART 02 2차 시험 준비를 위한 첫 걸음

01 교사로서의 기초 토대 세우기

02 실제 시험장 상황 및 저자 5인의 2차 시험 후기

03 미션 체크리스트

> Part 01에서는 2차 시험 준비가 왜 필요하고, 2차 전형이 지역별로 어떤 과정으로 이루어지는지 살펴보았습니다. Part 02에서는 2차 시험 준비를 위한 첫걸음을 어떻게 디딜지 함께 생각해보겠습니다.

Chapter 01 교사로서의 기초 토대 세우기

2차 시험에 대해 어느 정도 파악이 되셨나요? '지피지기면 백전백승이다'라는 말이 있는 것처럼, 시험에 대해 철저하게 파악한다면 이미 2차 시험이라는 산을 넘을 준비가 충분히 되어있는 것입니다. 하지만 아직도 뭔가 막막한 마음이 들지요. 저 많은 과목을 대체 어떻게 준비해야 할지, 면접에서 모범 답변은 대체 무엇인지, 어떻게 해야 할지, 짧은 시간 안에 수업 구상은 어떻게 하며 또 실연은 어떻게 하는지... 여러분의 답답한 마음을 저희도 느껴보았기에, 충분히 이해합니다.

2차 시험은 1차 시험처럼 단순 암기로만 치르는 시험이 절대 아닙니다. 자신의 '가치관'을 기반으로 '말'을 통해서 나를 표현하기 때문에 시험에 부딪히기 전에 여러 가지 준비를 해야합니다.

여러분은 '말'이 무엇이라고 생각하나요? '말(답변)'은 개인의 생각이 입을 통해서 타인에게 전달되는 과정입니다. 2차 시험의 가장 큰 특징은 여러분의 '말'에 대한 점수가 매겨지고, 당락이 결정된다는 것입니다. 그렇기 때문에 여러분의 말 한 마디, 단어 하나에 여러분의 교사로서의 의지, 가치관, 자질 등이 담겨있어야 합니다. 한번 생각해보세요. 허술하게 날림 공사가 된 집의 겉과 지붕을 비싸고 무거운 재료로 치장했다고 합시다. 큰 비바람이 불면 그 집은 어떻게 될까요? 아마 금방 무너지게 될 것입니다. 여러분의 답변, 그리고 여러분이 미래에 만들어갈 학급도 하나의 집과 같습니다. 어떤 비바람에도 무너지지 않는 집을 만들기 위해서 여러분은 교사로서 가져야 할 가치관, 즉 교직관이라는 기초 공사를 튼튼하게 마치셔야 합니다. 지금부터 여러분만의 튼튼한 집을 만들 수 있는 기초 공사를 하러 가 볼까요?

Topic 01 교직관

1 어떤 교사가 되고 싶은가?

 여러분은 어떤 교사가 되고 싶은가요? 힘든 임용 시험도, 시험 뒤 기다리는 수업 실연과 면접을 여러분들이 이겨내고 있는 이유는 바로 '교사'가 되기 위해서입니다. 그리고 교사는 개개인에 따라 다양한 모습을 가지고 있습니다. 교사가 된 자신의 모습을 떠올렸을 때, 어떤 모습을 하고 있을지, 혹은 어떤 모습을 하고 있으면 좋을지를 생각해보세요. 자유롭게 자신의 의견을 적은 뒤 아래에 있는 다른 선생님들의 생각을 읽어봅시다.

교사 A : 저는 학생들에게 좋은 영향을 미쳐 최종적으로 좋은 사회를 만드는 교사가 되고 싶습니다. 어릴 적부터 '왜 세계의 절반은 굶주리는가' 같은 책을 보며 고통을 겪는 사람들이 많은 사회를 바꾸고 싶다는 생각을 했어요. 그리고 사회를 변화시키는, 느리지만 확실한 방법이 교육이라고 생각했습니다. 서로 배려하고 존중하는 따뜻한 학급 분위기에서 성장한 아이들이 만든 사회 또한 그만큼 행복한 사회가 될 것이라고 믿습니다. 이를 위해 저는 학생들에게 배려와 존중, 그리고 공감을 매우 강조해서 가르치고 있습니다.

교사 B : 저는 오케스트라의 지휘자 같은 교사가 되고 싶어요. 악기 하나하나의 소리를 잘 듣고, 전체의 조화를 만드는 지휘자의 모습이 교사의 역할과 비슷하다고 생각합니다. 교실 안에 있는 아이들 각각의 특성을 살리면서도 서로 다름을 존중하는 하나의 공동체를 만들어 가는 것이 제가 생각하는 이상적인 교사의 모습이에요. 교실 속 아이들은 서로 다른 모습을 가지고 있기에 교사는 예민하게 각각의 모습을 바라볼 수 있어야 한다고 생각합니다. 수많은 소리들 속에서 잘 들리지 않는 악기 소리도 있듯이, 어떤 아이의 소리는 귀 기울이지 않으면 잘 들리지 않기도 하고요. 하지만 악기들이 아무런 질서도 없이 자신의 소리만 내면 아름다운 음악이 될 수 없듯이 교실 안에도 질서와 규칙이 필요하다고 생각합니다. 제가 생각하는 가장 중요한 규칙은 '존중'이에요. 아이들이 먼저 자신을 소중히 여기고 내 옆의 친구를 존중할 수 있도록 돕는 교사가 되고 싶어요. 제가 먼저 아이들을 존중하며, 서로 다름이 자연스레 공존하는 공동체를 만들어 가고 싶습니다.

교사 C : 저의 목표는 학생들이 스스로 사랑과 배려 받고 있음을 느끼고, 우리반에 온전히 소속되어 있다는 소속감과 더 나아가서는 우리 사회에 꼭 필요한 존재임을 아는 것입니다. 또한 교사로서 아이들이 도움이 필요할 때 무조건적으로 학생 편에서 힘을 줄 수 있는 사람이 되는 것이 또다른 목표입니다. 저는 아이들이 살아가면서 배우는 것 중 지식보다 중요한 것이 함께 사는 사람의 소중함과 자기 자신을 사랑할 수 있는 방법을 배우는 것이라고 생각하기 때문에 그런 점을 학생들이 배울 수 있도록 학생들의 편이 되주는 선생님이 되고 싶습니다. 이 책을 읽으며 열심히 공부하고 계신 선생님들께서 하게 되는 수많은 고민들 중에서 교육청 정책, 만능틀, 수업 기법에 대한 고민 또한 너무 중요하지만 '내가 과연 어떤 선생님이 되고자 하는가?'라는 고민을 한번쯤 해보셨으면 좋겠습니다. 거창한 것이 아니라도 완벽하지 않아도 아이들을 위해 고민하는 그 시간은 결코 헛되지 않으며, 어떤 순간에서든 여러분들을 빛내줄 힘이 될 것입니다.

교사 D : 저는 학생들에게 '나를 믿어주고 내가 믿을 수 있는 교사'가 되고 싶다고 생각해왔어요. 예전 저의 학창시절을 떠올려보면 항상 저의 가능성을 믿어주시고 제가 힘들 때 저의 고민을 털어놓으면 함께 고민해주시는 선생님들이 제게 큰 힘이 되었거든요. 그래서 저는 수업을 재미있게 가르쳐주는 선생님, 사랑이 넘치는 선생님, 재미있는 선생님도 좋지만 믿을 수 있는 선생님이 되는 것이 제 궁극적 목표입니다. 잠재력이 무궁무진한 초등학생 시절에 나를 믿어주는 사람, 내가 믿을 수 있는 사람이 있다는 게 큰 힘이 되지 않을까요? 다만 개인적인 걱정으로는 목표가 너무 원대하고(?) 추상적이어서 저의 이상적인 교사상에 다가가기 위해서는 구체적인 목표 수립과 실천이 아직도 아주 많이 필요할 것 같아요.

교사 E : 저는 가장 궁극적으로 되고 싶은 교사는 '학생들의 인생에 도움이 되는 교사'가 되고 싶어요. 보통 한 학생들은 한 명의 교사와 적게는 1년, 많게는 몇 년동안 한 해의 대부분을 함께 보내게 됩니다. 교사와 학생의 관계도 사람과 사람의 관계이기 때문에 서로에게 영향을 줄 수밖에 없죠. 이때 저는 먼저 인생을 산 인간으로서, 학생들이 자신의 인생을 만들어 나가는데 도움이 되는 교사가 되고 싶습니다. 예를 들면, 내가 먼저 지각을 하지 않는 모범을 보이면서 학생들이 지각을 하지 않는 모습을 배우게 된다면 학생의 인생에 조금이나마 도움이 되는 것이겠죠.

2 교사에게 필요한 인성적 자질

 그렇다면 여러분들이 바라는 '어떤' 교사가 되기 위해서 가져야 하는 인성적 자질, 덕목에는 어떤 것들이 있을까요? 여기서 인성적 자질이란, 성실, 배려, 책임 등 인간이 살아가면서 가져야 할 여러 가지 덕목들과 비슷하다고 생각하면 됩니다. 생각나는 만큼 떠올려보고, 이유도 함께 생각하여 아래에 적어보세요.

교사 A : 저는 모든 학생을 동등한 인격적 존재로 대하는 존중이라는 자질이 중요하다고 생각해요. 학생을 미성숙한 인격체, 또는 수동적인 인간으로 대한다면 교사가 학생을 일방적으로 이끄는 교육을 하기 때문에, 학생의 잠재력이나 자기주도성을 증진시키기 어려워요. 또 학생들이 서로 존중하는 분위기 조성을 위해 교사가 솔선수범하여 학생을 존중해야 해요. 존중을 받아 본 학생이 타인을 존중할 수 있기 때문이죠. 그리고 저는 교사로서 공감의 자질이 매우 중요하다고 생각해요. 학생은 성인과 인지의 수준이 달라요. 학생의 입장을 고려하지 않고, 학생의 감정을 이해하지 못하면 교사와 학생이 모두 스트레스를 받게 됩니다. 교사는 학생의 입장에 공감하고 이해하여 래포를 형성할 수 있어야 해요.

교사 B : 먼저 교사에게 가장 필요한 자세는 기다리고 또, 기다리는 인내의 자세라고 생각합니다. 아이들은 늘 무언가를 잊고, 놓치고, 실패하며 성장해 나갑니다. 그 성장의 속도는 눈에 잘 보이지 않아 때로는 답답한 마음이 들기도 하죠. 하지만 어쩌다 찾아오는 빛나는 성장의 순간은 교사에게 커다란 기쁨을 가져다줍니다. 열심히 가꾼 예쁜 마음을 교사에게 내어 보일 때, 이해가 되지 않던 문제를 해결하고 자랑을 늘어놓을 때 찰나의 순간이지만 그동안의 기다림의 시간이 모두 보상받는 행복함을 안겨다 주죠. 아직 자신의 문제를 인식하지 못하는 아이에게, 배울 준비가 되지 않은 아이에게 가르침을 쏟아내는 것은 아무런 효과가 있지 않아요. 그보다는 마음을 내려놓고 기다려주고, 바라봐주는 것이 더욱 중요하다고 생각합니다.

 다음으로는 존중입니다. 존중은 제가 아이들에게 가장 강조하는 가치 중의 하나이기도 합니다. 교실 안에서 일어나는 많은 문제는 '존중'이라는 가치를 통해 해결할 수 있다고 생각해요. 저는 아이들에게 스스로를 소중히 여기는 것, 내 주변의 것들을 소중히 여기는 것을 꼭 가르치고 싶어요. 이를 위해선 제가 먼저 솔선수범할 수 있어야겠죠. 학급 안에 있는 서로 다른 아이들을 존중하는 교사의 모습이 아이들에게 최고의 본보기가 되리라 생각합니다. 존중의 첫 출발은 경청이라고 생각해요. 그래서 조금 힘이 들더라도 아이들이 하는 이야기를 최대한 들으려고 노력합니다. 교사가 자신의 이야기를 집중해서 들어주는 것만으로도 아이들은 자신이 존중받고 있음을 느낄 수 있다고 믿어요.

교사 C : 제가 필요하다고 생각하는 인성적 자질은 공감입니다. 아이들은 자신이 신뢰하는 대상에게 공감받기를 원합니다. 가정에서는 부모님, 학교에서는 교사와 친구들이 자신을 공감해주는 것을 통해 소속감과 안정감을 느낀다고 합니다. 교사는 아이들의 감정에 무조건적으로 공감해줄 수 있어야 하며, 이때 학생이 문제 행동을 했더라도 아이들의 감정과 행동은 온전히 분리해서 생각해야 합니다. 문제 행동과 문제 행동 이면에 있는 감정은 별개의 것이라고 생각하는 것이지요. 아이들은 감정과 행동을 분리했을 때, 자신의 감정을 조절하고 온전히 받아들일 수 있다고 해요. 또한 아이들뿐만 아니라 학부모들도 교사가 자신의 감정이나 상태에 공감했을 때, 교사를 신뢰하고 소통하게 됩니다. 따라서 상대방에게 공감해주고, 적극적으로 공감을 표현하는 것은 교사에게 매우 중요한 인성적 자질입니다.
 또한 관용의 자세도 필요합니다. 교사가 되면서 수많은 아이들과 학부모, 관리자, 동료 교사들을 만나게 됩니다. 그래서 때로는 '아, 왜 나랑 다를까?', '내가 몇 번이나 이야기했는데도 왜 고쳐지지 않을까?' 하는 스트레스를 받을 때가 많았어요. 저는 그럴 때마다 관용의 자세를 떠올립니다. 나와 다른 특성을 가진 사람의 인격과 자유를 인정하려고 노력합니다. '너의 생각은 나와 다르구나. 하지만 그것에 대해 내가 비난할 자격은 없다.' 라고 생각해요. 그러면 마음이 한결 편해지면서 아이들을 있는 그대로 바라보게 되는 경우가 많았습니다. 이러한 긍정적인 마음가짐은 아이들에게도 전염되어 나와 다른 사람에 대한 너그러움을 배우는 것 같습니다.

교사 D : 제가 생각하는 교사에게 필요한 인성적 자질 1번은 인내심입니다. 학생들, 특히 초등학생들은 주변에 대한 호기심이 성인에 비해 많고 대인관계능력, 의사소통 능력, 학습 능력 등이 아직 성장 중인 상태예요. 이러한 어린 새싹들을 바르게 키워내기 위해서는 교사의 인내심이 무엇보다 중요해요. 특히 저학년으로 갈수록 학생들의 주의집중 시간이 짧고 호기심은 많기 때문에 교사가 감정적으로 흥분하거나 쉽게 포기하는 성향일 경우 학생과 교사 모두 힘들어지기 쉬워요. 교사가 인내심을 발휘하면 학생이 문제 행동을 하더라도 감정적으로 대처하지 않고 침착하게 지도할 수 있거든요. 따라서 인내심은 행복한 교사와 행복한 학생을 위한 중요한 인성적 자질 중 하나라고 볼 수 있어요. 개인적으로는 인내심은 마음의 지구력과도 같다고 생각해요. 체력이 약해지면 같이 약해지기 쉽지만 또 체력관리와 마찬가지로 평소 꾸준히 스트레스 조절, 심호흡 등을 연습하면 큰 도움을 받을 수 있더라고요.
 인내심과 더불어 협동심도 교사에게 필요한 자질 중 하나입니다. 협동심은 학생들에게 길러주어야 하는 것이라고만 생각하셨나요? 학교에서는 학급 학생들과 교사의 협동, 교사 간의 협동, 학부모와의 협동 등 많은 다양한 교육 주체의 협동이 필요합니다. 특히 여러분이 신규로서 학교 현장에 가시게 되면 우선 많은 선생님들로부터 도움을 받고 또 여러분이 도움을 드리게 되는 일도 있을 거예요. 나 하나만 잘한다고 해서 되는 학교생활이 아니기 때문에 함께의 가치를 알고 서로서로 도우려는 자세는 교사의 학교생활에 큰 도움이 된다고 생각합니다.

교사 E : 저는 학생들과 적극적으로 소통하는 자세와 공감하는 자세가 꼭 필요하다고 생각해요. 교실은 학생과 교사가 함께 상호작용하며 생활하는 곳입니다. 즉 교사와 학생은 생활 공간을 공유하는 공동체의 일원이라고도 볼 수 있죠. 공동체가 긍정적이고 안정된 분위기를 가지려면 공동체 구성원이 꾸준한 소통을 통해 서로의 마음을 이해하고 공감하는 것이 중요합니다. 세부적으로 소통과 공감을 학습지도 측면에서 살펴보면, 학생과 끊임없는 소통을 통해 긍정적이고 효과적인 상호작용을 활발히 이루어질 수 있습니다. 학생이 모르는 것이 무엇인지 정확히 알고 이에 대한 적절한 피드백을 제공할 수 있기 때문에 개별 맞춤형 교육이 가능합니다. 생활 지도 측면에서는 권위적인 관계가 아닌, 친밀한 관계를 형성할 수 있습니다. 학생과 교사의 관계는 학생들의 안정적인 학교생활과 밀접한 관련이 있습니다. 학생들이 불안정한 심리상태를 가지게 되면 학교에 오는 것이 싫어지고, 이것은 학교폭력, 안전사고 등으로 이어질 수 있어요. 안정된 심리상태는 학생들이 마음에 여유를 가질 수 있기 때문에 인내심, 배려 등을 자연스럽게 배울 수도, 습득할 수도 있습니다. 이렇게 교사와 학생 간의 소통이 활발하면 학생들 간의 소통도 자연스럽게 활발해집니다. 학생들이 자유롭게 생각하고 표현할 수 있는 허용적인 분위기를 조성한다면, 이는 곳 질문이 있는 생동감 넘치는 교실을 만들 수 있을 것입니다. 소통을 하는 과정에서 자연스럽게 생겨나는 공감은 학생들의 마음을 이해하는 데 매우 중요한 자세입니다. 항상 학생의 눈높이에서 학생의 마음을 생각하는 자세가 필요합니다. 학생들은 교사에 대한 신뢰감을 가질 수 있습니다.

 더불어 교사는 다양한 방면에서 책임감을 지녀야 해요. 학생과의 관계에서는 학생의 전반적 생활을 이끌어나가는 리더로서, 책임감을 가지고 모범을 보여야 합니다. 또한 학생들을 포기하게 되는 일이나 학생의 올바른 성장에 방해가 되는 일이 일어나지 않도록 치열하게 고민하고 학생 개개인을 세심하게 관찰해야 합니다. 수업 및 업무에서도 중요한데, 교육공동체의 일원으로서 자신의 역할을 충실하게 수행하는 책임감을 지녀야 합니다.

3 교사로서 나의 강점

 앞에서 다뤘다시피 좋은 교사에게 필요한 인성적 자질은 매우 다양합니다. 이런 것들도 중요하지만, 그전에 더욱 중요한 것은 바로 교사 스스로 자기 자신을 사랑하고 자신감을 가져야 한다는 것입니다. 스스로에게 자신감을 불어넣기 위해 나의 강점이 무엇인지를 한번 생각해 보는 것은 어떨까요? 여러분은 어떤 강점을 지닌 사람들인가요? '교사로서 이것만큼은 정말 자신 있다!' 하는 것은 무엇인가요? 빈칸에 나의 강점을 적은 뒤 다른 선생님들의 이야기를 읽어봅시다.

교사 A : 저의 강점은 긍정적인 태도입니다. 어려움에 맞닥뜨리거나 불안한 상황일 때 긍정적인 사고를 하며 극복할 수 있는 힘을 얻곤 해요. 학교에서는 매일같이 크고 작은 사고들이 생기고, 때로는 교사로서 스스로의 자질이 부족한 것은 아닌지 우울해질 때도 있답니다. 이 때 '그럴 수도 있지', '이번에 배웠으니 앞으로는 더 나아질거야'와 같은 생각을 하며 다시 앞으로 나아갈 수 있는 원동력을 찾아요. 이런 태도는 스스로의 발전뿐 아니라 학생에게도 적용이 됩니다. 예를 들어 학생이 실수했을 때에도 "그래도 이번에 이런 실수를 했으니까 다음에 더 큰 실수가 없을거야. 실수를 통해 배우는 거야."와 같이 긍정적인 피드백을 해줘서 학생이 실수를 두려워하지 않도록 할 수 있어요. 잘못을 했을 때에도 마찬가지로 "왜 그랬어?"보다는 "어떻게 하면 더 나아질 수 있을까?"하고 질문을 해서 학생이 긍정적인 방향으로 발전할 수 있도록 도우려고 합니다.

교사 B : 저의 강점은 새로운 것을 배우기 좋아한다는 것입니다. 저는 어렸을 때부터 무엇이든 관심이 생긴 것은 해 봐야 직성이 풀리는 성격이었어요. 초등교사는 담임제로 학생들의 전인적 성장을 지원하는 역할을 하게 되는데, 제 강점인 다양한 분야의 관심, 새로운 것을 배우려는 자세가 큰 도움이 되더라고요. 아이들과 나눌 이야깃거리가 많다는 것도 좋은 점이라고 생각합니다. 교실에는 축구를 좋아하는 아이, 악기를 연주하는 아이 등 여러 관심사를 가진 아이들이 있는데, 다양한 주제로 즐겁게 이야기할 수 있어 아이들과 소통에도 참 도움이 됩니다. 또한, 교사는 미래 세대를 가르치기 때문에, 변화의 흐름에 남들보다 발 빠르게 대응해야 한다고 생각합니다. 그래서 늘 배우려는 자세가 필요해요. 감사하게도 학교나 교육청에서 여러 연수가 제공되고 있어 새롭게 해보고 싶은 것이 있을 때 쉽게 도움을 받을 수 있답니다. 이러한 저의 강점은 교사가 된 이후에도 늘 새로운 목표를 주고 스스로 발전해가는 데 도움이 되더라고요. 앞으로도 제 강점을 살려 늘 도전하고 성장하는 교사가 되기 위해 노력하려고 합니다.

교사 C : 저의 강점은 '유머러스함'입니다. 학창 시절부터 교사가 된 지금까지 친구들에게 많이 들었던 말은 '너는 개그맨해도 잘했겠다.'라는 말이었는데요, 이러한 저의 유머가 반에서 긍정적인 역할을 발휘하곤 합니다. 제가 원하는 것을 이야기할 때 유머를 살짝 곁들여 이야기하면 반 전체의 분위기가 가라앉지 않으면서, 해결이 되는 경우가 많았어요. 그리고 내성적인 학생들한테도 친근하게 다가갈 수 있어서 그런 학생들의 경계를 허무는 데에 도움이 되었어요. 이런 유머는 교과 지도에서도 큰 힘이 되는데요. 학생들이 어려워하고 지루해하는 부분은 저의 경험담과 유머를 섞어서 지도하면 아이들 눈에서 빛이 반짝반짝 나면서 집중하더라구요. 그래서 저의 유머러스함은 교사로서 큰 장점이 된다고 생각합니다.

교사 D : 저의 강점은 '계획성'입니다. 저는 한때 유행했던 MBTI로 따지면 J 유형인데요, 계획을 좋아하고 계획을 항상 세우는 편입니다. (그런다고 항상 100% 지켜지지는 않지만요.) 항상 시시각각 변할 수 있는 것이 학교 일이지만 대략적인 계획을 세워두고 플랜 B도 마련해두면 도움이 된답니다. 특히 신규 때는 실수를 하기 쉽고 적응하느라 바쁘다보니 해야 하는 일을 잊지 않고 기록해두는 습관, 미리 계획을 세워서 어떤 부분에 준비가 필요할지 생각해두는 습관은 큰 도움이 된 것 같습니다. 또한 교사 업무의 시작 자체가 계획으로 시작하다보니 계획성은 교사로서 큰 강점이 될 수 있는 부분입니다. 하지만 학교생활을 하다 보니 생각보다 변경되는 부분도 많아 지나친 계획은 스트레스가 될 때도 있었습니다. 그래서 '나는 계획적이지 않은 사람인데... 어쩌지...?'라고 생각하실 필요는 전혀 없습니다. 즉흥적이신 편이라면 또 그 나름대로 변화에 유연하게 대응할 수 있는 장점이 있습니다.

교사 E : 저의 강점은 일단 성실함입니다. 저는 성실함은 꾸준함과 비슷하다고 생각하는데요, 작은 일이든 큰일이든 저는 어떤 일을 꾸준히 실천하는 것을 잘하는 편입니다. 학교 생활은 매일매일 반복되는 만큼 같은 일을 꾸준히 하는 것과도 일맥상통합니다. 학급 특색 활동, 학급 과제, 교재 연구 등은 성실함이 없으면 작심삼일로 끝날 수 있는 것들이죠. 또한 학교 구성원으로서 업무, 수업 연구 등은 꾸준하게 해야 좋은 성과를 얻을 수 있기 때문에 성실함은 큰 강점으로 작용할 수 있다고 생각해요. 더 나아가 이런 성실함 덕분에 다른 사람들이 저를 믿고 어떤 큰일을 맡길 수도 있을 것입니다. 성실함은 시간 관리에서 큰 역할을 합니다. 학교는 공동체 구성원들이 한 공간에서 함께 생활하는 곳이기 때문에, 시간 관리가 꼭 필요한 곳입니다. 수업 시간, 쉬는 시간, 이동 수업시간, 급식 시간 등 모든 일과 속에서 다른 구성원들과 분리되고 질서를 유지하기 위해서 시간표가 정해져 있기 때문이죠. 저는 평소 계획을 짤 때 시, 분 단위로 일정을 계획하고 계획한 시간은 꼭 지키려고 노력합니다. 더 나아가 이런 시간 관리 방법은 학생들에게 바른 생활 습관을 지도할 때에도 큰 강점으로 작용합니다.

Topic 02 학급 운영

교사로서 어떤 마음가짐을 가졌는지, 각 선생님들의 이야기를 들어보았습니다. 학교에 가게 되면 이제 '학급 운영'이라는 것을 하게 되는데, 학생들의 생활 지도와 교과 지도의 성패는 모두 이 학급 운영에서 비롯된다고 해도 과언이 아닙니다. 과연 '학급 운영'은 대체 무엇이고, 어떻게 하는 걸까요? 선생님들의 이야기를 들어보고, 나와 어울리는 것은 무엇인지 생각해보면서 여러분이 앞으로 만들게 될 만능틀이나 모범 답안에 잘 녹여낼 수 있도록 해봅시다!

1 A & D 교사의 학급 운영

1 학생상

① 겸손한 태도로 언제나 최선을 다하는 학생
② 다른 사람의 마음에 공감할 줄 알고 배려할 줄 아는 학생
③ 자신이 느끼는 감정을 받아들이고 건강하게 표출하는 학생

2 학급 세우기

(1) **바라는 점 말하기** : 저는 처음 학생들을 만나는 날에 '선생님이 바라는 모습'을 학생들에게 제시합니다. 칭찬에 명확한 기준이 있으면 학생들은 혼란을 겪지도, 불만을 갖지도 않습니다. 교사가 원하는 모습을 제안하는 것뿐 아니라, 우리 학급의 학생들이 바라는 선생님은 어떤 모습인지 묻습니다. 학생들의 의견을 종합해 '학생들이 바라는 선생님의 모습'을 함께 만들고, 일 년 동안 이렇게 행동하도록 노력할 테니, 서로 노력하자고 이야기합니다. 서로의 지향점이 뚜렷하면 서로의 노력이 더욱 돋보이기 때문에 교사와 학생 간 좋은 관계 형성이 가능합니다.

(2) **래포 형성하기** : 학생들을 만난 첫 일주일은 학급을 세우는 데 시간을 많이 할애합니다. 특히 래포 형성은 초반에 반드시 필요한 과정이라고 생각합니다. 저는 교실놀이를 활용하여 학생들의 마음의 벽을 허물곤 합니다. 또한 과일바구니와 같이 서로를 잘 관찰하는 놀이를 하고, 진진가 놀이와 같이 서로에 대한 설명을 하게 되는 놀이를 많이 사용합니다. 학생들은 서로 조금씩 알아가며 자연스럽게 가까워집니다.

(3) **학급 규칙 세우기** : 저는 맨 처음 제시했던 학생과 교사가 서로 바라는 모습을 바탕으로 규칙을 만듭니다. 이런 모습이 되기 위해서는 어떤 규칙이 필요할지 생각하게 하는 방법을 사용합니다. 부정형의 규칙('~하지 않기')은 만들지 않고 긍정형('~하기')으로 바꿉니다.
때때로 그림책을 사용하여 규칙을 만들기도 합니다. '학교 가기 싫은 선생님', '친구를 행복하게 하는 5가지 방법'과 같은 그림책을 읽고 이야기를 나누면 좋은 규칙이 만들어집니다.

규칙을 지키지 않았을 때 벌을 주기보다는 규칙을 잘 지켰을 때, 아무도 규칙을 어기지 않았을 때 '학급 온도계'같은 학급 전체 보상을 주는 방식으로 보상 제도를 마련합니다. 학급 온도계의 경우 맨 마지막에 큰 보상을 넣기보다는 온도(예: 20도 단위)마다 점진적으로 보상을 제시하였습니다.

3 학급 운영

(1) **아침활동**
   ① **명언 필사하기**: 위인들의 명언을 필사하고 그 의미를 생각하는 시간을 가지며 스스로를 반성하거나 앞으로의 태도를 다짐할 수 있습니다.
   ② **스포츠 활동**: 학생들의 넘치는 에너지를 아침에 운동으로 발산하게 해줌으로써 학생들의 집중력을 높일 수 있습니다.
   ③ **하루 수학 한 장**: 학생들에게 부족한 기초 수학 능력을 이 활동을 통해 채워줄 수 있습니다.
   ④ **감정출석부, 마음 날씨 활동**: 두 활동 모두 결국은 학생들이 현재 자신의 마음상태를 인식하도록 하는 활동입니다. 또한 그 마음상태가 된 이유를 물어보며 학생들이 좋아하는 것과 싫어하는 것을 알 수 있어, 래포 형성에도 효과적입니다.
   ⑤ **알파벳 쓰기**: 초등학교 3학년 학생에게 해당하는 아침 활동인데요, 3학년의 경우 공교육에서 영어가 처음으로 등장하는 학년입니다. 알파벳 숙지가 부족한 학생들이 많은 경우 일주일에 한번씩 A부터 Z까지 대문자, 소문자로 써 보도록 했습니다.

(2) **의미 있는 역할 정하기**: 저학년일수록 교사가 1인 1역을 정하는 것이 좋지만, 학생들이 생각했을 때 필요한 역할을 정해 이를 수행하도록 할 수 있습니다. 학생들은 스스로 만든 역할이기에 그 필요성을 더욱 잘 느끼고 큰 책임감을 느껴 성실히 맡은 바를 수행합니다. 1인 1역 중에서도 학생들의 선호도가 나뉘기에 반 규칙에 따라 주기적으로 바꿀 수 있도록 합니다.

(3) **문제 해결 단계 정하고 연습하기**: 초등학교의 담임교사는 학생들이 싸우거나 교실에 문제가 생겼을 때 종종 판사 혹은 경찰의 역할을 하게 됩니다. 하지만 이는 교실에 문제가 생겼을 때마다 교사가 개입을 해야 하기 때문에 교사에게 큰 부담이 되고, 교사의 결정에 불만을 품은 학생이 생기면 교실붕괴가 일어날 위험성도 있습니다. 그러므로 학생들끼리 문제가 생겼을 때는 스스로 해결할 수 있는 방법을 안내해주어야 합니다. 예를 들어 다음과 같은 단계가 있습니다.
   ① **1단계**: 눈 감고 심호흡하기 → 문제와 잠시 멀어져 감정적이게 행동하지 않도록 합니다.
   ② **2단계**: 나 전달법 사용하기 → 상대방을 탓하는 것이 아니라 스스로 느낀 것을 이야기함으로써 서로의 입장을 이해할 수 있도록 합니다.
   ③ **3단계**: 또래 판사 찾아가기 → 학급 역할 중 또래 판사에게 찾아가 서로의 입장을 이야기합니다.
   ④ **4단계**: 서로 원하는 바를 이야기하고 앞으로 그러지 않겠다는 약속 글로 적기 → 똑같은 잘못을 저지르지 않도록 앞으로의 행동을 약속하도록 합니다.
   ⑤ **5단계**: 교사 찾아가기 → 이 모든 단계를 행했음에도 문제가 해결되지 않는다면 그 때 교사를 찾아오도록 합니다.

(4) 학급 프로젝트 실시하기: 학급 특색활동과 연결지어도 좋고 그와 별개의 것으로 진행해도 좋습니다. 학생들이 배우는 내용들 중 필요한 요소들을 골라내어 프로젝트 학습을 실시합니다. 실생활에서 필요한 실질적 지식을 익힐 수 있고, 무언가를 만들어내는 성취감도 느끼게 할 수 있습니다. 고학년이라면 학생들이 스스로 주제를 정하고 주도적으로 진행할 수 있도록 합니다.

(5) 학급 창작 활동: 학급에서 뮤직비디오, 영화, 뮤지컬 등 다양한 창작 활동을 실시합니다. 학생들은 그림, 노래, 악기 연주 등 자신이 가진 재능을 제각기 발휘하여 하나의 작품을 모두의 손으로 만들어나갑니다. 줄거리와 주제는 학생들과의 회의를 통해 선정하여 모두의 작품이 될 수 있도록 합니다. 학년에 따라 교사 주도와 학생 주도의 비중이 달라지지만 최대한 학생들이 활동의 중심이 될 수 있도록 합니다. 완성도보다 과정에 집중하여 서로 협동하는 것에 중점을 두어 활동을 진행합니다.

2 B 교사의 학급 운영

1 학생상

① 나를 소중히 하는 어린이
② 서로 다름을 존중하는 어린이
③ 함께 성장하는 어린이

2 학급 세우기

(1) 래포 형성하기: 학기 초 교사의 할 일 중 가장 중요한 것은 교사와 학생 사이의 래포를 형성하는 것과, 즐거운 학급 분위기를 형성하는 것입니다. 학기가 시작되고 한 주 정도는 학생들과 친교 활동을 하며 서로 친해질 수 있는 시간을 마련하는 것이 좋아요.

(2) 학급 규칙 정하기: 친교 활동을 통해 학생들과 친해지는 시간을 가졌다면 이제 학급의 규칙을 세워야 합니다. 아이들은 스스로 만든 규칙에 대해 더 소중히 여기고, 지켜야 한다고 생각해요. 학급 규칙은 꼭 아이들과 함께 만드는 것을 추천합니다. 다만 아이들이 놓치는 부분이 생길 수 있어요. 교사가 가장 중요하다고 생각하는 것은 먼저 규칙으로 제시하세요. 그 뒤에 교사가 정한 규칙을 예시로 삼아 자신들의 규칙도 세워볼 수 있도록 하면 좋습니다.

(3) 1인 1역: 교실 안에는 맡아서 해야 할 크고 작은 일들이 있어요. 칠판 관리, 시간표 관리 등도 있고 코로나 19 방역을 위한 체온계 관리와 같은 일들도 있죠. 교실에 필요한 일들을 칠판에 적고, 아이들과 역할을 나누어 보세요. 아이들은 책임감도 기르고, 학급의 일원으로 기여하고 있다는 뿌듯함도 느끼게 될 거예요. 역할마다 선호도가 다르니 2주나 1달 단위로 역할을 순환시키는 것이 좋습니다.

(4) 급훈 정하기: 급훈은 학급을 하나로 아우르는 커다란 목표라고 생각하시면 됩니다. 여러분이 생각하는 학생상을 담아서 정하면 더욱 좋겠죠. 제가 생각하는 이상적인 교실은 다름이 공존하며 함께하는 교실이에요. 그래서 저는 '서로 다르게 그러나 함께'를 저희 반의 급훈으로 사용하고 있어요. 게시판에도 크게 붙여두고 늘 아이들에게 이야기해주곤 합니다.

(5) 학급 애칭 정하기: 학급운영 사례를 찾아보시면 많은 선생님께서 학급의 이름을 붙이시는 것을 볼 수 있어요. 친구들끼리도 재미있는 별명을 불러주면서 유대감을 쌓듯이 학급에 애칭을 붙이면 학급 구성원 간의 결속력을 다질 수 있어요. 저는 제가 정한 애칭을 계속 사용하고 있는데 아이들과 함께 애칭을 정해보아도 좋을 것 같습니다.

3 학급 운영

학급 세우기 활동까지 마쳤다면 여러분이 생각하는 교실의 모습을 구현하기 위한 구체적인 활동들이 필요합니다. 학습 목표에 맞는 학습 활동이 필요하든 여러분이 목표로 하는 교실의 모습을 실현해 줄 활동이 있어야겠죠? 아래에는 제가 교실에서 하고 있는 학급 활동을 간단히 소개하니 참고하세요.

(1) 학생이 정하는 학급 활동: 학생들의 의견을 수렴해 창의적 체험활동 시간의 활동을 구성
- 교육청에서 지원하는 학급자치 활동 지원금 예산 활용
- 뉴스포츠 종목 함께 배우기
- 우리 작품으로 학교 복도 꾸미기

(2) 학급 다모임: 학급 자치 활동의 일환으로 학생들이 원형으로 둘러앉아 지난 2주의 학교생활을 되돌아보고 생활목표를 정함
① 칭찬 릴레이
② 지난 생활목표 실천 되돌아보기
③ 학교생활 되돌아보고 새로운 문제 발견하기
④ 생활목표 세우기

(3) 학급 티타임: 학급 내 갈등이 발생했을 때, 방과 후에 티타임 자리를 마련해주고 학생들이 스스로 자신들의 문제를 해결할 수 있는 기회를 부여함
- 교사는 참관하되 개입하지 않고, 아이들이 서로 이야기를 들을 수 있도록 함
- 부드러운 분위기에서 아이들이 스스로 문제를 해결하는 방법을 배워나갈 수 있음

(4) 우리 반 고민 상담소: 익명의 고민 사연을 받아 소개하고 함께 해결방법을 찾거나 위로의 말을 나눔
- 고민 해결 자체에 목적을 두기보다는 내 이야기를 털어놓고 함께 나누는 환경을 조성하는 것을 목표로 함
- 언제든 내 이야기를 들어주는 사람들이 있다는 점에서 아이들에게 심리적 안정을 줌

(5) **학급 소식지(학부모 대상)**: 주간학습안내 뒷면에 지난 한 주 학급살이를 담은 소식지나 편지를 발행
- 매주 쓰는 것이 어렵긴 하지만 학부모와 지속적 소통의 창구 마련에 매우 좋음
- 고학년의 경우 '학생 기자' 역할을 부여해 학생들이 소식지에 참여하게 할 수 있음

(6) **학급 보상(학급 이벤트)**
- 개별 보상보다는 학급 전체가 목표를 이루어나가는 학급 보상을 추천함
- 학급 규칙 등을 통해 공동의 목표를 정하고 '학급 체온계' 등을 활용해 학급 이벤트와 같은 보상을 줌. 이벤트 내용은 하루 동안 원하는 친구와 앉기, 체육 1시간 더 하기, 과자파티 등 아이들과 함께 정하는 것을 추천함

3 C 교사의 학급 운영

1 학생상

① 스스로를 사랑하고 자신의 소중함을 아는 학생
② 서로 존중하고 다름에 대해 인정하는 학생
③ 다른 사람과 비교하지 않으며 자존감이 높은 학생

2 학급 목표

우리, 함께, 같이

3 학급 세우기

(1) **학급 이름 정하기** : 학기초에 아이들은 새로 만날 반에 대한 설레임으로 가득찹니다. 이때 우리반만의 이름을 같이 정하고 의미를 부여하면 우리반에 대한 특별함이 커지며 소속감이 생깁니다. 실제로 저희반 아이들에게 물어봤을 때 '우리반만의 특별한 이름이 있어서 참 좋다.'라고 생각하는 경우가 많았습니다.

(2) **학급 가치 정하기** : 여러 가지 가치 덕목 중에서 학생들이 중요하다고 생각하는 가치를 함께 선택하고 반에서 항상 크게 볼 수 있는 크기로 프린트하여 붙여 가시화합니다. 이를 통해서 아이들은 무의식중에 가치를 계속 보게 되고, 내면화하게 됩니다.

(3) **학급 가이드라인 만들기** : 저는 우리반에서 1년동안 지켜야 할 중요한 규칙들을 학생들과 함께 정했습니다. 이때 남을 질책하거나 처벌하는 가이드라인은 제외되며 서로가 서로에게 도움을 줄 수 있는 방향으로 가이드라인을 정했습니다. 이를 통해 제가 느낀 장점은 다음과 같습니다.
- 문제행동이 생겼을 시 교사가 학생을 일방적으로 질책하는 것이 아니라 가이드라인을 이야기해 주고 스스로 행동을 돌아보게 할 수 있음

- 꾸준히 가이드라인을 벗어나는 학생이 있다면 모든 학생이 가이드라인에 포함될 수 있도록 가이드라인을 조금 더 넓혀줌
- 가이드라인에 대한 이해와 적용이 우리반 아이들에게 모두 적용된 시점에서는 공동체 문화가 형성되고 어긋나는 학생에 대해 학생들이 피드백을 줌으로써 문제 행동 수정 가능

4 우리반에서 하는 활동

(1) 학급평화회의
① 목적 : 학급에서 일어나는 일을 아이들 스스로 해결하고 서로에게 도움을 줌
② 빈도 : 1주 1~2회 실시
③ 장점
- 서로에게 감사를 나누는 시간을 통해 인성 덕목 함양 가능
- 우리반에 대한 책임감을 갖게 됨
- 친구에 대한 비난이나 질책이 줄어들고, 서로 도와주려는 태도가 커짐
- 프로젝트 학습에 대한 내용을 정함으로써 학생들이 수업의 주체가 됨

(2) 의미 있는 역할
① 목표 : 학생들이 우리반을 위해 공헌할 수 있는 역할을 최소한 하루에 한 번씩 실시함
② 효과
- 학급 내 소속감 증대
- 학교에 오고 싶은 의욕 생김
- 문제 학생도 학급에 대한 기여감을 느낌으로써 문제 행동이 줄어듦
- 한 아이도 소외되지 않는 학급 분위기 형성
- 자신이 맡은 역할에 대한 책임감 강화
③ 예시 : 손 소독제 도우미, 칠판 깔끄미, 온도 재기 도우미, 친구 도우미, 선생님 심부름하기 등

(3) 다양한 학급 놀이 실시
- 모둠별/반별로 실시하는 학급 놀이를 통해 학생들의 협력적 인성 함양 가능
- 학생들의 학교 생활 전반에 대한 흥미 높임

(4) 지구의 날 실천하기 : 한달에 한번 환경을 위해 실천할 수 있는 활동(ex. 1시간 동안 불 끄기, 양치컵 사용하기, 일회용품 사용하지 않기 등)을 실천하고 소감 나누기

4 E 교사의 학급 운영

1 학생상

① 변화와 도전을 두려워하지 않고 용기 있게 임하는 학생
② 포기하지 않고 책임감 있게 자신의 일을 수행하는 학생
③ 친구의 마음에 공감하고 배려하는 학생
④ 자신의 의견을 논리적이고 자신감 있게 표현하는 학생

2 학급 세우기

(1) 학급 운영 방침 소개 : 학생들과 만나게 되면 교사로서 어떤 교육관을 가지고 있는지, 학생들과 어떤 학급을 만들어 갈 것인지를 소개하는 시간이 필요합니다. 학생들은 매해 담임교사가 바뀌기 때문에 교사가 어떤 교육관을 가지고 있는지, 어떤 가치관을 중요시하는지를 모릅니다. 따라서 규칙이나 가치관 등을 정확하게 소개하고, 이를 바탕으로 어떤 학급 활동을 하게 될 것인지를 소개하여 학생들이 계획을 가지고 안정감있는 학급 생활을 할 수 있도록 해야 합니다. 매해 선생님들께서 하시는 말씀이 있습니다. '기준이 있는 반 학생들은 안정감이 있다.'입니다. 저는 이 말에 매우 공감합니다. 학급에 기준이 없으면 아이들은 불안감을 느끼게 됩니다. 따라서 교사가 학급 주관을 명확히 하고 학생들이 이에 맞게 행동할 수 있도록 가이드라인을 알려주는 것이 필요합니다.

(2) 래포 형성 : 학생과 교사의 만남은 크게 보면 인간 대 인간의 만남으로, 대인관계에 해당합니다. 아무리 잘 짜여진 규칙과 가치관이라도 어색한 사이이거나 부정적인 관계라면 아무 의미가 없습니다. 따라서 학급 경영 초반에는 다양한 학급 놀이, 학생 상담 등을 통해 긍정적 래포를 형성해야 합니다. 특히 학생 상담의 경우는 학생들에게 교사와 상담은 언제든지 가능하다는 것을 알리고, 아이들이 마음을 열고 자신의 고민이나 현재 심리 상태를 털어놓을 수 있도록 분위기를 조성해야 합니다.

(3) 의미있는 역할 정하기 : 저는 학급긍정훈육법(PDC)에 기초하여 학생들과 함께 학급의 역할을 함께 만들어갑니다. 보통 학급에서는 1인 1역이 있는 경우가 많습니다. 이는 교사가 역할을 정하고, 학생들이 원하는 역할을 선택하여 수행하는데요, 저는 이러한 역할도 학생들과 함께 만들고 지원서를 작성하도록 하고 있어요. 아이들과 함께 고민하다보면 학급에서 정말 필요한 역할, 아이들이 정말 해보고 싶은 역할들로 자연스럽게 채워지게 됩니다. 그리고 이 역할을 왜 자신이 해야 하는지, 자신에게 어떤 장점이 있는지 등을 지원서로 적어 제출하게 하고, 경쟁이 치열한 역할은 지원서를 바탕으로 아이들과 함께 투표를 진행합니다. 이렇게 자신이 원하는 역할을 맡게 되면 아이들은 자신이 학급에서 중요한 존재라는 생각을 가질 수 있고, 책임감뿐만 아니라 자신감 및 자존감도 가질 수 있게 됩니다.

3 학급 운영

학급 세우기가 마무리 되었다면, 이제 본격적으로 어떤 운영을 할 것인지를 정해야 합니다. 보통 학급 특색 활동들이 여기에 포함되는데요, 학급 운영을 떠올리기가 어렵다면 선생님께서 1년 동안의 학교생활을 통해 아이들이 무엇을 배웠으면 하는지를 떠올려 보세요. 그리고 그것을 아이들이 가지기 위해서 어떤 활동을 하면 좋을지를 생각하면 좋습니다.

(1) 주제 글쓰기 활동 : 저는 주 2~3회 정도, 학생들에게 특정 주제를 주고 주제 글쓰기 활동을 합니다. 주제는 학생들이 관심 있어 할 만한 주제, 그날 공부한 내용에 관한 주제 등 다양하게 바꾸어서 제시합니다. 자신의 생각을 논리적으로 표현하는 능력을 기르기 위해서는 글을 쓰면서 정리하는 과정이 꼭 필요합니다. 그냥 머릿속으로만 떠올리는 것보다는 직접 쓰는 과정에서 생각이 정리되기 때문입니다. 저는 이러한 능력을 길러주기 위해 반쪽~한쪽씩 주제에 대한 자유로운 글쓰기를 하도록 합니다.

(2) 학급 SNS 운영 : 학부모님과 학생들과의 소통창구로 SNS를 운영합니다. 학급 SNS로 활용할 수 있는 어플을 활용하여 그날 배웠던 내용에 대해 간단히 적고 사진을 업로드합니다. 이렇게 매일 공부한 내용이나 학생들과 함께 한 활동을 SNS를 통해 공유하면서 학부모님과의 소통 창구가 자연스럽게 마련되고, 더불어 학부모님과 함께 아이들의 교육 방향을 설정할 수 있습니다. 또한 자신의 모습이 매일 SNS에 게시되기 때문에 학습 참여도도 높아지고, 학급에서 소속감도 느낄 수 있습니다.

(3) 학급 상담 카페 : 학생들과의 상담이 자유로운 분위기에서 지속적으로 이루어질 수 있도록 상담 카페를 운영합니다. 학생 상담은 기간을 정해놓고 하는 것이 아닌, 꾸준히 이루어지는 것이어야 합니다. 학생들이 자신의 평소 생각이나 고민 등을 교사에게 털어놓고 교사가 이에 대해 공감해주는 과정이 래포 형성에 아주 중요하기 때문입니다. 저는 이를 위해 게시판 앞쪽에 스케줄표를 게시하고, 학생들이 자신이 원하는 시간에 자유롭게 상담을 신청할 수 있노록 합니다. 이때 상담이라고만 하면 딱딱할 수 있어 '마음 카페'라고 이름을 짓고, 아이들이 카페처럼 느낄 수 있도록 간단한 다과도 함께 제공합니다. 안정적인 학급 분위기가 조성된다면 아이들이 더욱 편안하게 학교 생활을 할 수 있겠죠?

지금까지 여러 선생님의 학급 세우기 과정을 살펴보았는데요, 학급 운영이 어떤 것인지 그리고 여러분의 학급은 어떤 모습일지 그려지시나요? 여러분이 준비하는 2차 시험의 모든 과목들은 여러분의 교직관이 일관적이고 균형 있게 잘 세워져있는지, 그리고 좋은 교사가 되려고 노력하고 있는지를 알아보기 위한 과목들입니다. 앞선 비유와 연결 지으면, 교직관이라는 기초공사가 잘 되어 있는지 확인하는 과정이에요. 교직관이 탄탄하게 밑받침되어 있다면 그 위에 안정된 집, 즉 학급을 세울 수 있겠죠. 수업실연이나 면접에서 답변을 할 때, 정말 내가 실제 교사라고 생각하고 임한다면, 여러분의 교직관을 보다 탄탄하게 녹여낸 답변을 하실 수 있을 거예요. 그러니 2차 시험에 임하기 전에 여러분만의 가상 학급을 꼭 세워보시길 추천 드립니다.

Topic 03 전문성 신장

교직관까지 세워봤는데, 갑자기 웬 전문성? 이라고 생각할 수 있겠지만, 교사는 꾸준히 자기계발을 위해 힘써야 합니다. 성장이 없는 사람은 다른 사람의 성장도 이뤄낼 수 없어요. 그렇기 때문에 스스로 성장할 수 있는 다양한 활동에 참여해야 합니다. 특히 교사는 한 아이의 성장을 책임지는 '전문성'을 지닌 교육전문가입니다. 학급이라는 집을 잘 짓기 위해서는 교직관이라는 튼튼한 바닥을 만든 다음, 집을 지탱해줄 견고한 기둥들도 필요합니다. 그 기둥들 중 하나가 전문성인데요, 과연 우리는 어떤 전문성을 어떤 방법으로 신장해야 할까요?

1 내가 생각하는 좋은 수업

> 교사는 '가르치는 사람'이기 때문에 수업 능력은 교사 전문성을 가장 잘 대변하는 능력이라고 할 수 있습니다. 그렇기 때문에 '좋은 수업'을 통해 학생들의 학습을 도울 수 있도록 하는 것이 중요한데요, 과연 '좋은 수업'이란 무엇이라고 생각하시나요? 여러분의 생각을 아래 빈칸에 적어주세요.

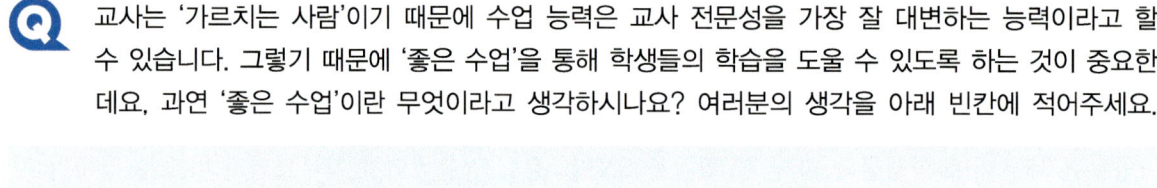

교사 A : 저는 좋은 수업이란 '학생이 필요성을 느끼는 수업'이라고 생각해요. 제가 학생일 때에도 '이걸 왜 배워야하지?'라는 의문이 생기면 공부 의욕이 떨어졌거든요. 이 공부가 실생활에서 필요해서 한다든지, 더 상위의 개념을 배우기 위해 필요하다든지와 같은 납득할 만한 이유가 있으면 공부에 흥미가 더 생겼어요. 그래서 저는 최대한 학생들의 실생활과 밀접한 내용들을 비중있게 다루고, 프로젝트 학습을 통해 공부의 필요성을 학생 스스로 느낄 수 있도록 수업을 구성하려고 노력합니다. 하지만 학문적인 내용이라 생활과 연계시키기 어려운 학습 내용들도 있죠. 이런 내용들은 그 개념이 탄생한 배경을 이야기처럼 설명해주거나, 스토리텔링을 사용해서 학생의 흥미를 끄는 방법을 사용합니다. 결국 공부는 스스로 필요하다고 느낄 때 하는 거라고 생각하기 때문에, 저는 학생이 필요성을 느끼는 수업이 가장 좋은 수업이라고 생각합니다.

교사 B : 저는 '배움이 있는 수업'이 가장 좋은 수업이라고 생각합니다. 즉, 목표와 관련하여 학생들이 새롭게 알게 되거나, 할 수 있게 되는 변화가 있어야 한다고 생각해요. 아주 사소한 것이더라도 말이죠. 배움이 있는 수업을 위해선 매 차시 별로 학생들이 배워야 할 핵심이 무엇인지를 파악할 수 있어야 해요. 그리고 그 핵심을 포함한 간결한 수업 활동을 구성해야 해요. 평가는 학생들의 수업 목표와 관련된 변화를 확인할 수 있는 것이라면 무엇이든 괜찮다고 생각합니다. 그래서 저는 아이들에게 평가의 틀을 깨고 평가에 대한 부담을 줄여주려고 노력했어요. 여러분은 '무게 재기' 단원의 핵심은 무엇이라고 생각하시나요? '저울의 사용법을 알고 정확하게 무게를 재는 것'이겠죠. 저는 이 단원을 평가하기 위해 아이들에게 쿠키 레시피를 주고 정확히 계량해 쿠키를 만들도록 했어요. 쿠키를 만드는 과정을 관찰하며 아이들이 제대로 배웠는지 쉽게 평가할 수 있었어요. 이렇게 핵심만 놓치지 않는다면 다양한 방법으로 수업과 평가를 디자인할 수 있습니다. 좋은 수업을 위해선 계속해서 시행착오를 하게 되는 것 같아요. 저는 교생실습을 나가 수업을 짤 때 저는 새롭고 참신한 아이디어, 재밌는 활동에 주안점을 두었어요. 그런데 이게 정말 아이들에게 도움이 되는 수업인가를 계속 생각해봤는데 절대 아니더라고요. 참신함이란 함정에 빠져 수업의 핵심을 놓쳐서는 안 되겠죠. 제가 생각하는 좋은 수업은 학생들의 배움을 불러일으키는 수업입니다.

교사 C : 저는 '학생 모두가 소외되지 않는 수업'이 좋은 수업이라고 생각합니다. 학급 안에는 배움의 속도가 각자 다른 아이들로 가득 차 있습니다. 교사는 이때 배움이 느린 학생들도 학습 목표에 온전하게 도달할 수 있도록 수업을 구상, 계획, 실천해야 합니다. 이를 위해 학생들의 학습 수준을 파악하고 있어야 하고 다양한 수준의 학생을 위한 수업 자료를 준비해야 합니다. 예를 들어 속도가 빠른 친구가 학습 도우미가 되어 다른 친구를 도와줄 수 있고, 보충 학습지를 통해 개념을 보충해줄 수도 있습니다. 또한 여러 가지 학습 게임을 통해서 개념 이해를 더 쉽게 해 줄 수 있습니다.

학습 속도 이외에도 다양한 성향의 학생들을 모두 고려해야 합니다. 외향적인 학생, 내향적인 학생, 발표를 좋아하는 학생, 발표가 서투른 학생 등등 다양한 성향의 아이들이 있기 때문에 이를 다 고려해주어야 하는데요. 발표 위주의 수업을 글쓰기나 문제 만들기 활동 등으로 대체하거나 부담 없이 발표할 수 있는 활동(ex. 번개발표-모두 한 문장씩만 이야기하고 다시 앉기)을 구상하여 우리 반 모두가 참여할 수 있도록 분위기를 조성하여 모두 소외되지 않도록 해야 합니다.

교사 D : 저는 '학생들의 삶과 연결되는 수업'이 좋은 수업이라고 생각해요. 학교에 학생들이 오는 것은 궁극적으로 학생들이 자주적 생활 능력과 민주 시민으로서 필요한 자질을 갖추기 위함입니다. 따라서 모든 수업 내용은 궁극적으로 학생의 삶에 쓸모가 있어야 그 의미를 비로소 지닌다고 생각합니다. 학생들이 학교에서 배운 내용을 잘 기억하기 위해서는 배운 내용이 학생의 삶과 연결되어 있어 적용이 가능하거나 배울 내용이 학생의 삶에서 비롯되어야 합니다. 따라서 교사는 교과서를 수동적으로 받아들이기보다는 교과서 내용과 학생의 삶을 연관지어 학생의 실제 삶과 연관 있는 수업을 제공해야 합니다. 예를 들어, 아무리 실과 수업에서 분리배출에 대해서 배웠다 한들 그것이 삶에서 연결되지 않으면 어느샌가 잊혀져버릴 것이고, 아무리 도덕 시간에 배려와 협력 같은 인성 요소를 배웠다 한들 그것이 학생의 삶에서 아무 의미를 갖지 못한다면 학생은 학교에서의 배움이 필요가 없다고 느끼게 될 것입니다. 따라서 좋은 수업이란 학생들의 삶과 연결되어 학생들의 성장에 함께하는 수업이라고 생각합니다.

교사 E : 저는 가장 중요한 것은 '목표가 일관된 수업'이라고 생각해요. 학교에서 어떤 하나의 수업은 국가 교육과정의 성취기준을 기본으로 하여 만들어집니다. 성취기준은 학생들이 해당 교과의 다양한 내용 중 꼭 성취해야 하는 지식, 능력, 태도를 종합하여 정해집니다. 그리고 학생들은 해당 교과를 배운 후에 그 성취기준을 꼭 달성해야 하고요. 이를 위해서는 성취기준을 기반으로 학습의 목표를 세우고, 이를 중심으로 수업을 구성하는 것이 최우선이 되어야 합니다. 목표가 일관되지 않으면 무의미한 대화가 이어지거나 내용과 관계없는 이야기로 흘러갈 가능성이 큽니다. 더군다나 수업이 끝나고 무엇을 배웠는지 생각해봤을 때 아무것도 배운 것이 없는 것처럼 느껴집니다. 따라서 학생들이 꼭 습득해야 하는 지식, 능력, 태도를 중심으로 목표를 정하고 이 목표를 달성할 수 있는 수업이 좋은 수업이라고 생각합니다. 머릿속으로 그려지듯이 설명이 풍부한 수업을 만드는 것도 필요해요. 아무리 내용이 충실한 수업이라 하더라도 학생들이 이해하지 못하면 소용이 없습니다. '이해'라는 것은 개인이 어떤 지식을 머릿속으로 받아들이고, 자신의 말로 재구성하여 표현할 수 있을 때 비로소 이해가 된 것이라 할 수 있습니다. 따라서 학생들이 머릿속에 펼쳐진 지식들을 자신의 말로 표현할 수 있도록 하는 것이 좋은 수업이라고 할 수 있겠습니다. 특히 초등학생의 경우에는 많은 경험이 있는 것이 아니기 때문에 일상생활 속에서 겪을 수 있는 사례나 책 속의 이야기 등에 비유해서 지도하는 것도 효과적이라고 생각합니다.

2 전문성 신장

 교사의 전문성을 신장시키는 방법에는 다양한 것들이 있습니다. '전문성'의 사전적 의미는 '어떤 분야에 상당한 지식과 경험을 가지고 오직 그 분야만 연구하거나 맡은 특성'입니다. 교사가 맡게 될 업무 분야를 크게 나누자면 '학습 지도'와 '생활 지도'로 나눌 수 있습니다. 이 두 분야에 상당한 지식과 경험을 쌓고, 심도 있게 연구하는 것이 전문성 신장에 해당할 것입니다. 전문성 신장 방안에는 어떤 것들이 있을지 생각해 봅시다.

교사 A : 교사로서 전문성 신장을 할 때 가장 먼저 찾게 되는 것은 '책'이라고 생각합니다. 조금 더 정확히 말하자면 '관련 도서 탐독'이 되겠네요. 저는 여러 시행착오를 거친 다른 선생님들이 자신의 노하우를 담은 실용서적을 읽고 참고하기도 하고, 교육 분야 안에 속한 다양한 책을 읽기도 했습니다. 부모들을 위한 육아서나 사람들의 심리를 다룬 심리학 서적들도 교육에 적용하기에 충분히 도움이 되었습니다. 저는 교사 독서모임에 참여하여 2주에 한 번씩 책 한 권을 읽고 독서 모임에서 이야기를 나눕니다. 덕분에 강제력이 생겨 책을 읽기 싫을 때에도 책을 펴서 한쪽이라도 더 읽게 되고, 책 내용에 대해 깊이 있는 논의를 하기 때문에 내용이 더욱 기억에 남습니다. 깊이 있는 독서를 원하시면 교사 독서 모임에 참여하시는 것도 추천 드립니다.

교사 B : 저는 제가 관심 있는 분야를 깊게 배우기 위해 '대학원'에 진학했습니다. 교육대학원의 경우 야간제나 계절제로 진행되기 때문에 일을 하면서 학업을 병행할 수 있어요. 저는 미래교육에 관심이 많아 컴퓨터교육과 관련된 학과에 진학해 공부하고 있어요. 대학원에 재학 중인 분들 대부분이 현직 교사라 배운 내용의 현장 적용에 대해 함께 토의할 수 있다는 것도 큰 장점이라고 생각합니다.

교사 C : 저는 전문성 신장을 위해 저의 관심분야인 '코딩 교육'을 깊이 있게 공부했습니다. 제가 평소에 관심을 가지고 있던 분야이기도 했고, 현장에서 코딩 교육의 중요성이 꾸준히 커져가고 있기 때문에 변화하는 사회에 발 빠르게 적응하기 위해 배우게 되었습니다. 요즘은 이와 관련한 교원학습공동체도 많고 연수, 책 등 관심만 있다면 찾을 수 있는 교육이 많더라구요. 그래서 엔트리 코딩 교육, html로 홈페이지 코딩하기, AI 활동 교육을 공부했습니다. 물론 제 전공이 아니어서 어렵기도 했지만 이런 경험들이 바탕이 되어 좋은 기회로 융합정보 분야의 영재 강사로 뽑히게 되었고, 영재 강사를 하면서 새롭게 경험한 것들이 많아 참 좋았습니다. 이번 겨울 방학에는 파이썬 코딩을 배우려고 생각하고 있습니다. 이렇게 관심 분야와 관련된 정보들을 찾아 스스로 공부하는 것으로도 전문성 신장이 가능합니다.

교사 D : 저는 '교원학습공동체'에 참여하는 것을 추천해요. 교원학습공동체는 교원들이 전문지식과 교육 실천 경험, 교육과정 운영 등에서 겪는 어려움을 서로 공유하고 집단 지성과 반성적 사고를 통해 공동체에 속한 교사 개인은 물론 공동체가 동시에 성장하는 집단을 말합니다. 나 혼자서 고민하는 것보다 다른 선생님과 함께 이야기를 나누고 프로젝트를 수행해나가는 것이 훨씬 생산적입니다. 또 혼자 하면 금방 식을 수밖에 없는 열정도, 다른 선생님들과 나누다보면 다시 열정이 타오르는 것을 느낄 수 있습니다. 생활 지도는 하나의 답이 있는 것이 아니기 때문에 많은 선생님들의 사례를 통해 배운 후에, 나만의 색깔이 있는 학급 경영 시스템을 만들 수 있습니다. 일반적으로 교원학습공동체는 주로 교내에서 이루어지지만 학교 간에도 이루어 지는 경우도 있으며 학습동아리 또는 학년, 교과 단위에서 다양한 모양과 이름(교사연구회, 교육학습공동체 등)의 교사 전문성 신장과 학생들의 학습력 증진을 목적으로 하는 집단을 포함하는 개념으로 사용되기도 합니다.
교원학습공동체의 장점은 다음과 같습니다.
- 수업 및 생활 지도에 대한 고민 공유 및 토의를 통한 해결책 발견
- 교사 간 친목 도모 및 소통을 통한 교내 인간관계 발전
- 다양한 교육 사례를 접하며 교육 활동에 대한 책임감 및 열정 고취
- 동료 교사와 함께 마음의 상처를 치유하고 자존감을 회복하는데 도움

교사 E : 대표적인 교사 전문성 신장 방안에는 '연수'가 있습니다. 법적으로 연수는 크게 교육 이론, 방법 및 직무 수행에 필요한 능력 배양을 위한 '직무연수'와 일정한 자격을 부여하기 위한 '자격연수'가 있습니다. 직무연수와 자격연수 외에 개인이 자율적으로 자기계발을 위해 받는 연수는 보통 '자율연수'로 구분합니다.

직무연수는 교육부 산하 '중앙교육연수원', 교육청 산하 각 지방 교육연수원이 중심이 되고 연수원장이 특별한 기관에 위탁하여 시행할 수도 있습니다. 교원 연수에는 정말 다양한 분야의 종류들이 있어서 자신이 흥미 있는 분야에 대한 지식을 쌓는데 큰 도움을 얻을 수 있어요. 저 같은 경우는 서울특별시교육청 과학전시관에서 주관하는 '첨단 기자재 활용 연수'를 들었는데요, 과학 과목에서 활용할 수 있는 기자재 관련 연수였습니다. 오실로스코프, 회전 추출기, 기체 센서 등 학생들의 과학 교육에 효과적으로 활용될 수 있지만 다루는 법을 몰라 학교 현장에서 활용이 어려운 기자재들의 원리를 배우고 직접 이를 활용해 실험도 해보았어요. 특히 학교 현장에서 어떤 형태의 수업이 구현될 수 있는지 구체적인 사례도 경험할 수 있어 큰 도움이 되었습니다. 자율연수도 다양한 형태로 진행이 되는데요, 자율연수는 공식적으로 인가받은 연수기관 외에 교육기관에서 교원의 자기계발을 이루는 것을 말하죠. 각종 누리집에서 운영하는 글쓰기 연수도 유용하고 최근 코로나 19로 인해 원격수업이 필요해지면서 동영상 편집, 포토샵 등 컴퓨터 활용 연수도 있습니다. 이처럼 연수는 교원의 전문성 신장에 직접적인 영향을 줍니다.

학교 내에서는 다양한 '장학' 활동도 이루어집니다. 장학은 크게 임상장학, 자기장학, 동료장학, 컨설팅장학 등으로 나누어집니다. 장학은 교원의 교육 능력을 제고하는데 큰 역할을 하는데요, 수업에 대

한 즉각적인 피드백이 이루어지고 피드백을 적용하여 수업을 수정하는 과정에서 수업 능력이 향상됩니다. 임상장학은 주로 초임교사를 대상으로 이루어집니다. 장학 담당자인 학교의 장이 초임교사의 수업을 관찰하고 수업에 대한 피드백을 하는 것을 말합니다. 동료장학은 동학년, 동교과 등 다양한 조직으로 이루어질 수 있습니다. 동학년 장학에서는 같은 학년 내에서 교사에 따라 다양하게 이루어지는 수업을 서로 관찰하고 서로의 수업에서 배울 점, 보완할 점등을 의논합니다. 교사 간에 협력적 상호작용이 이루어지면서 서로의 능력을 함께 향상시켜 나갈 수 있죠. 컨설팅 장학은 학교 내 보완할 점이나 부족한 점이 무엇인지를 파악하고 해당 분야에 전문성을 가진 전문가(강사, 교원 등)를 학교에 초빙하는 것입니다. 초빙된 전문가는 학교 조직의 문제를 파악하고 해당 문제를 해결하기 위한 해결방안을 학교와 함께 마련합니다. 이를 통해 학교의 발전을 이룰 수 있죠. 마지막으로 자기장학은 교원이 자기 스스로 일정한 목표를 세우고 그 목표를 이루기 위해 노력하는 것입니다. 저는 컨설팅 장학을 해보았는데 그 경험이 정말 도움이 많이 되었습니다. 최근 스마트 교육이 대두됨에 따라 컴퓨터 프로그램을 활용한 교실 수업이 주목을 받고 있는데, 혼자서 공부하기에는 어려움이 많았어요. 같은 학교 선생님들도 비슷한 의견을 말씀하셨구요. 그래서 학교 내의 문제점을 '교육용 프로그램 운영 방법의 미숙함'으로 삼고 이에 대한 지식을 갖고 계신 전문가분을 강사로 초빙했습니다. 그분께서 패들렛, 구글 클래스룸 등 교육 프로그램에 대한 전반적인 개요와 활용 방안을 설명해주셨구요. 그 후 학급 운영에서 효과적으로 활용할 수 있었습니다.

지금까지 질문에 열심히 답변하시면서 치열하게 고민하신 수험생분들, 고생하셨습니다. 여러분은 이제 교사로서의 기초 토대를 어느정도 완성하셨습니다. 물론, 이런 기초 토대는 하루아침에 완성되는 것이 아닙니다. 하지만 Part 02에서 질문에 대한 여러분의 답변을 고민하고, 다른 선생님들의 이야기를 들어본 경험은 기초 토대 세우기를 시작하게 하는 트리거가 되었을 것입니다. 그러니 2차 시험을 준비하는 과정 속에서 Part 02에서 생각한 것들을 끊임없이 되물어보고 수정해 보시길 바랍니다. 특히 Part 02를 읽으실 때에는 꼭 스터디원이나 다른 수험생분들과도 이야기를 함께 나누며 읽어보시길 권해드립니다. 무엇보다 중요한 것은 다른 사람은 어떻게 생각하는지를 들어보면서 함께 성장하는 것이니까요.

자, 그럼 다음 챕터에서는 2차를 실제로 경험하고 온 저자들의 생생한 후기를 만나봅시다.

실제 시험장 상황 및 저자 5인의 2차 시험 후기

 2차 시험 당일을 위한 준비

1 복장

　면접 복장은 기본적으로 '단정'하고 '교사다운' 복장을 입으면 됩니다. 그리고 여러분이 시험에서 가장 움직이기 편하고 안정감 있게 입을 수 있는 복장이면 충분해요. 여자 수험생들의 경우 개인의 선호에 따라 정장 원피스를 입는 분도 계시지만 치마 정장(치마+자켓 투피스), 혹은 바지 정장(자켓+바지)를 입는 분도 계십니다. 모두 단정한 옷이기 때문에 어떤 것을 선택하든 괜찮습니다. 예로, 면접 때는 차분한 색의 긴팔 정장 원피스를 입고 수업 실연에서는 많은 움직임을 고려하여 바지 정장을 선택하기도 합니다. 바지 정장을 입으시는 수험생분들은 아무래도 어두운 색(검정색, 어두운 회색, 어두운 남색)의 깔끔한 정장으로 복장이 통일되더라고요. 복장은 개인의 선택이나 아래와 같은 복장만 피해주세요.

- 지나치게 화려한 의상 (여러 색깔이 들어간 무늬가 있는 옷, 과도한 장식이 달린 옷)
- 무릎 한참 위로 올라오는 짧은 원피스/치마 등의 의상 (허벅지가 드러나지 않는 길이를 입으셔야 수업 실연 상황에서 민망한 상황이 연출되지 않습니다.)
- 후드티, 모자 같은 지나치게 격식에 맞지 않는 옷

2 신발

　구두 소리가 너무 크게 들리는 경우, 다른 수험생들에게 피해가 갈 수도 있어요. 이러한 문제를 방지하기 위해 구두 굽 소리가 크지 않은 신발을 준비하는 것이 좋습니다. 실례로 강원도교육청에서 공지한 수험생 유의사항에는 퇴장 시 복도 계단에서 구두 소리가 들리지 않게 주의하라는 내용이 포함되어 있기도 합니다. 하지만 구두를 새로 사지 않아도 구둣방에서 미끄럼방지 고무패드를 덧대어 구두 소리가 크지 않은 구두를 만들 수도 있습니다. 사실 신발은 지나치게 캐주얼하거나 화려한 것, 정돈되지 않아 지저분한 것이 아니라면 꼭 검정 구두가 아니어도 괜찮은 것 같습니다. 아예 고무창으로 된 굽이 낮은 구두들은 소리가 거의 나지 않는 것으로 알고 있어요. 구두에서 작은 소리가 나는 것이 신경 쓰여서 다*소에서 의자 다리 아래에 붙이는 긁힘 방지 패드를 사서 시험장에서 붙이는 분도 있습니다. 긁힘 방지 패드는 물기 있는 곳에는 잘 붙지 않고 너무 미리 붙이면 떨어지는 단점이 있습니다. 혹시 필요하신 분들은 참고하세요.

3 머리

 면접에서 깔끔한 머리 스타일은 첫인상을 좌우하는 중요한 요소 중 하나입니다. 머리카락이 정리되지 않아 수업 실연이나 면접 때 머리카락을 건드리는 모습은 비단 임용시험에서뿐만 아니라 모든 면접 상황에서 산만하다는 인상을 줄 수 있습니다. 따라서 머리가 긴 분은 깔끔하게 하나로 묶거나 고정된 상태(꼭 머리망을 쓰지 않아도 괜찮아요.)를, 머리가 짧은 분이시라면 큰 손질 없이도 얼굴을 잘 드러낼 수 있는 깔끔한 머리를 하시길 추천합니다.

4 기타 준비 사항

- 보온병에 담긴 따뜻한 물 (너무 뜨거우면 오히려 필요할 때 마시기 어려워요.)
- 롱패딩과 같은 길고 따뜻한 외투 (시험장이 추운 경우가 많습니다.)
- 청심환 (체질상 맞지 않을 수 있으므로 시험 전에 미리 복용해 보세요.)
- 속이 편하고 먹기 간편한 점심과 간식
- 수험표, 신분증(주민등록증, 운전면허증 등) 챙기기
- 자기 전 1번, 시험장에 출발하기 전 1번, 준비물을 잊지 않았는지 확실히 점검하기

> 만약 수험표 또는 신분증을 지참하지 않은 것을 시험장에 도착해서 알게 된 경우, 당황하지 마시고 가족들과 연락을 취하거나 바로 시험 본부로 찾아가세요.

5 인사

 수험생 입장에서는 괜히 수업실연, 면접의 시작인 인사부터도 제대로 하고 있는지 의문이고 떨리기도 하죠? 저자들의 경험을 바탕으로 인사하는 장면을 복기해 넣어보았습니다. 수업실연, 심층면접을 공부하시면서 입장, 인사, 퇴장을 계속 연습하시면 더욱 실전처럼 연습이 가능할 것입니다. (시험장에 따라 다를 수 있지만 교실은 대체로 미닫이문입니다.)

```
수험생: (노크) (노크 후 들어오라는 안내를 받으면 문을 연다.)
수험생: (가벼운 목례 후 교실 안쪽으로 걸어 들어온다.)
수험생: (책걸상 옆에 서서 인사한다.) 안녕하십니까. 관리번호 00번입니다.
감독관: 관리번호 00번 맞습니까?
수험생: 네(예), 맞습니다.
                    (면접/수업실연 진행)
수험생: (바르게 정리하고 조용히 일어난다.) 감사합니다. (책걸상 옆에 서서 인사한다.)
수험생: (뒷걸음 1-2 걸음 정도 한 뒤 조용히 돌아서 퇴장한다.)
```

 **강소희 선생님의 2차 시험 말말말**

저는 맨 처음엔 평일에 3인 스터디를 하며 2차를 준비했습니다. 저는 1차 성적이 나쁘지 않았음에도 선배로부터 2차에서 뒤집힌 사례를 듣고 난 뒤 2차 준비의 필요성이 더 느껴져서 12월부터는 본스터디(3인, 1차 때부터 함께 공부하던 동기들)외에 짝스터디원을 구해서 본스터디가 끝난 뒤 짝스터디원과 함께 2차 시험 연습을 한 세트(과정안, 심층면접, 수업실연) 더 연습했습니다. 애초에 제가 속한 스터디가 3인이라 불편한 점도 있었지만 서로 피드백을 세세히 해줘도 4인 스터디보다 일찍 끝나서 매일 짝스터디를 할 수 있는 시간이 충분히 됐어요. 그리고 주말에는 과정안 하나를 쓰고 휴식을 취하거나 다른 스터디와 스터디원을 섞어서 크로스 스터디를 하였습니다. 1차부터 함께해 온 스터디원끼리만 스터디를 하고 선배나 다른 사람 앞에서 몇 번 해보지 않으면(이런 경우는 거의 없겠지만요), 열심히 했지만 포인트가 약간 어긋나서인지 스터디 전원이 합격하지 못하거나 1명만 합격하는 경우가 심심찮게 있습니다. 따라서 짝스터디원도 구해보고, 크로스 스터디도 해서 다양한 피드백을 받아볼 것을 강력 추천 드립니다. 그중 잘하는 사람들을 보면서 긍정적인 자극도 얻게 되고 그분들로부터 보석 같은 피드백을 받게 되기도 하니까 말이에요!

12월 대략적인 요일별 일정						
월	화	수	목	금	토	일
본스터디 and 짝스터디	본스터디 and 짝스터디	본스터디 and 짝스터디	본스터디 and 짝스터디	본스터디 and 짝스터디	과정안 작성 or 크로스 스터디	과정안 작성 or 크로스 스터디

제가 말하는 것만 보면 엄청 오래 공부한 것 같지만 그래도 1차보다는 훨씬 놀았고 12월까지는 쉬는 시간이 많았어요. 1차로 인해서 심신이 많이 지쳐있기 때문에 더 하기도 어렵긴 하지만요. 그리고 그때 중간 중간 쉬어줘야 크리스마스쯤부터 막판 스퍼트를 할 수 있는 것 같아요.

저는 2019학년도에 응시했기 때문에 2차 시험이 3일 동안 이뤄졌어요. 시험장이 집이랑 1시간 거리여서 1차 준비 때 함께 짝스터디를 했던 동기(2차 짝스터디원과는 시험장이 달랐어요.)와 함께 시험장 인근 숙소를 3박 예약했어요. 둘이서 방에서 예상문제를 서로 공유하고 계속 연습하고 서로 응원 해주다보니 정말 생산성 있게 3박을 보낼 수 있었던 것 같습니다. 3명-4명이서 같이 숙소를 예약하는 경우도 있지만 개인적으로 저는 그건 비추천해요. 1명만 시험을 망쳐도 그날 숙소 분위기가 매우 안 좋아지기 쉽기 때문입니다. 짝스터디/스터디로 인해 성향을 잘 알고 있는 사람 중 시험장이 같은 사람이 있다면 강력 추천입니다~!

그리고 예전에는 시험장에 미리(아침 6시 반 등) 가서 연습할 수 있었는데 최근 국가 전염병 사태로 인해 이제는 그러기 어려워졌어요. 따라서 시험 당일 아침 일찍 일어나셔서 숙소나 집에서 시험장으로 출발하기 전에 소리 내어 한두 번 연습하고 가시고 시험장에 가서 계속 머릿속으로 연습하셔야 합니다.

 **김지은 선생님의 2차 시험 말말말**

저는 공부하는 스타일이 '공부할 때는 열심히 하고, 쉴 때는 확실하게 쉬자!'라는 주의라서 1차 시험이 끝난 후에 2주 동안 열심히 쉬고 재충전을 한 후에 2차 시험을 준비했습니다. 다른 스터디들은 1주일만 쉬는 팀이 많았는데, 저는 조금 더 쉬는 게 장기적으로 볼 때 저한테 잘 맞을 것 같아서 과감하게 1주일을 더 쉬었습니다. 2차 시험을 준비하는 과정이 생각보다 체력 소모가 크기 때문에 선생님들께서도 필요하신 만큼 꼭 열심히 쉬시길 바라요. 대신 시작하고부터는 정말 열심히 준비를 했는데요, 시중에 나와 있는 책은 1주일을 잡고 거의 다 외운다고 생각했습니다. 그래서 다른 스터디원들보다 면접, 반성적 성찰을 얘기하는 틀이 빨리 잡힌 편이었어요.

그런데, 의외로 수업 실연이 저에게는 큰 복병이었습니다. 수업에 대한 구상은 빨리 되는데 표정이 어색하거나 요즘 흔히들 하는 말로 '뚝딱거린다.'라는 표현이 어울릴 정도로 수업 실연이 어색했습니다. 그래서 이를 극복하기 위한 극약 처방은 수업 실연 스터디를 추가로 하나 더 하는 것이었습니다. 본 스터디는 같은 과 친구들이랑 하고 있었기 때문에 추가로 하게 된 수업 실연 스터디는 다른 과 친구랑 했는데요. 주중에 2번씩 저녁에 만나서 수업 실연만 하고 피드백을 주는 식으로 진행을 했습니다. 물론 체력적으로 지치고 힘들었지만 결론적으로 수업 실연에서 만점에 가까운 점수를 받았기 때문에 잘한 선택이 아니었나 싶습니다. 선생님들께서도 만약 유난히 약한 파트가 있다면 그 파트만 집중해서 스터디를 더 하시는 것을 추천 드립니다.

2차를 준비하면서 많이 도움이 됐던 것은 다른 과와의 크로스 스터디였습니다. 같은 과에서 하는 것도 도움이 됐지만, 내가 모르는 사람들 앞에서 해보는 것이 긴장도 되고 실전과 같은 느낌이 들어서 효과가 좋았습니다. 아무래도 나를 잘 아는 친구들에게 보이지 않는 부분을 다른 과 선생님들이 피드백을 해주니 수업이나 면접의 질이 한 단계씩 올라가는 게 느껴졌습니다. 요즘에는 비대면으로도 스터디를 많이 진행하기도 하니, 타 지역이나 학교의 수험생들과 교류하는 것도 적극 추천합니다. 크로스 스터디는 할 수 있으면 많이 해보시고, 피드백 받은 것들을 노트에 적고 복기하면서 몸에 새길 수 있도록 노력하시면 좋은 결과를 얻으실 거예요.

대망의 시험 날, 저는 다른 수험생들보다 1시간 정도 일찍 도착해서 수험장을 먼저 둘러봤습니다. 만능틀 대로 수업 연습도 해보고, 교실을 보면서 긴장을 풀려고 했어요. 저한테는 효과 만점인 방법이었는지, 떨릴까봐 가져갔던 청심환도 필요가 없었을 정도로 긴장이 안 되더라구요. 제가 대범한 편인지, 아니면 너무 정신이 없어서 긴장이 안 느껴졌던 것인지는 몰라도 막상 심사위원들의 눈을 보고 이야기할 때는 편안한 마음으로 시험을 치렀답니다. 작년까지는 코로나 때문에 상황이 여의치 않아서 일찍 가는 것이 허용되지 않았다고 하지만 그렇다고 하더라도 수험장 근처 어딘가에서 이미지 트레이닝하시는 것만으로도 큰 효과를 보실 거라고 생각합니다.

2차 시험은 1차 시험에 비해 준비하는 시간이 굉장히 짧았고, 친구들이 어떻게 하는지 직접적으로 눈으로 보면서 준비하기 때문에 자괴감도 많이 들었고 방향에 대한 고민을 참 많이 하게 되었던 시험이었습니다. 선생님들께서도 준비하실 때 다양한 친구들을 많이 만나겠지만, 항상 머리 속에 '나는 나의 가장 Best version으로 수험장에 들어가면 된다!'라는 생각을 꼭 새겨두세요. 나의 스타일을 찾고, 그 스타일을 최대한 발전시켜서 수험장에 들어가면 합격하실 거예요. 화이팅입니다!

> **자잘한 Tip!**
> ① 대기하는 동안 이미지 트레이닝 반복하기
> ② 혼자 자는 사람은 기숙사 친구나 주변 사람들에게 꼭 깨워 달라고 부탁하기
> ③ 시작하기 직전! '이분들은 나를 좋게 봐주시려고 오신 분이다!'라는 마음을 먹고 들어가기

 김희진 선생님의 2차 시험 말말말

① 1차 직후 1주일 (대략 11월 2주차~3주차)

1차 시험이 끝난 직후에는 완전 기진맥진한 상태였기 때문에, 2차 준비를 위한 체력을 보충하는 시간을 가졌습니다. 우선 푹 쉬면서 기력을 회복하고, 친구들도 만나면서 즐거운 시간을 보냈습니다. 이때 마냥 노는 것이 아니라, 시험을 위한 준비를 하면서 놀았습니다.
- 스터디 꾸리기(스터디원 및 장소 확정)
- 2차를 위한 자료 정리하기(선배에게 받은 자료, 교재 등)

2차 스터디원은 1차보다도 중요한데, 2차 시험을 준비하는 내내 거의 매일, 하루 종일 함께할 사람들이기 때문입니다. 따라서 자신과 생활 습관이나 공부 스타일 등이 잘 맞는 스터디원과 함께하는 것이 시너지 효과가 더 큽니다. 그리고 2차를 시작하게 되면 선배들, 주변 사람들로부터 엄청난 양의 자료를 받게 됩니다. 이것들을 잘 정리해야 비로소 잘 사용할 수 있는 자료가 되기 때문에 자료들을 보면서 내가 필요한 자료를 뽑아내고 심층면접, 수업실연 등 카테고리에 맞게 나누는 작업들을 했습니다.

② 1차 합격자 발표 전 (대략 11월 3주차~12월 2주차)

1차 합격자 발표가 나기 전 까지는 일주일에 4~5회의 스터디를 했습니다. 이 시기의 하루 일과는 다음과 같습니다.

10:00 ~ 11:00	스터디 출석 및 과정안 피드백
11:00 ~ 15:00	면접 / 수업실연 번갈아가면서 연습
15:00 ~	개인 공부

1차 합격자 발표가 나기 전 까지는 2차 시험을 파악하고, 익숙해지는 연습부터 했습니다. 면접과 수업실연은 하루씩 번갈아가면서 기출문제를 주로 풀고 스터디원들과 피드백을 했습니다. 이때, 피드백 시간을 매우 길게 가졌습니다. 한 문제에 대해서 나올 수 있는 답변들을 다함께 고민해보고, 해당 답변이 논리적으로 적절한지를 끊임없이 토의했습니다. 이 과정이 저에게는 굉장히 도움이 되었습니다. 자연스럽게 답변들마다 적절하게 사용할 수 있는 만능 답변들도 생각할 수 있었고, 문제에 대한 다양한 관점들을 나누다 보니 답변의 폭도 넓어졌습니다. 처음에는 구상형 문제 답변이 2분짜리 밖에 나

오지 않았었는데 1차 발표 전에는 4분~4분 30초 정도까지는 채울 수 있었습니다. 그만큼 답변이 풍부해진 것이지요! 수업실연도 마찬가지로 같은 문제로 어떤 내용의 실연이 나올 수 있는지 다함께 고민했습니다. 이렇게 스터디원들과의 끊임없는 토의 과정이 큰 도움이 되었습니다. 스터디가 끝나고 개인 공부 시간에는 시책 정리, 스터디 내용 복기, 교육 신문 기사 읽기 등의 공부를 하고 그 후에는 휴식을 취했습니다.

③ 2차 직전까지 (대략 12월 2주차~1월 1주차)

1차 합격자 발표가 난 후에는 영어(영어 수업 실연, 영어 면접)를 일과에 추가하였습니다. 보통 영어는 한 달 전부터 준비해도 충분하다는 선배들의 말이 있어서, 이때부터 영어 수업실연 만능틀을 만들고 면접을 준비했습니다. 일정은 위의 표와 같은데, 달라진 점은 면접과 수업실연을 모두 한꺼번에 했다는 것입니다. 그만큼 스터디 시간이 길어졌습니다. 2차 직전 1주일 동안에는 1.5팀(수업실연 2회+면접 1회 or 수업실연 1회+면접 2회)으로 실전 연습을 하였습니다. 그리고 다른 학교 스터디원들과 크로스 스터디를 했는데요, 저희 스터디 외에 다른 스터디의 수업틀, 면접 방식 등을 접하면서 시야의 폭을 넓힐 수 있는 좋은 기회였습니다. 매일 같은 스터디원들 하고만 스터디를 하다보니, 피드백 내용도 같고 발전이 없는 느낌이었어요. 이때 크로스 스터디를 하면서 우리가 다른 스터디에 비해 어떤 점이 부족한지를 파악하고 이것을 보완한 것이 정말 도움이 많이 됐습니다. 서로 쉬는 시간에 각종 정보 공유도 되구요! 크로스 스터디는 정말 강추합니다.

시험 당일, 정말 3일 동안 나의 모든 것을 쏟아 붓는다는 생각으로 '실수만 하지 말자!'라고 다짐하면서 시험장에 들어갔어요. 정말 저 다짐대로 제 목표는 실수만 하지 않는 것이었습니다. 지금까지 연습한 대로만 시험장에서 한다면, 합격할 수 있을 거라는 근거 없는 자신감의 일환이었지요. 이런 마인드컨트롤이 정말 많은 도움이 됐고, 시험장에서 큰 실수 없이 시험을 치르고 나올 수 있었습니다.

실제로 저는 2일차 수업실연 시험에서, 실연을 마치고 반성적 성찰을 위해 책상으로 가던 도중 크게 넘어졌어요. 책상 다리를 보지 못하고 뒤로 넘어진 것이죠. 저도, 감독관님들도 모두 당황해서 벙쪄있었는데, 저는 이 해프닝은 교실에서 얼마든지 일어날 수 있는 상황이라고 재빠르게 마음을 먹었어요. 선생님도 사람인데, 당연히 아이들 앞에서 실수를 하기 마련이거든요. 하지만 이 실수에 어떻게 대처하느냐가 그 뒤 이어질 상황을 다르게 만듭니다. 저는 그 자리에서 아무렇지도 않은 척 하고 일어나 아무 일도 일어나지 않은 듯이 책상에 앉고 반성적 성찰을 했습니다. 돌이켜 생각해보니, 저는 이 해프닝이 제가 교사가 되는 데에는 아무 지장이 없고, 아이들 앞에서 이런 일이 벌어졌을 때에도 당황하지 않고 침착할 수 있다는 것을 보여주었을 것이라고 생각해요. 시험장에서 '나는 이미 멋진 선생님이다.'라는 마인드컨트롤 이 없었다면 이런 침착함이 나올 수 없었을 거에요. 여러분도 시험장에서 끊임없이 주문을 외워보세요. '실수만 하지 말자, 나는 이미 훌륭하고 멋진 선생님이다!'

나혜진 선생님의 2차 시험 말말말

1차가 끝나고 쉬고 싶은 마음이 굴뚝 같았지만 1주일 정도 쉬고 스터디(4인)를 꾸렸습니다. 1차 합격자 발표가 나기 전까지는 심층면접과 과정안만 실전 연습을 하고, 수업실연과 영어실연 및 면접은 만능틀을 만드는 데 중점을 두었어요. 이 시기에 스터디원들과 시책 정리를 하거나 교육 관련 책을 읽고 내용을 공유하기도 했습니다. 1차 합격자 발표 후에는 매일 과정안, 심층면접, 수업실연, 영어실연 및 면접을 연습하고 피드백을 주고받았습니다. 스터디 후반부에는 시간 단축을 위해 2명씩 나누어 심층면접과 수업실연은 2세트씩 연습을 해보기도 했습니다. 스터디가 익숙해지면 스타일이 굳어지는 부분이 생기기 때문에 다른 스터디와 크로스스터디를 하는 것을 추천합니다. 크로스 스터디를 통해 새로운 자극과 개선방안을 찾을 수 있을 거예요. 그리고 기회가 된다면 현직에 계신 선배님들께 꼭 피드백을 받아보세요. 직접 만나서 피드백을 받는 것이 어렵다면 영상을 보내고 피드백을 받을 수도 있어요. 이미 한바탕 1차 시험을 치른 후라 2차 준비 기간에는 참 체력적으로 힘이 듭니다. 저는 스터디원들과 '맛있는 점심'으로 스트레스를 풀었습니다. 별거 아니지만 스터디원들과 맛있는 점심과 커피 한잔으로 소소한 위로와 힘을 얻을 수 있었답니다.

스터디가 끝나고 집으로 돌아가면 정말 너무 지쳐 쉬고 싶은 마음이 굴뚝이었어요. 그래도 좀만 더 힘내자는 마음으로 그날그날의 스터디 내용을 정리하며 시간을 보냈습니다. 매일 촬영한 영상을 살펴보며 고치지 못한 말버릇은 없는지, 불필요하거나 산만해 보이는 몸동작은 없는지를 확인했어요. 제가 답변한 내용도 다시 한번 점검했답니다. 또 구상지와 피드백 받은 내용, 스터디원들의 답변을 정리한 것을 자료에 새로 반영하며 저의 2차 자료를 업데이트하는 시간을 가졌어요. 그때 만든 자료들이 시험을 준비하는 데 큰 도움이 되었답니다.

스터디를 마무리했다면 그동안 준비한 것을 시험장에서 잘 발휘해야겠죠. 저는 3일의 2차 시험 기간 동안 시험장 근처에 있는 오피스텔을 빌려 시험을 치렀어요. 예전과 달리 일찍 시험장에 도착해도 평가실에 들어가서 연습을 할 수 없다고 들어서 너무 일찍 시험장에 가지는 않았어요. 괜히 더 긴장만 될 것 같아서 30분 정도만 여유 있게 시험장에 도착했습니다. 대기실에서는 이미지 트레이닝을 하며 시간을 보냈습니다. 시험장에 가면 예상치 못한 일이 생기기도 합니다. 저의 경우에는 평가관이 시간 측정 실수를 하는 일이 있었어요. 영어면접 및 실연날 관리번호 1번을 뽑았는데, 한창 영어 실연을 하던 중 갑자기 평가관 한 분이 '수업 실연 시간이 종료되었습니다.'라고 말씀하셨어요. 평가관 책상 위 전자시계가 6분이 남았음을 가리키고 있었는데 순간, 6분의 시간이 지났다고 착각하신 것 같더라고요. 평가관들의 당황한 눈빛이 교차하고 몇 초의 정적이 흘렀어요. 당황스러웠지만 실연은 해야 하고, 시간은 흘러가고 있기에 '그럼 계속하겠습니다.'라고 말하고, 실연을 이어갔어요. 평가관도 사람인지라 실수를 하는 일이 생길 수 있어요. 어떤 상황이 닥치던 여러분이 준비한 것을 마음껏 펼친다는 생각으로 그 순간 나의 할 일에 집중하신다면 갑작스러운 순간이 와도 잘 대처하실 수 있으리라고 생각합니다.

> **시험장 꿀팁!**
>
> ① **준비물**
> - 렌즈를 끼는 수험생은 여분의 렌즈를 꼭 챙겨가세요. 히터로 인해 대기실이 굉장히 건조해 렌즈가 빠지거나 찢어지는 일이 생길 수 있어요. (실제 제 경험이랍니다.)
> - 정장을 입고 장시간 대기하는 것이 불편할 수 있어요. 편한 옷 챙겨가는 것을 추천합니다.
> - 대기실에 거울을 가져와 책상에 올려두고 연습하는 수험생들이 있었어요. 반입이 허용된다면 활용해 보세요.
> - 신분증을 빠뜨리고 왔다면 시험 본부로 찾아가세요. 서약서를 작성하고 시험을 치른 뒤, 당일 시험 종료 후에 본청에 신분증을 지참하고 방문하여 확인받을 수 있어요. 혹시라도 이런 불상사가 생긴다면 당황하지 말고 바로 시험 본부로 찾아가세요. 누가 이런 바보 같은 짓을 할까 싶겠지만 제가 그랬답니다.
>
> ② **끝까지 최선을 다하세요.**
> 실연 시간이나 답변 시간이 남았다면 그냥 평가실을 나서기보다는 여러분의 포부라도 밝히며 시간을 채워보세요. 끝까지 최선을 다하는 여러분의 모습이 훨씬 좋은 인상을 남길 거예요.
>
> ③ **활짝 웃는 얼굴로 밝게 인사하고 시작하세요.**
> 후배들을 피드백해보니 처음 들어올 때 활짝 웃는 것과 그렇지 않은 것이 굉장한 인상 차이를 주더라고요. 눈까지 활짝 웃는 얼굴로 또박또박 인사하는 모습을 보여주세요. 처음 인사하는 목소리가 작거나 분명하지 않으면 자신감이 없다는 인상을 줄 수 있으니 신경쓰는 것이 좋아요. 첫 인사부터 평가관들의 시선을 사로잡아 봅시다!

남누리 선생님의 2차 시험 말말말

저는 1차 시험이 끝나고 그 주 주말부터 2차 준비를 시작했어요. 다들 쉬라고 하던데 오히려 쉬면 마음이 불편해서 스트레스를 받는 스타일이라, 시험 본 주 주말부터 교육청 시책을 공부하기 시작했습니다. 제 스터디원들도 저와 비슷한 성격이라 시험 끝난 다음 주 월요일부터 3인 스터디를 시작했습니다. 보통 4인 스터디를 많이 하는데 저희는 피드백 시간을 아끼기 위해 3인으로 스터디를 구성했고, 아주 만족스러운 스터디를 진행했습니다. 첫 일주일 동안은 각자 시책을 읽어와서 중요하게 생각하는 부분을 공유하고 정리했습니다.

주된 일정은 다음과 같았습니다.

09:00 ~ 10:00	교수·학습과정안 작성
10:00 ~ 10:30	교수·학습과정안 피드백 및 수정
10:30 ~ 11:30	심층면접 및 피드백 (1)
11:30 ~ 12:30	점심 식사

12:30 ~ 14:30	심층면접 및 피드백 (2)
14:30 ~ 18:00	수업실연 및 피드백
18:00 ~ 19:00	저녁 식사
19:00 ~ 21:00	영어 수업실연 및 면접/피드백

저희 스터디는 심층면접을 하루에 3세트씩 진행했어요. 구상형 문제는 다같이 구상하되 한 명만 실제로 답하고, 즉답형 문제도 두 사람은 영상으로 찍어오고 다른 한 명은 스터디원이 보는 앞에서 면접 연습을 했습니다. 그 때문에 심층면접만 4시간이 넘게 소요되었지만 저는 교육청이 면접을 중요하게 여긴다고 생각해서 계속 이렇게 진행했습니다.

이 일정이 끝나면 저는 주로 쉬다가 바로 자곤 했는데 부지런한 저의 스터디원들은 그 날 받은 피드백을 정리하고, 부족한 과목이 있으면 다시 한 번 연습하는 등 자신만의 공부를 했습니다. 특히 면접 만능 답을 정리하는 과정은 그 때 그 때 하지 않으면 정리하기 어려우니 스터디 중에 바로 정리하거나, 그날 밤에 정리하시길 추천합니다.

시험이 다가오며 저희는 크로스 스터디를 활발하게 했습니다. 스터디마다 방향성과 중요하게 여기는 부분이 달라서 매우 도움이 되었어요. 또 시험 5일 전에는 시험 지역 근처로 이동했기 때문에 타학교 학생과 스터디를 했습니다. 이 또한 새로운 시선을 경험할 수 있어 좋았어요. 그럼에도 불안한 마음이 들어 저는 제 영상을 선배들에게 보내며 피드백을 부탁했습니다.

저는 시험장 근처 모텔을 스터디원과 함께 예약했습니다. 그런데 아침에 준비 시간이 생각보다 오래 걸려 지각할 뻔했어요. 첫 시간이 과정안 작성이라 체육복 입고 시험장으로 향했는데, 달리다가 정장 치마를 길에 떨어뜨렸지 뭐예요. 다행히 복도 감독관님의 도움으로 퀵 배달을 이용해 모텔에 있는 캐리어를 학교로 받아서 정장 바지로 갈아입을 수 있었습니다. 그러니 여러분은. 반드시 반드시!! 시간 넉넉하게 계산하세요. 저는 심층면접 4번, 수업실연 1번, 영어 8번이었습니다. 앞 순서라 정말 좋았어요. 수업실연은 1번이라 겁먹었지만 자신감 있게 임하니 만점을 받았습니다. 순서 속설 믿지 마세요. 기다리는 시간동안 마인드 컨트롤 중요합니다. 실제로 평가관, 감독관 모두 수험생이 다 잘해서 붙기를 원하는 마음을 가지고 있답니다. 무서워하지 말고 끝까지 최선을 다하는 모습 보이세요!

여기까지 오신 여러분! '시작이 반이다'라는 말 다들 들어보셨지요? 우리는 방금 2차 시험 준비를 위한 첫걸음을 뗐습니다. 이제 어느 정도 마음의 준비가 되셨나요? 다음 쪽에 준비된 체크리스트를 참고하며 2차 시험을 준비하러 떠나 봅시다!

Chapter 03 미션 체크리스트

2차 시험을 준비하시면서 주차별로 준비해야 할 점/고려하면 좋을 점들이 적혀 있습니다. 빈칸에는 여러분만의 목표를 넣어 여러분이 목표를 향해 노력하고 잘 실천했는지 체크해보세요.

주차	미션	이번 주 결산
1주차 (11월)	☐ 스터디 운영 계획 세우고 스터디 할 때 사용할 자료 선정하기 ☐ 직전 3개 학년도 기출 자료 정리하기 ☐ 내가 시험 볼 지역의 교육 시책 1회독하기(가볍게) ☐ 수업실연을 위해 가상으로 학생의 이름 및 특성을 정하고 자리 배치하기 ☐	내가 이룬 미션은? _____개
2주차 (11월)	☐ 수업실연 만능틀 나에게 맞게 일부 수정하기 ☐ 나만의 구상지 정리 틀 만들기 ☐ 과정안 만능틀 만들기 ☐ 수업 실연에 등장하는 조건 처리 방안 정리하기 ☐	내가 이룬 미션은? _____개
3주차 (12월)	☐ 2차 준비에 도움이 되는 책 읽고 내용 정리해서 면접/수업실연에 녹이기 ☐ 구상 시간 1분 줄이기 ☐ 면접 답안 정리 시작하기(ex.만능 답) ☐ 영어수업 및 영어면접 만능틀 만들기 ☐	내가 이룬 미션은? _____개
4주차 (12월)	☐ 시책 공부 후 면접에 등장할 수 있는 요소를 답변에 녹이는 연습하기 ☐ 자기만의 특색 있는 구호(집중구호, 칭찬구호 등) 정하기 ☐ 영어 면접 예상 문제와 사용하는 빈도가 높은 단어 정리해두기 ☐ 현직에 있는 선배에게 피드백 받기 ☐	내가 이룬 미션은? _____개
5주차 (12월)	☐ 면접, 수업실연 시간에 잘 맞춰서 답변/실연할 수 있게 연습하기 ☐ 구상시간 실제 시험보다 1분 줄이기 ☐ 불필요한 동작과 말버릇 없애기 ☐ 55분 안에 교수·학습 과정안 작성하기 ☐	내가 이룬 미션은? _____개
6주차 (12월)	☐ 스터디원 외의 다른 사람과 스터디 해보기 (짝 스터디, 크로스 스터디) ☐ 처음부터 끝까지 자신의 모습 촬영해서 셀프 피드백하기 ☐ 실제 시험 시간 맞춰 모의 수업 실연, 모의 면접 진행하기 ☐ 면접 문제에서 요구하는 가짓수보다 1가지 더 생각해보기 ☐	내가 이룬 미션은? _____개
7주차 (1월)	☐ 최근 트렌드와 기출 기반으로 예상 문제 만들어 연습해보기 ☐ 잠자기 전 10분 교육 관련 기사 읽기 ☐ 해당 지역 교육청 블로그, 교육감 신년사 등 확인하기 ☐ 실전처럼 복장 갖추고 연습해보기 ☐	내가 이룬 미션은? _____개

이번 한 주도 열심히! 여러분의 합격을 응원합니다. ♡

PART 03 과정안과 수업 실연

01 과정안과 수업실연의 유사성

02 교수·학습 과정안 고득점 노하우

03 수업실연 고득점 노하우

04 수업 실연 만능틀 만들기

05 반성적 성찰 고득점 노하우

06 교수·학습 과정안 기출분석

07 교수·학습 과정안 연습 문제

08 수업실연 및 반성적 성찰 기출분석

09 수업실연 및 반성적 성찰 연습 문제

> Part 02에서는 시험 준비 전 어떤 마음가짐을 지녀야 하는지, 그리고 주차별로 어떤 것들을 하면 좋을지 살펴보았습니다. 이제 Part 03에서는 본격적으로 2차 시험 과목인 과정안과 수업실연을 요모조모 뜯어볼 것입니다. 과정안과 수업실연, 과연 어떤 과목일까요?

과정안과 수업실연의 유사성

　임용 2차 시험에서는 수업에 대한 전문성을 확인하기 위해 다양한 요소들을 평가합니다. 그 중에서 전국 공통으로 치러지는 것은 수업 실연입니다. 과목, 차시, 학습 목표, 성취 기준 등 다양한 조건들이 주어진 상황에서 가상의 학생들이 교실에 있다고 생각하고 수업을 해보는 것이죠. 수업실연은 교사에게 가장 중요한 자질 중 하나인 '수업 능력'을 볼 수 있는 방법이기 때문에 최근 그 비중이 점점 높아지고 있습니다.

　교수·학습과정안은 이러한 수업의 개요를 적어놓은 문서를 말합니다. 교수·학습과정안(이하 과정안)에는 크게 세안과 약안, 2가지 종류가 있습니다. 세안은 수업하고자 하는 수업의 과목, 차시, 단원의 개관, 학생 실태, 수업의 목적 등 수업을 만드는 것과 관련된 모든 사항을 적은 것입니다. 반대로 약안은 과목, 차시, 학습 목표 등 수업 그 자체의 내용과 관련 있는 것들만 적은 것을 말합니다. 시험을 준비하고 계시는 여러분 모두들 교육 실습을 나가셨을 때 흔히 '약안'과 '세안'이라고 불리는 과정안을 작성해보셨을 것입니다. 2차 시험에서 평가하는 과정안은 바로 약안 형태의 과정안입니다. 과정안 영역의 시험 역시 수업실연과 마찬가지로 과목, 차시, 성취기준, 학생 실태 등 다양한 조건들이 주어지고, 이를 바탕으로 가상 수업의 교수·학습 과정안을 작성하는 것입니다. 다만 수업실연 영역과는 다르게 과정안 영역을 평가하는 지역과 그렇지 않은 지역이 있습니다. 대표적으로 서울 지역은 과정안을 평가하는 지역 중 하나이지만, 경기 지역은 과정안을 평가하지 않습니다.

　수업실연과 과정안, 알고 보면 두 영역은 시험 준비 방법이 거의 동일합니다. 수업실연을 준비하는 과정에서 과정안 준비까지 같이 할 수 있죠. 시험지의 예시를 비교해보며 알아볼까요?

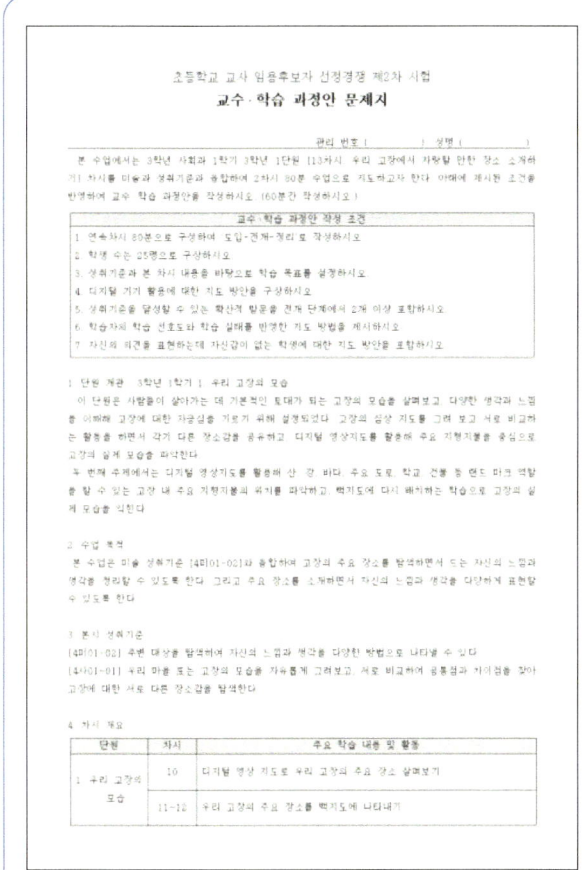
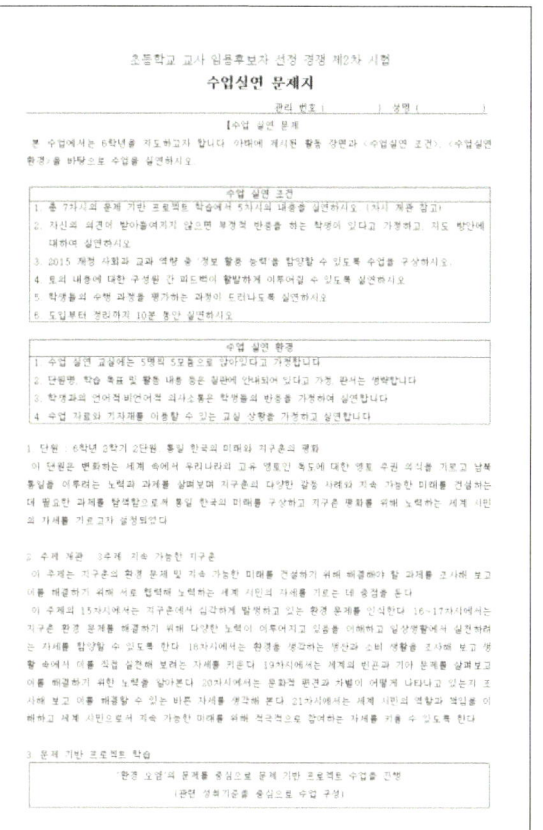

　왼쪽은 과정안 시험지, 오른쪽은 수업 실연 시험지입니다. 언뜻 보기에도 형식 면에서 굉장히 비슷해보이죠? 과정안과 수업실연은 둘 다 시험지에 주어진 조건을 충족시키는 수업을 구연하는 시험입니다. 두 시험 다 5~8개 정도의 조건, 과목, 학년, 단원 및 차시, 성취기준, 학급 및 학생 실태, 교과서 자료 등이 시험지에 주어집니다. 이것들을 이용해서 주어진 시간 동안 여러분이 하나의 수업을 구상하는 것입니다. 조건에 맞게 수업을 구상한다는 점에서 근본적으로 같은 시험이라는 것을 한눈에 알 수 있겠죠?

　다만 차이점은 과정안은 수업을 손으로 쓴다는 것이고 수업실연은 수업을 말과 몸짓, 동선으로 구현한다는 점입니다. 그리고 과정안은 대략 1시간 동안 수업을 구상하고, 수업실연은 대략 5분~10분 동안(지역마다 상이) 수업을 구상한다는 점입니다. 따라서 수업실연 수업 구상 연습을 하다보면 과정안 수업 구상은 자연스럽게 익숙해 질 수 있습니다.

교수·학습 과정안 고득점 노하우

과정안 시험에서 가장 중요한 것은 '조건 충족하기'입니다. 교수·학습 활동 내용의 질도 중요하지만 시험 점수에 가장 많은 영향을 끼치는 것은 '주어진 조건을 모두 충실하게 충족했는가?'의 여부입니다.

> **교수·학습 과정안 작성 조건**
> 1. 학습 단계에 따라 '도입-전개-정리'로 작성하시오.
> 2. 학생 수는 27명으로 구상하시오.
> 3. 학습 목표는 성취기준과 차시 주제를 종합적으로 반영하여 행동 진술로 나타내시오.
> 4. 학습자의 학습 선호도와 학습 실태를 반영한 지도 방법을 제시하시오.
> 5. 교사와 학생 또는 학생과 학생 간 상호작용이 명시적으로 드러나는 활동을 구성하시오.
> 6. 전개에서 확산적 발문을 3개 이상 포함하시오.
> 7. 강의 상류에서는 침식만 발생하고 강의 하류에서는 퇴적만 발생한다는 오개념을 지도하는 방안을 제시하시오.
> 8. 디지털 기기를 활용한 과정 중심 평가를 구상하시오.

시험지에 이렇게 번호로 쓰인 부분이 조건입니다. 보통 과정안에서 조건은 6~8개 정도가 제시됩니다. 위 조건들이 과정안의 전반적인 내용 안에 확실하게 표시가 되어야지 점수로 인정이 됩니다.

예를 들어, 3번 조건을 봅시다. '학습 목표는 성취기준과 차시 주제를 종합적으로 반영하여 행동 진술로 나타내시오.'가 3번입니다. 이 조건에서 요구하는 것은 학습 목표를 '성취기준', '차시 주제'를 '종합적으로 반영'하여 '행동진술'로 나타내는 것이기 때문에 4가지 요구 조건을 고려해야 합니다. 성취기준만 반영하거나, 차시 주제만 반영하면 조건 충족으로 인정되지 않겠죠? 마지막으로 '행동진술'은 '~말할 수 있다', '~를 그릴 수 있다.'처럼 학습 목표가 학생의 행동 결과물로 진술되는 것을 말합니다. '~을/를 이해한다.'는 행동 결과물이 아니기 때문에 조건에 부합하는 진술 방법이 아닙니다. 이런 식으로 과정안의 내용을 조건에 맞게 채워나가면 됩니다.

이때 주의할 점은 조건을 적을 때, 자기 자신만 알아보게 적으면 안 된다는 것입니다. 자신은 조건에 맞게 썼다고 생각해도, 채점관이 봤을 때 조건인지 모른다면 채점이 될 수가 없겠죠? 조건을 충족시켰음을 티내기 위해 적극적으로 활용해야 하는 것이 바로 '자료 및 유의점' 칸입니다. 과정안 시험 양식은 매해 조금씩 바뀌지만 보통은 다음과 같은 형식으로 이루어져 있습니다. 때에 따라서는 교사-학생 형식/ 단순한 활동 나열 형식 등 틀이 바뀌기도 합니다. 다음 카페 "옆반선생님"에 다양한 과정안 틀 예시가 올려져 있으니 다운로드하여 연습문제를 다양한 틀에 작성해보는 연습을 해보시기 바랍니다.

학습 단계	학습 요소	교수학습 활동		시간	자료(자) 및 유의점(유)
		교사	학생		

 가장 오른쪽에 있는 칸은 수업을 구성할 때 주의해야 할 점을 적는 칸인데요, 보통 학생 및 학급 실태를 반영하여 수업 내용 외에 고려할 부분을 적습니다. 그리고 과정안 시험에서 이 칸은 빈 곳이 없이 꽉 채워져 있어야 합니다. 모든 자료, 준비물, 지도 방안 등이 유의점 안에 적혀 있어야 자신이 조건을 충족하며 과정안을 썼음을 드러낼 수 있기 때문입니다. 예를 들어 위의 조건을 활용한다면, 학생 수를 고려하는 조건 2는 교수·학습 활동 칸에서는 드러나기가 힘듭니다. 그렇기 때문에 유의점 부분에 '학생 수가 27명인 것을 고려하여 4명씩 6모둠, 3명씩 1모둠으로 구성한다.' 등의 내용을 적어서 학생 수를 고려해 과정안을 구성하였음을 드러내면 됩니다.

 이렇게 조건을 충족했다면 그다음 중요한 것은 당연히 내용이겠죠? 내용이 얼마나 충실한가를 보는 기준은 '학습 목표를 달성하기에 적합한 수업 구성인가?'입니다. 항상 초점은 학습 목표에 있어야 하며, 학생들이 학습 목표를 달성하기에 부적합한 내용이면 아무리 창의적인 수업이어도 좋은 수업이라고 할 수 없습니다. 그러니 항상 성취기준과 학습 목표를 꼼꼼하게 체크하시고, 도입부터 정리의 전 과정이 목표에 초점이 맞춰질 수 있도록 과정안을 작성하시기 바랍니다. 또한 최근 서울 지역에는 환류계획(평가 후 피드백에 대한 계획)이 이전보다 강조되고 있으니 평가 부분도 놓치지 않고 학습 목표와 관련된 내용으로 작성해주세요.

 마지막으로 너무 기본이지만 놓치기 쉬운 시간 체크입니다. 과정안을 쓰는 시간은 60분입니다. 거의 두 쪽에 달하는 과정안 시험지를 손으로만 채우기에는 60분은 정말 빠듯한 시간입니다. 그렇기 때문에 학습목표, 성취기준 등 미리 적어놓을 수 있는 부분은 시험지에 미리 적어놓는 것이 좋습니다. 그리고 시험지에 바로 작성을 시작하기보다는 간단한 개요를 적고 살을 붙여 나가며 시험지에 작성하시는 것 또한 좋은 방법이 될 수 있습니다. 여러분이 연습하지 못한 새로운 조건이나 까다로운 조건이 시험에서 등장할 경우 시간이 더 걸릴 것을 대비하여 다양한 조건과 학년, 주제로 작성해보고 시험이 다가오면 55분, 혹은 가능하다면 50분을 재고 과정안을 작성해보는 연습도 꼭 해보세요. 시간 관리는 매일 과정안을 한 개씩 적어보면서 꾸준히 연습하다보면 금방 요령을 터득할 수 있으니 너무 걱정마세요!

03 수업실연 고득점 노하우

1 자신에게 맞는 수업 스타일을 찾을 것!

2차 시험 준비를 하다 보면 다양한 스타일의 수업을 보게 될 것입니다. 같은 스터디원들 사이에서도 다르고, 또 다른 스터디와 크로스 스터디를 하면서 보게 되는 스타일도 각기 다르답니다. 그렇게 열심히 스터디를 하다보면 자연스럽게 드는 걱정이 있었어요. '저 사람은 목소리와 톤이 정말 차분하다. 나도 내 수업 방향을 바꿔봐야 하나?', '저 사람은 수업 기법이 굉장히 화려하네. 내 만능틀에도 조금 넣어볼까?' 하는 걱정들이었어요. 물론 다른 사람들의 장점을 내 수업에 가져올 수 있다면 가장 좋겠지만, 나와 맞지 않는 스타일을 시도하다보면 내 옷이 아닌 옷을 입고 수험장에 들어가게 되는 꼴이 됩니다. 사람의 성격이 다 다른 만큼 수업이 똑같을 수 없기 때문에, 자신한테 어울리는 스타일로 했을 때 가장 큰 점수를 받는다고 생각합니다. 만약 본인의 성격이 원래 밝고 교생 실습을 했을 때도 그런 스타일로 수업을 했던 사람이라면 수업 실연 때도 밝고 유쾌한 수업을 할 수 있겠죠? 반면 성격이 차분한 사람이라면 수업도 차분하고 정돈되게 진행할 거고요. '아 나는 이런 건 도저히 못 하겠다.'라고 하는 것은 과감하게 빼버리시고, 나의 장점을 잘 살릴 수 있는 무기를 찾으세요. 2차 수업실연에서는 자신이 자신 있게 잘하는 것을 어필하는 것이 가장 중요한 포인트입니다.

2 학생들에 대한 사랑과 애정이 듬뿍 드러나는 수업으로 실연할 것!

여러분의 수업을 평가할 분들이 가장 중요하게 생각하는 점은 무엇일까요? 수업 기법이 얼마나 화려하고 정교한지, 각론 내용은 얼마나 정확한지를 중요하게 생각하실까요? 감히 판단해 보자면, 생각에는 그렇지 않을 것입니다. 미래의 초등교사로서 이 수험생이 학생들에 대해 얼마나 애정을 가지고 있는지, 이 애정이 진심에서 우러나오는 것인지를 궁금해하실 거에요. 그렇다면 이런 애정과 사랑은 수업 실연 중 어떤 부분에서 드러날까요? 바로 진심 어린 칭찬과 격려에서 드러납니다. 수업 실연을 준비하면서 스터디원들과 함께 혹은 혼자서 다양한 종류의 격려 방법을 생각해보세요. 저같은 경우에는 '칭찬의 총알을 쏴 봅시다!', '칭찬의 장단을 같이 불러볼까요?'와 같이 제 스타일과 잘 맞는 칭찬을 잔뜩 준비했었는데 천연덕스럽고 자연스럽게 했던 덕분인지 수험장에서 면접관분들께서 웃음을 터뜨리셨던 기억이 납니다. 아마도 저의 고민과 학생들에 대한 애정을 느끼셔서 그랬던 것 아닐까요? 여러분이 평소 학생들에 대해서 어떻게 생각하는지 짧은 시간 안에 드러낼 수 있도록 다양한 칭찬과 격려의 멘트를 준비하시길 바랍니다.

3 실연 조건은 무조건 2번 이상 강조할 것!

내 수업 실연을 채점하시는 분들이 10분 내내 나한테만 온전히 집중하고 있으면 좋겠지만, 사실 그 분들께서도 긴 시간 동안 많은 수험생들을 보시기 때문에 많이 피곤하신 상태입니다. 따라서 '이 조건을 포함해서 실연했나?' 하고 헷갈리실 수 있어요. 그렇기 때문에 문제에서 제시된 조건은 강조해서

두 번 이상 무조건 실연하셔야 합니다. 그래야 감점될 확률이 적어집니다. 구상지에 문제에서 제시한 조건을 본인이 알아볼 수 있게 크게 키워드를 살려서 적어놓고 '이건 절대로 잊어버리지 말아야겠다.' 는 생각을 바탕으로 수업 구상을 하셔야 합니다. 예를 들어, 과정중심평가를 실연하라고 했다면 구상지에 크게 '과정 중심'이라고 쓰셔야 잊어버리지 않겠죠? 그리고 실제로 실연 상황에서 전개 부분의 활동에 동료 평가나 자기 평가 등을 넣어서 실연하는 것이 좋습니다. 체크리스트를 활용해서 교실을 돌아다니며 체크하는 척을 하는 것도 좋은 방법이고요. 평소 만능틀을 작성할 때 시험에서 자주 출제되었던 조건들은 번호를 매기고 '이 조건은 이렇게 실연해야겠다.'는 자신만의 방법을 틀 안에 녹여내는 것도 좋은 방법이 될 수 있습니다. 수업 실연에서는 제시된 조건을 충족하는 것이 무조건적이고 최우선인 목표이기 때문에, 보시는 분들이 놓치지 않도록 두 번 이상 넣고 익숙해질 때까지 무한 반복, 연습하시는 걸 추천 드립니다. 그런데 만약, 시험장에서 시간이 부족할 경우에는 내가 연습한 대로 무조건 적용하기보다 한 번만 조건 수행을 하는 대신 하기 전에 잠깐 텀을 주고 쉬었다가 말하는 등 조건을 강조하거나, 원래보다 조건 수행 문장을 짧게 처리해서 두 번 반복하는 등의 요령을 발휘할 수 있도록 시간 분배 연습도 자주 해보시기 바랍니다.

4 교육 트렌드를 따라갈 것!

제가 2차 시험을 볼 때, 거꾸로 수업이 도입되고 있었고 현장에서도 적극적으로 거꾸로 수업에 대한 연수를 시작하고 권장하였습니다. 그래서 스터디원들과 함께 수업 실연을 준비할 때 조건에 '거꾸로 수업으로 실연하세요.'라고 넣어서 연습해보기도 했습니다. 그렇게 연습을 하고 나서, 수험장에 들어가서 수업 실연 주제를 보니 거꾸로 수업으로 하기 좋은 주제가 나왔고 자신 있게 거꾸로 수업으로 실연을 하고 나왔습니다. 결과적으로는 0.1점만 감점이 되어 고득점을 받았는데 그 당시 거꾸로 수업으로 실연한 수험생들이 극히 드물었으리라 생각합니다. 지금 생각해보면 그때의 교육 트렌드에 잘 맞게 수업했고 희소성이 있었던 수업이었기 때문에 교육에 관심이 있다는 좋은 인상을 남긴 것 같습니다. 따라서 지금 유행하고 있는 교육 트렌드인 AI교육, 미래교육, 생태전환교육, 과정중심평가 등 여러분들이 실제로 수험장에서 써먹을 수 있는 것들을 미리 조건에 넣어서 연습해보시고, 자신 있게, 그리고 과감하게 수험장에서 써보시는 걸 추천드립니다. 코로나19로 기초학력이 많이 떨어진 상황이 문제가 되고 있기 때문에, 그러한 조건을 충족하는 방법을 생각해보시는 것도 추천합니다.

5 자신의 실연 모습을 최대한 많이 찍고 피드백할 것!

사람은 누구나 스스로 자주 하는 말의 습관이나 손동작 등이 있습니다. 저는 제 수업 실연을 촬영하여 피드백을 하다가 놀라면서 알게 된 것들이 많았어요. 저는 '자~', '우리가~', '이제~' 등의 말을 필요 이상으로 자주 쓰고 있었고, 손동작도 작고 지시하는 바가 명확하지 않았습니다. 저는 못 느끼지만 다른 사람이 볼 때 부산스럽게 보인다는 것을 알게 된 후에 그러한 말 습관이나 손동작들을 최대한 줄이고 거슬려 보이지 않으려고 많이 노력했습니다. 그래서 영상을 보고 난 후에는 손동작도 크고 분명하게 사용하려고 노력했고, 시선 처리도 실제로 수업하는 것처럼 교실 전반을 향해 크고 넓게 보려고 했습니다. 사소한 것으로 생각할 수 있지만 생각보다 우리를 심사하는 분들은 여러분을 짧은 시간 동안 집중적으로 보기 때문에 이러한 사소한 점들이 거슬리게 다가올 수도 있다는 점을 명심하셔야 합니다. 그렇기 때문에 자신을 찍다 보면 불필요한 습관을 발견할 수 있고, 다음 찍을 때 바로 개선이 되었는지 확인할 수 있기 때문에 꼭 추천드리는 방법입니다.

6 시선 처리는 멀리, 최대한 넓게!

 수업 실연은 학생들이 교실에 있다는 것을 가정한 상태에서 수업을 하는 '가상의 수업 상황'입니다. 내가 이 수업에 몰입하고 있다는 것을 보여줄 수 있는 좋은 방법 중 하나가 시선 처리인데요, 아무리 가상의 상황이라 할지라도 여러분의 시선이 너무 앞에만 향해 있다면 제대로 된 수업이라고 느끼기 힘듭니다. 따라서 내가 실제로 교실 안에서 수업할 때 뒤에 앉아 있는 아이들까지 다 둘러보는 것처럼 시선 처리를 해야 플러스 요인이 됩니다. 저는 실제로 뒤편에 앉아계신 심사위원들 눈을 하나하나 마주치면서 수업을 했답니다. 미소를 지으며 심사위원이 있는 곳과 교실 곳곳을 천천히 한 번씩 훑어보면 보는 사람 입장에서도 '저 수험생이 여유가 있고 수업에 몰입했구나.'하고 생각하실거에요. 따라서 시선 처리는 좁게 하지 말고 크게 크게! 멀리 멀리! 하시길 추천드립니다.

Chapter 04 수업 실연 만능틀 만들기

> **만능틀이란?**
>
> 수업 실연 시나리오 만들어서 그대로 외우기는 절대 NO!
> '만능틀'의 의미는 자신만의 수업 스타일을 만드는 것입니다. 교과 내용 외적인 수업의 상황, 즉 다양한 아동에 대한 피드백, 확산적 사고를 위한 발문의 형태, 수업 시 자리 배치, 수업 중 다양한 평가의 형태, 주의 집중 방법 등을 자신만의 스타일로 정해놓는 것이죠! 구체적으로 어떤 것인지 살펴볼까요?

1 전체 수업의 틀 만들기

 대부분 수업은 도입-전개-정리의 형태로 구성됩니다. '도입'에서는 전시 복습, 동기유발이 이루어집니다. '전개'에서는 학습을 위한 구체적 활동이 이루어지고, '정리'에서는 학습 내용에 대한 정리 및 다음 차시 예고가 이루어지죠. 이렇게 각 요소들이 파악이 되었으면, 이 요소들을 자신만의 스타일로 어떻게 녹여낼지를 정해야 합니다. 매번 이 요소들을 창조해 내면 시간 안에 구상할 수가 없습니다. '동기유발에서는 주로 사진 자료를 이용한다.' / '동기유발에서는 주로 동영상을 이용한다.' 등 자신만의 틀을 정해놓으시기 바랍니다.
 실제 예시로 저는 활동을 2개로 구상하고, 활동 1에서는 이론적 지식을 배우고 활동 2에서는 모둠 활동을 하는 식으로 틀을 정했습니다.

2 구호 만들기

 '수업에 이런 것까지 넣어야 해?'라고 생각할 수 있지만, 초등학생들에게 집중 구호는 생각보다 중요합니다. 집중력 유지 시간이 짧기 때문에 자칫 잘못하면 교사의 중요한 말을 들을 수 없기 때문이죠. 따라서 핵심 발문, 활동 마치는 시간 등에 집중 구호를 넣는 것도 좋습니다. '집중의 박수를 짝짝짝!'이라던가, 'O학년, O반!' 등이 예가 될 수 있습니다. 대신 이런 구호들은 많이 넣는 것은 좋지 않습니다. 대부분의 경우 조건에 제시된 내용도 아닐뿐더러 자칫 잘못하면 시험 시간 초과의 원인이 되기 때문입니다.

3 아동에 대한 개별 피드백 만들기

 개별 피드백은 수업에서 매우 중요한 요소입니다. '교-수-평-기(교육과정-수업-평가-기록) 일체화'에서 평가 과정이 바로 이 피드백이기 때문이죠. 과정중심평가에서는 수업 도중 이루어지는 피드백을 통해서 학생의 성장을 도모한다고 명시하고 있습니다. 따라서 개별 학생의 상황을 설정하고, 그때 어떤 피드백을 제공할지를 미리 정해두는 것이 필요합니다. 특히, 시험에 따라서 조건 아동(ADHD 아동, 기초학력 미달 아동 등)이 주어지는 경우가 빈번하기 때문에 이런 아동들을 다양하게 설정하고,

그때 어떤 피드백을 제공할지를 생각해 놓으시기 바랍니다.

실제 예시로 영재 아동에게는 '긍정적 피드백 제공 후, 수준이 낮은 학생을 위한 또래 선생님으로 지정한다.' 등이 있습니다.

4 자리 배치표 만들기

수업 실연이 더욱 자연스럽게 이루어지려면 학생들의 자리 배치가 머릿속에 항상 있어야 합니다. 다음 상황을 생각해보세요. 수업 실연을 할 때 왼쪽을 바라보면서 "네, 희진이?" 하면서 피드백을 하였는데, 얼마 지나지 않아 오른쪽을 보면서 "희진이가 좋은 의견을 말해주었습니다."라고 하였습니다. 생각만 해도 어색하죠? 이는 수업 구성이 치밀하게 되지 않았다는 인상을 주기 때문에, 자신만의 자리 배치표를 정해두는 것이 좋습니다. 이때 피드백을 해줄 특정 학생들도 정해주면 굉장히 자연스럽게 피드백이 이루어집니다. 영재 아동, 기초 학력 부진 아동, 다문화 아동 등을 미리 정해두는 것이죠! 자리 배치에 대한 예시는 아래 그림을 참고해 주세요!

교탁		
배려 모둠	협력 모둠	경청 모둠
다문화 학생		조건 학생
		영재 학생
존중 모둠	공감 모둠	소통 모둠
맨 뒤 학생 (시선처리용)		

5 과정 중심 평가

현재 교육 트렌드에서 가장 강조되고 있는 평가는 수업 중에 이루어지는 '과정 중심 평가'입니다. 따라서 조건에는 명시되어 있지 않더라도, 자신의 수업 전반에서 평가와 환류가 지속적으로 이루어지고 있어야 합니다. 자기 평가, 동료 평가 등 다양한 평가의 형태를 고민해보고, 수업 중 적절한 과정에 배치해보세요. 통통 튀는 이름을 붙여서 선생님만의 평가 방법을 어필하는 것도 좋습니다. 예시로는 활동 1이 끝난 후 학생들이 각자 자신의 태도를 평가하는 손가락 점수 표시하기, 모둠 발표 시 서로의 발표를 평가하는 모둠 평가지 적기, 온라인 상황에서는 서로의 의견에 점수주기 등이 있습니다.

위 소개된 항목들은 수업 실연을 준비할 때 꼭 생각해 봐야 할 것들을 정리한 것입니다. 이외에도 선생님만의 수업을 만들기 위해 끊임없이 어떤 것을 생각해야 할지 계속 고민해보시고, 자신만의 틀을 완성해 보시기 바랍니다. 그리고 이 틀을 정해져 있어야, 비로소 여러분들의 수업 실연 구상지를 제대로 쓸 수 있게 됩니다.

Chapter 05 반성적 성찰 고득점 노하우

 반성적 성찰은 수업 실연에 왜 도입되었을까요? 교육에 있어서 평가는 더 이상 결과에 그치는 것이 아니라 과정에 집중해야 하고, 학생이 그 전보다 더 나은 방향으로 성장하는 것을 목표로 하고 있습니다. 이렇게 과정중심평가가 강조되면서, 교사는 학생을 평가하고 환류함으로써 학생의 주체적인 성장을 책임지는 역할을 해야 합니다.

 학생의 성장은 과정중심평가로 실현된다면, 교사의 성장은 무엇으로부터 실현될까요? 스스로에 대한 성찰과 환류로부터 비롯됩니다. 교사의 전문성은 하루 아침에 완성되는 것이 아니라 꾸준한 반성과 성찰로 쌓아가는 것입니다. 따라서, 수업을 한 후에 자신의 수업을 스스로 반성하는 것은 전문성을 갖춘 교사로 거듭나게 해줍니다.

 이러한 목적에서 반성적 성찰이 도입되었으며 수업 실연 장면 못지 않게 중요한 비중을 차지합니다. 반성적 성찰은 어떻게 준비해야 고득점을 받을 수 있을까요? 저희의 경험을 살려 여러분들에게 노하우를 알려드리겠습니다.

1 내 수업의 목표가 무엇인지 명확하게 알기

 수업 실연을 구상하면서 머릿속에 어떤 부분을 가장 큰 중점으로 두고 수업할지 생각하고 수업을 해야 합니다. 가령, '학생 참여형 수업으로 만들겠다.', '책임 교육을 만들겠다.', '질문이 있는 교실을 실연하겠다.' 등 내 수업에서 가장 두드러지는 것이 무엇인지 그려야합니다. 물론 조건이 있기 때문에 조건에 맞춰 수업하겠지만, 그럼에도 불구하고 수업 스타일은 개개인마다 매우 상이하기 때문에 충분히 내가 의도한 바를 녹여낼 수 있습니다. 그렇게 수업한 후에 스스로 이 목표를 잘 달성했는지 돌아보고 성찰하는 것이 필요합니다.

2 내가 수업에서 잘했던 부분을 어필하기

 수업 실연의 시간이 10분으로 짧기 때문에 내가 의도한 바가 부각되지 않을 수 있습니다. 따라서 내 수업에서 칭찬할 만한 점을 조건과 엮어서 어필하는 것이 고득점으로 가는 길이 됩니다. 내가 수업에서 학생들에게 다양한 격려를 보냈다면, '학생들에게 다양한 격려를 함으로써 ~(조건)을 충족했습니다.'라고 이야기하면 되는 것입니다.

3 아쉬웠던 점은 부정적 어휘 대신 긍정적 어휘를 사용할 것

 우리는 수업을 하는 로봇이 아니기 때문에 수험장에서 떨기 마련이고, 준비했던 것의 100%를 다 보여주지 못하고 나올 수도 있습니다. 내가 수업을 하면서 '아, 이건 잘못했다.' 하고 망연자실할 것이 아니라, '그럴 수도 있지.' 하는 마음을 가지고 반성적 성찰에서 최대한 긍정적인 인상을 심어줄 수 있는 어휘를 사용해 보세요. 예를 들어, 시간이 조금 부족했다면 '수업에서 시간 관리의 중요성을 알았고, 반성을 통해 더욱 발전하는 제가 되겠습니다.'라고 덧붙이면 됩니다. 혹시 아쉬웠던 점이 크게 없는데 아쉬웠던 점을 말하라는 반성적 성찰 질문이 나온다면 그땐 이 마음가짐으로 수업을 반추하시며 답변하시면 됩니다. '더 잘할 수 있었지만, 시간 관계상 이것만 보여드려 아쉽습니다! 전 이것도 했고 저것도 해서 조건을 완전 만족시켰습니다!!!!'

4 확신에 찬 말투 사용하기

수업 실연은 대부분 만능틀을 짜서 연습하기도 하고, 만능틀까지는 아니더라도 자신이 연습해온 틀을 따라 하기 때문에 어미가 확실하게 끝맺음이 됩니다. 그렇지만 반성적 성찰을 이야기할 때 많은 수험생들이 '~인 것 같습니다.', '~라고 생각합니다.'를 자주 붙이는 경우가 많습니다. 이런 어미보다는 '~입니다.'를 사용하여 여러분의 수업과 의도에 확신이 있다는 인상을 주는 것이 좋은 점수를 받는 데 도움이 됩니다.

교수·학습 과정안 기출분석

1 2022학년도 기출 문제 (서울)

2022학년도 초등학교 교사 임용후보자 선정경쟁 제2차 시험

교수·학습 과정안 실전문제

관리 번호 (   ) 성명 (   )

아래에 제시된 조건을 반영하여 교수·학습 과정안을 작성하시오. (60분간 작성하시오.)

교수·학습 과정안 작성 조건
1. [6사08-06] 지속 가능한 미래를 건설하기 위한 과제(친환경적 생산과 소비 방식 확산, 빈곤과 기아 퇴치, 문화적 편견과 차별 해소 등)를 조사하고, 세계시민으로서 이에 적극 참여하는 방안을 모색한다. 2. 위의 성취기준을 만족하는 프로젝트 7차시 중 1~2차시 연차시로 수업을 구성하시오. 3. 학생참여활동을 반영하시오. 4. 학습 단계에 따라 '도입-전개-정리'로 작성하시오. 5. 학생수는 24명으로 구상하시오. 6. 등교 중지 학생 2명을 고려하여 구상하시오. 7. 모둠활동에 소극적으로 참여하는 학생 1명을 지도하기 위한 방안을 포함하시오. 8. 자기 주장이 강한 학생 1명을 지도하기 위한 방안을 포함하시오. 9. 교실 안의 모든 기기를 사용할 수 있다고 가정하여 과정안을 작성하시오. (예: 컴퓨터, 웹캠, 스마트 기기 등)

1. 프로젝트 상황 제시의 필요성

프로젝트에서 학생들의 자발적 참여를 이끌어내기 위해서는 프로젝트 상황 제시가 중요한 역할을 한다. 이때, 프로젝트 상황은 학생들의 흥미를 반영함과 동시에 교육과정 속에서 발현되는 프로젝트수업의 구현을 위해 학생들이 배운 내용을 활용하도록 해야 한다.

2. 지속 가능한 미래를 건설하기 위한 키워드

빈곤종식, 기아해결, 건강과 복지, 양질의 교육, 성평등, 깨끗한 물과 위생, 지속가능한 청정에너지, 좋은 일자리와 경제성장, 산업 혁신과 인프라, 불평등 감소, 지속가능한 도시와 공동체, 지속가능한 소비-생산, 기후변화 대응, 해양생태계, 육상생태계, 평화·정의·강력한 제도, 글로벌 파트너십

3. 단원 전개 계획

차시	학습 활동
15	지구촌에서 나타나는 다양한 환경 문제 알아보기
16~17	지구촌 환경 문제를 해결하기 위한 노력 알아보기
18	환경을 생각하는 생산과 소비 생활 알아보기
19	빈곤과 기아 문제를 해결하기 위한 노력 조사하기
20	문화적 편견과 차별이 없는 미래를 만들기 위한 노력 알아보기
21	세계 시민으로서 우리가 할 수 있는 일 실천해 보기

2 2022학년도 기출 분석 (서울)

2022학년도 초등학교 교사임용후보자 선정경쟁시험 교수·학습 과정안 (예시)

관리번호	220025	이름	홍길동

프로젝트 개요	학생들이 흥미를 가지고 있는 주제를 모둠별로 설정하여, 프로젝트 계획을 세운 후 주제에 맞는 자료와 매체를 조사·선정하여 발표한다.		
프로젝트 차시			
5~6(본시)	프로젝트 상황 제시 및 팀별 프로젝트 계획		
7~8	모둠에서 정한 주제를 해결하기 위한 자료 조사 및 정리하기		
9~10	모둠별 발표 자료 만들기 및 발표 연습		
11	프로젝트 결과 발표 및 공유		
학습 목표	지구촌에서 발생하는 문제를 해결하기 위한 프로젝트를 계획할 수 있다.		

학습 단계	학습 요소	교수·학습 활동		시간	자료(㉯) 및 유의점(㉰)
		교사	학생		
도입	전시 학습 상기 동기 유발 학습 문제 확인 학습 활동 안내	◉지난 사회 시간 떠올리기 • 지난 사회시간 수업에서 무엇에 대해 배웠나요? 배움 공책을 참고해도 좋습니다. • 지현, 호연이도 잘 보이고 잘 들리나요? ◉프로젝트 상황 제시하기 • 지구촌에서는 다양한 문제가 발생하고 있습니다. 오늘은 이를 해결하기 위해 프로젝트를 계획하고자 합니다. • 프로젝트란 무엇일까요? • 이번 프로젝트는 누구와 함께 진행하면 좋겠습니까? ◉학습 문제 확인하기 지구촌에서 발생하는 문제를 해결하기 위한 프로젝트를 계획해 봅시다. ◉학습 활동 안내하기 <활동1> 우리 모둠이 해결하고자 하는 문제 정하기 <활동2> 조사해야 하는 자료와 활용할 매체 정하기 <활동3> 프로젝트 계획서 작성 및 공유하기	- 지구촌에서 발생하고 있는 여러 가지 문제 상황에 대해 배웠습니다. - 네, 문제 없습니다. - 우리가 스스로 계획을 세우고 조사하여 발표하는 것입니다. - 모둠원들과 함께 진행하면 좋겠습니다.	5′ 5′	㉯배움 공책, 실시간 화상 송출 프로그램, 카메라, 마이크 ㉰등교 중지 학생 2명이 수업에 소외되지 않도록 수업 중에 계속 확인한다. ㉰학생들이 프로젝트를 수행할 집단을 직접 설정하게 한다.
전개	우리 모둠이 해결하고자 하는 문제 정하기 (모둠)	◉<활동1>우리 모둠이 해결하고자 하는 문제 정하기 • 지구촌에서 발생하는 여러 문제 중 가장 관심이 가는 문제와 이유를 한 가지씩을 돌아가며 이야기합니다. • 모둠원들이 말한 주제 중 하나를 정해봅시다. • 여러분이 정한 주제를 창문열기 학습지 가운데에 적고 깊이 공감해봅시다.	- 빈곤 문제입니다. - 비슷한 나이의 아이들이 안쓰러웠기 때문입니다./성평등입니다. - 일상 생활에서 자주 느낄 수 있습니다./기후변화입니다. - 몇달 전 폭우의 피해가 심각했습니다. - 멀티보팅을 통해 정한다. - 주제를 적는다.	20′	㉯창문열기 학습지, 모둠원당 스티커 2장 ㉰자기주장이 센 학생의 의견이 관철되지 않도록 멀티보팅을 통해 주제를 정한다. ㉰돌아가며 말하기를 통해 소극적

	조사해야 하는 자료와 활용할 매체 정하기 (모둠)	⊙<활동2>조사해야 하는 자료와 활용할 매체 정하기 ● 주제를 해결하기 위해 조사해야 하는 자료는 무엇이 있을까요? ● 이런 자료는 어떤 매체를 통해 얻을 수 있나요? ● 여러분의 모둠에서 활용할 매체는 무엇인가요?	- 빈곤의 주요 원인입니다./나라별 성평등 지수를 조사합니다./기후변화에 관한 주요 정책입니다. - 인터넷, TV, 책, 라디오 등입니다. - 인터넷입니다/책입니다/여러 매체를 함께 활용하겠습니다.	15'	으로 참여하는 학생이 없도록 한다. 요교사 주도가 아닌 학생들이 직접 참여하여 자료와 매체를 생각하게 한다.
	프로젝트 계획서 작성 및 공유하기 (모둠→전체)	⊙<활동3> 프로젝트 계획서 작성 및 공유하기 ● 프로젝트 수행 시 모둠원들의 역할을 정해 봅시다. ● 모둠에서 활용할 자료의 종류와 매체를 역할 계획서에 적습니다. ● 모둠에서 작성한 프로젝트 계획서를 발표해 봅시다. ● 다른 모둠의 발표에서 인상적인 부분이 있었나요? ● 프로젝트 계획서에 수정할 부분이 있다면 수정해 봅시다.	- 자료 조사, 자료 정리, 발표 등 자신이 맡고 싶은 역할을 정한다. - 정해진 내용을 역할 계획서에 작성한다. - 모둠끼리 돌아가며 발표한다. - 5모둠은 우리와 같은 주제를 정했지만, 조사하는 자료가 전혀 달라서 신기했습니다. - 2모둠은 모든 학생들이 작은 역할이라도 책임감을 갖고 참여하려는 것이 느껴졌습니다. - 다른 모둠의 피드백을 듣고 계획을 수정한다.	25'	㉯프로젝트 계획서 요교사가 제시한 프로젝트 계획서 외에 학생들이 원하는 양식이 있다면 자유롭게 허용한다. 요모둠 활동에 소극적인 학생이 작은 역할(ex.서기)이라도 맡도록 격려한다. 요자기 주장이 강한 학생이 다른 친구를 존중해 줄 때 즉각적으로 칭찬해 준다.
정리	학습 내용 정리	⊙배운 내용 정리하기 ● 오늘 어떤 내용을 배웠나요? ● 배운 내용을 자신의 말로 배움 공책에 적어 봅시다.	- 지구촌에서 발생하는 문제를 해결하기 위한 프로젝트를 계획했습니다. - 자신의 말로 본시 학습 내용을 배움 공책에 정리한다.	5'	㉯배움 공책 요학생 스스로 오늘 배웠던 내용을 복기함으로써 학생 참여 수업이 되도록 한다.
	자기 평가	⊙좋,아,바 활동하기 ● 오늘 수업 내용에서 좋았던 점, 아쉬웠던 점, 바라는 점을 적어봅시다.	- 붙임 딱지에 좋,아,바를 적고 칠판에 붙임으로서 공유한다.	5'	㉯붙임 딱지
	차시 예고	⊙차시학습 예고하기 ● 다음 사회시간에는 모둠에서 정한 주제를 해결하기 위한 자료를 조사하도록 하겠습니다.	- 다음 시간에 배울 내용을 확인하고 차시 학습 활동 내용에 흥미를 갖는다.		

⊙ 평가계획

평가 방법		자기 평가인 배움 공책과 좋,아,바 활동 관찰 평가를 병행하여 학생들이 학습 목표에 도달했는지 확인한다.
평가 내용		지구촌에서 발생하는 문제를 해결하기 위한 프로젝트를 계획할 수 있는가?
평가 환류 계획	성취 도달	모둠별 프로젝트 활동에 적극적으로 참여하고, 주제에 맞는 프로젝트를 계획하는 학생에게 심화 피드백을 제공한다.
	성취 미도달	모둠별 프로젝트 활동에 소극적인 학생에게 학생 삶과 직접적인 연관이 있는 내용을 알려주어 흥미를 높인다.

3 2021학년도 기출 문제 (서울)

2021학년도 초등학교 교사 임용후보자 선정경쟁 제2차 시험

교수·학습 과정안 문제지

관리 번호 (   ) 성명 (   )

5학년 1학기 국어 수업에서 [1단원. 대화와 공감]과 연극 단원을 통합하여 지도하려고 합니다. 학습주제가 '공감하며 대화하는 자세 기르기'라고 할 때, 아래에 제시된 조건을 반영하여 교수·학습 과정안을 작성하시오. (60분간 작성하시오.)

교수·학습 과정안 작성 조건
1. 본 차시는 연속차시로, 블록차시(80분)로 구성하여 작성하시오.
2. 학생 수는 24명으로 6모둠으로 구성되어 있다고 가정하여 작성하시오.
3. 본 차시는 원격수업(실시간 쌍방향 수업)으로 이루어진다고 가정하여 작성하시오.
4. 성취기준에 기반하여 교육과정-수업-평가가 일관성 있게 이루어지도록 구성하시오.
5. 생활 속에서 공감하며 대화하는 태도를 지니도록 구성하시오.
6. 비디오 기능을 끄거나, 반응을 하지 않는 등 수업에 소극적으로 참여하는 학생에 대한 지도방안을 제시하시오.
7. 학생 중심의 활동을 통해 학습목표를 도달할 수 있도록 수업을 구성하시오.
8. 확산적 발문을 통해 학생들의 창의적 사고를 촉진할 수 있도록 작성하시오.
9. 주어진 기자재 및 자료를 적절히 활용하여 과정안을 작성하시오.

1. 단원 개관 : 5학년 1학기 국어 1. 대화와 공감

 이 단원은 음성 언어의 특성을 이해하고 친구에게 칭찬하는 말과 조언하는 말을 할 수 있는 능력과 공동체·대인 관계 역량을 기르는 것이 목적이다. 학생들은 친구들과 함께 서로의 장점을 찾아 칭찬하거나 서로를 배려하며 조언하는 말을 씀으로써 자신의 감정이나 생각을 상대에게 효과적으로 표현하는 방법을 익히고 서로 공감하며 대화를 나눌 수 있게 된다.

 이 단원의 활동으로 학생들은 상대에게 칭찬하거나 조언하는 말을 할 수 있는 방법을 배우게 된다. 그 과정에서 학생들은 상대에 대한 관심과 이해를 바탕으로 한 효과적인 칭찬과 조언의 필요성을 인식하고, 나아가 상대의 감정이나 생각에 공감하며 대화를 나누는 태도를 지닐 수 있다.

 이 단원의 국어과 교과 역량은 '공동체·대인관계역량'이다. 이 단원에서는 학급 친구들과 칭찬하는 말과 조언하는 말을 주고받음으로써 학생들 사이에 긍정적인 유대 관계를 형성하고 발전시킨다.

[출처: 국어 5-1 지도서 1.대화와 공감]

2. 본시 학습 목표

 공감하며 대화하는 방법을 알 수 있다.

3. 차시 전개

단원	차시	주요 학습 내용 및 활동
대화와 공감	1~2차시 (콘텐츠 활용형)	단원 도입 및 단원 학습 계획 세우기 공감하며 대화해야 하는 까닭 알기
	3~4차시 (본시) (실시간 쌍방향)	공감하며 대화하는 방법 알기 감정이나 생각에 공감하는 대화 주고받기
	5~6차시 (등교 수업)	예절을 지키며 누리 소통망에서 대화하기

단원	차시 (단계)	주요 학습 내용 및 활동
연극 단원	연극 준비	연극의 특성을 살펴볼 수 있다.
	연극 연습 (본시)	감정이나 생각을 몸짓으로 표현할 수 있다.
	연극 연습	자신이 되고 싶은 인물을 떠올리며 즉흥 표현을 할 수 있다.

4. 기자재 및 자료

기자재: 컴퓨터, 마이크, 웹캠, 실물화상기, 스마트기기 등
자료: 동영상, 사진, e학습터 등 다양한 플랫폼 이용 가능

5. 교과서 내용
- 어떤 대화가 좋은 대화일지 이야기하기
- 공감하며 대화하는 방법 생각하기
- 공감하며 대화하는 방법 알고 익히기
- 공감하며 대화하는 방법 표현하기

6. 학습 실태

생활 속에서 나의 감정이나 생각을 말이나 몸짓으로 나타내는 것이 익숙한가?	익숙하다	14 명
	보통이다	4 명
	익숙하지 않다	5 명

생활 속 대화 중 불쾌감을 느낀 경험이 있는가?	예	22 명
	아니오	2 명

(N=24)

7. 학습 선호도

좋아하는 협력활동은 무엇인가?	역할극	11 명
	토의토론	9 명
	브레인스토밍	2 명
	기타	2 명

(N=24)

2021학년도 기출 분석 (서울)

관리번호	210025	이름	홍길동

성취 기준	관련 성취기준 [6국01-07] 상대가 처한 상황을 이해하고 공감하며 듣는 태도를 지닌다. [6국05-04] 일상생활의 경험을 이야기나 극의 형식으로 표현한다.
교육과정 재구성 전략	학생들의 실제 생활을 소재로 한 역할극과 토론을 통해 학생들이 생활 속에서 공감하며 대화하는 태도를 갖고 공동체·대인 관계 역량을 함양할 수 있도록 한다.
학습목표	상대방의 상황에 공감하며 대화하는 방법을 알고 이를 역할극으로 표현할 수 있다.
사용한 플랫폼	e-학습터, 쌍방향 미팅 도구(이하 '줌'(zoom)), 실시간 공유 게시판(이하 '잼보드')

학습 단계	학습 요소	교수·학습 활동 교사	교수·학습 활동 학생	시간	자료(㉾) 및 유의점(㉿)
도입	전시 학습 상기	◉지난 국어 시간 떠올리기 • 지난 국어시간 수업 영상에서 무엇에 대해 배웠나요? 배움 공책을 참고해도 좋습니다.	- 공감하며 대화해야하는 까닭을 알아보았습니다.	5'	㉾배움 공책, 웹캠, 컴퓨터, 마이크, 줌 ㉿전시학습 내용을 떠올리지 못하는 학생은 배움 공책을 보게 한다.
	동기 유발	◉한 5학년 학생의 고민 듣기 • 이 학생은 어떤 경험을 말했나요? • 비슷한 경험을 한 적 있나요?	- 대화하다가 기분이 나빴던 적이 있습니다./ 감정이나 생각을 친구에게 표현하기 어려웠던 적이 있다고 합니다. - 친구가 기분 나쁜 말을 했는데 어떻게 반응해야 할지 몰랐습니다.		㉾어느 5학년 학생의 고민 음성 파일(45") ㉿학습 실태와 관련된 자료를 활용하여 학생의 학습동기를 유발한다.
	학습 문제 확인	◉학습 문제 확인하기 상대방의 상황에 공감하며 대화하는 방법을 알고 이를 역할극으로 표현해보자.			㉾줌, 학습활동안내 이미지
	학습 활동 안내	◉학습 활동 안내하기 <활동1> 돌아가며 감정 이야기하기 <활동2> '이럴 땐 이렇게!' 공감 대화 방법 토의하기 <활동3> 비공감 멈춰! 공감 역할극하기			㉿학생의 학습 선호도를 고려하여 활동을 구성하고 학생 참여 중심으로 이루어지도록 한다.
전개	돌아가며 감정 이야기 하기 (모둠 활동 ↓ 전체활동)	◉<활동1>돌아가며 감정 이야기하기 • 선생님이 e-학습터에 올려준 자료를 바탕으로 모둠 친구들과 상황별 감정에 대해 이야기해봅시다. • 모둠별로 어떤 이야기를 나누었는지 친구들에게 이야기해봅시다.	- 교사가 e-학습터에 올린 자료를 바탕으로 상황별로 느끼시는 감정과 자신의 비슷한 경험에 대해 모둠원과 소그룹 회의에서 이야기한다. - 모둠별로 나눈 이야기를 반 친구들 앞에서 발표한다.("3번 상황에서는 너무 답답할 것 같습니다."/ "비슷한 경험이 있었는데 그때 너무 화가 났습니다. 등")	12'	㉾줌, e 학습터 ㉿소그룹 회의 기능을 이용하여 6모둠(4명씩 1모둠)이 모둠별로 소통할 수 있게 한다. ㉾교사용 체크리스트 ㉿교사는 소그룹 회의를 번갈아 이동하며 학습 활동이 잘 이루어지고 있는지 점검한다.
	감정 표현 방법 토의하기 (전체 활동)	◉<활동2>'이럴 땐 이렇게!' 공감 대화 방법 토의하기 • 방금 이야기한 문제 상황에서 어떻게 하면 공감하며 이야기를 들을 수 있을지 의견을 적어봅시다. • 공감하며 대화하는 방법에서 보충되어야 할 것이 있나요?	- "내가 상대방이라고 생각하고 이야기를 듣습니다."/ "상대방의 감정이 어땠을지 생각하며 듣습니다." 등의 내용을 잼보드에 게시한다. - 머릿속으로만 공감하는 것이 아니라 공감의 몸짓을 함께 하는 것이 좋습니다./ 친구가 말할 때 딴 짓을 하지 않고 집중합니다.	18'	㉾줌, 잼보드 ㉿비디오를 끄는 학생은 학습 활동에 비디오 기능이 필요하다는 점을 설명하여 끄지 않고 활동하게 하고 지속적으로 개별 지도한다.

Chapter 06 교수·학습 과정안 기출분석 | 85

학습 단계	학습 요소	교수·학습 활동 교사	교수·학습 활동 학생	시간	자료(㉠) 및 유의점(㉾)
	공감 역할극 하기 (모둠 활동 ↓ 전체 활동)	• 왜 그렇게 생각했나요? • 그렇다면 공감하며 대화하기 위해서는 어떤 연습이 필요할까요? ◉ <활동3> 비공감 멈춰! 공감 목소리 역할극하기 • 이야기한 공감이 있는 대화 방법을 바탕으로 목소리 역할극을 모둠별로 연습해봅시다. • 역할극을 발표해봅시다. • 칭찬하고 싶은 모둠/학생이 있나요? • 오늘 배운 내용은 우리 생활과 어떤 관련이 있나요?	- 몸짓에서 그 사람이 나의 이야기에 공감하는지 아닌지 알 수 있기 때문입니다. - 상대방의 이야기를 집중해서 듣고, 공감의 몸짓을 연습해야 합니다. - 공감 대화 방법을 사용하지 않았을 때와 사용했을 때의 차이를 나타낸 짧은 목소리 역할극을 연습한다. - 모둠별로 돌아가며 목소리 역할극을 발표한다. - 기쁨 모둠의 연기가 매우 좋습니다./ ○○의 상황이 재미있으면서 공감이 되었습니다. - 친구와 공감하며 대화하면 기분이 나쁘지 않게 말할 수 있습니다.	35′	㉾확산적 발문을 통해 학생의 창의적 사고를 촉진한다. ㉠줌, 교사용 체크리스트 ㉾수업에 잘 참여하지 않는 학생의 경우 개별지도와 질문 등을 통해 반응을 지속적으로 유도한다. ㉾과정중심평가를 통해 교육과정-수업-평가가 일관성 있게 이뤄지게 한다.
정리	학습 내용 정리 자기 평가 및 동료 평가 차시 예고	◉ 배운 내용 정리하기 • 오늘 어떤 내용을 배웠나요? • 배운 내용을 자신의 말로 배움 공책에 적어봅시다. ◉ 구글 폼 학습 내용 정리 • 오늘 수업 내용과 관련해서 온라인 폼을 작성해 제출합시다. ◉ 차시학습 예고하기 • 다음 국어시간에는 학교에서 예절을 지키며 누리 소통망에서 대화하는 방법을 알아봅시다.	- 생활 속에서 공감하며 대화하는 방법을 배우고 역할극을 했습니다. - 자신의 말로 본시 학습 내용을 배움 공책에 정리한다. - 공유된 링크를 클릭하여 자기 평가 및 동료 평가를 작성한다. - 다음 시간에 배울 내용을 확인하고 차시 학습 활동 내용에 흥미를 갖는다.	10′	㉠배움 공책, 줌, 온라인 설문지 링크(자기 평가 문항, 동료 평가 문항) ㉾줌 채팅창에 온라인 설문지 작성 링크를 공유하고 이를 통해 학생들이 자기평가 및 동료평가를 작성하도록 안내한다. ㉾블렌디드 학습임을 고려하여 차시예고를 한다.

◉ **평가계획**

평가 관점	상대방의 상황에 공감하며 대화하는 방법을 알고 이를 역할극으로 표현할 수 있는가?		
평가 방법	관찰평가, 자기평가, 동료평가	평가도구	교사 체크리스트, 온라인 설문지(자기 평가 문항, 동료 평가 문항)
평가 내용	지식) 상대방의 상황에 공감하며 대화하기 위한 방법을 알고 있는가? 기능) 상대방의 상황에 공감하며 대화하는 방법을 실천할 수 있는가? 태도) 모둠원을 존중 및 경청하며 역할극 활동에 적극적으로 참여하는가?		
평가 환류 계획 — 성취 도달	공감하며 대화하는 태도가 학생의 삶에서 계속해서 나타날 수 있도록 교사가 긍정적인 피드백을 제공하고 우리반 공감이를 선정하여 학급 내에 긍정적인 분위기가 강화될 수 있게 한다.		
평가 환류 계획 — 성취 미도달	학생의 평가 결과에서 보충되어야 할 부분에 대해 교사가 개별적인 피드백을 제공하고 생활 속에서 실천할 수 있는 공감 실천 미션을 제공하여 성취기준에 도달할 수 있게 한다.		

Chapter 07 교수·학습 과정안 연습 문제

연습 문제 01

2023학년도 초등학교 교사 임용후보자 선정경쟁 제2차 시험

교수·학습 과정안 문제지

관리 번호 (   ) 성명 (   )

아래에 제시된 조건을 반영하여 교수·학습 과정안을 작성하시오. (60분간 작성하시오.)

교수·학습 과정안 작성 조건
1. 연속차시 80분으로 구성하여 학습 단계에 따라 '도입-전개-정리'로 작성하시오. 2. 학생 수는 24명으로 구상하시오. 3. 학습 목표는 성취기준과 차시 주제를 종합적으로 반영하여 행동 진술로 나타내시오. 4. 학습자의 학습 선호도와 학습 실태를 반영한 지도 방법을 제시하시오. 5. 교사와 학생 또는 학생과 학생 간 상호작용이 명시적으로 드러나는 활동을 구성하시오. 6. 학생들의 다양한 사고와 반응을 이끌어내는 발문을 2개 이상 포함하시오. 7. 글을 읽는 속도가 느린 학생을 고려하여 수업을 구성하시오. 8. 학생들의 학습 목표 도달을 확인하고 피드백하는 내용을 포함하시오.

1. 단원 개관

단원	단원 학습 목표	차시	차시 학습목표
5. 중요한 내용을 적어요	설명하는 말을 듣거나 글을 읽고 대강의 내용을 간추릴 수 있다.	1~2	메모했던 경험을 나눌 수 있다.
		3~4	내용을 간추리며 들을 수 있다.
		5~6 (본시)	글을 읽고 내용을 간추리는 방법을 안다.
		7~8	글을 읽고 내용을 간추릴 수 있다.
		9~10	책을 소개할 수 있다.

[출처: 국어 3-1 지도서 1. 중요한 내용을 적어요]

2. 본 차시 내용
- '민화' 읽고 중요한 문장 밑줄 긋기
- 각각 묶을 수 있는 낱말을 이용해서 정리하기
- 중요한 내용을 이어서 전체 내용을 하나로 묶기

3. 학습 실태

글을 읽고 중심내용을 파악할 수 있는가?	예	18
	아니오	6

4. 학습 선호도

어떠한 학습 조직을 가장 선호하는가?	짝 활동	9
	모둠 활동	10
	전체 활동	5

글을 읽을 때 어떤 매체를 가장 선호하는가?	종이책	5
	오디오북	7
	스마트폰	12

연습 문제 02

2023학년도 초등학교 교사 임용후보자 선정경쟁 제2차 시험

교수·학습 과정안 문제지

관리 번호 (   ) 성명 (   )

아래에 제시된 조건을 반영하여 교수·학습 과정안을 작성하시오. (60분간 작성하시오.)

교수·학습 과정안 작성 조건
1. 학습 단계에 따라 '도입-전개-정리'로 작성하시오.
2. 학생 수는 27명으로 구상하시오.
3. 차시별 학습 활동을 바탕으로 학습 목표를 설정하시오.
4. 실생활 사례를 활용하여 학습 활동을 구성하시오.
5. 학습 플랫폼에 수업 전 컨텐츠를 제공했다고 가정하여 지도 방안을 구상하시오.
6. 학생들의 의사소통 및 협업능력을 신장시킬 수 있는 수업을 구성하시오.
7. 학습자의 학습 선호도와 학습 실태를 반영한 지도 방법을 제시하시오.
8. 수업 중 다른 학생의 의견을 듣지 않고 자신의 말만 하는 학생에 대한 지도방안을 포함하시오.

1. 주제 개관 : 4학년 1학기 지역의 공공 기관과 주민 참여

 이 단원은 지역 주민의 생활에 도움을 주는 공공 기관을 이해하고 지역 문제와 해결 방안을 탐구함으로써 지역 문제 해결에 적극적으로 참여하는 자세를 기르는 데 주안점을 두고 있다. 공공 기관의 의미, 종류와 역할, 주민들의 생활에 주는 도움 등을 알아봄으로써 공공 기관의 중요성을 인식할 수 있도록 구성되었다. 또한 학생 자신이 살고 있는 지역에서 발생하는 문제를 인식하고 원인을 탐구해 지역 문제를 해결하고자 자료를 수집하고 대안을 찾아보는 활동을 하면서 지역 문제 해결 과정에 주체적으로 참여하도록 했다.

 첫 번째 주제에서는 학생들이 공공 기관의 의미, 공공 기관의 종류와 역할 등을 이해하고 자신이 살고 있는 지역의 공공 기관을 직접 방문해 공공 기관에서 하는 일을 조사하도록 했다. 이러한 활동으로 학생들은 공공 기관이 주민들의 생활에 어떤 영향을 주는지 탐구하면서 지역사회 차원에서 공공 기관의 중요성을 인식할 수 있다.

 두 번째 주제에서는 지역 사회에서 발생하는 여러 문제들을 조사하고 이를 해결하기 위한 민주적이고 합리적인 방법을 탐색함으로써 지역 문제에 관심을 갖고 참여하는 태도를 기르도록 한다.

2. 수업 목적
본 수업을 통해 지역 문제에 관심을 가지고 문제 해결에 적극적으로 참여하는 태도를 가지도록 한다.

3. 본시 성취기준

[4사03-06]	주민 참여를 통해 지역 문제를 해결하는 방안을 살펴보고, 지역 문제의 해결에 참여하는 태도를 기른다.

4. 차시 개요

주제	차시	주요 학습 내용 및 활동
지역의 공공 기관과 주민 참여	9~10	지역 문제 해결해 보기
	11~12	주민 참여의 중요성과 방법을 사례를 통해 알아보기
	13 (본시)	주민 참여의 바람직한 태도 알아보기
	14	주제 마무리

5. 본 차시 내용
- 학교 앞 통학로 문제를 해결하기 위해 지역 주민들이 의견을 나누는 장면 감상하기
- 주민 참여의 바람직한 태도는 어떤 것인지 토의하기
- 앞으로 바람직한 태도로 지역 문제에 참여할 것임을 다짐하기

6. 학습 실태

주민 참여의 중요성을 알고 있는가?	예	23 명
	아니오	4 명
지역 문제에 관심을 가지고 해결에 참여한 경험이 있는가?	예	6 명
	아니오	21 명

7. 학습 선호도

	토의토론	5 명
어떤 학습 활동을 가장 선호하는가?	역할극	11 명
	놀이 및 게임	9 명
	공책 정리	2 명

연습 문제 03

2023학년도 초등학교 교사 임용후보자 선정경쟁 제2차 시험

교수·학습 과정안 문제지

관리 번호 (   ) 성명 (   )

아래에 제시된 조건을 반영하여 교수·학습 과정안을 작성하시오. (60분간 작성하시오.)

교수·학습 과정안 작성 조건
1. 학습 단계에 따라 '도입-전개-정리'로 작성하시오.
2. 학생 수는 5학년 학생 24명으로 구상하시오.
3. 수학과의 역량인 의사소통 역량과 추론 역량을 함양할 수 있는 수업을 구상하시오.
4. 학습자의 학습 선호도와 학습 실태를 반영한 지도 방법을 제시하시오.
5. 전개에서 확산적 발문을 3개 이상 포함하시오.
6. 활동에 참여하지 않는 학생에 대한 지도를 포함하시오.
7. 수학 부진 학생에 대한 지도를 포함하시오.
8. 학습 목표 도달을 확인하기 위해 동료 평가를 활용하시오.

1. 단원 개관 : 5학년 1학기 2. 약수와 배수

 수는 수학의 여러 영역에서 가장 기본이 되며, 수에 대한 정확한 이해와 수를 이용한 연산 능력은 수학 학습을 하는 데 기초가 된다. 이에 이 단원은 수의 연산에 중요한 요소인 약수와 배수를 쉽게 이해할 수 있도록 활동을 구성하였다.

 이 단원에서는 자연수의 범위에서 약수와 배수를 알아보고, 곱의 관계를 통하여 약수와 배수의 관계를 이해하게 한다. 어떤 두 자연수를 각각 나누어떨어지게 하는 약수 중에서 공통인 약수인 공약수와 공약수 중에서 가장 큰 수인 최대공약수를 이해하고 구하게 한다. 그리고 어떤 두 자연수의 몇 배에 해당하는 배수 중에서 공통인 배수인 공배수와 공배수 중에서 가장 작은 수인 최소공배수를 이해하고 구하게 한다. 또한 어떤 두 수의 공약수와 최대공약수의 관계, 공배수와 최소공배수의 관계를 알게 한다. 약수와 배수, 최대공약수와 최소공배수를 학습한 뒤에 일상생활에서 약수, 배수와 관련된 문제를 해결하고 그 해결 과정을 설명하게 하며, 주어진 수가 어떤 수의 배수인지 쉽게 판별하는 법을 알아보게 한다.

 이 단원에서 학습하는 약수와 배수, 공약수와 최대공약수, 공배수와 최소공배수는 후속 학습인 약분과 통분을 학습하는 데 직접적으로 연계되므로 학생들이 정확하게 이해하고 문제를 해결하도록 지도해야 한다.

[출처: 수학 5-1 지도서 2. 약수와 배수]

2. 본시 학습 목표

곱을 이용하여 약수와 배수의 관계를 설명할 수 있다.

3. 단원의 지도 계획

단원	차시	주요 학습 내용 및 활동
2. 약수와 배수	2	• 약수의 의미를 알고 자연수의 약수 구하기 • 배수의 의미를 알고 자연수의 배수 구하기
	3 (본시)	• 곱을 이용하여 약수와 배수의 관계 이해하기
	4	• 공약수와 최대공약수의 의미를 알고, 이를 구하기 • 공약수와 최대공약수의 관계 이해하기

4. 본 차시 내용 :

- 두 수의 곱으로 나타내어 약수와 배수의 관계 알아보기
- 여러 수의 곱으로 나타내어 약수와 배수의 관계 알아보기
- 여러 수의 곱으로 나타내어 약수와 배수의 관계 설명하기

5. 학습 실태 :

약수의 의미를 알고 자연수의 약수를 구할 수 있는가?	예	21명
	아니오	3명

배수의 의미를 알고 자연수의 배수를 구할 수 있는가?	예	22명
	아니오	2명

6. 학습 선호도 :

	전체 활동	3명
어떠한 학습 조직을 가장 선호하는가?	모둠 활동	7명
	짝 활동	12명
	개인 활동	2명

연습 문제 04

2023학년도 초등학교 교사 임용후보자 선정경쟁 제2차 시험

교수·학습 과정안 문제지

관리 번호 (　　　　) 성명 (　　　　)

아래에 제시된 조건을 반영하여 교수·학습 과정안을 작성하시오. (60분간 작성하시오.)

교수·학습 과정안 작성 조건
1. 학습 단계에 따라 '도입-전개-정리'로 작성하시오.
2. 학생 수는 5학년 학생 25명으로 구상하시오.
3. 학습 목표는 행동 용어로 진술하고, 학습 목표를 성취할 수 있는 평가기준을 설정하시오.
4. 학습자의 학습 선호도와 학습 실태를 반영한 지도 방법을 제시하시오.
5. 학생 중심의 활동적 수업을 구상하시오.
6. 전개에서 확산적 발문을 3개 이상 포함하시오.
7. 무기력한 학생에 대한 지도를 포함하시오.
8. 학생이 스스로 학습 내용을 확인하는 평가를 포함하여 수업을 구상하시오.

1. 본시 학습 목표
양분을 얻는 방법에 따라 생물 요소를 분류할 수 있다.

2. 주제의 지도 계획

단원	학습요소	차시	주요 학습 내용 및 활동
2. 생물과 환경	생물 요소와 비생물 요소	2	• 생태계의 의미 알아보기 • 생태계를 관찰하고, 생태계 구성 요소 분류하기
		3 (본시)	• 양분을 얻는 방법에 따라 생물 요소 분류하기
	생태계의 구조와 기능, 먹이 사슬과 먹이 그물	4	• 생태계를 구성하는 생물의 먹이 관계 알아보기

[출처: 과학 5-2 지도서 2. 생물과 환경]

3. 본 차시 내용
- 생물이 양분을 얻는 방법 알아보기
- 양분을 얻는 방법에 따라 생물 요소를 생산자, 소비자, 분해자로 분류하기
- 생물 요소의 역할 생각해 보기

4. 학습 실태

생태계의 구성 요소를 생물 요소와 비생물 요소로 구분할 수 있는가? (전시 내용)	예	21명
	아니오	4명

생산자, 소비자, 분해자에 대해 들어본 적 있는가?	예	3명
	아니오	22명

5. 학습 선호도

어떠한 학습 조직을 가장 선호하는가?	전체 활동	4 명
	모둠 활동	12 명
	짝 활동	9 명

연습 문제 05

2023학년도 초등학교 교사 임용후보자 선정경쟁 제2차 시험

교수·학습 과정안 문제지

관리 번호 (   ) 성명 (   )

아래에 제시된 조건을 반영하여 교수·학습 과정안을 작성하시오. (60분간 작성하시오.)

교수·학습 과정안 작성 조건
1. 2015 개정 교육과정의 의사소통 역량을 함양할 수 있는 지도 방안을 포함하여 수업을 구상하시오.
2. 학습 단계에 따라 '도입-전개-정리 단계'로 작성하시오.
3. 수학 부진 학생에 대한 지도를 포함하시오.
4. 학생 수는 25명으로 구상하시오.
5. 학습자의 학습 선호도와 학습 실태를 반영한 지도 방법을 제시하시오.
6. 과정 중심 평가가 드러나도록 과정안을 구성하시오.
7. 학생의 삶과 연관된 동기 유발이 일어나도록 하시오.
8. 협력적 인성을 기를 수 있도록 수업하시오.
9. 구체적인 조작 활동이 드러나도록 과정안을 구성하시오.

1. **주제 개관** : 3학년 1학기 길이와 시간

 길이와 시간은 대상의 여러 가지 속성들 중에서 학생들의 일상생활과 가장 친숙한 속성이다. 예를 들어 학생들은 신발을 사기 위하여 발의 길이를 잴 때 cm보다 작은 단위인 mm를 사용하고, 전자레인지에 몇 초 동안 음식을 데우는 등의 다양한 상황에서 길이와 시간의 측정을 비형식적으로 경험하기 때문이다. 이에 이 단원에서는 길이와 시간에 대한 여러 가지 측정 활동을 학생들의 경험과 연결하여 지도할 수 있도록 구성했고 이를 통해 학생들은 수학의 유용성을 인식하고, 수학에 대한 흥미와 자신감을 가지게 될 것이다.

 이 단원은 가족 여행을 소재로 하여 단원 전체를 들려줄 이야기 중심으로 구현했다. 이에 따른 주요 학습 내용은 다음과 같다. 먼저 1cm보다 작은 단위와 1m보다 큰 단위의 필요성을 이해하는 활동을 하고 1mm와 1km를 도입한다. 1mm와 1km를 학습한 후에는 기존에 학습했던 cm, m와 연결하여 1cm와 1mm, 1km와 1m의 관계를 이해할 수 있도록 지도하고, 길이를 단명수와 복명수로 표현해 보게 한다. 나아가 다양한 실생활 상황에서 mm, cm, m, km의 단위를 활용하여 길이를 어림하고 측정해 볼 수 있도록 한다. 시간을 지도할 때에는 먼저 큰 단위의 시간보다 더 작은 단위의 필요성을 이해하는 활동을 통하여 1초의 개념을 도입한다. 이를 바탕으로 1분과 1초의 관계를 이해하게 하고, 초 단위의 시간을 어림하고 측정하는 학습을 전개한다. 이후 다양한 실생활 문제를 통해 시간의 덧셈과 뺄셈을 이해하고 학습한다.

이 단원은 초등학교 수학 교육과정에서 길이와 시간을 다루는 마지막 단원에 해당하므로 학생들이 다양한 길이와 시간의 단위를 정확히 이해하고 사용할 수 있도록 지도한다.

2. 본시 학습 목표
- 1km의 단위를 알고 이를 쓰고 읽을 수 있다.
- 1km=1000m의 관계를 알고 몇 km 몇 m와 몇 m로 나타낼 수 있다.

3. 주제의 지도 계획

주제	차시	주요 학습 내용 및 활동
길이와 시간	2	1cm보다 작은 단위는 무엇일까요
	3	1m보다 큰 단위는 무엇일까요
	4	길이와 거리를 어림하고 재어 볼까요

4. 본 차시 내용
- 1km의 필요성 인식하고 익히기
- 1km가 얼마쯤인지 알아보기
- 몇 km 몇 m와 몇 m로 나타내기

5. 학습 실태

1m보다 큰 단위를 알고 있는가?	예	4
	아니오	21

6. 학습 선호도

어떠한 학습 조직을 가장 선호하는가?	개인 활동	2
	모둠 활동	15
	짝 활동	8

연습 문제 06

2023학년도 초등학교 교사 임용후보자 선정경쟁 제2차 시험

교수·학습 과정안 문제지

관리 번호 (   ) 성명 (   )

본 수업에서는 4학년 2학기 사회과 3단원 [13차시. 편견과 차별이 없는 사회를 만들기 위한 노력 알아보기] 차시를 국어과 성취기준과 통합하여 지도하고자 한다. 아래에 제시된 조건을 반영하여 교수·학습 과정안을 작성하시오. (60분간 작성하시오.)

교수·학습 과정안 작성 조건
1. 학습 단계에 따라 '도입-전개-정리 단계'로 작성하시오.
2. 성취기준과 본 차시 내용을 바탕으로 학습 목표를 설정하시오.
3. 학생 수는 24명으로 구상하시오.
4. 학습자의 학습 선호도와 학습 실태를 반영한 지도 방법을 제시하시오.
5. 편견과 차별이 없는 사회를 만들기 위한 방법이 다양하게 나올 수 있도록 확산적 발문을 2개 이상 사용하시오.
6. 글쓰기 소재를 잘 떠올리지 못하는 학생에 대한 지도 방안을 포함하시오.
7. 과정 중심 평가가 드러나도록 수업을 구성하시오.
8. 스마트 기기 지도 방안을 포함하여 수업을 구성하시오.

1. 주제 개관 : 4학년 2학기 사회 변화와 문화의 다양성

이 단원은 사회 변화로 나타난 일상생활의 변화 모습과 그 특징을 분석하고, 이러한 생활 모습의 변화로 발생하는 문제점과 그 해결 방안을 탐구함으로써 사회 변화에 따른 대처 방안을 모색하는 능력과 삶의 다양성을 이해하고 존중하는 태도를 기르는 데 주안점을 두었다.

첫째 주제에서는 저출산·고령화, 정보화, 세계화로 인한 사회 변화로 나타난 일상생활의 모습을 조사하고 그 특징을 분석해 보도록 한다. 사회 변화로 생활 모습이 변화하면서 나타난 여러 문제점을 알아보고 이를 해결하는 방안 모색 및 대응 능력을 기를 수 있도록 한다. 실제 사례나 다양한 시사 자료를 활용하여 사회 변화(저출산·고령화, 정보화, 세계화)가 일상생활에 미친 영향을 탐구하도록 한다.

둘째 주제에서는 문화 다양성이 점차 확산되는 상황에서 발생할 수 있는 편견이나 차별 등의 사회 문제를 탐구하고, 자신이 속한 집단의 문화와 다른 문화의 가치를 인식함으로써 다른 문화를 존중하는 태도를 함양하도록 한다. 학생들이 평소에 지닌 편견이나 알고 있는 차별 사례들을 다루어 학생들의 태도 변화를 모색하도록 한다.

2. 수업 목적

본 수업은 국어 성취기준 [4국03-03]와 통합하여 편견과 차별이 없는 사회를 만들기 위한 노력에는 어떤 것이 있는지 알아보고, 자신이 생각하는 방법을 글로 표현할 수 있도록 지도한다.

3. 본시 성취기준

[4사04-06]	우리 사회에 다양한 문화가 확산되면서 생기는 문제(편견, 차별 등) 및 해결 방안을 탐구하고, 다른 문화를 존중하는 태도를 기를 수 있다.
[4국03-03]	관심 있는 주제에 대해 자신의 의견이 드러나게 쓸 수 있다.

4. 주제의 지도 계획

주제	차시	주요 학습 내용 및 활동
사회 변화와 문화의 다양성	10-11	일상생활에서 나타나는 편견과 차별 살펴보기
	12	편견과 차별을 해결할 방법 토의하기
	13 (본시)	편견과 차별이 없는 사회를 만들기 위한 노력 알아보기
	14	주제 마무리

5. 본 차시 내용

- 편견과 차별에 관한 공익 광고 살펴보기
- 편견과 차별이 없는 세상을 만들기 위한 노력 알아보기

6. 학습 실태

태블릿 PC 활용 방법을 알고 있는가?	예	18
	아니오	6

7. 학습 선호도

어떠한 학습 조직을 가장 선호하는가?	개인 활동	7
	모둠 활동	13
	짝 활동	4

연습 문제 07

2023학년도 초등학교 교사 임용후보자 선정경쟁 제2차 시험

교수·학습 과정안 문제지

관리 번호 (　　　　　) 성명 (　　　　　　)

아래에 제시된 조건을 반영하여 교수·학습 과정안을 작성하시오. (60분간 작성하시오.)

교수·학습 과정안 작성 조건
1. 학습 단계에 따라 '도입-전개-정리'로 작성하시오. 2. 학생 수는 29명으로 구상하시오. 3. 학습 목표는 행동 용어로 진술하고, 학습 목표에 도달하지 못한 학생에 대한 환류 방안을 구체적으로 작성하시오. 4. 학습자의 학습 선호도와 학습 실태를 반영한 지도 방법을 제시하시오. 5. 교사와 학생 또는 학생과 학생 간 상호작용이 명시적으로 드러나는 활동을 구성하시오. 6. 전개에서 확산적 발문을 3개 이상 포함하시오. 7. 과목에 흥미가 없는 학생들에 대한 지도를 포함하시오. 8. 시각 장애(약시) 학생에 대한 지도를 포함하시오.

1. 단원 개관 : 5학년 2학기 1. 옛사람들의 삶과 문화

　이 단원은 고대부터 조선 전기에 이르기까지 나라의 발전에 기여한 인물과 대표적 문화유산을 살펴봄으로써 우리나라 역사에 나타나는 사회 변화의 특징과 중요한 사건들을 이해하고자 설정되었다.

(중략)

　두 번째 주제에서는 고려를 세우고 외침을 막는 데 힘쓴 인물(왕건, 서희, 강감찬 등)의 업적을 보며 고려의 건국과 외침 극복 과정을 탐색한다. 또 고려청자와 금속 활자, 팔만대장경 등의 문화유산을 살펴보며 고려 시대 과학 기술과 문화의 우수성을 탐색한다.

(중략)

　이 단원에서 학생들은 우리나라 역사를 처음 접하게 되므로 초등학생의 역사 인식 발달 단계에 맞게 생활사, 주제사를 중심으로 학습하도록 하며 통사로 역사에 접근하지 않도록 한다.

[출처: 사회 5-2 지도서 1. 옛사람들의 삶과 문화]

2. 본시 학습 목표

　금속 활자를 살펴보며 고려의 기술과 문화를 설명할 수 있다.

3. 주제의 지도 계획

단원	주제	주제별 주요 내용	차시	주요 학습 내용 및 활동
옛사람들의 삶과 문화	2. 독창적 문화를 발전시킨 고려	고려의 건국과 외침 극복 과정, 문화와 과학 기술 알아보기	14	팔만대장경을 보며 고려의 기술과 문화 알아보기
			15 (본시)	금속 활자를 살펴보며 고려의 기술과 문화 알아보기
	3. 민족 문화를 지켜나간 조선	조선 전기 정치와 문화 발전, 조선의 외침 극복 알아보기	16~17	조선의 건국과정 알아보기

4. 본 차시 내용

- 금속 활자를 만드는 데 필요한 기술 알아보기
- 목판 인쇄술과 금속 활자 인쇄술 비교하기
- 『직지심체요절』 알아보기
- 금속 활자 인쇄본의 특징 알아보기

5. 학습 실태

고려 인쇄 문화의 우수성을 나타내는 팔만대장경에 대해 알고 있는가?	예	24명
	아니요	5명

6. 학습 선호도

어떠한 학습 조직을 가장 선호하는가?	전체 활동	5명
	모둠 활동	14명
	짝 활동	10명

연습 문제 08

2023학년도 초등학교 교사 임용후보자 선정경쟁 제2차 시험

교수·학습 과정안 문제지

관리 번호 (   ) 성명 (   )

아래에 제시된 조건을 반영하여 교수·학습 과정안을 작성하시오. (60분간 작성하시오.)

교수·학습 과정안 작성 조건
1. 학습 단계에 따라 '도입-전개-정리'로 80분 연차시 수업의 과정안을 작성하시오. (단, 음영처리 된 부분은 작성하지 않음)
2. 24명의 5학년 학생들이 이질적 모둠으로 구성되어 있다고 가정하고 활동을 구상하시오.
3. 국어과의 '6. 토의하여 해결해요'와 사회과의 '2. 인권 존중과 정의로운 사회', 도덕과 '6. 인권을 존중하며 함께 사는 우리' 단원의 일부를 통합하여 전체 19차시 분량으로 '서로를 존중하는 우리반'이라는 주제로 재구성된 단원임을 반영하여 적절한 학습목표를 설정하시오.
4. 학생이 적극적으로 수업에 참여할 수 있는 형태의 활동을 포함하여 구상하시오.
5. 교사의 구체적 발문이 3개 이상 드러나도록 작성하시오.

1. 재구성된 단원의 개관 :

 본 단원은 국어, 도덕, 사회과를 통합하여 학생들이 다양한 읽기 자료, 모둠 토의, 학급 토의 등을 통해 다른 사람의 상황과 의견을 이해하며, 인권의 중요성을 인식하도록 한다. 또한 더 나아가 학급 내에서의 인권과 관련된 문제를 발견하고 그 해결 방법을 학생 스스로 찾고 탐구하며 인권 존중을 실천할 수 있게 한다.

2. 단원 성취 기준

[6국01-02]	의견을 제시하고 함께 조정하며 토의한다.
[6국01-07]	상대가 처한 상황을 이해하고 공감하며 듣는 태도를 지닌다.
[6사02-01]	인권의 중요성을 인식하고 인권 신장을 위해 노력했던 옛 사람들의 활동을 탐구한다.
[6사02-02]	생활 속에서 인권 보장이 필요한 사례를 탐구하여 인권의 중요성을 인식하고, 인권 보호를 실천하는 태도를 기른다.
[6사02-03]	인권 보장 측면에서 헌법의 의미와 역할을 탐구하고, 그 중요성을 설명한다.
[6도03-01]	인권의 의미와 인권을 존중하는 삶의 중요성을 이해하고, 인권 존중의 방법을 익힌다. ①인권이란 무엇이고 인권을 존중하기 위해 타인의 입장을 이해하고 인정하는 것이 왜 필요할까? ②인권을 존중하고 보호할 수 있는 방법은 무엇이며, 인권 문제에 대해 어떻게 올바른 의사결정을 할 수 있을까?

3. 단원의 지도 계획

단원	차시	주요 학습 내용
서로를 존중하는 우리반 (재구성 단원)	13~14	학급 규칙, 학생 인권과 관련된 자료를 정리하여 발표하기
	15	우리반을 인권 공동체로 만들 수 있는 방법에 대해서 짧은 글을 적고 모둠 내에서 공유하기
	16~17 (본시)	서로를 존중하는 우리 반이 되기 위해 바뀌어야 할 학급 규칙에 대해 의견을 조정하며 토의하기
	18	토의 내용을 돌이켜보고 학급 내 실천 점검하기

4. 학습 실태

인권의 의미를 알고 있는가?	매우 잘 알고 있다.	10명
	어느 정도 알고 있다.	8명
	잘 알지 못한다.	5명
	모른다.	1명

5. 학습 선호도

어떠한 학습 조직을 가장 선호하는가?	전체 활동	5명
	모둠 활동	10명
	짝 활동	5명
	개별 활동	4명

연습 문제 09

2023학년도 초등학교 교사 임용후보자 선정경쟁 제2차 시험

교수·학습 과정안 문제지

관리 번호 (　　　　) 성명 (　　　　　)

아래에 제시된 조건을 반영하여 교수·학습 과정안을 작성하시오. (60분간 작성하시오.)

교수·학습 과정안 작성 조건
1. 연속차시 80분으로 구성하여 '도입-전개-정리'로 작성하시오.
2. 학생 수는 23명으로 구상하시오.
3. 스마트 패드를 이용하여 인터넷 게시판에 글을 쓰는 활동을 포함하시오.
4. 학생들의 실생활 경험을 이끌어내는 소재를 사용하여 동기유발 하시오.
5. 학습자의 학습 선호도와 학습 실태를 반영한 지도 방법을 제시하시오.
6. 전개에서 확산적 발문을 2개 이상 포함하시오.
7. 활동에 참여하지 않는 학생에 대한 지도를 포함하시오.
8. 학생들의 공동체 대인 관계 역량을 함양할 수 있는 활동을 구성하시오.
9. 과정 중심평가를 포함하여 작성하시오.

1. 단원 개관 : 6학년 1학기 9. 마음을 나누는 글을 써요

　이 단원은 학생이 쓰기 과정을 이해하고, 목적이나 주제에 알맞은 내용과 매체를 선정해 마음을 나누는 글을 쓰도록 하는 것이 목적이다. 학생은 쓰기 과정과 글의 특징을 생각하며 마음을 나누는 글쓰기를 할 수 있을 것이다.

　이 단원의 활동으로 학생은 글을 쓰는 상황과 목적을 파악할 수 있고 쓰기 과정에 따라 글을 쓰는 것을 배우게 된다. 그리고 상황, 목적, 독자 등을 고려해 글을 구성하는 능력을 기를 수 있다. 이를 바탕으로 하여 다양한 마음을 나누는 상황을 고려한 글쓰기를 할 수 있게 된다.

　이 단원의 국어과 교과 역량은 '공동체 대인 관계 역량'이다. 이 단원에서는 마음을 나누는 상황을 파악하고 독자를 고려한 글을 써 봄으로써 공동체 생활에서 필요한 의사소통 능력과 대인 관계 능력을 함양하고자 한다.

[출처: 국어 6-1 지도서 9. 마음을 나누는 글을 써요]

2. 본시 학습 목표

학급 신문을 만들 수 있다.

3. 단원의 지도 계획

단원	차시	주요 학습 내용 및 활동
9. 마음을 나누는 글을 써요	5~6	• 마음을 나누는 글 읽기 • 마음을 나누는 글 쓰기
	7~8 (본시)	• 학급 신문 만들기 • 단원 정리
10. 쓴 글을 돌아보며	1	• 단원 도입

4. 본 차시 내용

- 우리 반 친구들이 겪은 일 떠올리기
- 겪은 일 가운데에서 인상 깊었던 일 정하기
- 학급 신문을 만드는 과정 살펴보기
- 학급 신문 만들기
- 학습 내용 되돌아보기

5. 학습 실태

가상 게시판 소프트웨어를 이용하여 글을 쓸 수 있는가?	예	21명
	아니요	2명
마음을 나누는 글을 쓸 수 있는가?	예	19명
	아니요	4명

6. 학습 선호도

	전체 활동	5명
어떠한 학습 조직을 가장 선호하는가?	모둠 활동	11명
	짝 활동	3명
	개인 활동	4명

연습 문제 10

2023학년도 초등학교 교사 임용후보자 선정경쟁 제2차 시험

교수·학습 과정안 문제지

관리 번호 (   ) 성명 (   )

아래에 제시된 조건을 반영하여 교수·학습 과정안을 작성하시오. (60분간 작성하시오.)

교수·학습 과정안 작성 조건
1. 학습 단계에 따라 '도입-전개-정리'로 작성하시오. 2. 학생 수는 27명으로 구상하시오. 3. 학습 목표는 성취기준과 차시 주제를 종합적으로 반영하여 행동 진술로 나타내시오. 4. 학습자의 학습 선호도와 학습 실태를 반영한 지도 방법을 제시하시오. 5. 교사와 학생 또는 학생과 학생 간 상호작용이 명시적으로 드러나는 활동을 구성하시오. 6. 전개에서 확산적 발문을 3개 이상 포함하시오. 7. 강의 상류에서는 침식만 발생하고 강의 하류에서는 퇴적만 발생한다는 오개념을 지도하는 방안을 제시하시오. 8. 디지털 기기를 활용한 과정 중심 평가를 구상하시오.

1. 주제 개관

영역 (핵심 개념)	성취 기준	차시	주요 학습 내용 및 활동
고체 지구 (지구 구성 물질)		1	흙 언덕 깃발 지키기
	[4과04-02] 흙의 생성 과정을 모형을 통해 설명할 수 있다.	2	흙은 어떻게 만들어지는지 알아보기
	[4과04-01] 여러 장소의 흙을 관찰하여 비교할 수 있다.	3	운동장 흙과 화단 흙 비교하기
	[4과04-03] 강과 바닷가 주변 지형의 특징을 흐르는 물과 바닷물의 작용과 관련 지을 수 있다.	5~6	흐르는 물의 지표 변화 알아보기
		7 (본시)	강 주변의 지표 모습 알아보기
		8	바닷가 주변 지표 모습 알아보기

3. 학습 실태

태블릿 PC의 사용법을 잘 알고 있는가?	예	25
	아니오	2

5. 학습 선호도

어떠한 학습 조직을 가장 선호하는가?	개인 활동	2
	모둠 활동	20
	짝 활동	5

스마트 기기를 활용한 활동 중 무엇을 선호하는가?	단어 구름	5
	붙임 쪽지 의견 쓰기	15
	한 줄 글쓰기	7

연습 문제 11

2023학년도 초등학교 교사 임용후보자 선정경쟁 제2차 시험

교수·학습 과정안 문제지

관리 번호 (   ) 성명 (   )

본 수업에서는 3학년 사회과 1학기 우리 고장에서 자랑할 만한 장소 소개하기] 차시를 미술과 성취기준과 융합하여 2차시 80분 수업으로 지도하고자 한다. 아래에 제시된 조건을 반영하여 교수·학습 과정안을 작성하시오. (60분간 작성하시오.)

교수·학습 과정안 작성 조건
1. 연속차시 80분으로 구성하여 '도입-전개-정리'로 작성하시오. 2. 학생 수는 25명으로 구상하시오. 3. 성취기준과 본 차시 내용을 바탕으로 학습 목표를 설정하시오. 4. 디지털 기기 활용에 대한 지도 방안을 구상하시오. 5. 성취기준을 달성할 수 있는 확산적 발문을 전개 단계에서 2개 이상 포함하시오. 6. 학습자의 학습 선호도와 학습 실태를 반영한 지도 방법을 제시하시오. 7. 자신의 의견을 표현하는데 자신감이 없는 학생에 대한 지도 방안을 포함하시오.

1. 주제 개관 : 3학년 1학기 우리 고장의 모습

본 주제는 사람들이 살아가는 데 기본적인 토대가 되는 고장의 모습을 살펴보고, 다양한 생각과 느낌을 이해해 고장에 대한 자긍심을 기르기 위해 설정되었다. 고장의 심상 지도를 그려 보고 서로 비교하는 활동을 하면서 각기 다른 장소감을 공유하고, 디지털 영상지도를 활용해 주요 지형지물을 중심으로 고장의 실제 모습을 파악한다.

두 번째 주제에서는 디지털 영상지도를 활용해 산, 강, 바다, 주요 도로, 학교, 건물 등 랜드 마크 역할을 할 수 있는 고장 내 주요 지형지물의 위치를 파악하고, 백지도에 다시 배치하는 학습으로 고장의 실제 모습을 익힌다.

2. 수업 목적

본 수업은 미술 성취기준 [4미01-02]와 융합하여 고장의 주요 장소를 탐색하면서 드는 자신의 느낌과 생각을 정리할 수 있도록 한다. 그리고 주요 장소를 소개하면서 자신의 느낌과 생각을 다양하게 표현할 수 있도록 한다.

3. 본시 성취기준

[4미01-02]	주변 대상을 탐색하여 자신의 느낌과 생각을 다양한 방법으로 나타낼 수 있다.
[4사01-01]	우리 마을 또는 고장의 모습을 자유롭게 그려보고, 서로 비교하여 공통점과 차이점을 찾아 고장에 대한 서로 다른 장소감을 탐색한다.

4. 차시 개요

주제	차시	주요 학습 내용 및 활동
우리 고장의 모습	10	디지털 영상 지도로 우리 고장의 주요 장소 살펴보기
	11~12	우리 고장의 주요 장소를 백지도에 나타내기
	13~14 (본시)	우리 고장에서 자랑할 만한 장소 소개하기 (미술과와 교과간 융합)
	15	우리 고장의 모습 단원 정리

5. 학습 실태

디지털 기기 활용 방법을 알고 있는가?	예	22 명
	아니오	3 명

6. 학습 선호도

어떠한 학습 조직을 가장 선호하는가?	전체 활동	1 명
	모둠 활동	15 명
	짝 활동	4 명
	개인 활동	5 명

연습 문제 12

2023학년도 초등학교 교사 임용후보자 선정경쟁 제2차 시험

교수·학습 과정안 문제지

관리 번호 (   ) 성명 (   )

5학년 과학과와 국어과를 통합하여 프로젝트 학습을 실행하고자 한다. 아래에 제시된 조건을 반영하여 교수·학습 과정안을 작성하시오. (60분간 작성하시오.)

교수·학습 과정안 작성 조건
1. 아래에 제시된 성취기준을 통합하여 프로젝트를 구상하시오.
2. 교사 교육과정을 반영하여 작성하시오.
3. 10차시의 프로젝트 학습 중 9차시를 구상하시오.
4. 학습 단계에 따라 '도입-전개-정리'로 작성하시오.
5. 학생수는 21명으로 구상하시오.
6. 학생의 삶과 연계한 수업이 되도록 구상하시오.
7. 등교 중지 학생 1명을 지도하기 위한 방안을 포함하시오.
8. 학습 활동에 무기력한 학생 1명을 지도하기 위한 방안을 포함하시오.
9. 교실 안의 모든 기기를 자유롭게 사용할 수 있다고 가정하여 작성하시오.

1. 핵심 성취기준

[6과05-03]	생태계 보전의 필요성을 인식하고 생태계 보전을 위해 우리가 할 수 있는 일에 대해 토의할 수 있다.
[6국03-02]	목적이나 주제에 따라 알맞은 내용과 매체를 선정하여 글을 쓴다.

2. 프로젝트 학습 계획

프로젝트주제	차시	학습 내용

생태계 지킴이 프로젝트	8	• 모둠별 발표 주제 정하기
		  - 생물 다양성이 중요한 이유 찾아보기
		  - 생태계의 생물 다양성을 지킬 수 있는 방법 생각하기
		• 모둠별 발표 내용 조사 및 정리하기

	9	• 모둠별 발표 자료 만들기(본시)
		  - 조사한 자료에 적합한 발표 방법 정하기
		  - 발표 자료 만들기

	10	• 모둠별 발표하기

2023학년도 초등학교 교사 임용후보자 선정경쟁 제2차 시험

교수·학습 과정안 문제지

관리 번호 (   ) 성명 (   )

본 수업에서는 6학년 1학기 사회과 2단원 [6차시. 우리나라 경제 체제의 특징 알아보기] 차시를 국어과 및 실과과 성취기준과 융합하여 2차시 80분 수업으로 지도하고자 한다. 아래에 제시된 조건을 반영하여 교수·학습 과정안을 작성하시오. (60분간 작성하시오.)

교수·학습 과정안 작성 조건
1. 연차시 80분 수업으로, 학습 단계를 수업 흐름에 맞도록 자유롭게 작성하시오.
2. 6학년 학생 29명이 개별 대형으로 앉아 있다고 가정하고 구상하시오.
3. 프로젝트 주제와 성취기준을 고려하여 학습 목표를 설정하시오.
4. 학생들이 수업 내용을 삶과 연관 지을 수 있도록 실생활 예시를 활용하시오.
5. 학생들이 놀이하며 자연스럽게 학습 내용을 내면화할 수 있도록 놀이 활동을 구상하시오.

1. 주제 개관 : 6학년 1학기 우리나라의 경제 발전

본 주제는 우리 주변을 둘러싼 경제 체제를 이해하고, 그를 바탕으로 합리적인 소비생활 방법을 탐색하여 경제 관념을 기르기 위해 설정되었다. 역할극을 통해 가계와 기업의 역할을 파악하는 활동을 하면서 이해관계를 이해하고, 여러 경제 활동의 사례를 통해 우리나라 경제 체제의 특징을 익힌다.

2. 수업 목적

본 수업은 실과 성취기준 [6실03-03]과 융합하여 학생들이 개인의 경제활동에서 시작하여 우리나라 경제 체제까지 범위를 확장하며 이해할 수 있도록 한다. 그리고 합리적 소비 생활 방법 및 우리나라 경제 체제의 특징을 알맞은 내용과 매체를 선정하여 글로 정리할 수 있도록 한다.

3. 프로젝트 성취기준

[6국03-02]	목적이나 주제에 따라 알맞은 내용과 매체를 선정하여 글을 쓴다.
[6사06-01]	다양한 경제활동 사례를 통해 가계와 기업의 경제적 역할을 파악하고, 가계와 기업의 합리적 선택 방법을 탐색한다.
[6사06-02]	여러 경제활동의 사례를 통하여 자유경쟁과 경제 정의의 조화를 추구하는 우리나라 경제체제의 특징을 설명한다.
[6실03-03]	돈 관리의 필요성을 알고 자신의 필요와 욕구를 고려한 합리적인 소비생활 방법을 탐색하여 실생활에 적용한다.

4. 차시 개요

주제	차시	주요 학습 내용 및 활동
합리적 소비 방법과 우리나라 경제 체제의 이해	1	프로젝트 도입
	2	다양한 경제활동 사례를 알아보기
	3~4	가계와 기업의 경제적 역할을 파악하기 가계와 기업의 합리적 선택 방법을 탐색하기
	5	가계와 기업의 역할 이해를 바탕으로 합리적인 소비 생활 방법 탐색하기
	6~7	합리적인 소비 생활 방법에 대한 자료를 조사하기 합리적인 소비 생활 방법 알리기에 적합한 매체를 선정하여 글 쓰기
	8~9 (본시)	여러 경제활동의 사례 탐색하기 경제 활동 놀이를 통해 자유 경쟁을 이해하기
	10~11	자유 경쟁과 경제 정의의 조화를 이해하기 우리나라 경제체제의 특징을 글로 정리하기
	12	프로젝트 소감 나누기

4. 학습 실태

합리적인 소비 생활 방법을 설명할 수 있는가?	잘 설명할 수 있다.	5명
	어느 정도 설명할 수 있다.	10명
	조금 설명할 수 있다.	6명
	설명하지 못한다.	7명

7. 학습 선호도

어떠한 학습 조직을 가장 선호하는가?	전체 활동	7 명
	모둠 활동	12 명
	짝 활동	8 명
	개인 활동	2 명

Chapter 08 수업실연 및 반성적 성찰 기출분석

1 2022학년도 기출 문제 (서울)

2022학년도 서울특별시교육청 초등학교 교사 임용후보자 선정 경쟁 제2차 시험

수업 실연 문제지

관리 번호 (   ) 성명 (   )

【수업 실연 문제】

아래에 제시된 활동 장면과 〈수업 실연 조건〉, 〈수업 실연 환경〉을 바탕으로 수업을 실연하시오.

수업 실연 조건
1. 배움과 성장이 일어나는 학생 간 상호작용을 구현하시오.
2. 학생들이 표현 방법을 선택하여 활동할 수 있도록 수업을 구상하시오.
3. 갈등을 겪고 있는 학생들의 문제를 해결하는 장면을 포함하여 실연하시오.
4. 기초 한글 학습이 안 되어있는 학생에 대한 지도 방안을 포함하시오.
5. 도입-전개-정리까지 10분 내에 실연하시오.
6. 성취기준을 바탕으로 수업자 의도를 1분간 설명하시오.

수업 실연 환경
1. 2학년 24명의 학생을 대상으로 실연하시오.

1. 단원 개관 : 2학년 2학기 5단원. 간직하고 싶은 노래

이 단원은 일상생활에서 보고 듣고 느끼고 생각한 다양한 경험을 시나 노래 등으로 표현함으로써 그 즐거움을 맛보고 문학 활동에 흥미와 자신감을 가지도록 하는 데 목적이 있다. 이를 위해 겪은 일을 나타낸 시나 노래를 알아보고, 겪은 일을 시나 노래로 표현하는 방법을 알아본 뒤에 익힌 방법에 따라 자신의 경험 가운데에서 가장 기억에 남는 일을 시나 노래로 표현할 수 있도록 했다.

이 단원의 활동을 통해 경험을 문학 작품으로 표현하는 과정에서 글자, 낱말, 문장에 대해 무심코 넘어가지 않고 민감하게 받아들이며, 호기심을 바탕으로 하여 탐구하는 태도를 익힐 수 있다.

이 단원의 국어과 교과 역량은 '문화 향유 역량'이다. 교과서에 제시된 작품을 비롯해 다른 친구들의 작품을 감상하고, 자신이 겪은 일을 시나 노래로 표현하고 발표하는 경험을 통해 문화 향유 역량을 향상하고자 한다.

2. 본시 학습 목표
• 경험에 대한 느낌을 시나 노래로 표현할 수 있다.

3. 성취기준

[2국05-04]	자신의 생각이나 겪은 일을 시나 노래, 이야기 등으로 표현한다.

4. 주제의 지도 계획

단원	차시	주요 학습 내용 및 활동
5. 간직하고 싶은 노래	1~2	겪은 일을 나타낸 시나 노래를 안다.
	3~4	겪은 일을 시나 노래로 표현하는 방법을 안다.
	5~6	겪은 일을 나타낸 시나 노래의 일부를 바꾸어 쓸 수 있다.
	7~8	자신이 겪은 일을 시나 노래로 표현할 수 있다.
	9~10	겪은 일을 표현한 시나 노래를 발표할 수 있다.

5. 본 차시 내용
- 겪은 일 중 가장 기억에 남는 일 떠올려보기
- 떠올린 내용을 시나 노래로 표현하기
- 친구들과 시나 노래로 표현하는 방법 나누고 발표하기

2022학년도 초등학교 교사 임용후보자 선정경쟁 제2차 시험

반성적 성찰 질문

관리 번호 (   ) 성명 (   )

※ 다음 문제를 읽고, 5분 이내에 답변하시오.

자신의 수업 내용을 바탕으로 다음 질문에 답하시오.

1. 기초 한글 부족 학생에 대한 지도 방안과 그 까닭을 말하시오.

2. 수업 중 발생한 갈등 상황 해결을 위한 지도 방안과 그 까닭을 말하시오.

2 2022학년도 기출 분석 (서울)

1 2022학년도 수업실연 조건 처리 방법 (예시)

1. 배움과 성장이 일어나는 학생 간 상호작용을 구현하시오.

여기서 키워드는 '학생 간 상호작용'입니다. 학생들이 자신의 생각과 의견을 다른 학생들과 나누면서 피드백하는 장면을 통해 자연스럽게 배움과 성장을 도모할 수 있는 장면을 구상하라는 뜻입니다. 학생 간 상호작용은 다양한 방법으로 구현될 수 있는데, 크게 학습활동과 평가로 나누어 구상해봅시다.

1) 학습 활동

학습 활동에서는 협동학습, 모둠활동 등을 통해 학생 간 상호작용이 이루어질 수 있습니다. 다만 이번 차시는 개인적인 경험을 시나 노래로 표현하는 것이기 때문에 공동의 목표를 달성하는 협동학습보다는 모둠활동을 통한 상호작용이 적합합니다. 먼저 겪은 일 중 가장 기억에 남는 경험을 정하는 단계에서 학생들이 자유롭게 자신의 경험을 설명하는 활동을 할 수 있습니다. 시나 노래로 표현하기 전에 경험에 대한 구체적인 내용, 느낌 등을 자연스럽게 정리할 수 있습니다. 그리고 시로 표현하고 싶은 학생과 노래로 표현하고 싶은 학생으로 모둠을 나누어 활동을 할 수 있습니다. 이전 차시에서 시와 노래로 표현하는 방법을 학습했기 때문에 전차시 복습도 학생 간 상호작용을 통해서 자연스럽게 할 수 있겠죠? 서로 시와 노래에 대한 아이디어를 나누면서도 상호작용이 이루어질 수 있습니다.

2) 평가

수업 중 학생 간 상호작용은 과정중심평가를 통해 자연스럽게 이루어지도록 합니다. 학생들은 서로의 생각을 나누면서 상대방의 의견에 대한 피드백을 주고받습니다. 이는 곧 동료평가라는 과정중심평가로 이어집니다. 노래와 시로 표현하는 방법을 잘 알고 있는지, 노랫말을 어떻게 지을 것인지, 시는 어떻게 만들 것인지 등 아이디어를 주고받으면서 자연스럽게 평가가 이루어지는 것이지요. 비고츠키의 사회적 구성주의 이론에 따라 이러한 피드백은 적절한 비계를 제공하고 성장을 이끌어낼 수 있습니다.

2. 학생들이 표현 방법을 선택하여 활동할 수 있도록 수업을 구상하시오.

학습 목표 자체가 '시 또는 노래'로 표현하는 것이기 때문에 시로 표현하고 싶은 학생, 노래로 표현하고 싶은 학생으로 모둠을 구성하여 활동을 할 수 있습니다. 자유롭게 하고 싶은 표현 방법을 선택해보도록 할 수도 있지만, 학생 간 상호작용이 드러나는 것이 더 좋으므로 같은 표현 방법을 고른 학생들끼리 모둠을 이루도록 할 수 있습니다. "같은 표현 방법을 고를 학생들이 같은 모둠이 되어 활동을 진행하도록 하겠습니다."와 같은 발문으로 구현될 수 있겠죠.

3. 갈등을 겪고 있는 학생들의 문제를 해결하는 장면을 포함하여 실연하시오.

학생들이 겪는 갈등의 양상은 다양합니다. 특히 이번 차시를 모둠활동으로 구성할 경우, 아이디어를 나눌 때, 표현 방법을 정할 때 등에서 의견이 다를 수 있기 때문에 자연스럽게 갈등이 발생할 수 있습니다. 갈등의 양상을 한 가지 가상으로 설정한 후, 전개 초반에서는 갈등을 확인하고 이를 해결하는 장면을 실연합니다. 그리고 전개 후반에 갈등이 해결되고 학생들이 서로 성장하였음을 보여주어 갈등이 관계성 향상으로 이어졌음을 실연합니다.

예를 들면, 시 구절을 쓰는 과정에서 한 학생이 다른 학생의 아이디어를 빌리자 이것을 베꼈다고 생각하여 갈등이 생길 수 있습니다. 이 갈등을 정확하게 짚어주고, 모둠활동에서 아이디어를 나누는 것은 협력을 하기 위함이지 서로를 평가하기 위함이 아니라고 명확하게 지도합니다. 그리고 서로 갈등을 해결하기 위해 어떻게 하면 좋을지 학생 스스로 생각해볼 수 있는 발문으로 마무리를 합니다.

4. 기초 한글 학습이 안 되어있는 학생에 대한 지도 방안을 포함하시오.

기초 한글 학습의 경우 단계에 따라 보이는 양상이 정말 다양합니다. 일단 2학년임을 고려하여 한글 쓰기가 되지 않는다고 가정하고 학습합니다. 한글을 쓰지 못할 경우에는 그림과 단어가 함께 써져있는 단어카드를 제시하기, 흐릿하게 글씨가 써져 있는 활동지를 제공하여 따라쓰게 하는 방법으로 도움을 줄 수 있습니다. 시나 그림으로 표현할 때 경험과 관련된 단어 카드와 시나 노래의 예시 활동지를 제공하여 따라쓰도록 합니다.

5. 도입-전개-정리까지 10분 내에 실연하시오.

　1분 동안 수업자 의도를 설명하였기 때문에 9분 안에 도입-전개-정리까지 실연을 해야합니다. 이는 곧 수업의 세세한 활동 내용보다는 전체적인 흐름과 이를 통해 학습 목표를 달성할 수 있는지를 평가하겠다는 것을 짐작할 수 있습니다. 실전에서는 긴장감으로 시간이 더 부족하게 느껴질 수 있기 때문에 평소 스터디에서 연습을 할 때 10분보다 20초~1분가량 짧게 설정을 하고 연습하는 것이 좋습니다. 시간 초과는 감점폭이 크기 때문에 수업이 끝나지 않았더라도 시간이 지나면 가차없이 끝내야 합니다. 도입에서 동기유발은 짧고 간단하게 설정하고, 전개는 활동을 핵심만 전달하도록 합니다. 순회 지도에서는 조건을 충족시키기 위한 발문을 중심으로 넣어 시간을 절약하세요. 특히, 전개 단계에서 시간을 너무 잡아먹으면 정리를 제대로 할 수 없습니다. 활동의 개수와 무게를 적절히 조절하여 정리 시간을 확보하도록 하세요!

6. 성취기준을 바탕으로 수업자의 의도를 설명하시오. (1분 이내)

　최근 수업자의 의도에는 '성취기준을 바탕으로'라는 말이 항상 들어가있습니다. 이는 최근 교육 현장에서 중요하게 여기는 '교사 교육과정'과 연결되는 부분인데요, 교사는 국가 기준 성취기준을 바탕으로 자신만의 교육과정을 재구성하여 수업을 구상할 수 있어야 합니다. 즉 성취기준에 대한 해석력, 성취기준 달성을 위한 수업 구상 능력을 보겠다는 뜻이죠. 그래서 성취기준의 내용, 이를 위한 수업 활동의 의도, 평가의 의도를 정리하여 말하면 됩니다.

　학습 목표는 제시되어 있으므로 성취기준 달성을 위한 활동 구상의 의도를 설명합니다. 특히, 핵심이 되는 활동, 예를 들면 시와 노래 중 하고 싶은 것을 선택하여 표현하는 활동을 왜 그렇게 구상했는지 이유를 설명해야 합니다. 그리고 성취기준이 달성되고 있는지를 수시로 피드백하는 과정중심평가의 설계도 함께 설명합니다. 특히, 성취기준을 달성하지 못한 학생에 대한 피드백을 설명하면서 조건에 제시된 기초 한글 학습이 되지 않은 학생을 함께 언급해주면 더욱 좋겠죠?

2 2022학년도 수업실연 예시 답안

안녕하십니까? 관리번호 0번입니다. 수업 실연 시작하겠습니다.
(인사 후 시작)

도입	
성취기준에 기반한 수업 의도 설명 (1분)	성취기준에 기반하여 수업 의도를 말씀드리겠습니다. 첫째, 겪은 일을 표현하는 방법을 자유롭게 선택하고 선택한 방법을 기반으로 모둠을 구성하여 학생 간 상호작용이 이루어지도록 하였습니다. 둘째, 모둠 활동에서 나타나는 갈등 상황을 해결하기 위해 학생 간 상호작용을 촉진하는 발문을 구성하여 협동적으로 문제를 해결하도록 하였습니다. 셋째, 한글을 모르는 학생에게 보조 자료를 제공하여 학습 목표에 도달할 수 있도록 하였습니다. 그럼, 수업 실연 시작하겠습니다.
	(설명 후 한 걸음 앞으로 나와서 수업 실연 시작)
수업 열기 (30초)	행복이 넘치는 2학년 1반, 교과서와 필기도구가 준비되었는지 확인해주세요. 모두 잘 준비되었으면, 즐거운 국어 수업을 시작해봅시다. 수업 시작 전에 오늘도 화이팅 넘치게 인사를 하며 시작해볼까요? 다함께~ 사랑합니다!
전시 학습 상기 (30초)	지난 시간에 무엇을 배웠는지 복습해봅시다. 우리는 지금 우리가 겪은 다양한 경험을 시나 노래로 표현하는 방법을 공부하고 있죠. 그래서 지난 시간에, 시와 노래의 예시를 살펴보면서 자신의 경험에 맞게 일부를 바꾸어보았습니다. (이 부분은 학생 발표를 통해 유도하는 것도 아주 바람직한 방법입니다. 학년 특성 상 교사가 이끌어가는 것이 자연스러워 이렇게 했지만, 학생 발표도 충분히 가능합니다!)
동기 유발 (30초)	오늘은 선생님이 새로운 시를 가져와봤습니다. 같이 볼까요? 삑- 맨 뒤에 앉은 친구들도 잘 보이나요? 좋습니다. 어때요, 시가 재미있었나요? 여러분, 이 시의 작가는 누구일까요? 놀랍게도 선생님이랍니다. 이 시는 선생님이 경험했던 일을 떠올리면서 재미있게 시로 바꾸어본 것이에요. 선생님처럼 여러분도 오늘은 시인, 혹은 작사가가 되어서 시와 노랫말을 작성해봅시다.
학습 문제 제시 (30초)	그럼 다같이 학습 목표를 읽어보겠습니다. "경험에 대한 느낌을 시나 노래로 표현해봅시다." 오늘의 학습목표를 달성하기 위해 3가지 활동을 해볼거에요. 먼저 경험 펼치기를 통해 경험을 떠올려보고 골라봅시다. 그리고 경험 표현하기에서는 시나 노래 중 원하는 방법으로 표현해보고 우리반 전시회에서는 친구들이 만든 시와 노래를 전시하여 읽어보겠습니다.
전개	
활동 1 (2분 30초)	활동 1, 경험 펼치기입니다. 이 활동은 개인별로 해볼거에요. 먼저 경험을 펼치기 위한 활동지를 나누어주겠습니다. 활동 설명은 귀를 쫑긋하고 들어주세요. 첫째, 자신이 겪은 일을 곰곰이 생각하여 활동지에 자유롭게 적어봅니다. 둘째, 그때 상황에서 누가, 무엇을, 어떻게, 어떤 느낌이 들었는지를 자세하게 적어봅니다. 셋째, 경험 중에서 가장 기억에 남거나 인상 깊은 경험을 선택합니다. 활동 설명 이해되었나요? 활동 시간은 5분 주도록 하겠습니다. 그럼 시작해봅시다. (순회지도) 선열이는 요즘 한글 공부를 열심히 하고 있는데, 오늘 활동이 조금 어렵죠? 그럼 선열이는 그림으로 경험을 표현해볼까요? 경험을 그릴 때 장면 속에 있는 물건이나 사람 이름을 단어로 적어보세요. 그리고 이 단어 카드를 같이 활용하면서 그려봅시다. 집중의 박수를! (짝짝) 1반! 자, 모두 경험을 골라보았을 것이라고 생각합니다. 얼른 자기 경험을 표현해볼까요?
활동 2 (3분)	활동 2, 경험 표현하기입니다. 이제부터는 모둠 활동인데요, 특별히 팀을 이루도록 할겁니다. 먼저 시로 표현하고 싶은 친구들은 손을 들어주세요. 총 12명의 친구들이 손을 들었네요. 그럼 4명씩 3팀으로 이루도록 하겠습니다. 나머지 친구들은 노래로 표현할 친구들이겠군요. 나머지 친구들도 4명씩 3팀으로 이루도록 하겠습니다. 모둠 만들기 시작~ 모둠을 다 만들었으니 활동 설명 들어가겠습니다. 첫째, 시 또는 노래로 만드는 방법을 모둠원들과 협동하여 떠올려봅니다. 지난 시간에 배운 내용이니 교과서와 배움공책을 참고하면서 개인 활동지에 정리해봅니

	다. 둘째, 만든 방법을 활용하여 자신의 경험을 시나 노래로 바꿔봅니다. 활동 설명 이해되었나요? 먼저, 5분 동안 모둠 친구들과 힘을 합쳐 시와 노래로 표현하는 방법을 찾아봅시다. (순회지도) 민준이네 모둠은 문제가 발생한 것 같네요. 무슨 일인가요? 아, 민준이와 수아가 찾아낸 방법이 각각 달라서, 갈등이 발생하였군요. 우리가 모둠활동을 하다보면 언제든지 갈등이 나타날 수 있어요. 그때 어떻게 해결하면 좋을지 같이 생각해보아요. 민준이랑 수아가 서로 어떤 말을 하는지 잘 이해하려면 먼저 무엇을 해야할까요? 그렇죠, 친구 이야기를 잘 들어주어야 해요. 먼저 각자 이야기를 귀기울여 잘 들어주세요. 그리고 나머지 모둠 친구들도 민준이와 수아를 도와서 방법을 같이 찾아주세요. 친구 이야기를 잘 들어주는 것, 할 수 있겠죠? 좋습니다. (순회지도) 자, 이제 방법을 찾아보았으면 표현을 해보아야겠죠? 각자 자신이 겪은 일을 시와 노래로 표현해봅시다. 만드는 시간은 15분 주겠습니다. 혹시 만드는데 어려움이 있다면 친구들과 함께 아이디어를 공유해보세요. 중요한건 다른 친구보다 잘하는게 아니고, 함께 멋진 작품을 만드는 것이랍니다. 그럼 시작합니다. (순회지도) 우리 선열이가 단어카드를 활용해서 경험을 멋진 그림으로 잘 표현해주었네요. 선열이는 시를 선택했는데, 짧은 단어로도 얼마든지 멋진 시를 만들 수 있답니다. 선열이가 단어카드에서 단어를 골라서 그걸 배열해 시를 만들어보세요. (순회지도) 우와, 민준이네 모둠이 갈등을 해결하고 협력해서 아이디어를 잘 나누고 있네요. 여러분의 성장이 선생님을 참 행복하게 합니다. (순회지도) 집중의 박수를!(짝짝) 1반! 모두 잘 완성해보았나요? 이제 우리 반 전시회를 해봅시다.
활동 3 (30초)	활동 3. 우리반 전시회 개최입니다. 활동 설명을 들어주세요. 첫째, 모둠별로 완성한 시나 노래를 책상에 잘 전시해줍니다. 둘째, 나누어주는 붙임쪽지를 들고 돌아다니면서 친구의 시나 노래를 감상합니다. 셋째, 감상 후 잘한 점, 느낀 점을 적어서 친구 작품에 붙여줍니다. 붙임쪽지를 적을 때에는 친구의 작품을 읽고 느낀 점을 자세하게 적어주세요. 그럼 시작합니다~! (순회지도 간단히) 집중의 박수를! (짝짝) 1반! 전시회를 마무리하겠습니다. 가장 인상깊었던 친구의 작품을 발표해봅시다.
학습 정리 (30초)	오늘 배운 내용을 정리해봅시다. 오늘은 여러분의 경험을 시나 노래로 표현해보았습니다. 오늘 활동에서 느낀 점을 한 문장으로 표현해볼까요? 민준이가 발표해봅시다. 경험을 노래로 표현하니 더 재미있게 느껴졌다고 해주었네요. 민준이는 친구들과 갈등도 잘 해결해서 뿌듯하다고도 해주었습니다. 여러분이 오늘 열심히 공부한 것 같아 선생님도 기쁩니다.
평가 (30초)	나의 학습 태도를 돌아보면서 정리해봅시다. 손가락 점수로 자신의 태도를 매겨주세요. 하나, 둘, 셋~! 훌륭합니다! 모두 열심히 공부하였군요.
차시 예고 (30초)	오늘은 전시회를 열어 여러분의 작품을 감상해보았는데요, 다음 시간에는 완성한 작품을 낭독하고 노래로 표현하는 낭독회를 열어보도록 하겠습니다.
감사합니다. 이상으로 수업 실연을 마치겠습니다.	

3 반성적 성찰 문항 분석 및 답변 예시

1. 기초 한글 부족 학생에 대한 지도 방안과 그 까닭을 말하시오.

이 질문은 수업 실연 조건에 있었던 '기초 한글 부족 학생에 대한 개별적 지도'와 관련된 것입니다. 최근 서울 지역의 경우 수업자의 의도를 설명하라는 조건이 있는 경우가 많은데요, 이때 '수업자의 의도 설명-실제 수업 실연-반성적 성찰'을 조건을 반영하여 유기적으로 엮어나가면 좋은 점수를 받으실 수 있을 것입니다. 반성적 성찰은 여러분이 수업 실연에서 어떻게 조건을 충족하였는지 다시 한 번 어필할 수 있는 기회이므로 실제로 수업 내에서 하셨던 관련 지도 내용을 모두 언급해 주세요. 그리고 기초 한글 부족 학생의 경우 수업 장면 외에서도 지속적인 지도가 필요하므로 이에 대한 내용도 언급해줄 수 있습니다.

도입: 기초 한글 해독의 중요성, 교사의 학습 지도의 중요성 강조

1-1) 기초 한글 부족 학생을 위해 낱말 카드 제공
- 그림이 함께 있는 낱말 카드를 통해 필요한 낱말을 찾아 따라 쓸 수 있도록 함.

1-2) 그 까닭
- 기초 한글 해독이 되지 않는 학생의 경우 어휘력을 먼저 길러주어야 하므로 필요한 단어를 찾아보고 따라 써 볼 수 있도록 함

2-2) 또래 도우미
- 짝/모둠원이 단어 카드에 없는 단어를 알려줄 수 있도록 하여 학생이 과제를 해낼 수 있도록 함.

2-2) 그 까닭
- 수업 시간에 항상 교사의 도움을 받기 어렵고, 본인이 생각하는 단어를 또래 학생을 통해 배울 수 있음. 배우는 학생 뿐만 아니라 도와주는 학생도 능력이 향상되는 효과가 있음.

3-1) 키다리샘 지도 내용 활용
- 본 수업 외에 담임/교과교사가 자발적으로 나서 직접 추가적으로 기초 한글, 기초 수학 지도

3-2) 그 까닭
- 기초 한글 해득 부족 학생의 경우 단 시간에 지도가 어려움. 따라서 배웠던 내용을 상기시켜 주고 학생이 추가로 필요로 하는 부분을 파악하여 다음 번에 다시 보충 지도

이와 같이 답변을 하다보면 2~3분이 훌쩍 지나가실 텐데요, 혹시나 시간이 남으시는 경우 '2학년은 교과가 세분화되는 3학년으로 진학하기 전 안정과 성장 맞춤 교육과정이 완성되는 중요한 학년입니다. 따라서 말씀드렸던 한글 해득을 위한 지도를 통해 단 한명도 포기하지 않는 책임 교육을 실천하겠습니다.'와 같이 서울시교육청을 위해 준비된 교사라는 점을 어필할 수 있습니다. 혹시나 다른 지역이시라면 해당 교육청의 시책을 참고하여 학년별로 적합한 말들을 준비해보시는 것도 좋습니다.

2. 학생참여선택활동을 활성화하기 위해 자신의 수업을 보완한다면 어떻게 할 것인지 설명하시오.

이 조건 또한 '모둠 내 갈등 지도'라는 수업 실연 조건과 관련된 반성적 성찰 질문입니다. 수업자 의도에서 설명했던 내용, 수업 실연에서 지도했던 내용을 끌고 오셔서 이를 상세하게 답변하여 주시면 되겠습니다.

흔히 수업 실연 장면에서 모둠 내 갈등상황 해결을 위해 보여줄 수 있는 방법으로는,
- 모둠활동을 시작하기 전 구호에서 협력을 강조
- 갈등이 발생한 모둠을 활동 1 또는 2에서 언급하며 갈등 해결방법을 떠올려 해결할 수 있도록 지도
- 갈등이 발생한 모둠을 다음 활동(활동 2 또는 활동 3)에서 언급하여 갈등을 해결하고 협력하여 성장해나가는 모습 언급
- 학급에서 실천하고 있는 인성 관련된 교육활동(온책읽기, 회복써클 등) 언급하여 스스로 문제 해결하도록 지도

등의 방법이 있습니다.

3 2021학년도 기출 문제 (서울)

2021학년도 초등학교 교사 임용후보자 선정경쟁 제2차 시험

수업 실연 문제지

관리 번호 (   ) 성명 (   )

【수업 실연 문제】

아래에 제시된 활동 장면과 〈수업 실연 조건〉, 〈수업 실연 환경〉을 바탕으로 수업을 실연하시오.

수업 실연 조건
1. 성취기준을 바탕으로 수업자의 의도를 설명하시오. (1분 이내) 2. 〈도입-전개-정리〉로 실연하시오. 3. 출발점 진단 활동과 결과에 따른 지도방안을 제시하시오. 4. 온라인 건강 박람회 개최를 위한 모둠별 계획 활동을 포함하시오. 5. 온라인 과제 해결에 어려움을 겪는 학생에 대한 지원 방안을 포함하시오.

수업 실연 환경
1. 수업 실연 교실에는 6학년 학생 24명이 앉아있다고 가정하고 실연합니다. 2. 수업 자료와 기자재를 이용할 수 있는 교실 상황을 가정하고 실연합니다. 3. 단원명, 학습 목표 및 활동 내용 등은 칠판에 제시되어 있다고 가정하고 판서는 생략합니다. 4. 학생과의 언어적·비언어적 의사소통은 학생들의 반응을 가정하여 실연합니다.

1. 단원 개관 : 6학년 2학기 과학 4. 우리 몸의 구조와 기능

영역(핵심개념)	관련 성취기준
항상성과 몸의 조절 (자극과 반응)	[6과16-03]운동할 때 우리 몸에서 나타나는 변화를 관찰하여 우리 몸의 여러 기관이 서로 관련되어 있음을 설명할 수 있다.

[출처: 과학 6-2 지도서 4. 우리 몸의 구조와 기능]

2. 본시 학습 목표:

질병과 관련한 우리 몸의 기관을 알아보고, 협력하여 온라인 건강 박람회를 계획할 수 있다.

3. 주제의 지도 계획

단원명	차시	수업 내용 및 활동
4. 우리 몸의 구조와 기능	8 (콘텐츠 활용중심 수업)	운동할 때 몸에 나타나는 변화 알아보기 우리 몸의 각 기관이 서로 관련되어 있음을 알아보기
	9 (본시, 등교수업)	질병과 관련된 몸의 기관 알아보기 온라인 건강 박람회 계획하기
	10 (실시간 쌍방향 수업)	온라인 건강 박람회 개최하기

5. 수업 자료

- 질병 예방 방법이 담긴 누리집 사진
- 질병 경험과 관련된 우리 몸의 기관 이야기하기
- 온라인 건강 박람회 홍보물 예시

2021학년도 초등학교 교사 임용후보자 선정경쟁 제2차 시험

반성적 성찰 질문

관리 번호 (　　　　) 성명 (　　　　　)

※ 다음 문제를 읽고, 5분 이내에 답변하시오.

1. 학생들의 출발점 진단 후 활용한 지도방안과 그렇게 지도한 이유를 설명하시오.

2. 학생참여선택활동을 활성화하기 위해 자신의 수업을 보완한다면 어떻게 할 것인지 설명하시오.

3. 온라인 과제 해결에 어려움을 겪는 학생에 대한 지속적인 지도방안을 제시하시오.

4 2021학년도 기출 분석 (서울)

1 2021학년도 수업실연 문제 분석 및 조건 처리 방법

1. 성취기준을 바탕으로 수업자의 의도를 설명하시오. (1분 이내)

　수업자 의도에 들어가는 내용에는 주로 학습 목표, 내 수업의 특징(수업전략, 주요 학습 활동, 수업 조직 등), 과정중심평가 방안 등이 있습니다.
1) 성취기준을 바탕으로 한 학습 목표를 제시합니다. 학습 목표는 수업의 핵심이기 때문에 외워서 자신 있게 말하는 것을 권장합니다.
2) 수업자 의도를 통해 내 수업의 가장 큰 특징을 소개합니다. 이때 다른 조건과 관련된 내용을 이야기하며 평가관들에게 조건 달성에 대해 더욱 어필할 수 있답니다. 예를 들어 이 문제의 경우 5번 조건과 관련해 '협력 학습을 활용해 과제 해결에 어려움을 겪는 학생들도 동료와 힘을 합쳐 함께 배우는 수업을 만들고자 하였습니다.'와 같은 이야기를 할 수 있겠죠.
3) 학습 목표 달성을 확인하는 과정중심평가 방안을 제시합니다. 평가 방안은 수업자 의도에서 놓치지 말고 제시해야 하는 내용입니다.

2. 〈도입-전개-정리〉로 10분간 실연하시오.

　10분이라는 짧은 시간 안에 도입~정리까지 모두 실연하라는 것은 매끄러운 운영과 연결성 있는 수업의 흐름을 평가한다는 의미라고 생각합니다. 도입의 동기유발부터 전개의 활동, 정리 활동까지의 유기성에 중점을 두고 실연 내용을 구상해야 합니다. 도입부터 정리까지 실연할 때는 시간 관리도 매우 중요한 부분입니다. 시간이 부족한 경우, 조건을 놓칠 수도 있으므로 평상시 조금 타이트하게 연습하는 것을 추천합니다. 또, 전개의 활동수를 3개로 고정하기보다는 조건에 따라 2개 또는 3개로 구상하는 것이 좋습니다.

3. 출발점 진단 활동과 결과에 따른 지도방안을 제시하시오.

　출발점 진단 활동은 전시학습에 대한 점검 및 환류를 통해 본시 학습을 준비하는 과정입니다. 이 조건을 달성하기 위해서는 적절한 진단 활동과 환류 계획을 구상하여 실연해야 합니다. 2021 기출의 경우 이전 차시가 '콘텐츠 활용중심의 온라인 수업'으로 진행되었으므로, 이를 고려한 출발점 진단 활동을 계획하는 것이 좋습니다.
1) 출발점 진단 활동 예시 (스마트기기를 활용한 퀴즈)
　- 태블릿 PC를 활용해 전시학습 내용에 대한 퀴즈를 풀게 하고, 학생들의 응답을 바로 확인한다.
2) 진단 결과에 대한 지도방안 (짝 인터뷰)
　- 학생들이 푼 퀴즈의 결과, 누리소통망 질문 게시판의 내용 등을 고려해 핵심질문 2가지를 선정하여 학생들이 짝과 인터뷰를 하도록 한다.

4. 온라인 건강 박람회 개최를 위한 모둠별 계획 활동을 포함하시오.

　이 조건을 달성하기 위해 신경써야 하는 부분은 학습 조직(모둠)과 학습 활동 방법(계획 활동)입니다.
1) 학습 조직(모둠) 계획
　- 전체 학생 수가 24명이므로 '4명씩 6모둠'과 같은 구체적인 숫자를 넣어 학습 조직을 제시합니다. 학습 자료를 배부할 때도, 학생 수에 대한 구체적인 정보를 넣으면 좋습니다.
　- 모둠 활동에서 가장 중요한 것은 '협력'입니다. 조건에 없더라도 이에 대한 교사 발문을 넣거나 순회지도시 협력에 관한 피드백을 하여 선생님 수업에 모둠 활동의 장점이 녹아있음을 어필하는 것이 좋습니다.
2) 학습 활동(온라인 건강 박람회 개최를 위한 계획 활동) 계획
　- 박람회가 다음 차시인 실시간 쌍방향 수업을 통해 온라인으로 개최됨을 놓치지 않아야합니다. 온라인박람회이므로 계획 단계부터 스마트 기기를 적절히 활용하는 것이 바람직합니다.
　- 계획 활동을 구상할 때는 계획에 필요한 내용에 대해 아이디어를 내는 활동, 실제 계획을 세우는 활동, 계획에 대해 점검하는 활동이 들어가야 합니다.

5. 온라인 과제 해결에 어려움을 겪는 학생에 대한 지원 방안을 포함하시오.

'온라인 과제 해결에 어려움을 겪는 학생'은 사람에 따라 다르게 해석할 수 있습니다. 온라인 과제 해결에 어려움이 있어 전 차시 학습이 제대로 되지 않은 학생에 대한 문제일 수도 있고, 온라인 플랫폼을 통한 작업이 미숙해 본 차시 활동에 참여가 어려운 학생에 대한 문제일 수도 있습니다. 그러므로, 위와 같은 조건은 하나의 발문이나 지도방안으로 처리하는 것보다는 2번 이상 처리하여 조건 달성을 확실히 하는 것이 좋습니다.

1) 전 차시 이해도가 부족한 경우
   - 추가 자료를 제공하여 이해를 돕는다.
   - 순회지도 시 학생의 어려움을 발견하고, 쉬운 언어로 풀어서 설명한다.
2) 본 차시 활동 참여가 어려운 경우
   - 모둠 활동 시 역할 분배를 하게 하고, 강점이 있는 부분을 주로 맡아서 참여하도록 한다.
   - 본 차시에서 활용하는 온라인 프로그램에 대한 가이드 영상을 시청하게 한다.

이외에도 '모둠 안에서 협력을 통해 서로 도울 수 있도록 지도하기', '누리소통망을 통해 실시간 질문을 받고 학생의 어려움을 바로 발견하기'와 같이 공통으로 활용 가능한 방안도 있습니다.

2 2021학년도 수업실연 활동 구상 (예시)

도입	[전시학습 상기] • 전시 내용에 대한 퀴즈 풀기 • 짝과 핵심 질문 인터뷰하기 - 운동할 때 우리 몸에 나타나는 변화에는 어떤 것이 있나요? - 운동할 때 우리 몸의 여러 기관은 서로 어떻게 관련되어 있나요? - 운동할 때 몸에 나타나는 변화를 몸속 여러 기관의 기능과 관련지어 설명해보세요. [동기유발] • 온라인 건강 박람회 사례 영상 시청하기 • 몸이 아팠던 경험 나누기
전개	[활동 1] 어디에 문제가 생겼니? • 우리의 건강을 위협하는 여러 질병 발표하기 • 각 질병과 우리 몸의 어떤 기관이 관련되어 있는지 알아보기 [활동 2] 온라인 건강 박람회를 위한 계획 세우기 • 기존의 건강 박람회 홍보물을 보고, 계획서에 들어가야 할 내용 찾아보기 - 어떤 질병과 예방법을 소개할 것인지 - 어떤 방법(파워포인트, 영상, 카드 뉴스 등)으로 홍보물을 만들 것인지 - 관련 자료는 어떻게 조사하고, 얻을 것인지 • 건강 박람회 계획서 작성하기 • 계획서 누리소통망에 올리기 [활동 3] 온라인 건강 박람회 계획 점검하기 • 다른 모둠의 계획서를 보고 댓글 활동하기
정리	[정리] • 다른 모둠의 댓글을 바탕으로 계획서 수정하기

3 반성적 성찰 문항 분석 및 답변 예시

1. 학생들의 출발점 진단 후 활용한 지도방안과 그렇게 지도한 이유를 설명하시오.

　수업 실연 조건과 관련된 문제는 여러분이 조건을 충족한 방법을 어필할 수 있는 기회입니다. 수업에서 여러분의 의도가 제대로 드러나지 못했을 수 있으니 이와 같은 질문을 통해 여러분이 제대로 조건을 달성했음을 보여주는 것이 좋습니다.

1) 출발점 진단 후 활용한 지도방안:

　짧은 퀴즈의 결과와 전시학습 후, 누리소통망에 올라온 학생들의 질문을 바탕으로 핵심 질문을 선정하고, 이에 대한 짝 인터뷰를 진행하였다.

2) 지도 이유:

　학생들은 교사의 직접적인 설명을 통해 배우기도 하지만 서로를 가르쳐줄 때 더 큰 배움을 얻는다고 생각합니다. 교사가 미처 발견하지 못한 부분을 또래 학습자가 알아채고 친구를 위한 최고의 선생님이 되어줄 수 있기 때문입니다. 배움에 어려움을 겪는 학생들은 친구의 설명을 통해 편안한 마음으로 몰랐던 부분에 대해 채워나갈 수 있습니다. 또한, 다른 사람을 가르치는 것이 가장 좋은 공부 방법이라는 말처럼 짝 인터뷰는 배움이 빠른 학생이 자신이 배운 내용을 내면화하는 데에도 기여하는 바가 있습니다.

2. 학생참여선택활동을 활성화하기 위해 자신의 수업을 보완한다면 어떻게 할 것인지 설명하시오.

　'보완 방안'을 묻는 질문은 참 대답하기가 어렵습니다. 자칫하면 내 수업의 단점을 부각시킬 수도 있으니 말입니다. 이와 같은 질문에 답을 할 때는 여러분이 수업 실연 환경에서 어쩔 수 없었던 부분을 문제 삼으며 보완 방안을 말하는 것이 좋습니다. 예를 들어, 이 수업실연의 경우 다음 차시가 온라인 학습으로 예고되어 있어서 '온라인 박람회'를 개최해야 한다는 한계가 있었습니다. 이를 문제 삼아 답변을 한다면 좀 더 수월하게 보완 방안을 이야기할 수 있습니다.

1) 학생참여선택활동 활성화 방안:

　학생들이 '건강 박람회'를 계획하는 단계부터 학생들이 중심이 되도록 수업을 계획하였습니다. 계획서에 들어갈 내용, 홍보물 제작 방법 등을 정할 때도 학생들과의 소통을 통해 최대한 학생들이 자신이 원하는 방법으로 학습에 참여할 수 있도록 지원하였습니다. 그러나 코로나19라는 불가피한 상황으로 다음 차시 학습이 온라인으로 진행되기에 학생들에게 충분한 선택의 기회를 주지 못한 것이 아쉬움으로 남습니다. 온라인 환경 속에서도 가능한 다양한 활동을 선택할 수 있도록 동영상, 파워포인트, 카드뉴스 등 다양한 방법을 제시하였지만 교실 안에는 온라인보다는 오프라인 환경에서 더욱 능력을 잘 발휘하는 학생도 있고, 온라인 학습에 어려움을 겪는 학생도 있어 모든 학생에게 온전한 참여의 기회를 주지 못한 점이 아쉬움으로 남습니다. 저는 이런 어려움을 보완하기 위해 첫째, 평소 학생들에게 정보통신교육을 실시하겠습니다. 학생들은 여러 스마트 기기, 소프트웨어 없이 생활하기 어려운 사회를 살아가고 있습니다. 그 안에서 소외되는 학생이 없도록, 기기 활용 능력이 부족하여 온전한 배움의 기회를 놓치지 않도록 평소 창의적 체험활동 등의 시간을 통해 기기 활용 및 소프트웨어 활용 교육을 하겠습니다. 둘째, 끊임없는 자기장학을 통해 학생들에게 다양한 학습의 기회를 주겠습니다. 교사가 알고 있는 학습 방법이 다양하다면 학생들에게 열어줄 수 있는 배움의 방법 역시 훨씬 다양해질 것입니다. 연수 참여나, 관련 도서 탐독 등 자기장학을 통해 새로운 학습 활동을 발굴하고 이를 저의 교실에 새롭게 시도해보겠습니다. 늘 배우는 자세로 학생과 함께 성장하는 교사가 되겠습니다.

3. 온라인 과제 해결에 어려움을 겪는 학생에 대한 지속적인 지도방안을 제시하시오.

1) 학생이 지닌 어려움의 원인 분석
2) 창의적 체험활동 시간을 활용한 정보통신교육
3) 기기 지원 등 실질적 도움 제공
4) 학부모와 상담을 통한 협조 체계 구축

5 2020학년도 기출 문제 (서울)

2020학년도 초등학교 교사 임용후보자 선정경쟁 제2차 시험

수업 실연 문제지

관리 번호 (   ) 성명 (   )

【수업 실연 문제】

본 수업에서는 3학년을 지도하고자 합니다. 아래에 제시된 활동 장면과 〈수업실연 조건〉, 〈수업실연 환경〉을 바탕으로 수업을 실연하시오.

수업 실연 조건
1. 성취기준에 의거하여 수업자의 수업 의도를 1분 이내로 설명하시오.
2. 도입-전개-정리까지 실연하시오(10분).
3. 분수의 개념적 이해를 돕기 위한 학생 참여형 활동을 구상하시오.
4. 성취기준 미도달 학생이 성취기준에 도달할 수 있도록 수업을 구상하시오.
5. 학습 수준이 다른 학생들을 고려한 모둠을 구성하시오.

수업 실연 환경
1. 수업 실연 교실에는 26명의 학생이 앉아 있다고 가정하고 실연합니다.
2. 단원명, 학습 목표 및 활동 내용 등은 칠판에 게시되어 있다고 가정하고 판서는 생략합니다.
3. 학생과의 언어적·비언어적 의사소통은 학생들의 반응을 가정하여 실연합니다.

1. 단원 개관 : 3학년 2학기 4단원. 분수

분수는 전체에 대한 부분, 비, 몫, 연산자 등과 같이 여러 가지 의미가 있어 초등학생에게 어려운 개념이다. 초등학교에서 분수는 저학년에서 '전체에 대한 부분'의 의미로 시작하여 점진적으로 여러가지 분수의 의미를 경험하도록 지도하고 있다. 전체에 대한 부분의 의미로 분수를 다루는 모델로는 영역 모델, 집합 모델, 길이 모델, 넓이 모델 등이 있다. 이 중에서 전 학기에 학생들은 원, 직사각형, 삼각형과 같은 영역을 합동인 부분으로 등분할하는 경험을 통하여 분수를 도입하였다. 그런데 이산량으로 주어진 전체를 똑같은 부분으로 분할하는 상황에서 전체에 대한 부분을 분수로 나타낼 필요가 있다.
 이 단원에서는 이와 같은 이산량에 대한 분수를 알아보기로 한다. 이산량을 분수로 표현하는 것은 영역을 등분할하여 분수로 표현하는 것보다 어려움이 있다. 그것은 전체를 어떻게 똑같은 부분으로 묶는가에 따라 표현되는 분수가 달라지기 때문이다. 예를 들어, 감 12개를 2개씩 똑같이 묶으면 4개는 6묶음 중에 2묶음을 나타내므로 $\frac{2}{6}$로 표현되지만 감 12개를 4개씩 똑같이 묶으면 4개는 3묶음 중에 1묶음을 나타내므로 $\frac{1}{3}$로 표현된다. 즉 같은 전체에 대하여 똑같은 양일지라도 등분할을 하는

방법에 따라 표현되는 분수가 달라지는 것이다. 이 단원에서는 이러한 어려움을 인식하고 영역을 이용하여 분수를 처음 도입하는 것과 같은 방법으로 이산량을 등분할하고 부분을 세어 보는 과정을 통해 이산량에 대한 분수를 도입하도록 한다. 또한 길이로 나타낸 부분을 분수로 표현하고 전체에 대한 분수만큼을 구해 보도록 한다. 그리고 진분수, 가분수, 대분수와 같은 여러 가지 분수의 종류를 알아보고 가분수와 대분수를 상호 변환하도록 한다. 마지막으로 대분수와 가분수의 크기 비교를 여러 가지 방법으로 학습하도록 한다.

[출처: 수학 3-2 지도서 4. 분수]

2. 본시 학습 목표
- 이산량에서 전체에 대한 분수만큼은 얼마인지 알 수 있다.

3. 성취기준
[4수01-10] 양의 등분할을 통하여 분수를 이해하고 읽고 쓸 수 있다.

4. 주제의 지도 계획

단원	차시	주요 학습 내용 및 활동
4. 분수	2	이산량에서 전체에 대한 부분을 이해하고 분수로 나타내기
	3	이산량에서 전체에 대한 분수만큼은 얼마인지 구하기
	4	길이에서 전체에 대한 분수만큼은 얼마인지 구하기

4. 본 차시 내용

- 달걀 6개 중에 $\frac{1}{2}$ 만큼 구하기

- 병아리 9마리 중에 $\frac{1}{3}$ 만큼 구하기

- 토끼 8마리 중에 $\frac{1}{4}$ 와 $\frac{3}{4}$ 만큼 구하기

2020학년도 초등학교 교사 임용후보자 선정경쟁 제2차 시험

반성적 성찰 질문

관리 번호 (   ) 성명 (   )

※ 다음 문제를 읽고, 5분 이내에 답변하시오.

1. 선생님의 수업에서 동질적인 모둠과 이질적인 모둠 중 어떤 모둠으로 구성했는지 말하고, 그렇게 모둠을 구성한 효과에 대해 설명하시오.

2. 분수의 개념적 이해를 돕기 위한 활동은 무엇이었는지 말하고, 해당 활동이 학습 목표 도달에 적절하였는지 설명하시오.

3. 선생님의 수업에서 나타난 과정중심평가와 평가에 대한 환류 계획을 설명하시오.

6 2020학년도 기출 분석 (서울)

1 수업실연 모범답안 (예시)

안녕하십니까? '혁신미래교육을 이끌어나갈'(선택, 지역에 맞게 변경 가능) 관리번호 0번입니다.
(인사 후 시작)

도입	
수업 의도 설명 (1분)	'양의 등분할을 통하여 분수를 이해하고 읽고 쓸 수 있다.'의 성취기준을 달성하기 위해 저는 모든 학생들이 주체가 되어 참여하는 학생 참여형 수업을 구상하였습니다. 이를 위해 첫째, 분수의 개념적 이해와 학생의 적극적 참여를 위해 구체물을 활용한 조작 활동을 구성하였습니다. 둘째, 이질적 모둠 구성을 통해 학생들이 서로를 도우며 성취기준에 도달할 수 있도록 하였습니다. 셋째, 손가락 점수를 활용한 자기 평가와 상호 평가를 활용한 과정 중심 평가를 사용하여 학생들에게 배움이 일어나도록 하였습니다.
(설명 후 한 걸음 앞으로 나와서 수업 실연 시작)	
수업 열기 (30초)	사랑이 넘치는 3학년 5반 여러분, 배움이 쑥쑥 자라는 수학 시간입니다. 여러분들의 눈이 반짝~반짝~빛나고 있는 것을 보니 공부할 준비가 되었군요. 오늘도 우리 노래 부르며 감정을 표현해볼까요? (점점 큰 하트를 그리며)이만큼~이만큼~이만큼~이만큼~나의 기분 표현해~! (★ 시선처리는 넓게, 교실 전체를 사용, 제스처는 크고 뚜렷하게)
전시 학습 상기 (30초)	어? 그런데 우리 지현이는 왜 작은 하트를 그렸을까요? 무슨 일이 있나요? (답변을 듣고) 아~ 지난 수학 시간에 배웠던 내용이 잘 기억이 나지 않는다구요? 그럼 우리 지현이를 누가 도와줄 수 있을까요? (★ 알려준다, 가르쳐준다라는 표현보다는 도와준다는 표현을 추천합니다.) 손을 번쩍! 든 하영이가 도와줄까요? (답변을 듣고) 좋아요! 하영이가 분수에 대해 아주 잘 기억하고 있었네요. 역시 서로를 도와주는 우리 5반, 최고입니다! (★ 긍정적인 피드백을 자주 넣어주면 좋은 인상을 남길 수 있겠죠?)
동기 유발 (30초)	앗, 오늘도 우리반 생각 나무에 붙임쪽지가 주렁주렁 매달렸네요. 선생님이 한 개를 확인해볼게요. 수진이의 고민입니다. 어제 언니랑 피자를 먹으려고 하는데, 피자가 총 6조각이 있었다고 합니다. 언니랑 서로 많이 먹겠다고 싸우다가, 엄마께서 언니랑 수진이랑 각각 2분의 1씩만 먹으라고 하셨다고 하네요. 그런데, 수진이는 6조각의 2분의 1만큼이 얼마인지 잘 몰라서 언니가 나누어준 대로 그냥 먹었다고 해요. 그래서, 다음에는 이런 일이 생기지 않도록 6조각의 2분의 1만큼이 얼마인지를 알고싶다고 합니다. 수진이의 고민을 해결해주기 위해 우리는 어떤 것을 공부해야 할까요~?
학습 문제 제시 (30초)	여러분의 생각을 모아서~모아서~ 우리의 생각 열매가 완성이 되었습니다. 뒤에 앉아있는 도현이도 잘 보이나요? 좋습니다. 그러면 오늘 공부할 문제를 다같이 큰소리로 읽어보겠습니다. ('전체에대한 분수만큼이 얼마인지를 알아봅시다') 열~심히 참여하는 우리반의 모습이 정말 멋집니다.
전개	
활동 I (3분)	그럼 첫 번째 활동 시작해보도록 하겠습니다. 이번 활동은 짝 활동입니다. 활동 방법은 첫째, 선생님이 나누어주는 9개의 초콜릿을 받습니다. 둘째, 초콜릿 9개의 1/3이 얼마큼인지를 자유롭게 생각해 봅니다. 셋째, 초콜릿 9개에 대한 1/3이 얼마인지 나타내는 방법을 짝과 토의해봅니다. 친구의 의견에 경청하며, 서로를 도와주며 활동에 참여해봅시다. 활동 시간은 몇 분이면 될까요? (답변 듣기)네. 10분 주도록 하겠습니다. 그럼 시작~! (순회 지도를 한다.) (체크리스트에 체크를 하면서) 다이와 경수는 초콜릿을 직접 나누면서 토의를 열심히 하고 있네요(★ 학생 참여형 활동임을 어필합니다.). 아하, 직접 초콜릿을 만지면서 활동을 하니까 머리에 쏙쏙 들어오는 것 같다구요? 이런 적극적인 자세 아주 훌륭합니다.

	(몸을 기울이며)세진이는 손가락 점수가 1이네요. 문제가 있나요? 아하, 아직 분수 개념이 어렵군요. 우리 짝꿍인 은호가 분수의 개념에 대해 다시 한번 알려줄 수 있을까요?(★이질적인 모둠, 짝 구성 강조/성취기준 미도달 학생에 대한 조건 충족 언급) 친구를 도와주는 우리 은호, 칭찬합니다. 빛나는~ (우리반!) 짝꿍과 함께 토의한 내용을 발표해 볼 친구 있을까요? 미래의 수학자 다이? (답변 듣고) 다이와 경수가 적극적으로 초콜릿을 나누어보더니 방법을 잘 찾았네요. 초콜릿 9개를 똑같이 3묶음으로 나눈 뒤 한 묶음의 개수를 세었더니 3개가 나왔다고 합니다. 혹시 왜 그렇게 생각했나요? 오, 손을 번쩍 들고 있는 세진이가 이야기해볼까요? (답변 듣고) 1/3은 전체를 3묶음으로 나눴을 때 한 묶음을 의미하기 때문이죠~! 은호가 도와주어 이해가 잘 되었다구요? 좋아요, 우리 모두 발표해준 친구들을 위해 칭찬의 총알을 쏴봅시다. 하나둘! 빵야~! (★저는 성격상 이런 오글거리는 칭찬을 하는 걸 잘 해서 실제 실연에서도 썼는데요, 만약 자기 성격이랑 너무 안 맞다 하면 안 넣으셔도 괜찮습니다.)
활동 2 (3분 30초)	이제 두 번째 활동으로 넘어가 보겠습니다. 이번 활동은 모둠 활동입니다. 4명씩 3모둠 5명씩 2모둠(★학생 수 인지하고 있다는 것 언급)으로 안전하고 빠르게 모둠 책상을 만들어주세요. (박수 두 번) 좋습니다!. 이번에는 초콜릿 없이 여러분들의 힘으로 직접 문제를 해결해야 합니다. 활동 방법은 첫째, 8에서 1/4과 3/4만큼을 어떻게 구할지 돌아가며 말합니다. 둘째, 돌아가며 말한 내용을 모둠판에 정리합니다. 셋째, 모둠에서 정한 방법을 어떻게 발표할지 정합니다. 그럼 모둠 구호 외치고 시작해볼까요? 사이다, 꿀꺽~!캬~!!사, 사이좋게, 이, 이해하면서, 다, 다함께 활동합니다. 활동 시간은?(답변 듣기)15분 주겠습니다. 시작~! (순회 지도를 한다.) 우리 사랑 모둠의 열정이 매우 넘치네요. 모둠판에 여러 가지 방법이 나왔네요? (답변 듣고) 아하, 모두 열심히 의견을 내며 모둠판에 그림도 그려가면서 참여해준 덕분이라구요? 사랑이 넘치는 여러분에게 감동했습니다. (체크리스트에 표시하며)이번에는 세진이가 손가락 점수 5점 (★성취기준 미도달 학생이 도달로 바뀐 모습/과정중심평가 언급)을 표시하고 있네요? (답변 듣고)아~ 은호와 다른 모둠원들이 도와주어 (★하부르타, 학생간 협력 언급) 답을 생각해낼 수 있었다구요~ 계속 성장해나가는 우리 세진이 기특합니다. 빛나는! (우리반!) 이제 모둠의 의견을 들어볼까요? 지혜 모둠? (답변 듣고)8에서 1/4은 2이고 3/4는 6이 나왔다구요. 지혜 모둠의 의견에 보충할 수 있는 모둠 있나요? 희망 모둠? (답변 듣고)와, 희망 모둠의 의견까지 들어보니 모두 전체에 대한 부분의 크기를 이해한 것 같습니다. 우리반 모두에게 칭찬의 장단 보내줄까요? 시작~? (팔을 좌우로 흔들며)잘했구만 잘했어요 얼쑤~!
학습 정리 (30초)	여러분들의 생각 열매가 주렁주렁 열린 것 같습니다. 오늘 우리는 전체에 대해서 분수만큼이 얼마인지 알아보고 나타내보는 방법을 배웠습니다. 특히, 여러분들이 직접 방법을 찾는 과정이 있었기에 오늘 수업이 빛났습니다. 그러면 이제 우리가 오늘 배운 내용을 배움 공책에 한 줄로 정리해보도록 하겠습니다.
평가 (30초)	정리 다 했나요? 그럼 모둠 게시판에 오늘 모둠원들의 활동 태도를 손가락 점수(★상호 평가를 활용한 과정 중심 평가 조건 충족)로 나타내고, 칭찬할 점을 적어주겠습니다. 좋습니다, 함께 성장하는 우리반의 모습, 좋습니다.
차시 예고 (30초)	오늘 수업 어땠나요? (답변 듣고) 재밌었다구요? 선생님도 여러분이 직접 참여하는 모습을 봐서 뿌듯했습니다. 다음 수학 시간에는 길이에서 전체에 대한 부분의 크기를 배워보도록 하겠습니다. 오늘의 수업은 여기서 끝입니다!
감사합니다. 이상 수업 실연 마치겠습니다.	

2 반성적 성찰 모범답안 (예시)

1. 저는 동질적인 모둠과 이질적인 모둠 중 이질적인 모둠으로 구성을 했습니다. 학급 내에는 다양한 수준의 학생들이 같이 공부하고 있고, 이질적인 모둠을 구성했을 때 또래 교수법을 활용할 수 있기 때문입니다. 설명을 해주는 학생은 설명해주며 학습 내용을 깊이 있게 이해할 수 있고, 배우는 학생은 같은 눈높이에서 쉬운 설명을 들음으로써 모든 학생이 성취 기준에 도달할 수 있습니다.

2. 제가 분수의 개념적 이해를 위해 사용한 방법은 구체적 조작활동입니다. 분수의 개념은 추상적이기 때문에 학생들에게 이해가 어려울 수 있습니다. 그 중에서도 이산량의 분수는 학생들이 이해할 때 전체가 1이라는 것을 인식하는 것이 중요합니다. 따라서 이를 직접 눈으로 보고 만져보고 나누어보는 활동은 학생들이 개념을 쉽게 이해하는 데 도움을 줍니다. 학생들이 흥미를 느끼는 초콜릿을 주고 다양한 방법으로 자유롭게 나누어보는 것을 통해 학생들이 분수에 대한 개념적 이해를 할 수 있었고, 이를 바탕으로 학습 목표에 온전하게 도달할 수 있었습니다. 또한 학생 중심의 학생 참여형 활동을 통해서 교사 주입식이 아니라 학생 스스로 다양한 방법을 생각해내고 다른 학생들과 공유하면서 교사 중심이 아닌 학생이 주체가 된 배움이 일어날 수 있었습니다. 이러한 학생 중심의 학습 과정이 목표 달성에 큰 도움이 되었습니다.

> **실제 수험생 피드백**
>
> 저는 이 부분에서 이렇게 덧붙였습니다.
> "하지만, 분수에 대한 개념적 이해는 많은 학생들이 어려워하는 부분이기 때문에 이해를 도울 수 있는 더 나은 방법이 있을 것이라고 생각한다. 현장에 나가 교원학습공동체 등을 통해 더 다양한 방법들에 대한 연구를 해보고 싶습니다." 이렇게 답변함으로써 신규 교사로서의 각오를 조금 어필하기도 했답니다.

3. 제 수업 중에 나타난 과정중심평가는 첫째, 손가락 점수를 활용한 자기 평가와 상호 평가입니다. 수업 중에 자기 평가로 손가락 점수를 보고 점수가 부족한 학생에게 다가가 바로 환류를 해주어 해당 학생이 성취 기준에 도달할 수 있도록 하였습니다. 또한 모둠원들에 대한 상호 평가를 함으로써 학생이 함께 수업에서 성장해나갈 수 있도록 도모하였습니다. 이때 교사뿐만 아니라 학생들이 함께 환류에 참여하도록 하였습니다. 둘째, 체크리스트를 활용한 관찰 평가입니다. 순회지도를 하며 학생들의 활동을 관찰하고 개별 피드백을 주면서 학생이 성장하도록 도왔습니다. 이렇게 평가를 한 후 평가 결과를 바탕으로 모둠원 구성에 꾸준히 반영하고, 수준에 맞는 학습 자료를 제공함으로써 환류할 것입니다. 이밖에도 교직에 나가 교원학습공동체, 연수 등을 통해서 다양한 과정중심평가를 연구하고 전문성을 키우고 싶습니다.

Chapter 09 수업실연 및 반성적 성찰 연습 문제

연습 문제 01

2023학년도 초등학교 교사 임용후보자 선정경쟁 제2차 시험

수업 실연 문제지

관리 번호 (   ) 성명 (   )

【수업 실연 문제】

아래에 제시된 활동 장면과 〈수업 실연 조건〉, 〈수업 실연 환경〉을 바탕으로 수업을 실연하시오.

수업 실연 조건
1. 수업자의 의도 및 수업 방향, 평가방법을 간단히 소개하시오. (1분 정도)
2. 수업 실연 시 연차시라는 가정 하에 수업을 도입과 전개 부분만 실연하시오.
3. 학생들이 주도적으로 토론 주제를 정하는 과정을 포함해서 실연하시오.
4. 사람들 앞에서 발표를 하는 것을 두려워하는 학생이 수업에 참여할 수 있도록 구체적인 방법으로 지도하시오.
5. 자신과 의견이 다른 친구를 무시하는 영재아동을 올바르게 지도할 수 있는 방법을 제시하시오.
6. 학생들의 민주 시민 역량을 신장할 수 있는 활동을 구현하시오.
7. 토론 활동 중에 과정중심평가를 포함하시오.

수업 실연 환경
1. 수업 실연 교실에는 24명의 학생이 앉아 있다고 가정하고 실연합니다.
2. 수업 자료와 기자재를 이용할 수 있는 교실 상황을 가정하고 실연합니다.
3. 단원명, 학습 목표 및 활동 내용 등은 칠판에 게시되어 있다고 가정하고 판서는 생략합니다.
4. 학생과의 언어적, 비언어적 의사소통은 학생들의 반응을 가정하여 실연합니다.

1. 단원 개관: 국어 5-2 6. 타당성을 생각하며 토론해요

 이 단원은 토론 담화의 특성을 이해하고 토론하는 방법을 익혀 학생들이 주제를 정하여 실제로 토론해 보도록 하는 데 목적이 있다. 토론은 의견이 대립하는 논제에 대하여 찬성과 반대의 두 진영이 서로 설득하고 반박하며 그 결과를 판정받는 경쟁적 의사소통의 방식이다. 따라서, 이 단원에서는 토론의 특성과 토론할 때의 주의할 점, 토론의 절차와 방법 등의 이해를 바탕으로 하여 학생들이 일상생활에서 부딪히는 여러 가지 문제 가운데에서 토론 주제를 정하여 활기 있는 토론이 이루어지도록 한

다. 이 단원의 활동을 통하여 문제를 합리적으로 해결하고 대안을 모색하는 논리적이고 비판적인 사고 능력을 신장할 수 있으며, 상대의 의견을 존중하는 태도를 기를 수 있다.

[출처: 국어 5-2 교사용 지도서 6. 타당성을 생각하며 토론해요]

2. 본시 학습 목표
주제를 정해 토론할 수 있다.

3. 주제의 지도 계획

단원명	차시	수업 내용 및 활동
6. 타당성을 생각하며 토론해요.	5~6	토론 절차와 방법을 안다.
	7~8	주제를 정해 토론할 수 있다.
	9~10	글을 읽고 독서 토론을 할 수 있다.

4. 교과서 내용
- 토론 주제와 역할 정하기
- 규칙과 절차를 지키며 역할에 따라 토론하기

5. 참고 자료

◎ **토의와 토론**

　토의와 토론은 집단적인 의사소통인 동시에 설득적인 의사소통이다. 토의는 어떤 문제에 대하여 여러 사람이 다양한 의견이나 생각 등을 서로 나누면서 합의점이나 해결 방법을 찾는 협동적인 의사소통 과정이다. 반면, 토론은 찬반 양쪽이 나뉜 상태에서 양편이 각각 자기 쪽의 의견을 받아들이도록 상대편을 설득하는 경쟁적 의사소통 과정이다. 토의는 찬성과 반대가 분명히 나뉘는 주제보다는 문제 해결을 유도할 수 있는 주제가 적합하다. 토론 주제의 경우는 이와 다르다. 찬성과 반대로 분명히 나누어질 수 있는 주제여야 한다.

◎ **토론의 규칙**
- 논제는 하나의 주장만 포함하는 긍정 명제이어야 한다.
- 사전에 양쪽 토론자가 공평하게 말하는 시간, 말하는 순서, 말하는 횟수를 정한다.
- 찬성편이 처음과 마지막 발언을 하도록 한다.

2023학년도 초등학교 교사 임용후보자 선정경쟁 제2차 시험

반성적 성찰 질문

※ 다음 문제를 읽고, 5분 이내에 답변하시오.

1. 단 한 명의 학생도 놓치지 않는 책임교육을 실현하기 위해 수업 중 어떤 교육 활동을 실시했는지 말하시오.

2. 학생들이 주도적으로 토론 주제를 정할 때 교사로서 어떤 도움을 제공했는지 설명하시오.

3. 학생들의 민주 시민 역량을 신장할 수 있는 활동을 어떻게 구성했는지 설명하시오.

연습 문제 02

2023학년도 초등학교 교사 임용후보자 선정경쟁 제2차 시험

수업 실연 문제지

관리 번호 (   )   성명 (   )

【수업 실연 문제】

아래에 제시된 활동 장면과 〈수업 실연 조건〉, 〈수업 실연 환경〉을 바탕으로 수업을 실연하시오.

수업 실연 조건
1. 수업 단계 중 전개와 정리 부분을 실연하시오. 2. 학생들의 작품 제작을 위해 필요한 자료는 이전 차시에 모두 수집했음을 가정하여 실연하시오. 3. 국어 교과와 미술 교과를 효과적으로 융합한 수업을 구현하시오. 4. 학생 중심 활동으로 실연하시오. 5. 그림 그리는 데 흥미가 없는 학생에 대한 피드백을 포함하여 실연하시오. 6. 학생의 다양한 반응을 이끌어 낼 수 있는 발문을 포함하여 실연하시오. 7. 학생 상호 평가를 실시하고, 평가 결과를 환류하는 과정을 포함하시오.

수업 실연 환경
1. 수업 실연 교실에는 4명씩 6모둠으로 학생이 앉아 있다고 가정하고 실연합니다. 2. 수업 자료와 기자재를 이용할 수 있는 교실 상황을 가정하고 실연합니다. 3. 단원명, 학습 목표 및 활동 내용 등은 칠판에 제시되어 있다고 가정하고 판서는 생략합니다. 4. 학생과의 언어적·비언어적 의사소통은 학생들의 반응을 가정하여 실연합니다.

1. **단원의 개관** : 국어 5-2 8. 우리말 지킴이

이 단원은 우리말을 바르게 사용하지 못하는 사용 실태와 문제점을 확인해 우리말 사용에 대한 인식을 개선하고 품위 있는 언어생활을 능동적으로 실천하게 하는 것이 목적이다.

이 단원의 활동으로 학생들은 줄임 말이나 사물의 높임, 무분별한 외국어 사용 등에 대한 언어 사용 실태를 조사해 일상생활에서 국어를 바르게 사용하지 않는 예를 인식하게 된다. 이로써 자신의 언어생활을 되돌아보고 우리말을 지키고 바르게 사용하는 방법을 찾아 실천하는 태도를 기르게 될 것이다. 또 조사한 자료를 정리하고 발표함으로써 공식적인 말하기에서 전달하는 능력을 기를 수 있다.

이 단원의 국어과 교과 역량은 '자료·정보 활용 역량'이다. 이 단원에서는 언어생활과 관련 있는 다양한 자료에서 실태를 파악하고 정리해보며 자료·정보 활용 역량을 함양하고자 한다.

[출처: 국어 5-2 지도서 8. 우리말 지킴이]

2. 관련 성취 기준

[6미02-03]	다양한 자료를 활용하여 아이디어와 관련된 표현 내용을 구체화할 수 있다.
[6국04-06]	일상생활에서 국어를 바르게 사용하는 태도를 지닌다.
[6국01-04]	자료를 정리하여 말할 내용을 체계적으로 구성한다.
[6국03-03]	목적이나 대상에 따라 알맞은 형식과 자료를 사용하여 설명하는 글을 쓴다.

3. 주제의 지도 계획

단원명	차시	수업 내용 및 활동
8. 우리말 지킴이	3-4	발표 주제를 생각하며 자료를 조사하고 구성할 수 있다.
	5-6	여러 사람 앞에서 조사한 내용을 발표할 수 있다.
	7-8	우리말 바르게 사용하기를 알리는 만화를 그릴 수 있다.
	9	단원 정리

4. 본시 교과서 내용

〈국어과〉

[출처: 국어 5-2 지도서 8. 우리말 지킴이]

5. 사용 가능한 기자재 및 자료

컴퓨터, tv, 인터넷, 실물화상기 등 다양한 교수학습 매체

2023학년도 초등학교 교사 임용후보자 선정경쟁 제2차 시험

반성적 성찰 질문

※ 다음 문제를 읽고, 5분 이내에 답변하시오.

1. 본 수업에서 미술 교과와 국어 교과를 효과적으로 융합하기 위해 고려한 점을 설명하시오.

2. 학생의 다양한 반응을 이끌어 낼 수 있는 발문을 2가지 이상 말하시오.

3. 책임교육을 실현하기 위해 어떤 활동 및 피드백을 사용했는지 설명하시오.

2023학년도 초등학교 교사 임용후보자 선정경쟁 제2차 시험

수업 실연 문제지

관리 번호 (   ) 성명 (   )

【수업 실연 문제】

아래에 제시된 활동 장면과 〈수업 실연 조건〉, 〈수업 실연 환경〉을 바탕으로 수업을 실연하시오.

수업 실연 조건
1. 도입에서부터 전개 부분을 실연하시오. 2. 학생이 모든 비언어적, 언어적 반응을 하였다고 생각하고 수업을 실연하시오. 3. 학생들과 함께 학습목표를 설정하는 과정을 포함하시오. 4. 국어 교과와 사회 교과가 통합된 학생중심수업을 구현하시오. 5. 편견에 갇혀 다른 사람의 의견을 받아들이지 않는 학생에 대한 지도방안을 포함하여 실연하시오. 6. 회의 중 차별적 발언을 하는 학생에 대한 지도방안을 포함하여 실연하시오. 7. 학생들의 의사소통 역량을 신장할 수 있도록 실연하시오. 8. 모든 학습 단계에서 과정 중심 평가를 실시하시오.

수업 실연 환경
1. 수업 실연 교실에는 4명씩 6모둠으로 학생이 앉아 있다고 가정하고 실연합니다. 2. 수업 자료와 기자재를 이용할 수 있는 교실 상황을 가정하고 실연합니다. 3. 단원명, 학습 목표 및 활동 내용 등은 칠판에 제시되어 있다고 가정하고 판서는 생략합니다. 4. 학생과의 언어적·비언어적 의사소통은 학생들의 반응을 가정하여 실연합니다.

1. 주제의 개관

사회과: 이 주제는 사회 변화로 나타난 일상생활의 변화 모습과 그 특징을 분석하고, 이러한 생활 모습의 변화로 발생하는 문제점과 그 해결방안을 탐구함으로써 사회 변화에 따른 대처 방안을 모색하는 능력과 삶의 다양성을 이해하고 존중하는 태도를 기르는 데 주안점을 두었다.

 이 단원의 주제에서는 문화 다양성이 점차 확산되는 상황에서 발생할 수 있는 편견이나 차별 등의 사회 문제를 탐구하고, 자신이 속한 집단의 문화와 다른 문화의 가치를 인식함으로써 다른 문화를 존중하는 태도를 함양하도록 한다. 학생들이 평소에 지닌 편견이나 알고 있는 차별 사례들을 다루어 학생들의 태도 변화를 모색하도록 한다.

국어과: 4-2 3. 바르고 공손하게

　이 단원은 일상생활에서 지켜야 할 대화 예절을 알아보고 예절을 지키며 대화할 수 있도록 하는 것이 목적이다. 언어예절의 구성요소인 호칭, 인사말, 높임말을 살펴보며 친구들과 생각을 나누는 활동으로, 언어 예절에 대한 이해를 확장할 수 있도록 한다. 더불어 온라인에서 대화를 나눌 때에도 대화 예절이 필요하다는 것을 경험하게 한다.

　이 단원에서 학생들은 상황에 맞는 예절을 알고 말하는 방법을 배운다. 또 자신이 하는 말을 듣고 상대가 하는 대답이 다를 수 있다는 것을 경험하게 된다. 이로써 대화를 잘하려면 예절을 잘 지켜서 상대를 배려하고 상대의 기분을 이해하려는 노력이 필요하다는 것을 깨닫게 된다.

　이 단원의 국어과 교과 역량은 의사소통역량이다. 다양한 듣기와 말하기 활동을 할 때 대화예절을 지키고 필요한 자료와 정보를 찾아보고 활용하는 능력을 향상하는데 중점을 둔다.

[출처: 국어 4-2 지도서 3. 바르고 공손하게]

2. 단원 지도 계획

〈사회과〉

주제	차시	수업 내용 및 활동
사회 변화와 문화의 다양성	10-11	일상생활에서 나타나는 편견과 차별을 살펴봅시다.
	12	편견과 차별을 해결할 방법을 토의해봅시다.
	13	편견과 차별이 없는 사회를 만들기 위한 노력을 알아봅시다.

〈국어과〉

단원명	차시	수업 내용 및 활동
3. 바르고 공손하게	3-4	대화 예절을 지키며 대화하는 방법을 안다.
	5-6	예절을 지키며 회의를 한다.
	7-8	온라인 대화를 할 때 지켜야 할 예절을 안다.

3. 사용 가능한 기자재 및 자료

컴퓨터, tv, 인터넷, 실물화상기 등 다양한 교수학습 매체

2023학년도 초등학교 교사 임용후보자 선정경쟁 제2차 시험

반성적 성찰 질문

※ 다음 문제를 읽고, 5분 이내에 답변하시오.

1. 국어과와 사회과 모두 핵심역량으로 의사소통 역량이 포함되어 있습니다. 자신의 수업 실연 중 의사소통역량이 적절하게 잘 드러난 부분을 2가지 말하시오.

2. 자신의 수업 중에서 교과 통합적 관점에 비추어보았을 때 아쉬웠던 부분을 말하고 이를 수정한다면 어떻게 수정할 것인지 말하시오.

3. 자신의 수업 중 동료 교사에게 공유하고 싶은 장점을 말하고 그 이유를 설명하시오.

연습 문제 04

2023학년도 초등학교 교사 임용후보자 선정경쟁 제2차 시험

수업 실연 문제지

관리 번호 (　　　　　) 성명 (　　　　　)

【수업 실연 문제】

아래에 제시된 활동 장면과 〈수업 실연 조건〉, 〈수업 실연 환경〉을 바탕으로 수업을 실연하시오.

수업 실연 조건
1. 수업자의 의도 및 수업 방향, 평가방법을 간단히 소개합니다. (1분 정도)
2. 도입부터 정리까지 실연합니다.
3. 학습문제는 행동목표로 진술하시오
4. 학습부진아가 있다고 가정하고 이를 구체적으로 지도하시오.
5. 수직선을 수업에 활용하시오.
6. 성장을 위한 과정중심평가를 구체적으로 구현하시오.
7. 학생 중심의 참여 협력 수업을 구현하시오.
8. 1도 형태에 따라 가분수가 될 수 있음을 지도하시오.

수업 실연 환경
1. 수업 실연 교실에는 28명의 학생이 앉아 있다고 가정하고 실연합니다.
2. 수업 자료와 기자재를 이용할 수 있는 교실 상황을 가정하고 실연합니다.
3. 단원명, 학습 목표 및 활동 내용 등은 칠판에 게시되어 있다고 가정하고 판서는 생략합니다.
4. 학생과의 언어적, 비언어적 의사소통은 학생들의 반응을 가정하여 실연합니다.

1. 단원 개관: 3-2 분수

분수는 전체에 대한 부분, 비, 몫, 연사자 등과 같이 여러 가지 의미가 있어 초등학생에게 어려운 개념이다. 초등학교에서 분수는 저학년에서 '전체에 대한 부분'의 의미로 시작하여 점진적으로 여러 가지 분수의 의미를 경험하도록 지도하고 있다. 전체에 대한 부분의 의미로 분수를 다루는 모델로는 영역 모델, 집합 모델, 길이 모델, 넓이 모델 등이 있다. 이 중에서 전 학기에 학생들은 원, 직사각형, 삼각형과 같은 영역을 합동인 부분으로 등분할하는 경험을 통하여 분수를 도입하였다. 그런데 이산량으로 주어진 전체를 똑같은 부분으로 분할하는 상황에서 전체에 대한 부분을 분수로 나타낼 필요가 있다.

이 단원에서는 이와 같은 이산량에 대한 분수를 알아보기로 한다. 이산량을 분수로 표현하는 것은 영역을 등분할하여 분수로 표현하는 것보다 어려움이 있다. 그것은 전체를 어떻게 똑같은 부분으로 묶는가에 따라 표현되는 분수가 달라지기 때문이다. (중략) 이 단원에서는 이러한 어려움을 인식하고

영역을 이용하여 분수를 처음 도입하는 것과 같은 방법으로 이산량을 등분할하고 부분을 세어보는 과정을 통해 이산량에 대한 분수를 도입하도록 한다. 또한 길이로 나타낸 부분을 분수로 표현하고 전체에 대한 분수만큼을 구해보도록 한다. 그리고 진분수, 가분수, 대분수와 같은 여러 가지 분수의 종류를 알아보고 가분수와 대분수를 상호 변환하도록 한다. 마지막으로 대분수와 가분수의 크기 비교를 여러 가지 방법으로 학습하도록 한다.

2. 학습 목표
진분수와 가분수를 알고 분류할 수 있다.

3. 단원 지도 계획

주제	차시	수업 내용 및 활동
분수	3~4	분수만큼은 얼마인지 수직선에 나타낼 수 있어요
	5 (본시)	진분수와 가분수를 알고 분류할 수 있어요
	6	대분수를 알고 대분수를 가분수로, 가분수를 대분수로 나타낼 수 있어요

2023학년도 초등학교 교사 임용후보자 선정경쟁 제2차 시험

반성적 성찰 질문

※ 다음 문제를 읽고, 5분 이내에 답변하시오.

1. 성장을 위한 과정중심평가의 중요성과 이를 구체적으로 어떻게 구현하였는지 설명하시오.

2. 학생들이 수학적 개념을 쉽게 이해할 수 있도록 스스로 노력한 점을 말하시오.

3. 학생 중심의 참여 협력 수업의 중요성을 설명하고, 이를 자신의 수업에서 어떻게 구현하였는지 설명하시오. 그리고 보완할 점에 대해 이야기하시오.

2023학년도 초등학교 교사 임용후보자 선정경쟁 제2차 시험

수업 실연 문제지

관리 번호 (　　　　　) 성명 (　　　　　)

【수업 실연 문제】

아래에 제시된 활동 장면과 〈수업 실연 조건〉, 〈수업 실연 환경〉을 바탕으로 수업을 실연하시오.

수업 실연 조건
1. 수업자의 의도 및 수업 방향, 평가 방법을 간단히 소개합니다. (1분 정도)
2. 도입부터 전개까지 실연합니다.
3. 선행 학습으로 이 차시를 학습한 학생과 이 차시를 처음 배우는 학생 모두에게 협력적 인성이 신장될 수 있는 활동을 포함하시오.
4. 수학의 예술적 가치를 느끼도록 하는 활동을 포함하시오.
5. 수학교과의 창의·융합 능력 함양을 자극하는 발문을 포함하여 실연하시오.
6. 학생들과의 언어적, 비언어적 의사소통 방법을 사용하시오.
7. 선대칭 도형의 이해에 도움이 되는 구체적 조작활동을 반드시 포함하시오.

수업 실연 환경
1. 수업 실연 교실에는 28명의 학생이 앉아 있다고 가정하고 실연합니다.
2. 수업 자료와 기자재를 이용할 수 있는 교실 상황을 가정하고 실연합니다.
3. 단원명, 학습 목표 및 활동 내용 등은 칠판에 게시되어 있다고 가정하고 판서는 생략합니다.
4. 학생과의 언어적, 비언어적 의사소통은 학생들의 반응을 가정하여 실연합니다.

1. 단원 개관 : 수학 5-2 3. 합동과 대칭

 이 단원에서는 자연물과 건축, 예술 작품 등에서 발견할 수 있는 소재들을 제시함으로써 수학의 유용성과 가치를 느낄 수 있도록 했으며 실제 조작 활동과 실생활 속 탐구 활동을 통해 문제 해결 능력과 추론 능력뿐 아니라 창의·융합적 사고력, 의사소통 능력, 태도 및 실천 능력을 기르는 데 중점을 두고 활동을 구성했다.

 이 단원에서 학습하는 도형의 합동은 도형의 대칭을 이해하기 위한 선수 학습 요소이며, 도형의 대칭은 이후 직육면체, 각기둥과 각뿔을 배우는 데 기본이 되는 학습 요소이므로 학생들이 합동과 대칭의 개념과 원리에 대한 정확한 이해를 바탕으로 도형에 대한 기본 개념과 공간 감각이 잘 형성될 수 있도록 지도해야 한다.

[출처: 수학 5-2 지도서 3. 합동과 대칭]

2. 학습 목표
- 선대칭 도형의 개념을 알고 대칭축을 찾을 수 있다.
- 선대칭 도형의 성질을 알고 그릴 수 있다.

3. 차시 계획

단원명	차시	수업 내용 및 활동
3. 합동과 대칭	3	합동인 도형의 성질을 알아볼까요
	4~5 (본시)	선대칭 도형과 그 성질을 알아볼까요
	6~7	점대칭 도형과 그 성질을 알아볼까요

4. 교과서 내용
- 선대칭 도형의 구성요소 알아보기
- 선대칭 도형의 성질 알아보기

2023학년도 초등학교 교사 임용후보자 선정경쟁 제2차 시험

반성적 성찰 질문

※ 다음 문제를 읽고, 5분 이내에 답변하시오.

1. 선행 학습으로 이 차시를 학습한 학생과 이 차시를 처음 배우는 학생을 협력적 인성 신장 활동으로 어떻게 지도하였는지 설명하고 보완할 점에 관해 이야기 하시오.

2. 수학의 창의적 사고를 가능하게 하는 질문이 있는 수업을 어떻게 구현하였는지 설명하시오.

3. 수학 교과에서 구체적 조작활동의 중요성을 본인의 수업에서 활용한 예시를 활용하여 설명하시오.

연습 문제 06

2023학년도 초등학교 교사 임용후보자 선정경쟁 제2차 시험

수업 실연 문제지

관리 번호 (   ) 성명 (   )

【수업 실연 문제】

아래에 제시된 활동 장면과 〈수업 실연 조건〉, 〈수업 실연 환경〉을 바탕으로 수업을 실연하시오.

수업 실연 조건
1. 수업자 의도, 수업 방향 및 평가 계획 소개를 하시오. 2. 전개부터 정리까지 실연하시오. 3. 전개 단계에서 다양한 답변이 나올 수 있는 발문을 2개 이상 포함하시오. 4. ADHD 아동을 고려하여 실연하시오. 5. 우리나라 인구 구성의 변화에 따른 사회 변화를 실생활과 연결지어 지도하시오. 6. 그래프를 이해하지 못하는 학생에 대한 지도방안을 포함하시오. 7. 인성교육요소(공감, 참여, 배려 등)를 반영하여 모둠 활동에서 소외된 학생을 지도하시오. 8. 학습 단계 전반에 걸쳐 과정 중심 평가를 실시하시오.

수업 실연 환경
1. 수업 실연 교실에는 5학년 16명의 학생이 앉아 있다고 가정하고 실연합니다. 2. 모든 학생들이 언어적, 비언어적 반응을 보임을 가정하여 실연하시오. 2. 모든 수업 자료와 기자재를 이용할 수 있는 교실 상황을 가정하고 실연합니다. 3. 단원명, 학습 목표 및 활동 내용 등은 칠판에 게시되어 있다고 가정하고 판서는 생략합니다.

2. 단원 개관 : 사회 5-1 1. 국토와 우리 생활

 이 단원은 우리 국토의 위치와 영역, 자연환경과 인문 환경 등 지리적 특성을 이해하고자 구성되었다. 또한 올바른 국토관을 세우고 더 나아가 국토를 사랑하는 마음과 바람직한 국토 발전에 대한 관심과 이를 실천하는 태도를 기르기 위해 설정되었다.

 첫 번째 주제에서는 우리나라의 위치와 영역이 지니는 특성을 알아보고, 이를 바탕으로 우리 국토의 소중함과 국토를 사랑하는 태도를 기르도록 한다. 또 국토를 구분하는 기준과 국토의 주요 지역이 지니는 위치의 특성을 탐구한다.

 두 번째 주제에서는 다양한 자료를 활용해 국토의 기초적인 지리 정보를 파악하고, 지형과 기후를 중심으로 국토의 자연환경 특성을 탐구한다. 또 이와 관련한 우리나라 자연재해의 종류와 대책을 탐색하고, 자연재해와 관련된 안전 수칙을 실천하는 태도를 기르도록 한다.

 세 번째 주제에서는 국토의 인구 변화 및 도시 발달 과정의 특성, 산업 구조 및 교통 발달 과정의

특성을 탐구한다. 이를 위해 인구분포도, 도시 분포도, 교통 지도, 통계 자료 등을 활용해 우리나라 인문 환경의 특징을 파악한다.

[출처: 사회 5-1 지도서 1. 국토와 우리 생활]

3. 본시 학습목표

우리나라 인구 구성의 변화를 이해할 수 있다.

4. 차시 계획

단원명	차시	수업 내용 및 활동
1. 국토와 우리 생활	16	자연재해의 피해를 줄이기 위한 노력 알아보기
	17 (본시)	우리나라 인구 구성의 변화 살펴보기
	18	우리나라 인구 분포의 특징 알아보기

5. 교과서 내용

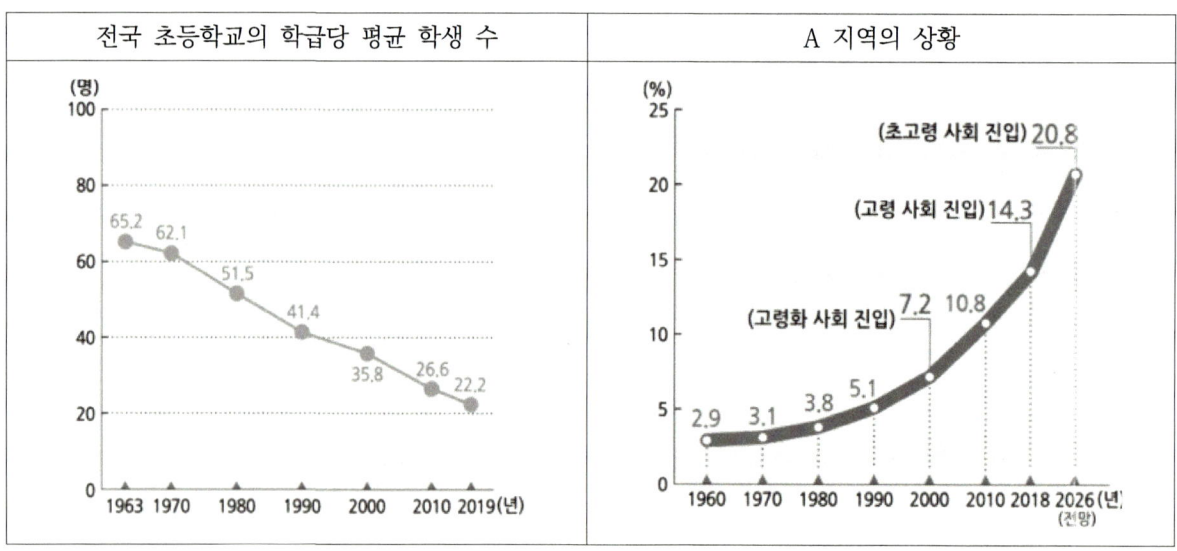

[출처: 사회 5-1 지도서 1. 국토와 우리 생활]

2023학년도 초등학교 교사 임용후보자 선정경쟁 제2차 시험

반성적 성찰 질문

※ 다음 문제를 읽고, 5분 이내에 답변하시오.

1. 인성교육요소(공감, 참여, 배려 등)의 중요성과 이를 어떤 활동으로 구현하였는지 설명하시오.

2. 수업에서 공유하고 싶은 점과 보완하고 싶은 점을 각각 2개씩 설명하시오.

3. 수업에서 활용한 과정중심평가 방법을 설명하시오.

2023학년도 초등학교 교사 임용후보자 선정경쟁 제2차 시험

수업 실연 문제지

관리 번호 (   ) 성명 (   )

【수업 실연 문제】

아래에 제시된 활동 장면과 〈수업 실연 조건〉, 〈수업 실연 환경〉을 바탕으로 수업을 실연하시오.

수업 실연 조건
1. 도입부터 전개까지 실연하시오. 2. 학생들이 직접 실험을 설계하는 과정을 포함하여 실연하시오. 3. 전개 단계에서 학생 중심의 과학실 안전 수칙 지도 방안을 포함하시오. 4. 실험 중 장난을 치는 학생을 고려하여 실연하시오. 5. 실험을 혼자서 모두 진행하려고 하는 학생을 고려하여 실연하시오. 6. 과학적 탐구능력을 함양할 수 있는 활동을 구상하시오. 7. 교과서와 다른 실험결과가 나온 모둠에 대한 피드백을 포함하시오.

수업 실연 환경
1. 수업 실연 교실에는 5학년 27명의 학생이 앉아 있다고 가정하고 실연합니다. 2. 모든 학생들이 언어적, 비언어적 반응을 보임을 가정하여 실연하시오. 2. 모든 수업 자료와 기자재를 이용할 수 있는 교실 상황을 가정하고 실연합니다. 3. 단원명, 학습 목표 및 활동 내용 등은 칠판에 게시되어 있다고 가정하고 판서는 생략합니다.

2. 단원 개관 : 과학 5-1 2. 온도와 열

이 단원에서는 온도와 열의 이동에 관련된 일상생활의 기본적인 현상을 관찰하고, 온도, 온도 변화, 열의 이동 등과 같은 기초적인 개념을 학습하도록 구성하였다.

이 단원의 주요 학습 개념은 온도와 열의 이동이다. 물질의 차갑거나 따뜻한 정도를 객관적으로 나타내기 위하여 온도가 필요함을 이해하게 하고, 온도계로 온도를 측정할 수 있음을 알게 한다. 물질의 온도는 물질 주위의 환경에 따라 변함을 이해하게 하고, 물질 사이의 열의 이동이 물질의 온도 변화의 원인임을 이해하게 한다. 또 물질의 상태에 따라 열이 이동하는 방법이 다름을 이해하게 한다.

[출처: 과학 5-1 지도서 2. 온도와 열]

3. 본시 학습목표

액체에서 열이 어떻게 이동하는지 설명할 수 있다.

4. 차시 계획

단원명	차시	수업 내용 및 활동
2. 온도와 열	7	고체 물질의 종류에 따라 열이 이동하는 빠르기는 어떻게 다를까요?
	8	액체에서 열은 어떻게 이동할까요?
	9	기체에서 열은 어떻게 이동할까요?

5. 실험 도구

플라스틱 컵 네 개, 사각 수조, 차가운 물, 스포이트, 파란색 잉크, 뜨거운 물, 종이컵, 플라스틱 컵 홀더, 면장갑

2023학년도 초등학교 교사 임용후보자 선정경쟁 제2차 시험

반성적 성찰 질문

※ 다음 문제를 읽고, 5분 이내에 답변하시오.

1. 과학교과에서 안전 교육의 중요성과 이를 어떻게 수업에서 반영하였는지 설명하시오.

2. 학생들이 직접 실험을 설계할 때 발생할 수 있는 문제점과 이를 대비할 수 있는 방법을 말하시오.

3. 과학교과에서 협력의 중요성에 대해 논하고, 협력을 수업에서 구현한 방법을 말하시오.

연습 문제 08

2023학년도 초등학교 교사 임용후보자 선정경쟁 제2차 시험

수업 실연 문제지

관리 번호 (   ) 성명 (   )

【수업 실연 문제】

아래에 제시된 활동 장면과 〈수업 실연 조건〉, 〈수업 실연 환경〉을 바탕으로 수업을 실연하시오.

수업 실연 조건
1. 실생활과 관련하여 동기유발 하시오.
2. 도입부터 전개까지 실연하시오.
3. 학생 전체의 이해를 확인하는 활동을 포함하여 구성하시오.
4. 확산적 발문을 3가지 이상 포함하여 활동을 구성하시오.
5. 구체적 조작물을 활용한 활동 중심의 수업을 구현하시오.
6. 과정 중심 평가가 드러나도록 실연하시오.
7. 교사와 학생, 학생과 학생 간의 다양한 상호작용이 드러나도록 실연하시오.

수업 실연 환경
1. 수업 실연 교실에는 4학년 학생 23명이 앉아 있다고 가정하고 실연합니다.
2. 수업 자료와 기자재를 이용할 수 있는 교실 상황을 가정하고 실연합니다.
3. 단원명, 학습 목표 및 활동 내용 등은 칠판에 게시되어 있다고 가정하고 판서는 생략합니다.
4. 학생과의 언어적·비언어적 의사소통은 학생들의 반응을 가정하여 실연합니다.

1. 주제 개관

 이 주제는 '생산과 소비'와 같은 기본적인 경제 활동의 의미를 이해하고, 인간의 욕구를 충족할 수 있는 자원은 희소하기 때문에 경제 활동에서 선택의 문제가 발생함을 알게 하고자 설정되었다. 또, 우리 지역과 다른 지역 사람들의 물자 교환 및 교류 사례를 보고 지역 간 경제 활동이 밀접하게 관련되어 있음을 탐색하는 데 주안점을 두고 있다. 초등학교 사회과에서 처음으로 경제 영역을 다루므로 학생들이 실생활에서 경제 활동을 하거나 보고 들은 경험을 토대로 경제 영역의 주요 개념과 내용을 이해하도록 한다. 첫 번째 주제에서는 자원의 희소성으로 일상생활에서 선택의 문제가 발생함을 파악하고 시장을 중심으로 생산 및 소비와 같은 경제 활동의 의미를 이해하도록 한다. 두 번째 주제에서는 시장을 중심으로 이루어지는 경제 활동의 이해를 바탕으로 우리 지역과 관련된 다른 지역의 물자 교환 및 교류 사례에서 지역 간 경제 활동이 밀접하게 관련되어 있음을 파악하도록 한다.

2. 본시 학습 목표

생산 활동의 종류를 알고, 여러 생산 활동을 분류할 수 있다.

3. 주제의 지도 계획

주제 개관	차시	수업 내용 및 활동
필요한 것의 생산과 교환	5	생산과 소비의 개념에 대해 알아본다.
	6 (본시)	생산 활동의 종류에 대해 알아보고 여러 생산 활동을 분류해 본다.
	7	현명한 소비 생활을 하기 위한 방법을 알아본다.

2023학년도 초등학교 교사 임용후보자 선정경쟁 제2차 시험

반성적 성찰 질문

※ 다음 문제를 읽고, 5분 이내에 답변하시오.

1. 선생님의 수업에 사용한 과정중심평가 방법에 대해 설명하고, 과정중심평가가 필요한 까닭 2가지를 설명하시오.

2. 본 수업에서 실시한 과정중심평가에 따른 환류계획에 대해 설명하시오.

3. 선생님의 수업에 드러난 교사와 학생, 학생과 학생 간 상호작용에서 잘된 점과 보완할 점에 대해 설명하시오.

연습 문제 09

2023학년도 초등학교 교사 임용후보자 선정경쟁 제2차 시험

수업 실연 문제지

관리 번호 (   ) 성명 (   )

【수업 실연 문제】

아래에 제시된 활동 장면과 〈수업 실연 조건〉, 〈수업 실연 환경〉을 바탕으로 수업을 실연하시오.

수업 실연 조건
1. 수업자의 의도, 수업 방향, 평가 방법 등을 간단히 소개하시오. (1분 내외) 2. 도입부터 전개까지 실연하시오. 3. 주제와 관련된 실생활 사례를 포함하여 실연하시오. 4. 수학 부진 학생 1명에 대한 지도를 포함하여 실연하시오. 5. 학습자의 추론 역량을 함양할 수 있는 수업 활동을 구상하시오. 6. 확산적 발문을 3가지 이상 포함하여 실연하시오. 7. 과정 중심 평가가 드러나도록 실연하시오. 8. 학생 참여 중심의 협력 수업을 구상하시오.

수업 실연 환경
1. 수업 실연 교실에는 3학년 학생 24명이 앉아 있다고 가정하고 실연합니다. 2. 수업 자료와 기자재를 이용할 수 있는 교실 상황을 가정하고 실연합니다. 3. 단원명, 학습 목표 및 활동 내용 등은 칠판에 게시되어 있다고 가정하고 판서는 생략합니다. 4. 학생과의 언어적·비언어적 의사소통은 학생들의 반응을 가정하여 실연합니다.

1. 주제 개관: 수학 3-2. 원

 이 주제는 원을 그리는 방법을 통하여 원의 의미를 이해하는 데 중점을 두고 있다. 제시된 정사각형 안에 꽉 찬 원 그리기, 점을 찍어 원 그리기, 자를 이용하여 원 그리기 활동 등을 통하여 원의 집합론적 정의를 바탕으로 원의 의미를 이해할 수 있을 것이다. 이를 바탕으로 원의 중심과 반지름의 뜻을 알게 하고, 한 원에 있는 반지름은 모두 같다는 것을 알게 한다. 또한 원의 지름과 반지름의 성질, 원의 지름과 반지름 사이의 관계를 조작 활동으로 이해하게 함으로써 『수학 6-1』의 원의 넓이 학습을 준비하는 단계이다. 컴퍼스를 이용하여 원 모양을 그리는 방법을 알고, 원을 여러 형태로 어울리게 그려 여러 가지 모양을 만들어 봄으로써 원이 우리 생활에 사용되는 경우를 생각해 보는 기회를 제공한다.

 이 단원을 지도할 때는 2학년 원 단원과는 달리 원이 주어지지 않은 상황에서 원을 정확하게 그리기 위한 방법을 생각하도록 한다. 원을 정확하게 그리는 과정에서 원의 중심과 반지름과 같은 구성 요소

를 도입하도록 하고, 띠 종이나 컴퍼스를 이용해서 원을 정확하게 그릴 수 있음을 이해하도록 지도한다. 또한 컴퍼스를 능숙하게 이용하여 원과 원이 포함된 다양한 모양을 그릴 수 있도록 지도한다.

2. 본시 학습 목표

원의 여러 가지 성질을 이해하고 원의 지름과 반지름 사이의 관계를 설명할 수 있다.

3. 주제의 지도 계획

주제	차시	수업 내용 및 활동
원	2~3	원의 중심, 반지름, 지름에 대해 알아본다.
	4 (본시)	원의 여러 가지 성질에 대해 알아보고, 원의 지름과 반지름 사이의 관계에 대해 알아본다.
	5	컴퍼스를 이용하여 원을 그리는 방법을 알아보고, 원을 그려본다.

4. 본시 주요 학습 내용

- 원의 중심을 지나는 선분 살펴보기
- 원을 둘로 똑같이 나누는 선분이 지름인지 알아보기
- 원 안의 선분 중에서 가장 긴 선분 찾아보기
- 원의 지름과 반지름 사이의 관계 알아보기

2023학년도 초등학교 교사 임용후보자 선정경쟁 제2차 시험

반성적 성찰 질문

※ 다음 문제를 읽고, 5분 이내에 답변하시오.

1. 학생들의 추론 역량을 함양하기 위해 수업에 적용한 지도방안을 설명하시오.

2. 수업에 드러난 실생활 사례에 대해 설명하고, 수업에서 실생활 사례를 활용하는 것이 갖는 의미를 설명하시오.

3. 학생들의 협력 증진을 위해 수업에 활용한 방안에 대해 설명하시오.

연습 문제 10

2023학년도 초등학교 교사 임용후보자 선정경쟁 제2차 시험

수업 실연 문제지

관리 번호 (   ) 성명 (   )

【수업 실연 문제】

아래에 제시된 활동 장면과 〈수업 실연 조건〉, 〈수업 실연 환경〉을 바탕으로 수업을 실연하시오.

수업 실연 조건
1. 전개부터 정리까지 실연하시오. 2. 학생 간의 활발한 상호작용으로 협력적인 수업이 되도록 하시오. 3. 수업에 소극적인 학생에 대한 지도를 포함하여 실연하시오. 4. 모둠 활동 중 갈등이 있는 학생들에 대한 지도를 포함하여 실연하시오. 5. 회의에 필요한 규칙을 학생들이 직접 떠올리게 하는 활동을 포함하여 실연하시오. 6. 학생들의 민주시민 역량을 함양할 수 있는 활동을 구상하시오. 6. 확산적 발문을 3가지 이상 포함하여 실연하시오. 7. 과정 중심 평가가 드러나도록 실연하시오.

수업 실연 환경
1. 수업 실연 교실에는 4학년 학생 23명이 앉아 있다고 가정하고 실연합니다. 2. 수업 자료와 기자재를 이용할 수 있는 교실 상황을 가정하고 실연합니다. 3. 단원명, 학습 목표 및 활동 내용 등은 칠판에 게시되어 있다고 가정하고 판서는 생략합니다. 4. 학생과의 언어적·비언어적 의사소통은 학생들의 반응을 가정하여 실연합니다.

1. 단원 개관 : 국어 4-1 6. 회의를 해요

 이 단원은 회의의 필요성을 이해하고 학급 회의의 절차와 방법을 익혀 실제로 학급 회의를 해 보는 데 목적이 있다. 회의를 하는 것은 서로 다른 개인 간의 욕구를 조절하고 구성원 간에 빈번히 발생하는 공동의 문제를 해결하기 위함이다. 따라서, 이 단원의 언어 사용 목적은 설득이며, 학급 회의를 통하여 학생들은 적극적으로 경청하는 태도와 자신의 의견을 효과적으로 표현하는 능력을 기를 수 있다. 원활한 학급 회의를 위하여 학급 회의의 절차, 학급 회의를 할 때 주의할 점 등을 이해하고 사회자, 기록자, 토의 참여자의 역할을 잘 알아야 한다. 이 과정에서 학생들은 언어 예절과 토의 규칙을 잘 지켜 회의에 참여하는 능력을 길러야 한다.

 이러한 학습 과정을 거치면 학생들이 학급이나 생활 주변에서 일어나는 여러 가지 문제에 관심을 가지고 합리적으로 해결하는 능력을 신장할 수 있을 것이다. 특히, 다른 사람의 의견을 존중하고 문제

해결에 도움이 되는 새로운 의견을 제시하는 적극적인 의사소통 능력을 배움으로써 민주 시민의 기본 자질을 터득하게 될 것이다.

[출처: 국어 4-1 지도서 6. 회의를 해요]

2. 본시 학습 목표

회의에 나타난 문제점을 찾고, 회의할 때 지켜야 할 규칙을 설명할 수 있다.

3. 단원의 지도 계획

단원명	차시	수업 내용 및 활동
6. 회의를 해요	5~6	회의 주제에 맞게 말할 내용 준비하기
	7 (본시)	회의할 때 지켜야 할 규칙에 대해 알아보기
	8	절차와 규칙을 지키며 학급 회의를 해보기

4. 교과서 내용

- 회의할 때 지켜야 할 규칙을 생각하며 글 읽기
- 회의 장면에서 나타난 문제점 찾기
- 회의할 때 지켜야 할 규칙 알아보기

2023학년도 초등학교 교사 임용후보자 선정경쟁 제2차 시험

반성적 성찰 질문

※ 다음 문제를 읽고, 5분 이내에 답변하시오.

1. 선생님의 학생관을 설명하고, 이를 수업 실연에 어떻게 반영하였는지 설명하시오.

2. 수업에서 학생 간 협력의 중요성 2가지를 설명하고, 수업에서 협력을 증진하기 위해 어떤 방안을 활용했는지 설명하시오.

3. 학생들의 민주 시민 역량 함양을 위해 어떤 활동을 구상하였는지 설명하시오.

2023학년도 초등학교 교사 임용후보자 선정경쟁 제2차 시험

수업 실연 문제지

관리 번호 (   ) 성명 (   )

【수업 실연 문제】

아래의 〈프로젝트 수업 계획〉, 〈수업 실연 조건〉, 〈수업 실연 환경〉을 바탕으로 수업을 실연하시오.

수업 실연 조건
1. 전개부터 정리까지 실연하시오. 2. 관련 성취기준을 고려하여 수업 활동을 구상하시오. 3. 학생의 배움을 자극하는 활동을 구상하시오. 4. 타 문화를 존중하지 않는 태도를 가진 학생에 대한 지도를 포함하여 실연하시오. 5. 협력 학습 시 혼자 주도하는 학생에 대한 지도방안을 포함하여 실연하시오. 6. 확산적 발문을 3가지 이상 포함하여 실연하시오. 7. 과정 중심 평가가 드러나도록 실연하시오.

수업 실연 환경
1. 수업 실연 교실에는 6학년 학생 21명이 앉아 있다고 가정하고 실연합니다. 2. 수업 자료와 기자재를 이용할 수 있는 교실 상황을 가정하고 실연합니다. 3. 단원명, 학습 목표 및 활동 내용 등은 칠판에 게시되어 있다고 가정하고 판서는 생략합니다. 4. 학생과의 언어적·비언어적 의사소통은 학생들의 반응을 가정하여 실연합니다.

1. 프로젝트 수업 계획

프로젝트 주안점
본 프로젝트는 6학년 사회과와 국어과를 통합하여 구성하였다. 학생들은 직접 세계 여러 나라의 위치와 영역 등의 지리적 특징을 학습하고, 조사 활동을 통해 세계 여러 나라의 의식주 문화를 배운다. 학생들은 각 나라의 지리적 특징과 의식주 문화의 관련성을 탐구하며 다양한 문화들이 어떻게 발전해왔는지를 자연스럽게 이해할 수 있다. 자신들이 탐구하고 이해한 결과를 글쓰기를 통해 표현하며, 국어과에서 배운 호응 관계를 생각하며 글을 쓰도록 하였다. 학생들은 프로젝트를 통해 탐구 능력, 의사소통 능력은 물론 타 문화를 존중하는 자세를 기르게 될 것이다.

차시	수업 내용 및 활동
2~4	세계 여러 나라의 특징에 대해 알기 (위치, 영역 등)
5~6	세계 여러 나라의 의식주 문화를 알아보기
7 (본시)	세계 여러 나라의 의식주를 소개하는 글쓰기
8	프로젝트 결과 전시하기

2. 본시 관련 성취기준

국어	[6국04-05]	국어의 문장 성분을 이해하고 호응 관계가 올바른 문장을 구성한다.
사회	[6사07-04]	의식주 생활에 특색이 있는 나라나 지역의 사례를 조사하고, 이를 바탕으로 하여 인간 생활에 영향을 미치는 여러 자연적, 인문적 요인을 탐구한다.

3. 본시 학습 목표

문장의 호응 관계를 생각하며 세계 여러 나라의 의식주를 소개하는 글을 쓸 수 있다.

2023학년도 초등학교 교사 임용후보자 선정경쟁 제2차 시험

반성적 성찰 질문

※ 다음 문제를 읽고, 5분 이내에 답변하시오.

1. 세계시민교육의 의미에 대해 설명하고, 이를 선생님의 수업에 어떻게 반영하였는지 설명하시오.

2. 세계시민교육의 관점에서 본 수업에 대해 보완할 점을 설명하시오.

3. 타 문화를 존중하지 않는 학생에 대해 본 수업에서 어떻게 지도하였는지 설명하고, 편견을 가진 학생들에 대한 지속적인 지도방안에 대해 설명하시오.

연습 문제 12

2023학년도 초등학교 교사 임용후보자 선정경쟁 제2차 시험

수업 실연 문제지

관리 번호 (   ) 성명 (   )

【수업 실연 문제】

아래에 제시된 활동 장면과 〈수업 실연 조건〉, 〈수업 실연 환경〉을 바탕으로 수업을 실연하시오.

수업 실연 조건
1. 도입부터 전개까지 실연하시오.
2. 1학년 학습자의 수준을 고려해 수업 활동을 구상하시오.
3. 학생의 실생활과 관련하여 동기유발 하시오.
4. 수업에 집중하지 못하고 교실을 돌아다니는 학생에 대한 지도를 포함하여 실연하시오.
5. 확산적 발문을 3가지 이상 포함하여 실연하시오.
6. 과정중심평가가 드러나도록 실연하시오.
7. 학생의 수준을 고려하여 학생의 흥미를 유발할 수 있는 수업 활동을 구상하시오.
8. 학습활동으로 역할놀이를 포함하여 실연하시오.

수업 실연 환경
1. 수업 실연 교실에는 29명의 학생이 앉아 있다고 가정하고 실연합니다.
2. 수업 자료와 기자재를 이용할 수 있는 교실 상황을 가정하고 실연합니다.
3. 단원명, 학습 목표 및 활동 내용 등은 칠판에 제시되어 있다고 가정하고 판서는 생략합니다.
4. 학생과의 언어적·비언어적 의사소통은 학생들의 반응을 가정하여 실연합니다.

1. 단원 지도 계획 : 여름 1-1 2. 여름 나라

차시	수업 내용 및 활동
8~9	여름철 생활 모습 알아보기
10 (본시)	에너지 절약이 필요한 이유를 알고, 에너지 절약 방법 알아보기
11	에너지 절약 카드 만들기

2. 본시 학습 목표

에너지 절약이 필요한 이유를 알고, 에너지 절약 방법을 찾아 실천할 수 있다.

3. 차시 지도 계획

관련 성취기준	
[2바04-01]	여름철 에너지 절약 수칙을 알고 습관화한다.

4. 주요 수업 활동
- 에너지 낭비 사례에 대해 알아보기
- 에너지 절약이 필요한 이유 알아보기
- 에너지를 절약하는 방법 찾아보기

2023학년도 초등학교 교사 임용후보자 선정경쟁 제2차 시험

반성적 성찰 질문

※ 다음 문제를 읽고, 5분 이내에 답변하시오.

1. 학교생활이 익숙하지 않은 1학년 학생들의 적응을 돕기 위해 학습자 수준과 발달 단계에 어울리는 수업 설계가 필요합니다. 1학년 학습자의 수준에 맞추기 위해 어떻게 수업을 구상하였는지 설명하시오.

2. 저학년 학생들의 집중시간은 매우 짧아 수업 중 주기적으로 학생들의 주의를 환기하는 것이 필요합니다. 학생들의 주의 집중을 위해 사용한 지도 방법 2가지를 설명하시오.

2023학년도 초등학교 교사 임용후보자 선정경쟁 제2차 시험

수업 실연 문제지

관리 번호 (   ) 성명 (   )

【수업 실연 문제】

아래에 제시된 활동 장면과 〈수업 실연 조건〉, 〈수업 실연 환경〉을 바탕으로 수업을 실연하시오.

수업 실연 조건
1. 도입부터 전개까지 실연하시오. 2. 학습자의 과학적 탐구 능력을 함양할 수 있는 수업을 구상하시오. 3. 학습 내용과 관련 없는 질문을 하는 학생에 대한 지도를 포함하여 실연하시오. 4. 무기력한 학생에 대한 지도를 포함하여 실연하시오. 5. 시간 내에 실험을 끝내지 못한 모둠에 대한 지도를 포함하여 실연하시오. 6. 학생들의 배움이 일어나도록 돕는 확산적 발문을 3가지 이상 포함하여 실연하시오. 7. 학생들이 직접 실험을 설계하도록 하시오. 8. 과정 중심 평가가 드러나도록 실연하시오.

수업 실연 환경
1. 과학실에 4학년 학생 27명이 앉아 있다고 가정하고 실연합니다. 2. 수업 자료와 기자재를 이용할 수 있는 상황을 가정하고 실연합니다. 3. 단원명, 학습 목표 및 활동 내용 등은 칠판에 게시되어 있다고 가정하고 판서는 생략합니다. 4. 학생과의 언어적·비언어적 의사소통은 학생들의 반응을 가정하여 실연합니다.

1. 주제 학습 계열 : 과학 4-2. 그림자와 거울

선수 학습

본 주제 학습
3~4학년군 그림자와 거울

후속 학습
5~6학년군 빛과 렌즈

2. 본시 학습 목표

그림자의 크기를 변화시키는 방법을 이해하고 다양한 크기의 그림자를 만들 수 있다.

3. 주제의 지도 계획

주제명	차시	수업 내용 및 활동
그림자와 거울	4	물체의 모양과 그림자 모양이 비슷한 까닭 알아보기
	5 (본시)	그림자의 크기를 변화시키는 방법 알아보기
	6	거울에 비친 물체의 모습과 실제 물체의 모습 비교하기

4. 준비물

손전등, 바닥에 홈을 파 놓은 종이컵, 스크린, 동물 모양 종이, 고정 집게

2023학년도 초등학교 교사 임용후보자 선정경쟁 제2차 시험

반성적 성찰 질문

※ 다음 문제를 읽고, 5분 이내에 답변하시오.

1. 학습자의 과학적 탐구 능력을 함양하기 위해 선생님이 사용한 수업 전략의 잘된 점과 보완할 점에 대해 각각 2가지씩 설명하시오.

2. 과정중심평가의 의미를 설명하고 본 수업의 과정 중심 평가 방안과 환류 계획을 설명하시오.

3. 무기력한 학생을 지도하기 위해 수행한 방안을 설명하시오.

연습 문제 14

2023학년도 초등학교 교사 임용후보자 선정경쟁 제2차 시험

수업 실연 문제지

관리 번호 (   ) 성명 (   )

【수업 실연 문제】

아래의 〈프로젝트 수업 계획〉, 〈수업 실연 조건〉, 〈수업 실연 환경〉을 바탕으로 수업을 실연하시오.

수업 실연 조건
1. 5학년 2학기 사회과와 미술과를 통합하여 역사 교육이 이루어질 수 있도록 재구성한 10차시의 프로젝트 학습 중 7차시를 실연하시오. 2. '도입(학습 목표 제기, 동기유발) - 전개 - 정리'로 구성되는 수업 활동 중 **'전개' 단계**를 10분 동안 실연하시오. 3. 본시 관련 성취기준을 바탕으로 학생들이 놀이를 통해 배울 수 있는 교육 활동을 구성하여 실연하시오. 4. 교사의 피드백과 환류의 과정이 드러나도록 실연하시오. 5. 역사에 흥미가 없어서 활동에 참여하지 않는 학생에 대한 지도방안을 포함하여 실연하시오.

수업 실연 환경
1. 수업 실연 교실에는 5학년 학생 24명이 4명씩 6모둠으로 앉아 있다고 가정하고 실연합니다. 2. 수업 자료와 기자재를 이용할 수 있는 교실 상황을 가정하고 실연합니다. 3. 단원명, 학습 목표 및 활동 내용 등은 칠판에 게시되어 있다고 가정하고 판서는 생략합니다. 4. 학생과의 언어적·비언어적 의사소통은 학생들의 반응을 가정하여 실연합니다.

1. 프로젝트 수업 계획

프로젝트 주안점
본 프로젝트는 5학년 사회과와 미술과를 통합하여 구성하였다. 학생들은 역사 지도와 인물 이야기를 통해 삼국의 발전 과정을 학습하고, 조사 활동을 통해 삼국의 여러 문화 유산을 정리한다. 학생들은 삼국 역사의 흐름과 문화유산의 관련성을 탐구하며 미술 작품이 시대적 배경과 관련된다는 것을 이해할 수 있다. 탐구한 내용을 바탕으로 삼국의 시대적 배경을 고려하여 자신들만의 문화유산을 만들기 위해 계획서를 작성하고, 실제로 제작하며 역사를 실제적으로 배울 수 있도록 하였다. 학생들은 프로젝트를 통해 탐구 능력, 창의성은 물론 미술과 역사의 관계성을 토대로 다양한 문화를 탐구할 수 있는 태도를 기르게 될 것이다.

차시	수업 내용 및 활동
3~4	역사 지도를 통해 삼국의 발전 과정 이해하기
5~6	삼국의 문화유산을 조사하고 역사 지도에 따라 시대별로 정리하기
7 (본시)	삼국의 문화유산을 시대적 배경과 관련짓기
8~9	시대적 배경을 바탕으로 나만의 문화유산 만들기
10	문화유산 전시회 열기

2. 본시 관련 성취기준

사회	[6사04-01]	역사 지도와 인물 이야기를 통해 고구려, 백제, 신라의 발전 과정을 파악한다.
미술	[6미03-02]	미술 작품이 시대적 배경과 관련된다는 것을 이해할 수 있다.

3. 본시 학습 목표

삼국의 문화유산을 보고 시대적 배경과 관련지을 수 있다.

2023학년도 초등학교 교사 임용후보자 선정경쟁 제2차 시험

반성적 성찰 질문

※ 다음 문제를 읽고, 5분 이내에 답변하시오.

1. 역사 교육을 할 때 중요하게 생각하는 점과 이를 수업에 어떻게 반영하였는지 설명하시오.

2. 역사에 흥미가 없는 학생에 대해 본 수업에서 어떻게 지도하였는지 설명하고, 지속적인 지도방법에 대해 설명하시오.

2023학년도 초등학교 교사 임용후보자 선정경쟁 제2차 시험

수업 실연 문제지

관리 번호 (   ) 성명 (   )

【수업 실연 문제】

본 수업에서는 3학년을 지도하고자 합니다. 아래에 제시된 활동 장면과 〈수업 실연 조건〉, 〈수업 실연 환경〉을 바탕으로 수업을 실연하시오.

수업 실연 조건
1. 수업자의 의도 및 수업 방향, 평가를 간단히 소개합니다. (1분 이내)
2. 전개부터 정리까지 실연합니다.
3. 한글을 읽는 속도가 느린 학생에 대한 지도를 포함하시오.
4. 발표하기를 부끄러워하는 학생에 대한 지도를 포함하시오.
5. 과정중심평가가 드러나도록 수업하시오.
6. 극본 읽기에서 비언어적 요소가 두드러지게 발표할 수 있도록 지도하시오.
7. 협력적 인성을 기를 수 있는 활동을 포함하시오.

수업 실연 환경
1. 수업 실연 교실에는 21명의 학생이 앉아 있다고 가정하고 실연합니다.
2. 단원명, 학습 목표 및 활동 내용 등은 칠판에 게시되어 있다고 가정하고 판서는 생략합니다.
3. 학생과의 언어적·비언어적 의사소통은 학생들의 반응을 가정하여 실연합니다.
4. 교수·학습 활동에 필요한 기자재는 구비되어 있다고 가정하여 실연합니다.

1. 단원 개관 : 국어 3-2 9. 작품 속 인물이 되어

 이 단원은 이야기 속 인물의 말과 행동을 실감 나게 표현하는 활동으로 이루어져 있다. 따라서 인물의 성격을 파악하고 인물의 성격과 상황에 어울리는 표정, 몸짓, 말투를 상상하며 글을 읽는 활동을 한다. 그리고 인물의 말과 행동을 실감 나게 표현해 본 경험을 바탕으로 하여 극본을 읽고 학급 연극 발표회를 한다.

 이 단원의 활동으로 학생들은 글 속 인물을 좀 더 구체적으로 상상하며 글을 읽게 될 것이다. 그리고 다른 사람 앞에서 신체를 활용해 표현하는 능력을 기르고 연극을 친밀하게 느끼며 문학을 좀 더 역동적으로 즐길 수 있음을 느끼게 될 것이다.

 이 단원의 국어과 교과 역량은 '문화 향유 역량'이다. 이 단원에서는 이야기나 극본 속 인물을 상상하고 인물의 말과 행동을 실감나게 표현해 봄으로써 문학 작품을 읽는 데 그치지 않고 작품 속 인물

의 말과 행동을 실감 나게 표현하며 작품을 적극적으로 즐기는 문화 향유 능력을 기르고자 한다.

[출처: 국어 3-2 지도서 9. 작품 속 인물이 되어]

2. 본시 학습 목표
알맞은 표정, 몸짓, 말투를 생각하며 극본을 읽을 수 있다.

3. 주제의 지도 계획

단원	차시	주요 학습 내용 및 활동
9. 작품 속 인물이 되어	3-4	인물의 성격을 생각하며 극본을 소리 내어 읽기
	5-6	알맞은 표정, 몸짓, 말투를 생각하며 극본 읽기
	7-8	연극 준비하기

4. 본 차시 내용
- 이어질 내용을 상상하며 「토끼의 재판」 읽기
- 인물에게 어울리는 표정, 몸짓, 말투 상상하기
- 알맞은 표정, 몸짓, 말투로 극본 읽기

2023학년도 초등학교 교사 임용후보자 선정경쟁 제2차 시험

반성적 성찰 질문

※ 다음 문제를 읽고, 5분 이내에 답변하시오.

1. 한글 읽는 속도가 느린 학생과 발표를 부끄러워하는 학생에 대해 어떤 지도를 했는지 설명하시오.

2. 협력적 인성을 기를 수 있는 수업이 중요한 이유 한 가지와 선생님의 수업에서 어떤 활동으로 협력적 인성을 길렀는지 설명하시오.

3. 과정중심평가가 어떻게 드러났는지 설명하고, 이에 대한 환류 계획을 설명하시오.

연습 문제 16

2023학년도 초등학교 교사 임용후보자 선정경쟁 제2차 시험

수업 실연 문제지

관리 번호 (　　　　　) 성명 (　　　　　　)

【수업 실연 문제】

본 수업에서는 4학년을 지도하고자 합니다. 아래에 제시된 활동 장면과 〈수업실연 조건〉, 〈수업실연 환경〉을 바탕으로 수업을 실연하시오.

수업 실연 조건
1. 성취기준을 바탕으로 수업자의 의도를 설명하시오. (1분 이내) 2. 전개-정리까지 실연하시오. 3. 준비물을 가져오지 않은 학생에 대한 지도 방안을 포함하시오. 4. 삼각형의 세 각의 크기의 합의 이해를 돕는 구체적인 조작 활동을 포함하시오. 5. ADHD 학생에 대한 지도를 포함하시오. 6. 수학적 의사소통 역량을 기를 수 있도록 지도하시오.

수업 실연 환경
1. 수업 실연 교실에는 23명의 학생이 앉아 있다고 가정하고 실연합니다. 2. 단원명, 학습 목표 및 활동 내용 등은 칠판에 게시되어 있다고 가정하고 판서는 생략합니다. 3. 학생과의 언어적·비언어적 의사소통은 학생들의 반응을 가정하여 실연합니다. 4. 교수·학습 활동에 필요한 기자재는 구비되어 있다고 가정하여 실연합니다.

1. 주제 개관: 수학 4-1. 각도

각은 다각형을 정의하는 데 필요한 요소로서 도형 영역에서 기초가 되는 개념이며, 사회과나 과학과 등 다른 교과뿐만 아니라 일상생활에서도 폭넓게 활용된다.

『수학 3-1』에서는 구체적인 생활 속의 사례나 활동을 통해 각과 직각을 학습하였다. 이 단원에서는 각의 크기, 즉 각도에 대해 배우게 된다. 각을 이루는 두 반직선 사이의 벌어진 정도를 각도라고 하는데, 이는 한 반직선의 끝점을 꼭짓점에 고정하고 다른 반직선의 끝점을 꼭짓점을 중심으로 회전시켰을 때의 회전한 양으로 볼 수도 있다. 이러한 각의 크기를 비교하는 활동을 통하여 표준 단위인 도(°)를 알아보고 각도기를 이용하여 각도를 측정할 수 있게 한다. 또 자와 각도기를 이용하여 주어진 각을 정확하게 그릴 수 있게 한다. 각도기의 이용법을 정확하게 알고 여러 가지 각을 그릴 수 있게 하며, 학생들은 각을 그리는 과정에서 자연스럽게 각의 크기를 비교하거나 각도에 대한 양감을 기르게 된다. 3학년에서 다룬 직각과 비교하는 활동을 통해 예각과 둔각을 구별하게 하고, 이는 분류 활동을

통해 지도할 수 있다. 각도를 어림하고 각도기로 재어 확인하는 활동을 통해 각도에 대한 양감을 기르고, 자연수의 덧셈, 뺄셈과 관련하여 각도의 합과 차를 구하는 것을 학습하게 된다. 이를 바탕으로 구체적인 조작 활동을 통해 삼각형과 사각형에서의 내각의 크기의 합을 알게 한다. 그분만 아니라 각도와 관련된 문제 해결과 탐구 학습도 함께 진행하여 각도에 대한 풍부한 경험을 지니고 관련 수학 교과 능력을 기를 수 있도록 지도한다.

이 단원에서 학습하는 각도는 『수학 4-2』에서 여러 가지 삼각형을 각의 크기를 기준으로 직각삼각형, 예각삼각형, 둔각삼각형으로 분류하는 활동 등 후속 학습의 중요한 기초가 되므로 다양한 조작 활동과 의사소통을 통해 체계적으로 지도해야 한다.

2. 본시 학습 목표
- 삼각형의 세 각의 크기의 합이 180도임을 알 수 있다.
- 삼각형의 세 각의 크기의 합이 180도가 되는 이유를 설명할 수 있다.

3. 주제의 지도 계획

주제명	차시	주요 학습 내용 및 활동
각도	7	각도의 합과 차는 얼마일까요
	8	삼각형의 세 각의 크기의 합은 얼마일까요
	9	사각형의 네 각의 크기의 합은 얼마일까요

2023학년도 초등학교 교사 임용후보자 선정경쟁 제2차 시험

반성적 성찰 질문

※ 다음 문제를 읽고, 5분 이내에 답변하시오.

1. 학생들이 어떤 구체적인 조작 활동을 통해 학습 목표에 도달했는지 설명하시오.

2. 선생님의 수업에서 학생 개별 맞춤형 수업이 어떻게 드러났는지 설명하시오.

2023학년도 초등학교 교사 임용후보자 선정경쟁 제2차 시험

수업 실연 문제지

관리 번호 (   ) 성명 (   )

【수업 실연 문제】

본 수업에서는 3학년을 지도하고자 합니다. 아래에 제시된 활동 장면과 〈수업실연 조건〉, 〈수업실연 환경〉을 바탕으로 수업을 실연하시오.

수업 실연 조건
1. 성취기준을 바탕으로 수업자의 의도를 설명하시오. (1분 이내)
2. 도입-전개까지 수업하시오.
3. 학생 간 협력이 일어나도록 수업하시오.
4. 수업 중 자리에서 일어나 돌아다니는 학생이 있다고 가정하고 수업하시오.
5. 학생의 확산적 사고를 유발하는 발문 2가지 이상을 포함하시오.
6. 과정중심평가를 반영하여 수업하시오.
7. 그래프를 읽는 방법을 학습하는 과정이 드러나도록 실연하시오.

수업 실연 환경
1. 수업 실연 교실에는 25명의 학생이 앉아 있다고 가정하고 실연합니다.
2. 단원명, 학습 목표 및 활동 내용 등은 칠판에 게시되어 있다고 가정하고 판서는 생략합니다.
3. 학생과의 언어적·비언어적 의사소통은 학생들의 반응을 가정하여 실연합니다.
4. 교수·학습 활동에 필요한 기자재는 구비되어 있다고 가정하여 실연합니다.

1. **주제 개관**: 사회 3-2. 환경에 따라 다른 삶의 모습

  이 단원은 환경에 따라 달라지는 고장의 생활 모습을 탐구해 고장 사람들의 생활 모습이 서로 다름을 이해하려고 설정되었다. 이를 위해 고장의 자연환경과 인문 환경의 특징을 살펴보고, 고장 간의 의식주 생활 모습을 비교함으로써 환경의 차이에 따른 다양한 생활 모습을 탐구하도록 한다. 따라서 고장의 자연환경, 인문 환경과 생활 모습 간의 관계나 고장마다 서로 다른 생활 모습의 차이 등을 조사해 환경에 따른 인간 생활의 다양성을 탐구하는 데 주안점을 둔다.

  첫 번째 주제에서는 고장의 여러 자연환경과 인문 환경을 살펴봄으로써 고장의 지리적 특성을 파악하고, 그것이 주민의 생산과 여가 생활 등에 미치는 영향을 탐구하도록 한다. 이를 위해 우리 고장의 지형, 기후 등의 자연환경과 인문 환경에 따른 고장 사람들의 생활 모습을 알아보는 활동으로 전개한다.

두 번째 주제에서는 의식주 생활 문화를 소재로 우리 고장과 다른 고장의 환경에 따른 생활 모습의 다양성을 탐구하도록 한다. 이를 위해 의식주 생활 모습을 비교하고 환경에 따른 다양한 생활 모습을 여러 가지 방법으로 나타내는 활동으로 구성했다.

2. 본시 학습 목표
계절에 따른 고장 사람들의 생활 모습을 알아봅시다.

3. 주제의 지도 계획

주제명	차시	주요 학습 내용 및 활동
환경에 따라 다른 삶의 모습	3	땅의 생김새에 따른 우리 고장 사람들의 생활 모습 알아보기
	4 (본시)	계절에 따른 우리 고장 사람들의 생활 모습 살펴보기
	5~6	우리 고장 사람들이 하는 일 살펴보기

2023학년도 초등학교 교사 임용후보자 선정경쟁 제2차 시험

반성적 성찰 질문

※ 다음 문제를 읽고, 5분 이내에 답변하시오.

1. 본 수업에서 학생 간 협력을 증진하기 위해 실시한 활동을 말하고 해당 활동이 학생들에게 미친 긍정적 영향에 대해 설명하시오.

2. 본 수업으로 수업 나눔을 한다면 학생의 확산적 사고를 유발하는 발문에 대해 어떤 점을 이야기하고 싶은지 두 가지 말하시오.

연습 문제 18

2023학년도 초등학교 교사 임용후보자 선정경쟁 제2차 시험

수업 실연 문제지

관리 번호 (   ) 성명 (   )

【수업 실연 문제】

본 수업에서는 2학년을 지도하고자 합니다. 아래에 제시된 활동 장면과 〈수업실연 조건〉, 〈수업실연 환경〉을 바탕으로 수업을 실연하시오.

수업 실연 조건
1. 도입부터 전개까지 실연하시오.
2. 배움이 즐거운 놀이 중심의 활동이 드러나도록 수업을 구상하시오.
3. 학생들이 개념을 이해하도록 구체적 조작 활동을 포함하여 수업하시오.
4. 수학 부진 학생에 대한 지도 방안을 포함하여 수업하시오.
5. 교사와 학생, 학생과 학생 간 소통이 활발하게 이루어지도록 수업하시오.
6. 협력 중심의 수업이 되도록 수업하시오.

수업 실연 환경
1. 수업 실연 교실에는 23명의 학생이 앉아 있다고 가정하고 실연합니다.
2. 단원명, 학습 목표 및 활동 내용 등은 칠판에 제시되어 있다고 가정하고 판서는 생략합니다.
3. 학생과의 언어적·비언어적 의사소통은 학생들의 반응을 가정하여 실연합니다.
4. 교수·학습 활동에 필요한 기자재는 구비되어 있다고 가정하여 실연합니다.

1. 단원 개관 : 수학 2-1 3. 덧셈과 뺄셈

일상생활에서 덧셈과 뺄셈을 이용할 문제 상황은 아주 많다. 친구와 내가 모은 칭찬 붙임딱지 수의 합이나, 지난주와 이번 주에 읽은 책 수의 합, 우리 반 남학생 수와 여학생 수의 합, 가지고 있는 사탕 수에서 친구에게 주고 남은 사탕 수, 줄넘기를 가장 많이 넘은 친구와 가장 적게 넘은 친구의 줄넘기 횟수의 차 등 덧셈과 뺄셈이 필요한 상황을 자주 접하게 된다. 이러한 현실 상황에서의 문제를 해결하기 위해서 덧셈과 뺄셈의 의미는 물론 덧셈과 뺄셈의 해결 방법을 알 필요가 있으며, 이를 알고리즘에 의한 해결 방법뿐만 아니라 여러 가지 방법을 이용하여 해결할 수 있도록 하는 것 또한 중요하다. 이에 이 단원은 덧셈과 뺄셈 상황에서 계산하는 방법을 알아야 할 필요성을 느끼고 알고리즘에 의한 방법을 인지한 후 이를 일상생활에서 유용하게 사용할 수 있도록 설정하였다.

이 단원에서는 1학년 과정에서 한 자리 수의 덧셈과 뺄셈, 두 자리 수의 범위에서 받아올림과 받아내림이 없는 덧셈과 뺄셈을 학습한 경험을 바탕으로 받아올림과 받아내림이 있는 (두 자리 수)±(한

자리 수), (두 자리 수)±(두 자리 수)의 계산 원리를 이해하고 계산 형식과 관계를 익혀 여러 가지 방법으로 계산해 보며 세 수의 혼합 계산과 일상생활에서 접하는 문제 상황을 해결하도록 한다.

또한 어떤 수를 □로 나타내고 이를 포함하는 간단한 덧셈식, 뺄셈식에서 □의 값을 구해 보는 경험을 하게 된다. 이 단원의 도입 소재는 2학년 학생들에게 친숙한 동물원 현장 체험 학습이다. 동물원을 체험 학습하는 과정에서 동물 수나 생태, 보호해야 할 동물과 동물원에서 일하는 사육사, 해설사, 수의사 등 다양한 직업도 더불어 이해할 수 있도록 하였다.

[출처: 수학 2-1 지도서 3. 덧셈과 뺄셈]

2. 본시 학습 목표
받아내림이 있는 (몇십)-(몇십몇)의 계산 원리를 알고 계산할 수 있다.

3. 단원의 지도 계획

단원	차시	주요 학습 내용 및 활동
3. 덧셈과 뺄셈	6	뺄셈을 해 볼까요(1) 받아내림이 있는 (두 자리 수)-(한 자리 수)의 계산 원리를 이해한다.
	7 (본시)	뺄셈을 해 볼까요(2) 받아내림이 있는 (몇십)-(몇십몇)의 계산 원리를 이해한다.
	8	뺄셈을 해 볼까요(3) 받아내림이 있는 (두 자리 수)-(두 자리 수)의 계산 원리를 이해한다.

4. 본 차시 내용
- 곰 인형의 수 알아보기
- 40-25의 계산 방법 알아보기
- (몇십)-(몇십몇) 익히기

2023학년도 초등학교 교사 임용후보자 선정경쟁 제2차 시험

반성적 성찰 질문

※ 다음 문제를 읽고, 5분 이내에 답변하시오.

1. 저학년 학생들이 수학에 흥미를 느낄 수 있도록 어떤 놀이 활동으로 수업을 진행하였는지 설명하시오.

2. 학생들이 본시 학습 목표에 도달하기 위해 수업에서 활용한 구체적 조작 활동에 대해 설명하고, 이 활동의 효과 한 가지를 이야기하세요.

3. 수학 부진 학생이 학습 목표에 도달하도록 지도한 방법을 설명하시오.

연습 문제 19

2023학년도 초등학교 교사 임용후보자 선정경쟁 제2차 시험

수업 실연 문제지

관리 번호 (   ) 성명 (   )

【수업 실연 문제】

본 수업에서는 6학년을 지도하고자 합니다. 아래에 제시된 활동 장면과 〈수업실연 조건〉, 〈수업실연 환경〉을 바탕으로 수업을 실연하시오.

수업 실연 조건
1. 수업 의도와 평가 계획에 관하여 1분 이내로 설명하시오. 2. 도입부터 정리까지 실연하시오. 3. 특정 학생만 발표하는 상황을 가정하고 수업하시오. 4. 수업 중 폭력적인 행동을 하는 학생에 대한 지도 방안을 포함하여 수업하시오. 5. 사회 문제에 대한 해결 계획을 학생들이 협력하여 수립하도록 수업하시오. 6. 과정 중심 평가를 반영하여 수업하시오. 7. 학생 참여형 수업이 되도록 수업하시오.

수업 실연 환경
1. 수업 실연 교실에는 24명의 학생이 앉아 있다고 가정하고 실연합니다. 2. 단원명, 학습 목표 및 활동 내용 등은 칠판에 게시되어 있다고 가정하고 판서는 생략합니다. 3. 학생과의 언어적·비언어적 의사소통은 학생들의 반응을 가정하여 실연합니다. 4. 교수·학습 활동에 필요한 기자재는 구비되어 있다고 가정하여 실연합니다.

1. 단원 개관 : 사회 6-1 2. 우리나라의 정치 발전

이 단원은 우리나라의 민주주의 발전 과정을 보며 시민 정치 참여의 중요성을 인식하고, 일상생활에서 민주주의의 의미와 원리를 파악하며 민주주의의 기본 원리를 실현하는 국가 기관의 역할을 탐구함으로써 우리나라의 정치 발전을 위해 노력하는 자세를 기르는 데 주안점을 두고 있다.

첫 번째 주제에서는 민주주의가 발전해 온 역사적 과정과 시민의 정치 참여 과정을 탐구하고 정치 참여의 중요성을 인식한다.

두 번째 주제에서는 생활 속에서 민주주의 사례를 보며 민주주의의 의미와 중요성을 파악하고 민주적 의사 결정 원리를 생활 속에서 실천하는 자세를 가진다.

세 번째 주제에서는 민주주의의 기본 원리에 대한 이해를 바탕으로 하여 국회, 정부, 법원 등 주요 국가 기관의 역할을 탐구한다.

[출처: 사회 6-1 지도서 2. 우리나라의 정치 발전]

2. 본시 학습 목표

오늘날 시민들이 사회 공동의 문제 해결에 참여하는 다양한 방식을 알아봅시다.

3. 단원의 지도 계획

단원	주제	차시	주요 학습 내용 및 활동
2. 우리나라의 정치 발전	민주주의의 발전과 시민 참여	6	6월 민주 항쟁 이후 민주화 과정 알아보기
		7-8 (본시)	오늘날 시민들이 사회 공동의 문제 해결에 참여하는 모습 알아보기
	일상생활과 민주주의	9-10	생활 속 사례에서 민주주의의 의미와 중요성 알아보기

4. 본 차시 내용

- 오늘날 사회 공동의 문제를 해결하는 다양한 방식 알아보기
- 오늘날 사회 공동의 문제를 해결하는 방식 정리하기
- 우리 주변의 공동의 문제를 해결하기 위한 참여 계획 세우기

2023학년도 초등학교 교사 임용후보자 선정경쟁 제2차 시험

반성적 성찰 질문

※ 다음 문제를 읽고, 5분 이내에 답변하시오.

1. 학습자 중심의 학습이 이루어지려면 학생들의 참여가 활발히 일어나는 활동을 중심으로 수업이 구성되어야 합니다. 본 수업에서 이와 같은 교육활동이 잘 드러난 부분을 설명하시오.

2. 본 수업에서 과정중심평가가 어떻게 이루어졌는지를 말하고 이에 대한 환류계획은 무엇인지 간단히 설명하시오.

3. 학생들이 공평한 발표 기회를 얻도록 본 수업에서 어떤 노력을 했는지 설명하시오.

연습 문제 20

2023학년도 초등학교 교사 임용후보자 선정경쟁 제2차 시험

수업 실연 문제지

관리 번호 (   ) 성명 (   )

【수업 실연 문제】

아래에 제시된 활동 장면과 〈수업 실연 조건〉, 〈수업 실연 환경〉을 바탕으로 수업을 실연하시오.

수업 실연 조건
1. 3학년 2학기 과학과와 도덕과를 통합하여 환경교육 및 생명존중교육이 이루어질 수 있도록 재구성한 총 13차시의 프로젝트 학습 중 10차시를 실연하시오. 2. '도입(학습 목표 제시, 동기 유발) - 전개 - 정리'로 구성되는 수업 활동 중 **'전개' 단계의 활동 2부터 정리** 부분을 실연하시오. 3. 관련 성취기준을 바탕으로 학생들의 배움이 일어날 수 있는 교육 활동을 구성하여 실연하시오. 4. 과정중심평가가 드러나도록 실연하시오. 5. 단원의 흐름을 고려한 차시 예고를 포함하여 실연하시오.

수업 실연 환경
1. 수업 실연 교실에는 25명의 학생이 앉아 있다고 가정하고 실연합니다. 2. 수업 자료와 기자재를 이용할 수 있는 교실 상황을 가정하고 실연합니다. 3. 단원명, 학습 목표 및 활동 내용 등은 칠판에 게시되어 있다고 가정하고 실연합니다. 4. 학생과의 언어적·비언어적 의사소통은 학생들의 반응을 가정하여 실연합니다.

1. 관련 성취기준

[4도04-01]	생명의 소중함을 이해하고 인간 생명과 환경 문제에 관심을 가지며 인간 생명과 자연을 보호하려는 태도를 가진다. ①인간 생명이 소중한 이유는 무엇이고, 어떻게 하면 책임감 있게 인간 생명을 존중할 수 있을까? ②자연을 보호해야 하는 이유와 방법은 무엇이고, 어떻게 하면 자연과의 유대감을 가질 수 있을까?
[4과03-02]	동물의 생김새와 생활 방식이 환경과 관련되어 있음을 설명할 수 있다.

2. 프로젝트 학습 계획

프로젝트 주제	차시	주요 학습 내용
동물 지킴이 우리반	9	특수한 환경에서 사는 동물과 그 서식지의 특성 알아보기
	10 (본시)	생존을 위협받는 동물들을 알아보고 지켜줄 수 있는 방법 찾아보기
	11~12	동물 보호를 위해 우리가 할 수 있는 실천 목록 만들기

3. 활동 1에서 사용한 수업 자료

- 코로나-19 유행기간 동안 버려진 마스크에 부리와 발이 얽힌 새들의 모습
- 하천의 오염으로 살 곳을 잃은 수달
- 지구 온난화로 멸종위기에 처한 남극의 황제펭귄

초등학교 교사 임용후보자 선정경쟁 제2차 시험

반성적 성찰 질문

※ 다음 문제를 읽고, 5분 이내에 답변하시오.

1. 본인의 수업실연에서 환경교육과 생명존중교육을 어떻게 포함하였는지 설명하시오.

2. 학생들의 배움을 위해 어떤 교육 활동을 구성했는지 설명하고, 그 교육적 효과에 대해 논하시오.

2023학년도 초등학교 교사 임용후보자 선정경쟁 제2차 시험

수업 실연 문제지

관리 번호 (   ) 성명 (   )

【수업 실연 문제】

아래에 제시된 활동 장면과 〈수업 실연 조건〉, 〈수업 실연 환경〉을 바탕으로 수업을 실연하시오.

수업 실연 조건
1. 학생들의 실생활 경험과 관련된 소재를 사용하여 동기유발 하시오.
2. 도입부터 전개까지 실연하시오.
3. 수학 교과의 기초가 부족한 일부 학생을 고려하여 수업을 설계하시오.
4. 확산적 발문을 전개 단계에서 3개 이상 포함하여 수업을 실연하시오.
5. 수업의 각 단계별로 과정 중심 평가가 드러나도록 지도하시오.

수업 실연 환경
1. 수업 실연 교실에는 6학년 학생 26명이 앉아 있다고 가정하고 실연합니다.
2. 수업 자료와 기자재를 이용할 수 있는 교실 상황을 가정하고 실연합니다.
3. 단원명, 학습 목표 및 활동 내용 등은 칠판에 게시되어 있다고 가정하고 판서는 생략합니다.
4. 학생과의 언어적·비언어적 의사소통은 학생들의 반응을 가정하여 실연합니다.

1. 단원 개관 : 수학 6-2 4. 비례식과 비례배분

 이 단원에서는 『수학 6-1』에서 배운 비와 비율을 바탕으로 두 수의 비에서 전항과 후항에 0이 아닌 같은 수를 곱하거나 전항과 후항을 0이 아닌 같은 수로 나누어도 비율이 같다는 비의 성질을 발견하게 한다. 이를 이용하여 비를 간단한 자연수의 비로 나타내어 보는 활동을 전개한다. 이어서 비율이 같은 두 비를 나타낸 비례식을 도입한다. 또한 비례식에서 외항의 곱과 내항의 곱이 같다는 비례식의 성질을 발견하고 이를 활용하여 실생활 문제를 해결하게 한다. 나아가 전체를 주어진 비로 배분하는 비례배분을 이해하고 이를 활용하여 생활 속에서 비례배분이 적용되는 문제를 해결함으로써 수학의 유용성을 경험하고 문제 해결, 추론, 창의융합, 의사소통, 정보처리, 태도 및 실천 능력을 기르게 한다.
 이 단원에서 학습하는 비례식과 비례배분은 지나치게 형식적 계산 방법에 의존하는 대신에 학생들이 직관적으로 개념을 파악할 수 있도록 적절한 시각적 표현을 통해 지도할 필요가 있으며, 다양한 비례 추론 전략을 활용하여 학생들이 비례식과 비례배분에 대한 개념을 이해하고 비례추론 능력을 기를 수 있도록 지도해야 한다.

[출처: 수학 6-2 지도서 4. 비례식과 비례배분]

2. 본시 학습 목표

비례배분의 의미를 알고 주어진 양을 비례배분할 수 있다.

3. 주제의 지도 계획

단원명	차시	수업 내용 및 활동
4. 비례식과 비례배분	6	비례식을 이용하여 여러 가지 문제를 해결하게 한다.
	7 (본시)	비례배분의 의미를 이해하고 주어진 양을 비례배분하게 한다.
	8	비례배분을 이용하여 여러 가지 문제를 해결한 후 바르게 해결했는지 확인해보게 한다.

4. 교과서 내용

- 비례배분이 필요한 상황 이해하기
- 비례배분 하는 방법 알아보기
- 비례배분 문제 해결하기
- 비례배분 문제 해결 방법 비교하기

2023학년도 초등학교 교사 임용후보자 선정경쟁 제2차 시험

반성적 성찰 질문

※ 다음 문제를 읽고, 5분 이내에 답변하시오.

1. 선생님의 수업에서 학습자의 학습이 효과적으로 이루어졌다고 생각한 부분과 아쉬웠던 부분을 각각 설명하고, 아쉬웠던 점은 어떻게 보완할 수 있을지 설명하시오.

2. 수학 교과의 기초가 부족한 일부 학생들을 위해 어떻게 수업을 구성하였는지, 그리고 그것이 어떻게 학생들의 수업 내용 이해 및 학력 증진에 도움이 되는지 설명하시오.

연습 문제 22

2023학년도 초등학교 교사 임용후보자 선정경쟁 제2차 시험

수업 실연 문제지

관리 번호 (　　　　　) 성명 (　　　　　)

【수업 실연 문제】

아래에 제시된 활동 장면과 〈수업 실연 조건〉, 〈수업 실연 환경〉을 바탕으로 수업을 실연하시오.

수업 실연 조건
1. 수업자의 의도 및 수업 방향을 간단히 소개합니다. 2. 도입부터 전개까지 실연하되 본시가 연속차시임을 감안하여 7차시 부분만 실연하시오. 3. 발표에 소극적인 학생들에 대한 지도를 포함하시오. 4. 타인의 말에 끼어들어 말하는 습관이 있는 학생에 대한 지도를 포함하시오. 5. 학생들이 친근하게 느낄 수 있는 내용의 자료를 활용하여 동기유발 하시오. 6. 교사와 학생, 학생과 학생 간의 의사소통이 활발한 수업을 계획하시오.

수업 실연 환경
1. 수업 실연 교실에는 21명의 학생이 앉아있다고 가정하고 실연합니다. 2. 수업자료와 기자재를 이용할 수 있는 교실상황을 가정하고 실연합니다. 3. 단원명, 학습 목표 및 활동 내용 등은 칠판에 게시되어 있다고 가정하고 판서는 생략합니다. 4. 학생과의 언어적·비언어적 의사소통은 학생들의 반응을 가정하여 실연합니다.

1. 단원 개관: 국어 2-2 2.인상 깊었던 일을 써요

　이 단원은 학생들이 초보적인 서사 표현에 쉽고 재미있게 접근해 쓰기 능력을 기를 수 있도록 설정했다. 1학년에서는 인물이나 자신이 '겪은 일'을 말하거나 써 보는 활동에 초점을 두었다면, 2학년에서는 인물이나 자신이 겪은 일 가운데에서 '인상 깊었던 일'이 어떤 것인지 알아보고 글로 쓰는 활동에 초점을 두고자 한다. 이를 위해 과정 중심 글쓰기 전략을 적용했다. 쓰기 전, 쓰기 중, 쓰기 후의 과정을 '인상 깊은 일이 어떤 것인지 알기→글감 고르고 쓸 내용 떠올리기→겪은 일을 차례대로 정리하기→글로 쓸 내용을 생각이나 느낌이 드러나게 말하기→인상 깊었던 일을 생각이나 느낌이 잘 드러나게 글로 쓰기→고치고 다듬기→출판하고 평가하기'로 구성했다.

　이 단원의 학습을 통해 학생들은 겪은 일을 단순하게 등가적으로 나열하는 것에서 벗어나 인상적인 일을 중심으로 입체화하고 재구성해 말하거나 쓰는 서사 능력을 기를 수 있을 것이다. 아울러 글쓰기에 대한 부담을 덜고 글감을 쉽게 마련해 겪은 일과 인상 깊었던 일을 재미있게 표현함으로써 '쓰기'가 자기 자신을 표현하는 한 가지 방법임을 깨닫게 될 것이다. (후략)

[출처: 국어 2-2 지도서 2. 인상 깊었던 일을 써요]

2. 본시 학습 목표
인상 깊었던 일을 생각이나 느낌이 잘 드러나게 글로 쓸 수 있다.

3. 단원의 지도 계획

단원명	차시	수업 내용 및 활동
2. 인상 깊었던 일을 써요	5~6	인상 깊었던 일을 떠올리며 겪은 일을 차례대로 정리하기
	7~8	인상 깊었던 일을 생각이나 느낌이 잘 드러나게 글로 쓰기
	9~10	인상 깊었던 일을 쓴 글로 책 만들기

4. 본시 교과서 내용 (7~8차시)
- 동기유발
- 겪은 일의 차례 말하기
- 글쓰기
- 친구와 바꾸어 읽기
- 고쳐쓰기
- 정리 및 확인

2023학년도 초등학교 교사 임용후보자 선정경쟁 제2차 시험

반성적 성찰 질문

※ 다음 문제를 읽고, 5분 이내에 답변하시오.

1. 발표에 소극적인 학생을 어떻게 고려하여 지도하였는지 설명하고, 다시 수업을 하게 된다면 어떤 점을 추가로 고려하면 좋을지 말하시오.

2. 학생들이 친근감을 느낄 수 있는 자료를 어떻게 구성하였는지 설명하고, 이것이 미치는 교육적 효과에 대해 논하시오.

2023학년도 초등학교 교사 임용후보자 선정경쟁 제2차 시험

수업 실연 문제지

관리 번호 (   ) 성명 (   )

【수업 실연 문제】

아래에 제시된 활동 장면과 〈수업 실연 조건〉, 〈수업 실연 환경〉을 바탕으로 수업을 실연하시오.

수업 실연 조건
1. 수업자의 의도 및 수업의 주안점 등을 간단히 소개하시오. (약 1분) 2. 도입부터 전개까지 실연하시오. 3. 사회 수업에 흥미를 갖지 않는 다수의 학생에 대한 지도를 포함하여 실연하시오. 4. 수업 내용과 관련 없는 내용을 계속해서 말하는 학생에 대한 지도를 포함하시오. 5. 확산적 발문을 전개 단계에서 3개 이상 포함하여 실연하시오. 6. 학생들의 활발한 상호작용이 이루어질 수 있는 학습활동을 구상하여 실연하시오.

수업 실연 환경
1. 수업 실연 교실에는 29명의 학생이 앉아있다고 가정하고 실연합니다. 2. 수업자료와 기자재를 이용할 수 있는 교실상황을 가정하고 실연합니다. 3. 단원명, 학습 목표 및 활동 내용 등은 칠판에 게시되어 있다고 가정하고 판서는 생략합니다. 4. 학생과의 언어적·비언어적 의사소통은 학생들의 반응을 가정하여 실연합니다.

1. 주제의 개관: 사회 3-1. 교통과 통신 수단의 변화

이 주제는 옛날과 오늘날의 교통수단의 발달 과정을 알아보고, 교통수단의 발달로 우리 생활 모습이 어떻게 변화했는지를 학습하는 것에 주안점이 있다. 교통수단은 사람들 간에 교류를 맺는 중요한 수단이다. 교통수단은 사람과 물건들을 다른 고장으로 이동시키고 사람들의 교류를 촉진해 협력 관계를 맺게 한다. 이 주제는 모두 6차시로 구성된다. 2차시에서는 옛날 사람들이 교통수단을 이용했던 모습을 알아보고, 3차시에서는 오늘날 사람들이 교통수단을 이용하는 모습을 살펴본다. 4~5차시에서는 교통수단의 발달로 달라진 사람들의 생활 모습을 알아보고, 6차시에는 고장 환경에 따라 사람들이 교통수단을 이용하는 모습을 살펴본다. 마지막 7차시에는 교통수단이 발달하면서 미래의 생활 모습이 어떻게 달라질지 예상해본다.

2. 본 차시 학습 목표

옛날 사람들이 교통수단을 이용했던 모습을 설명할 수 있다.

3. 주제 지도 계획

주제명	차시	수업 내용 및 활동
교통수단의 발달과 생활 모습의 변화	1	단원 학습 내용 예상하기
	2	옛날 사람들이 교통수단을 이용했던 모습 알아보기 (본시)
	3	오늘날 사람들이 교통수단을 이용하는 모습 알아보기

2023학년도 초등학교 교사 임용후보자 선정경쟁 제2차 시험

반성적 성찰 질문

※ 다음 문제를 읽고, 5분 이내에 답변하시오.

1. 선생님의 수업에서 수업 내용에 흥미를 갖지 않는 학생들을 위해 어떻게 수업을 구성하였는지 설명하고 그 과정에서 잘했다고 생각하는 점과 아쉽다고 생각하는 점을 논하시오.

2. 수업에서 학생들의 활발한 상호작용을 위해 어떻게 활동을 구성하였는지 설명하시오.

연습 문제 24

2023학년도 초등학교 교사 임용후보자 선정경쟁 제2차 시험

수업 실연 문제지

관리 번호 (   ) 성명 (   )

【수업 실연 문제】

아래에 제시된 활동 장면과 〈수업 실연 조건〉, 〈수업 실연 환경〉을 바탕으로 수업을 실연하시오.

수업 실연 조건
1. 수업 실연 시 전개부터 정리 단계를 실연하시오. 2. 전개 단계에서 확산적 발문을 2개 이상 포함하여 실연하시오. 3. ADHD 학생에 대한 지도를 포함하시오. 4. 이전 차시에서 사용된 수업 자료인 '동물 카드'를 활용하여 실연하시오. 5. 학생들의 과학적 탐구 능력과 과학적 사고력을 함양할 수 있는 활동을 구성하시오. 6. 모둠 활동 가운데 다툼이 발생한 모둠에 대한 지도를 포함하시오.

수업 실연 환경
1. 수업 실연 교실에는 25명의 학생이 모둠별로 앉아 있다고 가정하고 실연합니다. 2. 수업 자료와 기자재를 이용할 수 있는 교실 상황을 가정하고 실연합니다. 3. 단원명, 학습 목표 및 활동 내용 등은 칠판에 게시되어 있다고 가정하고 판서는 생략합니다. 4. 학생과의 언어적·비언어적 의사소통은 학생들의 반응을 가정하여 실연합니다.

1. 주제의 학습 계열

선수 학습

3~4학년군 동물의 한 살이

본 주제 학습

3~4학년군 동물의 생활

후속 학습

5~6학년군 생물과 환경

2. 주제의 지도 계획

주제명	차시	차시명	학습 목표
동물의 생활	2~3	주변에는 어떤 동물이 살까요?	• 주변에서 사는 동물을 관찰하고 특징을 말할 수 있다. • 주변에서 다양한 동물이 살고 있음을 알고, 동물을 소중히 여기는 마음을 지닌다.
	4 (본시)	동물을 어떤 특징으로 분류할 수 있을까요?	• 여러 가지 동물을 관찰하고 분류할 수 있는 기준을 세울 수 있다. • 동물을 특징에 따라 분류할 수 있다.
	5	땅에는 어떤 동물이 살까요?	• 땅에서 사는 동물의 특징을 설명할 수 있다. • 땅에서 사는 작은 동물을 자세하게 관찰하고 생김새와 움직임을 말할 수 있다.

3. 사용 가능한 기자재 및 자료

컴퓨터, tv, 인터넷, 실물 화상기, 교사용 태블릿 PC 등 다양한 교수학습 매체, 이전 과학 시간에 사용한 동물 카드(닭, 다람쥐, 개, 메뚜기 등 10여 종의 동물들이 제시되어 있음)

2023학년도 초등학교 교사 임용후보자 선정경쟁 제2차 시험

반성적 성찰 질문

※ 다음 문제를 읽고, 5분 이내에 답변하시오.

1. 본인의 수업에서 잘했다고 생각하는 점과 아쉽다고 생각하는 점을 말하시오.

2. 학생들의 과학적 탐구 능력과 과학적 사고력을 함양하기 위해 활동 구성 시 어떤 점을 고려했는지 설명하시오.

3. 본 수업에서 ADHD 학생과 다툼이 발생한 모둠을 지도한 방법과 그 이유를 각각 설명하시오.

2023학년도 초등학교 교사 임용후보자 선정경쟁 제2차 시험

수업 실연 문제지

관리 번호 (   ) 성명 (   )

【수업 실연 문제】

본 수업에서는 4학년 2학기 과학과에서 [5. 물의 여행] 중 5차시 〈물부족 현상을 어떻게 해결할까요?〉를 4학년 2학기 국어과와 통합하여 지도하고자 합니다. 아래에 제시된 활동 장면과 〈수업 실연 조건〉, 〈수업 실연 환경〉을 바탕으로 수업을 실연하시오.

수업 실연 조건
1. 국어 교과와 통합하여 재구성된 수업의 전개 부분만 실연합니다. 2. 전개 단계에서 확산적 발문을 2개 이상 포함하시오. 3. 과학과와 국어과의 성취기준을 달성할 수 있는 수업을 계획하여 실연하시오. 4. 물 부족 현상이 발생하는 원인과 물 부족 현상을 해결할 방법을 조사하는 것은 전시에서 학생들에게 과제로 제공하였다고 가정하고 실연하시오. 5. 조사 활동을 제대로 해오지 않은 학생에 대한 지도를 포함하시오. 6. 생태 교육이 이루어질 수 있도록 수업을 계획하시오. 7. 과정중심평가를 포함하여 실연하시오.

수업 실연 환경
1. 수업 실연 교실에는 25명의 학생이 모둠별로 앉아 있다고 가정하고 실연합니다. 2. 수업 자료와 기자재를 이용할 수 있는 교실 상황을 가정하고 실연합니다. 3. 단원명, 학습 목표 및 활동 내용 등은 칠판에 게시되어 있다고 가정하고 판서는 생략합니다. 4. 학생과의 언어적·비언어적 의사소통은 학생들의 반응을 가정하여 실연합니다.

1. 본시 학습 목표
- 물 부족 현상을 해결하기 위한 창의적인 방법을 조사할 수 있다.
- 우리 생활에서 물 부족 현상을 해결하기 위해 실천할 수 있는 방법을 토의할 수 있다.

2. 재구성된 차시 계획

주제명	차시	수업 내용 및 활동
물의 여행	4	물이 우리 생활에서 어떻게 사용되는지 알아보기 * 과제: 물 부족 현상의 원인, 물 부족 현상을 해결할 방법 조사하기
	5 (본시)	물 부족 현상을 어떻게 해결하는지 생각해보고 우리 모두의 실천을 위한 제안하는 글쓰기 (국어 통합)
	6~7	물의 순환을 이용해 물 모으는 장치 설계하기 (미술 통합)

3. 관련 성취기준

[4과17-02]	물의 중요성을 알고 물부족 현상을 해결하기 위해 창의적 방법을 활용한 사례를 조사할 수 있다.
[4국03-03]	관심 있는 주제에 대해 자신의 의견이 드러나게 글을 쓴다.

2023학년도 초등학교 교사 임용후보자 선정경쟁 제2차 시험

반성적 성찰 질문

※ 다음 문제를 읽고, 5분 이내에 답변하시오.

1. 본인의 수업에서 교과 통합이 어떻게 이루어졌는지 설명하고, 더 나은 수업을 만들기 위해 개선해야 할 점을 논하시오.

2. 본인의 수업에서 생태 교육이 이루어지도록 고려한 부분은 무엇이었는지 설명하시오.

3. 수업 중에 이루어진 과정중심평가와 이에 대한 환류계획을 설명하시오.

연습 문제 26

2023학년도 초등학교 교사 임용후보자 선정경쟁 제2차 시험

수업 실연 문제지

관리 번호 (   ) 성명 (   )

【수업 실연 문제】

아래에 제시된 활동 장면과 〈수업 실연 조건〉, 〈수업 실연 환경〉을 바탕으로 수업을 실연하시오.

수업 실연 조건
1. 수업자의 의도 및 수업 방향 등을 간단히 소개합니다. (1분 정도)
2. 전체 수업에서 전개 부분을 실연합니다.
3. 수학과의 추론 역량을 신장할 수 있는 수업을 계획하여 실연합니다.
4. 수업 내용이 이해가 되지 않는다며 수업에 집중하지 않고 있는 학생에 대한 지도를 포함하시오.
5. 학생의 수준에 맞는 발화를 하시오.
6. 학생들의 창의적인 답변에 대한 피드백을 제시하시오.
7. 과정중심평가를 실시하시오.

수업 실연 환경
1. 수업 실연 교실에는 31명의 학생이 앉아 있다고 가정하고 실연합니다.
2. 수업 자료로 주사위(0과 1의 눈만 있는 주사위, 일반 주사위)가 있다고 가정하고 실연합니다.
3. 단원명, 학습 목표 및 활동 내용 등은 칠판에 게시되어 있다고 가정하고 판서는 생략합니다.
4. 학생과의 언어적·비언어적 의사소통은 학생들의 반응을 가정하여 실연합니다.

1. 단원 개관: 수학 2-2 2.곱셈구구

 학생들은 일상생활에서 같은 수로 묶여 있거나 배열된 물건의 개수를 셀 때 곱셈을 사용한다. 학생들은 『수학 2-1』에서 구체물 조작을 통하여 동수누가, 뛰어 세기, 묶어 세기의 개념에 관련된 곱셈의 의미를 다루었다. 이 단원은 여러 자리 수 곱셈을 위한 기초로 곱셈구구를 다룬다. 한 자리수끼리의 곱셈은 대부분의 수학적 또는 현실적인 문제 상황에서 문제 해결의 기초가 되므로 곱셈구구의 원리를 이해하고 활용하는 것이 편리하다.

 이에 따라 이 단원에서는 이미 학습한 곱셈의 의미를 기초로 여러 가지 문제 상황에서 적절한 모델을 사용하여 학생들 스스로 곱셈구구의 구성 원리와 여러 가지 계산 방법을 탐구하여 2단에서 9단까지의 곱셈구구표를 만들어 보고, 1단 곱셈구구와 0과 어떤 수의 곱을 알아보도록 지도한다. 단순한 곱셈구구의 암기보다는 곱셈구구의 구성원리를 파악하는 데 중점을 두고 구체적 조작 활동을 통하여 이해하도록 한다.

 이를 기초로 곱셈구구표에서 여러 가지 규칙을 찾아보게 하고 일상생활의 구체적인 상황에 곱셈을

적용하여 문제를 해결하도록 한다.

[출처: 수학 2-2 교사용 지도서 2.곱셈구구]

2. 학습 목표
1단 곱셈구구를 이해하고 0×(어떤 수), (어떤 수)×0을 이해할 수 있다.

3. 차시 계획

단원명	차시	수업 내용 및 활동
2. 곱셈구구	8	• 놀이를 통해 곱셈구구를 익히게 한다.
	9 (본시)	• 1단 곱셈구구의 구성 원리를 이해하고 0과 어떤 수의 곱을 이해하게 한다. • 1단 곱셈구구와 0의 곱을 이용하여 문제를 해결하게 한다.
	10	• 곱셈표를 만들어 보고 이해하게 한다.

4. 교과서 내용
- 1단 곱셈구구를 알아보는 상황 제시하고 구성 원리 알아보기
- 1단 곱셈표 만들기
- 0과 어떤 수의 곱, 어떤 수와 0의 곱 알아보기
- 1과 0의 곱셈 계산하기

2023학년도 초등학교 교사 임용후보자 선정경쟁 제2차 시험

반성적 성찰 질문

※ 다음 문제를 읽고, 5분 이내에 답변하시오.

1. 학생들의 추론 역량 신장을 위해 어떤 점을 고려하였는지 설명하고 이에 대해 잘된 점과 아쉬운 점을 말하시오.

2. 학생의 수준에 맞는 발화를 하기 위해 어떤 점을 고려했는지 설명하시오.

3. 본인의 수업에서 과정중심평가가 어떻게 이루어졌는지 안내하고 본시 평가 결과를 어떻게 활용할 것인지 설명하시오.

2023학년도 초등학교 교사 임용후보자 선정경쟁 제2차 시험

수업 실연 문제지

관리 번호 (   ) 성명 (   )

【수업 실연 문제】

본 수업에서는 5~6학년군 실과 〈기술시스템〉 영역 내 성취기준과 5학년 수학 〈수와 연산〉 영역 내 성취기준을 통합한 프로젝트 수업 중 10차시의 내용을 실연한다. 아래 [수업 실연 조건]과 [수업 실연 환경]을 반영하여 수업을 구상하고 실연하시오.

수업 실연 조건
1. 수업의 목표 및 방향, 평가 방법 등을 포함한 수업자의 의도를 설명하시오.(1분 이내)
2. 총 16차시의 프로젝트 학습 중 10차시의 내용을 실연하시오. (차시 개관 참고)
3. 프로젝트를 통해 성취기준을 달성할 수 있도록 교사의 발문을 2가지 이상 실연하시오.
4. 학습 의욕이 없는 학습자에 대한 지도 방안을 실연하시오.
5. 학생 간 상호작용과 학생 간 과정중심평가가 드러나도록 실연하시오.
6. 도입-전개-정리까지 실연하시오.

수업 실연 환경
1. 수업 실연 교실에는 4명씩 5모둠, 5명씩 1모둠으로 앉아있다고 가정합니다.
2. 학습 목표 및 활동 내용 등은 칠판에 안내되어 있다고 가정, 판서 생략합니다.
3. 학생과의 언어적·비언어적 의사소통은 학생들의 반응을 가정하여 실연합니다.
4. 수업 자료와 기자재를 이용할 수 있는 교실 상황을 가정하고 실연합니다.

1. **프로젝트 주제 : 혼합계산 게임 프로그램 만들기**

본 프로젝트 수업은 실과 교과의 〈기술시스템〉 영역의 성취기준 [6실04-10]과 수학 교과 〈수와 연산〉 영역의 [6수01-01]의 성취기준을 통합한 융합 프로젝트 수업이다. 실과 교과의 프로그래밍 학습 내용은 5학년 또는 6학년에 혼재되어있는 경우가 많지만 학년군 내에서의 유연성을 반영하여 간단한 프로그래밍 방법을 익히도록 구성한다. 프로젝트의 주제는 '혼합계산 게임 프로그램 만들기'로, 학생들이 학습한 혼합계산의 기본 원리를 바탕으로 블록 기반의 프로그래밍(이하 엔트리)을 통해 혼합계산을 하는 프로그램을 만드는 것이 목표이다. 이를 위해서 먼저 수학 교과에서 자연수의 혼합계산을 학습한 뒤, 프로그래밍에 필요한 절차적 사고를 익히고, 엔트리 사용법에 대해 익힌다. 이론에 대해 익힌 후 모둠을 구성한 뒤 모둠별로 혼합계산 프로그램을 제작한다.

2. 교과 재구성 및 프로젝트 수업 개요

차시	교과	주요 학습 내용 및 활동
1차시	수학 실과	프로젝트 목적 및 주제 설정하기 - 프로젝트 주제와 목적 소개 - 프로젝트 수업 개요 소개 - 프로젝트를 위한 모둠 및 역할 편성
2~5차시	수학	자연수의 혼합계산 원리 익히기 - 덧셈, 뺄셈, 곱셈, 나눗셈의 계산 순서 익히기 - 자연수의 혼합계산 원리 이해하기
6차시	실과	절차적 문제 해결 이해하기 - 절차적 사고 및 문제 해결 방법 알아보기
7~9차시	실과	프로그래밍 도구 익히기 - 프로그래밍 도구(이하 엔트리) 기초 과정 체험 - 프로그래밍 도구로 간단한 프로그램 설계 및 배운 내용 적용하기
10차시	실과	프로젝트 계획하기 - 학습한 내용 이해도 확인 - 프로젝트를 위한 모둠별 계획 설계하기
11~14차시	실과 수학	프로젝트 실행하기 - 계획을 바탕으로 게임 설계하기
15차시	실과 수학	프로젝트 발표하기 - 모둠별 설계한 게임 발표하기
16차시	실과 수학	프로젝트 평가하기 - 모둠 간 평가 및 모둠 내 평가 - 프로젝트 학습 피드백

3. 관련 성취기준

[6수01-01]	덧셈, 뺄셈, 곱셈, 나눗셈의 혼합 계산에서 계산하는 순서를 알고, 혼합 계산을 할 수 있다.
[6실04-10]	자료를 입력하고 필요한 처리를 수행한 후 결과를 출력하는 단순한 프로그램을 설계한다.

2023학년도 초등학교 교사 임용후보자 선정경쟁 제2차 시험

반성적 성찰 질문

※ 다음 문제를 읽고, 5분 이내에 답변하시오.

1. 성취기준 달성을 위해 프로젝트 수업 중 수행한 발문 2가지를 말하고, 이에 대한 자기 평가를 수행하시오.

2. 교실 내 학습자들의 상호작용이 활발하게 이루어지도록 하기 위해 수행한 수업 방법을 논하고, 이 외에 어떤 방법을 활용할지 설명하시오.

3. 학습 의욕이 없는 학습자의 참여도를 높이기 위해 수행한 방안을 설명하시오.

연습 문제 28

2023학년도 초등학교 교사 임용후보자 선정경쟁 제2차 시험

수업 실연 문제지

관리 번호 (　　　　　) 성명 (　　　　　　)

【수업 실연 문제】

본 수업에서는 2학년을 지도하고자 합니다. 아래에 제시된 활동 장면과 〈수업 실연 조건〉, 〈수업 실연 환경〉을 바탕으로 수업을 실연하시오.

수업 실연 조건
1. 2015 개정 교육과정의 핵심역량을 함양할 수 있는 역량 중심 수업을 구상하시오.
2. 무기력한 학생에 대한 지도 방안을 실연하시오.
3. 학생의 발표 능력을 향상시키기 위한 피드백을 실연하시오.
4. 학생의 기본 생활 습관을 기를 수 있는 발문 또는 활동을 실연하시오.
5. 전개부터 정리까지 실연하시오.
6. 교실 내 구성원 간의 피드백이 활발하게 드러나도록 실연하시오.

수업 실연 환경
1. 수업 실연 교실에는 4명씩 5모둠, 3명씩 1모둠으로 앉아있다고 가정합니다.
2. 단원명, 학습 목표 및 활동 내용 등은 칠판에 안내되어 있다고 가정, 판서 생략합니다.
3. 학생과의 언어적·비언어적 의사소통은 학생들의 반응을 가정하여 실연합니다.
4. 수업 자료와 기자재를 이용할 수 있는 교실 상황을 가정하고 실연합니다.

1. 단원 개관 : 겨울 2-2 2. 겨울탐정대의 친구 찾기

'겨울 탐정대의 친구 찾기'는 '겨울나기, '겨울 방학'을 학습 주제로 한다. '겨울나기' 주제를 중심으로 동식물의 겨울나기에 대해 학습하고, 나의 겨울나기인 '겨울 방학'을 계획하며 겨울을 알차고 보람되게 보낼 수 있도록 지도한다.

'겨울 탐정대의 친구 찾기'는 ① 동식물의 겨울나기 모습을 살펴본 후 다양하게 표현하고, ② 겨울 방학에 하고 싶은 일과 해야 할 일을 계획하고, ③ 겨울을 건강하게 보낼 수 있는 놀이와 운동 등의 신체 활동을 하도록 구성하였다. ①은 동식물이 겨울을 어떻게 나는지를 살펴보고, 좋아하는 동물의 특성을 탐구하거나 흉내 내는 데 중점을 두었다. ②는 겨울에 하고 싶은 일, 해야 할 일을 조사한 후 겨울 방학 계획을 세워서 실천하는 데 중점을 두었다. ③은 겨울을 건강하게 날 수 있는 신체 활동을 하는 데 중점을 두었다.

[출처: 통합 2학년 겨울 지도서 2. 겨울 탐정대의 친구 찾기]

2. 차시 전개

차시	주요 학습 내용 및 활동
30~31차시	- 종이접기로 새 만들어서 날려보기 [2즐08-03] 동물 흉내 내기 놀이를 한다.
32차시	- 나는 겨울을 어떻게 보낼까 [2슬08-04] 겨울에 하고 싶은 일, 해야 할 일 등을 조사한다.
33~34차시	- 줄넘기 배우기 [2즐08-04] 건강한 겨울나기를 위해 규칙적으로 운동한다.

3. 관련 성취기준

[2슬08-04]   겨울에 하고 싶은 일, 해야 할 일 등을 조사한다.

4. 교과서 자료

- 겨울 방학 동안 할 수 있는 다양한 일 생각 및 조사하기
- 친구들 계획 조사하기
- 자신의 계획 수정하기

2023학년도 초등학교 교사 임용후보자 선정경쟁 제2차 시험

반성적 성찰 질문

※ 다음 문제를 읽고, 5분 이내에 답변하시오.

1. 역량 중심 교육과정을 실현하기 위해 어떤 핵심역량을 중심으로 수업을 구상하였는지 설명하고, 이를 위한 선생님의 수업 중 전략이 무엇이었는지 논하시오.

2. 발표 능력을 신장시키기 위한 선생님의 수업 전략이 적합하였는지 말하고 보완할 점을 말하시오.

3. 본시에서 선생님이 주되게 기르고자 했던 기본 생활 습관이 무엇이었는지 설명하고, 이를 위해 수행한 활동 또는 발문을 설명하시오.

2023학년도 초등학교 교사 임용후보자 선정경쟁 제2차 시험

수업 실연 문제지

관리 번호 (   ) 성명 (   )

【수업 실연 문제】

본 수업에서는 5학년을 지도하고자 합니다. 아래에 제시된 활동 장면과 〈수업실연 조건〉, 〈수업실연 환경〉을 바탕으로 수업을 실연하시오.

수업 실연 조건
1. 평균에 대한 오개념을 지닌 학생을 지도하는 방안을 실연하시오. 2. 2015 개정 수학과 교육과정 교과 역량 중 '정보 처리' 역량을 기를 수 있는 활동을 구상하시오. 3. 학생의 협력적 인성을 길러줄 수 있는 활동을 구상하시오. 4. 수업의 전 과정에서 학생들이 성취기준을 달성할 수 있도록 실연하시오. 5. 기초 연산 능력이 부족하여 어려움을 겪는 학생을 지도하는 방안을 실연하시오. 6. 도입부터 전개까지 실연하시오.

수업 실연 환경
1. 수업 실연 교실에는 4명씩 4모둠, 5명씩 1모둠으로 앉아있다고 가정합니다. 2. 단원명, 학습 목표 및 활동 내용 등은 칠판에 안내되어 있다고 가정, 판서 생략합니다. 3. 학생과의 언어적·비언어적 의사소통은 학생들의 반응을 가정하여 실연합니다. 4. 수업 자료와 기자재를 이용할 수 있는 교실 상황을 가정하고 실연합니다.

1. 단원 개관 : 5-2 6. 평균과 가능성

일상생활에서 접하는 많은 상황들에는 제시된 정보의 특성을 파악하고 그와 관련된 자료들을 수집하고 정리하며 해석하는 등 통계적 이해를 바탕으로 정보를 처리하고 문제를 해결해야 하는 경우가 포함되어 있다. 보다 합리적인 문제 해결 및 의사 결정을 위해서는 요구되는 자료를 수집·정리하고 효과적인 방법으로 표현하며 나아가 올바르게 해석하는 과정을 거쳐야 한다. 이 과정은 수집된 자료의 각 값들을 고르게 하여 자료의 대푯값을 정하는 평균에 대한 개념을 바탕으로 하고 있다. 이와 같은 평균의 개념은 주어진 자료들이 분포된 상태를 직관적으로 파악할 수 있도록 할 뿐만 아니라, 제시된 자료들을 통계적으로 분석하는 데 가장 기초가 되는 개념이며 확률 개념의 기초와도 관련이 있다. 한편 확률 개념은 중학교에서 다루지만, 확률 개념의 기초가 되는 '일이 일어날 가능성'은 초등학교에서 다룬다. 이처럼 '평균' 및 '일이 일어날 가능성'에 대한 개념은 통계적 이해를 위한 가장 기초적이고도 핵심적인 개념으로 중요성을 갖는다.

이 단원은 주어진 상황 및 자료들에서 대푯값으로서의 평균의 필요성을 느끼고 평균의 개념을 이해하도록 구성했을 뿐만 아니라, 다양한 조작 활동을 통해 평균을 구하는 방법을 학습하고 이를 활용하여 일상생활에 나타난 자료들의 평균을 구하고 평균을 통해 자료를 예측해 볼 수 있도록 했다. 또한 친근한 상황 및 일이 일어날 가능성이 직관적으로 파악되는 상황들에 대해 일이 일어날 가능성을 말과 수로 표현하고 비교할 수 있도록 함으로써 통계 및 확률의 기초 개념을 바탕으로 일상생활에서 접하는 자료들의 특징을 파악하고 효과적으로 활용하는 능력을 기르도록 구성했다.

[출처: 수학 5-2 지도서 6. 평균과 가능성]

2. 차시 전개

차시	주요 학습 내용 및 활동
4차시	- 평균을 여러 가지 방법으로 구할 수 있게 한다.
5차시	- 평균을 이용하여 여러 가지 문제를 해결할 수 있게 한다.
6차시	- 실생활 상황에서 일이 일어날 가능성을 말로 표현해 보게 한다.

3. 관련 성취기준

[6수05-01]   평균의 의미를 알고, 주어진 자료의 평균을 구할 수 있으며, 이를 활용할 수 있다.

4. 본시 학습 목표

평균을 이용하여 문제를 해결할 수 있다.

5. 교과서 자료

- 평균을 비교하여 독서왕 모둠 선정하기
- 평균을 이용하여 자료의 총합 구하기
- 평균을 이용하여 비어있는 자료값 구하기

2023학년도 초등학교 교사 임용후보자 선정경쟁 제2차 시험

반성적 성찰 질문

※ 다음 문제를 읽고, 5분 이내에 답변하시오.

1. 수업 중 학생이 가지고 있던 평균에 대한 오개념을 설명하고, 이를 어떻게 지도하였는지 설명하시오.

2. 수업 중 학생들의 '정보 처리' 역량을 기르기 위한 활동은 어떤 것이었는지 설명하고, 그 활동에 대한 수업 반성을 하시오.

연습 문제 30

2023학년도 초등학교 교사 임용후보자 선정경쟁 제2차 시험

수업 실연 문제지

관리 번호 (　　　　　) 성명 (　　　　　)

【수업 실연 문제】

본 수업에서는 6학년을 지도하고자 합니다. 아래에 제시된 활동 장면과 〈수업실연 조건〉, 〈수업실연 환경〉을 바탕으로 수업을 실연하시오.

수업 실연 조건
1. 총 7차시의 문제 기반 프로젝트 학습에서 5차시의 내용을 실연하시오. (차시 개관 참고)
2. 자신의 의견이 받아들여지지 않으면 부정적 반응을 하는 학생이 있다고 가정하고, 지도 방안에 대하여 실연하시오.
3. 2015 개정 사회과 교과 역량 중 '정보 활용 능력'을 함양할 수 있도록 수업을 구상하시오.
4. 토의 내용에 대한 구성원 간 피드백이 활발하게 이루어질 수 있도록 실연하시오.
5. 토의 내용에 대해 발표하기 꺼려하는 모둠에 대한 지도 방안을 실연하시오.
6. 학생들의 수행 과정을 평가하는 과정이 드러나도록 실연하시오.
7. 도입부터 정리까지 실연하시오.

수업 실연 환경
1. 수업 실연 교실에는 5명씩 5모둠으로 앉아있다고 가정합니다.
2. 단원명, 학습 목표 및 활동 내용 등은 칠판에 안내되어 있다고 가정, 판서는 생략합니다.
3. 학생과의 언어적·비언어적 의사소통은 학생들의 반응을 가정하여 실연합니다.
4. 수업 자료와 기자재를 이용할 수 있는 교실 상황을 가정하고 실연합니다.

1. 단원 개관 : 사회 6-2 2. 통일 한국의 미래와 지구촌의 평화

 이 단원은 변화하는 세계 속에서 우리나라의 고유 영토인 독도에 대한 영토 주권 의식을 기르고 남북통일을 이루려는 노력과 과제를 살펴보며 지구촌의 다양한 갈등 사례와 지속 가능한 미래를 건설하는 데 필요한 과제를 탐색함으로써 통일 한국의 미래를 구상하고 지구촌 평화를 위해 노력하는 세계 시민의 자세를 기르고자 설정되었다.

2. 주제 개관 : 지속 가능한 지구촌

 이 주제는 지구촌의 환경 문제 및 지속 가능한 미래를 건설하기 위해 해결해야 할 과제를 조사해 보고 이를 해결하기 위해 서로 협력해 노력하는 세계 시민의 자세를 기르는 데 중점을 둔다.

 이 주제의 15차시에서는 지구촌에서 심각하게 발생하고 있는 환경 문제를 인식한다. 16~17차시에

서는 지구촌 환경 문제를 해결하기 위해 다양한 노력이 이루어지고 있음을 이해하고 일상생활에서 실천하려는 자세를 함양할 수 있도록 한다. 18차시에서는 환경을 생각하는 생산과 소비 생활을 조사해 보고 생활 속에서 이를 직접 실천해 보려는 자세를 키운다. 19차시에서는 세계의 빈곤과 기아 문제를 살펴보고 이를 해결하기 위한 노력을 알아본다. 20차시에서는 문화적 편견과 차별이 어떻게 나타나고 있는지 조사해 보고 이를 해결할 수 있는 바른 자세를 생각해 본다. 21차시에서는 세계 시민의 역할과 책임을 이해하고 세계 시민으로서 지속 가능한 미래를 위해 적극적으로 참여하는 자세를 키울 수 있도록 한다.

[출처: 사회 6-2 지도서 2. 통일 한국의 미래와 지구촌의 평화]

3. 문제 기반 프로젝트 학습 주제

'환경 오염'의 문제를 중심으로 문제 기반 프로젝트 수업을 진행 (관련 성취기준을 중심으로 수업 구성)	
차시	주요 학습 내용 및 활동
1차시	지구촌 환경 문제 알아보기 - 프로젝트 학습 주제 소개 및 개요 안내 - 영역을 나누어 모둠별로 환경 문제 조사하기
2차시	모둠별 발표 - 조사 내용 발표 - 발표 내용 느낌 나누기
3차시	해결 방안 모색하기(1) - 환경 문제 해결을 위한 국가 및 세계의 노력 알아보기 - 환경 문제 해결을 위한 개인 및 기업의 노력 알아보기
4차시	해결 방안 모색하기(2) - 친환경적 생산 및 소비의 개념 알기 - 친환경적 생산 및 소비의 예시
5차시 (본시)	해결 방안 모색하기(3) - 환경 문제 해결을 위한 개인의 노력 모둠별 토의 - 환경 문제 해결을 위한 개인의 노력 토의 결과 발표
6차시	실천하기(1) - 환경 문제 해결을 위한 모둠별 방안 실천 계획 짜기 - 실천표, 캠페인 등 다양한 방법 활용하여 결과물 만들기
7차시	실천하기(2) - 환경 문제 해결을 위한 실천 결과 발표하기 - 프로젝트 피드백 및 정리하기
8차시	세계의 빈곤 및 기아 문제 알아보기

4. 관련 성취기준

[6사08-05]	지구촌의 주요 환경 문제를 조사하여 해결 방안을 탐색하고, 환경 문제 해결에 협력하는 세계 시민의 자세를 기른다.

2023학년도 초등학교 교사 임용후보자 선정경쟁 제2차 시험

반성적 성찰 질문

※ 다음 문제를 읽고, 5분 이내에 답변하시오.

1. 토의 중 발생한 어려움을 구체적으로 설명하고, 이를 지도하기 위해 수행했던 방안을 설명하시오.

2. 문제 기반 프로젝트 수업에서 교사의 역할을 설명하고, 본 수업에서 교사의 역할이 적절했는지 반성하시오.

3. 모둠 발표를 어려워하는 학생들에게 어떤 지도를 했는지 설명하시오.

2023학년도 초등학교 교사 임용후보자 선정경쟁 제2차 시험

수업 실연 문제지

관리 번호 (   ) 성명 (   )

【수업 실연 문제】

본 수업은 4학년 국어의 〈쓰기〉와 〈문법〉 영역을 통합한 수업이다. 아래에 제시된 활동 장면과 〈수업실연 조건〉, 〈수업실연 환경〉을 바탕으로 수업을 실연하시오.

수업 실연 조건
1. 학습 목표를 포함하여 수업자의 의도와 활동, 평가 계획을 설명하시오.(1분) 2. 쓰기와 문법 영역의 통합이 수업 내 자연스럽게 이루어져 두 영역의 성취기준을 달성할 수 있도록 수업을 구성하시오. 3. 전반적인 글쓰기 과정에서 과정 중심 쓰기의 내용이 드러나도록 실연하시오. 4. 글쓰기에 흥미를 느끼지 못하는 학생에 대한 지도 방안을 실연하시오. 5. 학생의 쓰기 결과물에 대한 구체적 피드백을 실연하시오. 6. 전개 단계를 실연하시오.

수업 실연 환경
1. 수업 실연 교실에는 4명씩 6모둠으로 앉아있다고 가정합니다. 2. 단원명, 학습 목표 및 활동 내용 등은 칠판에 안내되어 있다고 가정하고 판서는 생략합니다. 3. 학생과의 언어적·비언어적 의사소통은 학생들의 반응을 가정하여 실연합니다. 4. 수업 자료와 기자재를 이용할 수 있는 교실 상황을 가정하고 실연합니다.

1. 단원 개관 : 국어 4-2 5. 의견이 드러나게 글을 써요

이 단원은 문장의 짜임에 맞게 문장을 생성하는 능력을 바탕으로 하여 의견을 제시하는 글을 써서 자신의 생각을 표현하는 자료·정보 활용 능력을 기르는 것이 목적이다. 이 단원의 활동을 함으로써 학생들은 의견을 제시하는 글을 쓸 때 문장의 짜임에 맞게 문장을 쓰는 것이 필요함을 배운다. 학생들은 '누가/무엇이(주어부)'와 '무엇이다/어찌하다/어떠하다(서술어부)'를 바꾸며 문장을 확장하는 활동을 하고 문장의 짜임을 자연스럽게 익힌다. 이런 활동을 바탕으로 하여 학생들은 독자를 선정해 자신의 생각을 글로 쓸 때 까닭을 넣어 선조적이지 않고 회귀적인 글쓰기를 한다. 이는 자신의 생각을 글로 표현하는 모든 활동에 적용된다.

이 단원의 국어과 교과 역량은 '자료·정보 활용 역량'이다. 이 단원에서는 문장의 짜임에 맞게 적절한 까닭을 들어 주변 사람들에게 의견을 제시하는 글을 쓰고 정보를 나눔으로써 자료나 정보를 활용

한 문장 생성 능력을 함양하고자 한다.

[출처: 국어 4-2 5. 의견이 드러나게 글을 써요]

2. 차시 개요

차시	주요 학습 내용 및 활동
1~2차시	문장의 짜임에 맞게 말하기
3~4차시	문장의 짜임을 생각하며 의견 표현하기
5차시	자신의 의견을 제시하는 글쓰기 (1) - 의견을 제시하는 글 읽고 글쓴이의 의견 찾기 - 의견을 제시하는 글 쓰는 방법 알아보기
6차시 (본시)	자신의 의견을 제시하는 글쓰기 (2) - 의견을 제시하는 상황 떠올리기 - 의견을 제시하는 글을 쓰는 방법을 떠올리며 글쓰기 - 글 점검하기
7~8차시	의견을 제시하는 글을 쓰고 친구들과 의견 나누기

3. 관련 성취기준

[4국03-03]   관심 있는 주제에 대해 자신의 의견이 드러나게 글을 쓴다.

[4국04-03]   기본적인 문장의 짜임을 이해하고 사용한다.

4. 교과서 자료

- 의견을 제시하는 글을 쓰기 위한 내용 정리하기
- 의견을 제시하는 글 쓰기
- 자신의 글을 읽고 고쳐 쓰기

2023학년도 초등학교 교사 임용후보자 선정경쟁 제2차 시험

반성적 성찰 질문

※ 다음 문제를 읽고, 5분 이내에 답변하시오.

1. 과정 중심 쓰기는 글쓰기 과정 전반에서 피드백과 적용이 수시로 이루어지는 것이 특징이다. 수업 중 이루어졌던 피드백의 과정과 이를 통해 학생이 어떤 성장 모습을 보였는지 설명하시오.

2. 학생들이 글쓰기에 흥미를 가질 수 있도록 어떤 지도 방안을 활용하였는지 설명하시오.

연습 문제 32

2023학년도 초등학교 교사 임용후보자 선정경쟁 제2차 시험

수업 실연 문제지

관리 번호 (   ) 성명 (   )

【수업 실연 문제】

아래에 제시된 활동 장면과 〈수업실연 조건〉, 〈수업실연 환경〉을 바탕으로 수업을 실연하시오.

수업 실연 조건
1. 수업자의 수업 방향, 과정 중심 평가 및 피드백 계획을 설명하시오.(1분 이내)
2. 태양 고도 측정기의 제작 과정이 창의적으로 드러나도록 전개 과정을 실연하시오.
3. 제작 과정에서 어려움을 겪는 모둠에 대한 구체적 피드백을 포함하시오.
4. 모둠별 발표 과정에서 교실 내 의사소통 과정이 효과적으로 드러나도록 실연하시오.
5. 전시 학습 내용에 대한 이해도를 확인하는 과정을 포함하시오.
6. 주의력 결핍 과잉 행동장애(ADHD) 학생이 1명 있다고 가정하고 실연하시오.
7. 학생의 창의적 사고 과정이 촉진될 수 있는 발문을 전개 과정에 실연하시오.
8. 2차시에서 태양 고도 측정기를 사용한 경험이 있다는 점을 고려하여 실연하시오.

수업 실연 환경
1. 수업 실연 교실에는 25명의 학생이 모둠별로 앉아 있다고 가정합니다.
2. 단원명, 학습 목표 및 활동 내용 등은 칠판에 안내되어 있다고 가정, 판서 생략합니다.
3. 학생과의 언어적·비언어적 의사소통은 학생들의 반응을 가정하여 실연합니다.
4. 수업 자료와 기자재를 이용할 수 있는 교실 상황을 가정하고 실연합니다.

1. 단원 개관 : 6-2 2. 계절의 변화

영역 (핵심개념)	성취기준	차시	차시명
우주 (태양계의 구성과 운동)	[6과14-01] 하루 동안 태양의 고도, 그림자 길이, 기온을 측정하여 이들 사이의 관계를 찾을 수 있다. [6과14-02] 계절에 따른 태양의 남중 고도, 낮과 밤의 길이, 기온 변화를 설명할 수 있다. [6과14-03] 계절 변화의 원인은 지구 자전축이 기울어진 채 공전하기 때문임을 모형실험을 통해 설명할 수 있다.	1차시	계절에 따라 달라지는 모습 알아보기
		2~3차시	하루 동안 태양 고도, 그림자 길이, 기온은 서로 어떤 관계가 있을까요?
		4차시	계절에 따라 태양의 남중 고도와 낮의 길이는 어떻게 달라질까요?
		5차시	계절에 따라 기온이 달라지는 까닭은 무엇일까요?

		6~7차시	계절의 변화가 생기는 까닭은 무엇일까요?
		8~9차시	나만의 태양 고도 측정기 만들기
		10차시	계절의 변화를 정리해 볼까요?

[출처: 과학 6-2 지도서 2. 계절의 변화]

2. 본시 학습 목표
- 태양 고도를 측정할 수 있는 기구를 창의적으로 만들 수 있다.
- 나만의 태양 고도 측정기로 태양의 남중 고도를 측정할 수 있다.

3. 전시 및 본시의 주요 학습 내용 및 활동

차시	주요 학습 내용 및 활동
6~7차시 전시 학습 (원격)	- 모둠별 태양 고도 측정기의 원리 탐구 - 모둠별 태양 고도 측정기 설계 - 태양 고도 측정기 제작 계획
8~9차시 본시 학습	- 모둠별 태양 고도 측정기 제작 - 태양 고도 측정기 발표 및 피드백

4. 본 차시 내용
- 모둠별 계획에 따라 태양 고도 측정기 제작하기
- 태양 고도 측정기로 태양의 남중 고도 측정하기
- 모둠별 결과 발표하기
- 모둠별 태양 고도 측정기 결과 비교 및 개선점 찾기

2023학년도 초등학교 교사 임용후보자 선정경쟁 제2차 시험

반성적 성찰 질문

※ 다음 문제를 읽고, 5분 이내에 답변하시오.

1. 태양 고도 측정기를 제작하는 과정에서 학생의 창의적 사고를 촉진하기 위해 어떤 발문을 사용하였는지 설명하고, 이 발문이 적절했는지 설명하시오.

2. 수업 중 교실 내 의사소통을 활발하게 하기 위한 선생님의 수업 전략을 설명하고, 이 전략이 적합했는지 설명하시오.

3. 창의적 사고를 촉진시키기 위해 실연한 발문을 설명하시오.

2023학년도 초등학교 교사 임용후보자 선정경쟁 제2차 시험

수업 실연 문제지

관리 번호 (   ) 성명 (   )

【수업 실연 문제】

본 수업에서는 6학년을 지도하고자 합니다. 아래에 제시된 활동 장면과 〈수업실연 조건〉, 〈수업실연 환경〉을 바탕으로 수업을 실연하시오.

수업 실연 조건
1. 성취기준을 바탕으로 수업자의 의도를 설명하시오. (1분 이내)
2. 도입-전개-정리를 수업하시오.
3. 실과, 도덕, 국어 교과를 통합한 프로젝트 학습 6차시 중 마지막 차시를 실연하시오.
4. 메타버스를 활용하는 장면을 포함하여 수업하시오.
5. 확산적 발문 2가지 이상을 포함하여 수업하시오.
6. 인공지능 윤리교육이 가능하도록 학습 내용을 설계하시오.
7. 자기 평가가 드러나도록 수업하시오.

수업 실연 환경
1. 수업 실연 교실에는 24명의 학생이 앉아 있다고 가정하고 실연합니다.
2. 단원명, 학습 목표 및 활동 내용 등은 칠판에 게시되어 있다고 가정하고 판서는 생략합니다.
3. 학생과의 언어적·비언어적 의사소통은 학생들의 반응을 가정하여 실연합니다.
4. 교수·학습 활동에 필요한 기자재는 구비되어 있다고 가정하여 실연합니다.
5. 학생들은 메타버스를 활용한 수업이 익숙한 상태임을 가정하여 실연합니다.

1. 핵심 성취기준

[6실04-07]	소프트웨어가 적용된 사례를 찾아보고 우리 생활에 미치는 영향을 이해한다.
[6도02-01]	사이버 공간에서 발생하는 여러 문제에 대한 도덕적 민감성을 기르며, 사이버 공간에서 지켜야 할 예절과 법을 알고 습관화한다.
[6국01-17]	매체 자료를 활용하여 내용을 효과적으로 발표한다.

2. 프로젝트 학습 계획

프로젝트 주제	차시	주요 학습 내용 및 활동
인공 지능이 우리 삶에 미치는 영향 알아보기	5	인공 지능이 활용되는 다양한 분야 살펴보기
	6~7	인공 지능의 긍정적 측면과 부정적 측면 살펴보기
	8 (본시)	수험생 본인이 구상하여 쓰세요

2023학년도 초등학교 교사 임용후보자 선정경쟁 제2차 시험

반성적 성찰 질문

※ 다음 문제를 읽고, 5분 이내에 답변하시오.

1. 선생님이 프로젝트 수업을 함으로써 기르려고 했던 핵심 역량에 대해 설명하세요.

2. 오늘 수업을 동료장학에서 나눈다면 어떤 이야기를 나눌지 가상해서 이야기하시오.

연습 문제 34

2023학년도 초등학교 교사 임용후보자 선정경쟁 제2차 시험

수업 실연 문제지

관리 번호 (   ) 성명 (   )

【수업 실연 문제】

본 수업에서는 주제 중심 융합 프로젝트(총 12차시) 과정 중 6차시의 수업을 진행하려 한다. '수업 실연 조건'과 '수업 실연 환경'을 참고하여 수업을 구성하시오.

【수업 실연 조건】

1. 총 12차시의 프로젝트 과정 중 6차시의 내용을 실연하시오.
2. 성취기준과 차시 개요를 바탕으로 적절한 학습 목표를 바탕으로 수업자의 의도를 1분간 설명하시오.
3. 학급 구성원 간의 상호작용을 바탕으로 협동이 잘 이루어지는 교수 학습 방법을 전개에서 활용하시오.
4. 2015 개정 교육과정의 6가지 역량 중 핵심적으로 기를 역량 한 가지를 설정하여 수업을 구상하시오.
5. 모둠활동에 성실하게 참여하지 않고 다른 모둠원들의 활동에 편승하려 하는 학생에 대한 지도 방안을 실연하시오.[1]

【수업 실연 환경】

1. 6학년 학생 20명을 대상으로 수업한고 가정한다.
2. 전자 기기가 미리 준비되어 있다고 가정하고 수업을 실연한다.

1. 프로젝트 주제

나만의 개성을 살려 건축물 디자인하기

2. 프로젝트 개요

본 프로젝트는 수학과 미술 교과를 융합한 프로젝트 수업으로 건물의 구조적 이해에 기초가 되는 입체도형을 탐구하여 자신만의 개성을 살린 건축물을 디자인하는 것을 목표로 한다. 주변에서 쉽게 볼 수 있는 건물의 모습뿐 아니라 세계적으로 심미성을 인정받은 다양한 건축물을 공간도형으로 인식하여 공간 감각을 기른다. 더불어 건축물의 색, 디자인, 형태 등을 자세히 탐구하며 심미적 감수성도 기른다. 건축물을 디자인하는 과정에서 자신이 관심 있어하는 분야 혹은 삶의 가치를 반영하여 자아정체성도 자연스럽게 탐구할 수 있다.

---

[1] 무임 승차 효과

3. 본시 성취기준

과목		성취기준
미술	[6미02-04]	조형 원리(비례, 율동, 강조, 반복, 통일, 균형, 대칭, 점증·점이, 조화, 변화, 동세 등)의 특징을 탐색하고, 표현 의도에 적합하게 활용할 수 있다.
수학	[6수02-06]	각기둥과 각뿔을 알고, 구성 요소와 성질을 이해한다.
	[6수02-07]	각기둥의 전개도를 그릴 수 있다.

4. 차시 개요

프로젝트 주제	차시	주요 학습 내용 및 활동
나만의 개성을 살려 건축물 디자인하기	1차시	프로젝트 주제 만나기 및 계획 세우기
	2~3차시	입체도형(각기둥)의 개념 및 특징 탐구하기
	4~5차시	입체도형(각뿔)의 개념 및 특징 탐구하기
	6차시	우리나라 및 세계의 건축물에서 찾을 수 있는 입체도형 탐구하기
	7차시	입체도형을 활용하여 건축물 설계도 그리기
	8~10차시	입체도형을 활용하여 건축물 완성하기
	11차시	건축물 전시 및 발표하기
	12차시	프로젝트 정리 및 반성하기

5. 참고 자료

교과서 속 입체도형: 각기둥, 각뿔

2023학년도 초등학교 교사 임용후보자 선정경쟁 제2차 시험

반성적 성찰 질문

※ 다음 문제를 읽고, 5분 이내에 답변하시오.

1. 본 수업을 통해서 기르고자 하는 핵심 역량을 2015 개정 교육과정을 기반으로 설명하고 그 역량을 중점적으로 기르고자 했던 활동을 설명하세요.

2. 무임 승차 효과는 협동학습에서 다른 사람들의 역량에 편승하여 학습에 참여하지 않는 것을 말한다. 이번 수업에서 무임승차 효과 해결을 위해 어떤 지도를 구성하였는지 설명하시오.

PART 04 심층 면접

01 면접 고득점을 위한 노하우

02 알쓸교지(알찬 답변을 위한 쓸모 있는 교육지식)

03 심층면접 기출분석

04 면접 연습 문제

05 면접 예시 답안

> Part 04에서는 심층 면접에 대한 내용을 다룹니다. 지역마다 면접, 교직 면접 등으로 이름이 조금씩 다르게 불리기도 하는데요, 이 면접에서는 어떤 점이 중요하며 시험장에서 알차고 정돈된, 고득점을 받을 수 있는 답을 하기 위해서 어떤 것들이 필요한지 함께 알아볼까요?

Chapter 01 면접 고득점을 위한 노하우

면접에서 고득점을 받기 위해 신경 써야 할 것은 무엇일까요? 면접 준비를 하며 막막할 여러분을 위해 저자들의 노하우를 담아 보았습니다. 꼼꼼히 읽어보며 면접 시험 준비를 시작해봅시다.

1 말투 및 태도

타고난 목소리 자체를 바꾸기는 매우 어렵습니다. 하지만 말투나 태도는 연습을 통해서 어느 정도 바꿀 수 있지요. 수험생 시절 면접관으로 가셨던 경험이 있는 선생님들께 들은 것은 '첫인상, 처음 1분'이 꽤나 중요하다는 것입니다. 이는 그분들이 외양만을 평가해서 점수를 매긴다는 것이 아니라, 상당 기간의 교직생활을 하신 분들이기에 그 사람의 첫인상, 말투, 태도만 보면 어떤 사람인지, 이 사람이 교사로서 어떻게 할 것인지가 보인다는 것이겠죠. 따라서 면접에서 좋은 점수를 원하신다면 아래와 같은 노력을 해볼 수 있습니다.

1 시험을 준비하면서 할 수 있는 노력

말끝을 흐리는 말투를 갖고 있다면?	→ 항상 문장 끝 서술어까지 분명하게 말하는 연습
목소리가 작다면?	→ 배에 힘을 주고 조금씩이라도 목소리를 크게 말하는 연습
문장을 길게 말하는 습관이 있다면?	→ 키워드 위주로 단문으로 말하는 연습 + 영상 촬영
발음이 불명확하다면?	→ 입을 크게 사용하여 분명하게 말하는 연습
몸동작이 어색하다면?	→ 영상 촬영 후 확인 + 선배 피드백 활용 (면접에서는 손으로 무엇을 하겠다는 생각 버리고 무릎 위에 가지런히 올려놓기. 숫자나 제시하는 손동작과 같은 움직임은 개인의 선호에 따라 연습 가능)
특유의 말버릇이 있다면? (예: ~인 것 같습니다.)	→ 영상 촬영 후 확인 + 동료 피드백 활용
말이 지나치게 빠르거나 느린 편이라면?	→ 영상 촬영 후 확인 + 동료 피드백 활용
표정이 굳어있다면?	→ 일상 속에서 웃는 표정 연습 + 영상 촬영 후 확인
한 곳/ 먼 곳만 응시하게 된다면?	→ 스터디원을 면접관이라고 가정하여 3명에게 고르게 시선 분배하는 연습하기
실제 시험장처럼 연습해보고 싶다면?	→ 교실 사이즈의 넓은 공간에서 동선 이동 연습 + 등장 및 퇴장을 포함하여 연습

2 대기실에서 할 수 있는 노력

- 외양과 표정을 점검합니다. 긴장으로 인해 표정이 경직되지 않았는지 확인합니다.
- 목이 잠기지 않도록 중간중간 물을 마십니다.

3 평가실에서 할 수 있는 노력

- 복도 감독관 선생님의 안내에 따라 이동합니다.
- 시험장에 들어가기 전 노크를 합니다.
- 문을 열고 가벼운 목례 후, 시험장 입구 쪽에 놓여있는 책걸상 옆에 서서 허리를 굽혀 인사하고 관리번호를 확인합니다.
- 웃는 게 웃는 게 아닐 수 있습니다. '나는 오늘 붙을 사람이다!' 생각하고 활짝 웃습니다.
- 간혹 관리번호 1번, 2번을 뽑아서 시험장에 들어가시는 경우 아주 가끔 감독관님께서 시간 착오를 하신 적이 있다는 괴담이 전설처럼 들려옵니다. (예: 서울 영어 면접 10분에서 6분 수업실연 후 4분 영어 면접 상황, 6분이 남은 상태인데 수업실연을 중지시키는 경우) 꼭 모든 것을 숙지하시고 들어가셔서 감독관님이 실수하시더라도 선생님께서 준비하신 내용을 모두 말하고 오실 수 있도록 준비하세요.

4 면접관 입장에서 생각하기

여러분이 심층면접 대상자가 아니라 면접관이 되었다고 생각해봅시다. 여러분이 그분들이라면 어떤 교사에게 좋은 점수를 주고 함께 일하고 싶을까요? 아래를 참고하여 스터디원의 면접을 봐주면서 여러분이 면접관이라고 가정하여 스터디원과 그 답변을 평가해주는 것도 좋은 연습방법입니다.

면접관은?	이러한 신규교사임을 어필하자!
- 심층면접 면접관은 보통 교장/교감 선생님으로 다 면접관님들에 비해 경력이 더 있는 분들이 많음 - 면접관은 총 세 명으로 가장 경력이 많은 분이 가운데에 계시며 나머지 두 분 중 한 분은 시간을 확인 및 관리하고 계심. - 인상 판단 기준: '저 선생님이라면 우리 학교에서 같이 일해도 좋겠다.' ※ ①인상 좋고 ②일 머리 있는 ③성실한 신규교사 (아이들에 대한 사랑 및 교육에 대한 진지한 태도는 기본이겠죠?)	① 인상이 좋은 교사 - 미소 머금고 하기 → 면접 내내 웃는 표정 유지 - 실수해도 자신감 있게 하기 → 최선을 다하는 태도 - 암송하듯 말하지 않기 → 진정성이 떨어져 보임 - 자신감 있되 겸손한 태도를 유지하기 ② 일 머리가 있는 교사 (=똑똑하고 야무지다.) - 면접은 말로 하는 논술, 키워드 잡아내고, 매끄럽게 이야기하기 - 답변을 이야기하는 속도보단 문제 상황을 잘 이해하고 실정에 맞는 답변을 하는 것이 중요 ③ 성실한 교사 - 원칙에 근거에서 말하되 긍정적, 낙관적 마인드를 내비칠 수 있도록 답변하기 - 면접관 특성을 고려, 신규 교사로서 성실한 태도로 임할 것임을 면접 내용과 태도로 보여줘야 함

2 내용 구성

답변 내용 구성은 크게 두괄식과 미괄식 2가지로 나눌 수 있습니다. 심층면접과 같은 상황에서는 무조건 '두괄식'으로 답변하는 것이 채점 면에서 유리합니다. 하지만 면접관도 사람인지라 채점하지 못한 부분이 있을 수도 있기에 답변 시간이 남으신다면 앞서 말한 논거 등을 다시 정리하며 수험생 본인의 답변이 조건을 만족시켰음을 다시 한번 강조할 수 있습니다. 정~말 시간이 많이 남았을 경우, 교사로서 본인의 포부를 말하는 것도 한 방법입니다. 주어진 시간은 선생님을 어필하는 귀한 시간이기 때문에 허투루 쓸 수 없습니다. 하지만 역시 제일 좋은 것은 답변만으로 시간을 꽉 채우는 것이겠죠?

1 알찬 면접 답변을 위한 준비

① 주제별 답변 키워드 정리하기

심층면접에 자주 등장하는 주제를 정리하고 주제별 답변의 키워드를 잘 정리해두면 시험장에서까지 요긴하게 사용할 수 있습니다. 스터디를 하며, 듣게 되는 스터디원들의 아이디어도 추가하며 여러분 만의 자료를 꼭 만들어 보세요.

```
1. 학교, 교직원 문화
 ▣ 단위학교에 자율권 부여 시, 교육적 성과
   #교육과정 재구성  #학교 교육과정
   ① 지역에 특화된 학교 교육과정 실현
     - 마을은 학생들의 삶의 터전.
     - 실생활 연계를 통해 삶과 학습의 접합성 높임
     - 지역성을 살려 마을과 상생하는 교육을 실현
   ② 학생의 요구를 반영한 학생 중심 교육과정
     - 학생의 교육적 요구를 수용하고 이를 반영
     - 학생이 주도하는 학생 중심의 교육 실현
   ③ 교사의 전문성 강화
     - 자율권이 높아지면 교사의 역할이 커짐.
     - 교육과정을 재구성하며 교사의 역량 발휘 가능
   ④ 교사 간 협업 문화 형성을 통한 교사 자치권 강화
     - 학교 교육과정 설계를 위한 교사 간 협력 강화
     - 교사가 주체가 되는 교육과정 운영을 통한 자치권 강화

 ▣ 즐거운 학교를 위한 교직원 분위기 조성
   ① 밝은 표정으로 먼저 인사
     - 관계 형성의 기본
   ② 동료들과 티타임 갖기
     - 편안한 분위기, 에너지 회복의 시간
     - 함께 어려움을 나누고 해결 모색
   ③ 교사 동아리
     - 친목, 소속감을 높임
     - 전문성을 높일 수 있는 기회
   ④ 학교 행사에 적극적으로 참여
     - 늘 열심히 솔선수범하는 모습, 학교 전체 분위기 개선
   ⑤ 적극적으로 도움 청하기

 ▣ 상담을 위한 협력 체계 구축 방안
   #생활지도  #상담  #상담 협력 체계 구축 방안
   ◈ 학교 내적 차원
```

② 만능 답변 만들기

도저히 가짓수를 채울 수 없을 때 어디든 사용할 수 있는 만능 답변을 몇 가지 만들어 놓으면 시험장에서 당황하지 않고 대처할 수 있습니다. 아래 예시를 참고하여 여러분도 만능 답변을 2~3가지 꼭 만들어 보세요.

[만능답변 예시] '선배 교사의 조언 구하기'
　처음 현장에 나아간다면 경력이 부족하기에 부족한 부분이 많을 것입니다. 하지만 현장에는 저보다 앞서 같은 길을 가신 훌륭한 선배님들이 많이 계십니다. 늘 열린 자세, 배우려는 자세로 선배님들께 적극적으로 조언을 구하겠습니다. 질문하는 것을 부끄럽게 느끼거나 두려워하기보다는 주어진 상황에 부딪히며 늘 배우고 성장하는 교사가 되겠습니다.

③ 답변에 녹일 수 있는 시책 정리하기
- 각 이슈에 맞는 교육청별 사업/업무 키워드 정리하고 외워두기
- 스터디할 때 논거로 시책을 사용하는 연습하기
- 교육청에서 운영하는 블로그, SNS 확인하여 구체적 사례 알아두기

④ 교육청의 정책 방향 알아두기
- 교육청이 내세우는 슬로건 꼭 외워두기 (예: 창의적 민주시민을 기르는 혁신미래교육)
- 교육감 신년사 꼭 읽고, 활용할 표현 정리해두기

⑤ 가짓수를 나누어 구상 및 말하는 연습하기
- 가정, 학급, 학교, 교육청 등으로 카테고리를 나누어 답변하면 답변이 보다 깔끔하게 정리되고 듣기에도 좀 더 잘 들어옵니다.
- 주로 사용되는 가짓수 : 교사&학부모, 교사&학생, 가정(학부모)&학생&학교(교사), 교과지도&생활지도, 심리적(정서적)&신체적 등

2 알차게 답변하기

　면접을 준비하면서 답변의 큰 틀을 만들어두면 어떤 문제에 대해서든 깔끔하고 체계적인 답변을 할 수 있습니다. 아래 내용을 참고하여 여러분만의 답변 틀을 구상해보세요.

서론	* 문제와 관련된 이슈, 사례 언급 　- 알고 있는 구체적인 사례가 있다면 가장 좋은 서론을 만들 수 있어요. * 간단히 주어진 문제 요약 　- 특별히 생각나는 이슈가 없거나, 즉답형이라 길게 서론을 말할 수 없을 때는 문제를 요약하는 것으로 서론을 채울 수 있어요. * 문제의 중요성 언급 　- 문제 또는 문제 해결의 중요성을 언급하여 해결방안을 제시하기 위한 서론으로 사용할 수도 있어요.

'위 문제에 대한 해결방안은 다음과 같습니다.'와 같이 본론으로 연결하는 문장 사용

본론	* 첫째, 둘째, 셋째 등으로 나누어 전달하기
	  - 답변이 깔끔해지기도 하고, 여러분이 충족한 가짓수를 평가관들에게 바로 전달할 수 있어요.
	* 답변 시간은 뒷받침 문장의 수로 조절하기
	  - 제일 먼저 중심 문장을 말하고, 뒤에 뒷받침 문장(논거)을 통해 시간을 조절해야 해요.
	* 각 논지에 대한 답변 길이의 균형 맞추기
	  - 논지에 대한 논거의 길이가 비슷하게 균형을 이루는 것이 좋아요.

	'~에 대한 해결방안은 위와 같이 5가지로 정리할 수 있다'와 같이 본론을 다시 정리하고, 가짓수를 언급하는 표현을 사용합니다.
결론	* 교사로서의 포부, 자세 등과 연결하며 본 문제 상황에 대해 긍정적인 마무리

위와 같은 틀을 바탕을 적용하면 구상형과 즉답형은 아래와 같이 대답하게 됩니다. 이는 이해를 돕기 위한 예시일 뿐이므로 이를 본인에 맞게, 지역에 맞게 조금씩 변형하여 사용하세요.

[구상형]

"구상형 문제에 대하여 답변 드리겠습니다."
"주어진 (문제) 상황에서 (주어)는 ~하고 있습니다."
"이는 ~에서 비롯된 것입니다. / 이는 ~라는 점에서 굉장히 중요합니다."
"따라서 (문제에 나온 조건) N가지는
첫째, ○○입니다. 예를 들어/왜냐하면 ~~입니다."
"(첫째로 말한 것의 논거나 구체적인 예시를 설명합니다. 이유/효과/예시 등)"
"둘째, □□입니다. 예를 들어/왜냐하면 ~~입니다."
"(둘째로 말한 것의 논거나 구체적인 예시를 설명합니다.)"
(만약 막혔다면) "잠시 생각을 정리한 뒤 계속해서 답변 드리겠습니다."
"다시 답변 드리겠습니다."
"셋째, ☆☆입니다. 예를 들어/왜냐하면 ~~입니다."
"(셋째로 말한 것의 논거나 구체적인 예시를 설명합니다.)"
"이처럼 (문제 조건)은 ○○, □□, ☆☆와 같은 방법으로 해결될 수 있습니다.
"교사가 그렇게 한다면 (긍정적인 면 언급)일 것입니다."
"이상입니다."

- (시간이 남았다면) "두 번째 해결방안과 관련해 보충 답변 드리겠습니다."

[즉답형]

"즉답형 문제 확인한 뒤 생각할 시간을 갖고 답변 드리겠습니다."
(지문 읽기: 생각할 시간은 30초 내외, 1분 넘지 않게!)
"(미소를 띈 얼굴로 면접관을 응시하며) 즉답형 (N번)에 대한 답변 드리겠습니다."
"주어진 문제 상황에서 (주어)는 ~하고 있습니다. (주어)는 ~라서 중요합니다."

"따라서 (문제에 나온 조건) N가지 중 제가 하고 싶은 것은
"첫째, ~입니다. ~이기 때문입니다/~에 효과적입니다."
"둘째, ~입니다. ~이기 때문입니다/~에 효과적입니다."
"셋째, ~이기 때문입니다/~에 효과적입니다."
"위의 N가지의 방법을 통해 ~~한 효과가 있을 것입니다." (긍정적인 면을 언급하기)
"이상입니다."

3 기타

1 스터디

- 상대방의 답변은 문제에 적합한지, 근거는 타당한지 메모하면서 경청하기
- 면접 연습이 끝난 뒤 피드백을 주고받으며 보완해야 할 점 찾기
- 스터디가 끝난 뒤 당일 심층면접 내용 복기 및 더 나은 답변/만능 답변 생각해보기

2 동영상 녹화 및 음성 녹음

- 스마트폰을 삼각대에 고정하여 영상 촬영하기(문을 열고 들어와 인사하는 모습, 이동하는 모습까지 찍힐 수 있게 조정)
- 혼자 면접 내용을 공부하거나 복기할 때는 녹음 기능만으로도 충분 (발음, 조건 충족 여부, 근거의 타당성 등을 스스로 판단하다보면 큰 도움이 됩니다.)

Chapter 02. 알쓸교지(알찬 답변을 위한 쓸모 있는 교육지식)

> **이 장의 목차**

Chapter I. 교무기획부

Topic 01 학생 자치
Topic 02 교육 공간 혁명
Topic 03 민주적 학교 문화 조성
Topic 04 학교운영위원회 및 학부모회
Topic 05 교원의 교육활동 보호 강화
Topic 06 마을결합혁신학교(마을결합형학교)

Chapter II. 교육연구부

Topic 01 초1~2학년 맞춤형 교육과정
Topic 02 초3~6학년 맞춤형 교육과정
Topic 03 학생 중심 교육과정-수업-평가 혁신
Topic 04 협력적 독서 인문교육 활성화
Topic 05 창의성 교육
Topic 06 기초학력 책임지도
Topic 07 교원학습공동체
Topic 08 교원 연구문화 활성화

Chapter III. 과학정보부

Topic 01 메이커 교육
Topic 02 미래사회를 대비한 미래교육
Topic 03 스마트교육
Topic 04 생태시민 육성을 위한 생태전환교육

Chapter IV. 문화예술진로체육부

Topic 01 학교예술교육 활성화
Topic 02 협력종합예술활동
Topic 03 성평등 교육 및 성폭력 예방 교육
Topic 04 학생 건강 증진
Topic 05 맞춤식 미래 진로교육 운영

Chapter V. 인성안전부

Topic 01 학생 상담
Topic 02 학부모 상담
Topic 03 공존과 상생의 다문화교육
Topic 04 세계시민교육
Topic 05 협력적 인성교육 내실화
Topic 06 인권존중 학교문화 조성
Topic 07 학교 폭력 대응
Topic 08 학교 폭력 예방 활동 내실화
Topic 09 안전 교육

Chapter VI. 복지방과후부

Topic 01 통합교육 내실화 및 특수교육지원 강화
Topic 02 맞춤형 대안교육
Topic 03 교육복지
Topic 04 탈북학생지원
Topic 05 아동학대

CHAPTER I. 교무기획부

Topic 01 학생 자치

[참조 : 서울교육 2021 봄호 '학생자치 내실화 및 활성화를 위한 학교와 교사의 역할', 김원석
전라남도교육청 'Q&A로 알아보는 초등학생 자치활동 길라잡이']

[1] 정의
자율과 참여를 기반으로 학생들이 다양한 자치 활동을 통해 학교 운영에 참여하는 것. 학교 구성원인 학생의 민주적 합의와 의사결정에 의해 운영되는 모든 활동이 학생 자치활동이 됨

[2] 주안점
(1) 배움과 성장의 주체로서 개인의 삶의 변화를 이끌어낼 수 있는 학생 시민 역량 함양
(2) 학생들이 민주 시민으로서의 권한과 책임을 가지고 실천하는 주체인 '교복 입은 시민'으로 자랄 수 있도록 함

[3] 교육적 효과
(1) 학생 스스로 학교 구성원으로서의 역할을 이해하고, 이에 따른 책임감을 기를 수 있음
(2) 학교 운영에 주도적으로 참여하여 스스로 민주적이며 인권 우호적인 학교 문화를 만들어나갈 수 있음

[4] 종류
(1) 학급 자치
 ① 의미
  학생의 자율적 참여를 기반으로 학급 구성원의 민주적인 합의에 의해 운영되는 학급 단위 자치 활동
 ② 종류

학급회	- 회장단을 중심으로 학급 운영에 필요한 부서를 결정 - 학생들이 자발적으로 참여할 수 있도록 학생들과 함께 의논하여 정하는 것이 효과적
학급 회의	- 학급회, 부서를 중심으로 학급의 주요 사항을 결정함 - 학급에서 문제가 발생하였을 경우, 학급 구성원이 협력하여 해결함 - 학급 규칙을 학급 회의를 통해서 결정
1인 1역 활동	- 개별 학생이 학급 운영에 있어서 필요한 역할을 수행
학급 특색 활동	- 학급별로 학급의 특성에 맞는 주제와 활동을 정하고 실천 - 월별 혹은 주별 등 학교 및 학급 상황에 맞게 다양한 활동을 정하여 실천

현장 이야기
여러분들도 초등학교 때 학급회의를 많이 해보셨을 것입니다. 학급 자치는 어려운 것이 아니라, 우리가 이미 알고 있는 것들이에요. 자치는 학생들이 '자율적으로', '참여'하는 활동이면 어떤 활동으로든 구현될 수 있습니다. 아침 자습 활동을 학생들이 학급 회의를 통해서 자율적으로 결정하고 꾸준히 실천하는 것도 훌륭한 학생자치 활동의 예가 될 수 있습니다.
학생자치는 학생들의 책임감, 자율성, 능동적인 태도, 창의성 등 다양한 능력들과 연결될 수 있는 요소예요. 따라서 학생자치와 관련된 다양한 활동의 종류와 효과를 여러 가지 생각해 두는 것도 하나의 팁이 될 수 있습니다.

(2) 학생회

① 의미
- 학교 학생들을 대상으로 자율적이고 적극적인 학생 자치 활동을 보장하기 위한 총체적인 학생 모임
- 학생총회, 학급 자치회, 대의원회, 학생회 운영위원회, 동아리 등으로 구성

② 학생회의 역할
- 학생의 의견이나 요구를 수렴하여 대변
- 학생의 인권, 복지 문제 해결을 위해 노력
- 학교 축제 및 학교 행사 기획 및 추진
- 바람직한 학교 문화 조성을 위한 활동 및 캠페인 추진
- 학생회 활동 예산 편성 및 집행 업무 수행

> ◎ 학생자율예산 : 교육청 주관 하에 학생의 의견을 반영하여 편성하고 집행 자율권을 부여하는 예산.
> (ex. 초등에서는 학급운영비, 학생회운영비 등이 있음)

현장 이야기

학생 자치회의 활동은 무궁무진합니다. 학생들이 주체가 되어 학교를 이끌어간다는 것이 기본이기 때문에 이에 부응하는 다양한 아이디어들이 적용될 수 있어요. 실제로 모 학교에서는 기존에 교사들이 주관하던 아침 조회 방송을 학생들이 주관하는 자치 방송 조회로 진행합니다. 개교기념을 맞이하여 학교를 사랑하는 마음을 담아 캠페인도 하는데 학교 캐릭터 공모전, 학교 이름으로 삼행시 짓기, 학교 홍보 UCC 공모전 등 학년군에 맞춰서 진행한답니다. 이렇든 학생들이 학교의 주인으로서 주도성을 가지고 학교를 이끌어가는 것이 학생자치의 매력이랍니다.

(3) 자율 동아리

① 의미
- 학교 안팎의 다양한 분야와 영역에서 학생들이 자신의 삶을 계획하고 실천하는 목적 지향적 활동
- 학생들이 주체가 되어 운영하는 학생 주도성 활동

② 효과
- 학생들이 주도적으로 자신의 삶을 가꿀 수 있음
- 내적 동기 유발을 통해 학습 의욕을 고취시킴
- 자기주도적 태도 및 책임감 고양
- 공동체 의식, 나눔과 배려를 추구하는 삶의 자세 학습
- 민주적 의사결정과 문제 해결 경험을 통해 의사소통 역량 및 비판적 사고 역량 등의 핵심 역량을 기름

③ 학생 동아리 예시

A학교의 학생 밴드 동아리
- 학생들이 자율적으로 자신의 악기를 정해서 익힘(자율성 신장, 예술 감성 함양) - 서로 맡은 부분을 연습함(책임감) - 함께 모여서 악기의 합을 맞춰보고, 연습함(공동체 의식, 협동성, 협력적 인성 등) - 자신들이 연습한 노래로 학예회나 지역사회 유관 기관에서 연주를 함(자신감, 예술 감성 등)

[5] 교사 역할

(1) 학생들의 자발적인 참여를 독려할 수 있도록 도움
(2) 학생들과 적극적인 소통을 통해 함께 만들어가는 학급, 학교를 만들 수 있도록 함
(3) 학생들이 스스로 할 수 있을 때까지 믿고 기다려줌
(4) 학생 자치 관련 연수 및 자료 탐구를 통해 학생 교육 역량을 함양
(5) 학생 자치 나눔 컨설팅단 활용 등 우수 사례 적극 탐구

> **현장 이야기**
>
> 초등에서는 학생 자치의 완전한 실현이 조금은 어려운 것이 사실입니다. 종류도 학급 회의, 전교어린이회, 캠페인, 동아리 등으로 한정될 수밖에 없습니다. 학생들의 연령이 낮고 자신의 의견을 논리적, 비판적으로 표현하는 능력을 아직 학습해가는 과정이기 때문에 부족한 경우가 많기 때문이죠. 답변을 구성할 때 초등학생의 발달 특징을 생각하고 있다는 것을 보이기 위해서는 이러한 점들을 고려해서 학생자치활동을 활용해야겠죠? 또한 학생자치에서는 교사의 역할이 매우 중요합니다. 학급 회의, 캠페인 활동 등의 자치 활동이 자칫 보여주기식의 활동이 되지 않도록 학생들의 역량을 이끌어줄 수 있어야 합니다. 교사의 역할과 이러한 전문성을 신장하는 방안도 한번 생각해보세요.

Topic 02 교육 공간 혁명

[1] 배경 및 정의
(1) 미래 사회에 적합한 인재인 '창의·융합형 인재' 양성과 학생들의 행복한 학교 생활을 위해서는 학교 생활이 이루어지는 공간인 '학교' 자체의 혁명이 필요함
(2) 공간은 인간이 삶이 이루어지는 곳이며 신체적, 정신적 발달에 큰 영향을 미침
(3) 교육이 일어나는 학교 내, 외 모든 공간을 교육공동체의 균형 잡힌 삶에 도움이 되도록 바꾸는 것을 말함

[2] 목적
(1) 배움과 삶이 어우러지는 공간으로서 학교 역할의 중요성이 대두됨
(2) 학생들이 오고 싶어하는 학교를 만들기 위해서는 공간의 변화가 필수적임
(3) 학교 공간의 노후화 등으로 안전, 편의에 문제가 생기는 경우가 많음
(4) 생태전환교육의 중요성이 대두됨에 따라, 학교 공간도 환경 친화적인 공간의 선두 주자로서 변화를 모색할 필요가 있음

[3] 정책 종류
(1) 배움, 쉼, 놀이가 어우러지는 학교 공간 조성
　① 미래를 담는 학교(그린스마트스쿨) 조성

스마트	그린	공유	공간혁신
에듀테크 기반 미래학교	공원을 품은 학교	지역과 함께하는 안전 학교	사용자 참여 학교

　- 위 네 가지 요소를 중점으로 한 미래를 담는 학교 조성

> ● 에듀테크 기반 미래학교 : 인공지능, 사물인터넷 기반 학교 환경 구축, 학생 맞춤형 교실 구축, 협력적 학습 공간 마련 등

현장 이야기
그린 스마트 스쿨은 이제 막 시작되는 사업이기 때문에 예시 자료가 많지는 않아요. 하지만 '한국판 뉴딜'의 중요 사업의 하나로 시작된 것으로 많은 관심이 필요한 정책입니다. 구체적인 사업 내용은 1)공간 혁신, 2)스마트 교실, 3)그린 학교, 4)학교 복합화 총 4가지로 구분됩니다. 자세한 내용은 교육부 홈페이지에서 확인 가능하니 꼭 참고해보세요.

　② 사용자 중심 학교 공간 혁신

> ● 사용자 참여 설계 : 학교 구성원, 즉 학교 사용자의 요구, 삶의 방식, 개별 학교 및 지역의 특성을 고려하여 설계하는 것

- 종류 : 꿈을 담은 교실, 첨단 학교 도서관, 협력 종합 예술공간 등

> ○ 꿈을 담은 교실 : 학생들의 창의적이고 협력적인 배움에 맞게 교실을 바꾸는 사업. 카페테리아 형태의 소통 공간, 맨발로 들어갈 수 있는 교실 바닥 등

현장 이야기

꿈을 담은 ○○○, 어디서 많이 들어본 듯한 내용이죠? 특히 서울 지역 수험생분들은 많이 들어보셨을 사업 이름인데요, 서울시교육청의 교실 혁명 사업 이름입니다. 아직까지 현재 진행형인 사업이라 구체적으로 어떤 것들이 있는지 감이 잘 오지 않을거에요. 대표적으로 '꿈을 담은 놀이터'가 있는데요, 꿈을 담은 놀이터(꿈담터) 1호는 서울S초등학교에 있습니다. 이 놀이터는 놀이터 조성 시작 단계부터 학교 학생들을 모집해 워크숍을 실시했다고 합니다. 워크숍에서 학생들은 놀이터의 디자인, 설계에 대한 이야기를 듣고 현장 조사 후, 모둠을 형성하였습니다. 각 모둠은 토론을 통해 놀이터 모형을 만들어 소개하고 이를 바탕으로 놀이터를 구체화시켰어요. 학생들은 자신들 스스로 놀이터의 놀이기구를 상상하고, 의견을 제시하면서 학교의 주인이라는 주체성을 기를 수 있었죠. 또한 직접 만든 놀이기구를 활용하여 놀이를 하면서 보완점을 찾는 과정에서 비판적 사고력도 기를 수 있었습니다. 마지막으로 놀이터 사용 규칙도 학생들이 제정하게 함으로써 학생들이 자발적으로 규칙을 지키는 효과를 얻을 수 있었습니다. 이렇게 학생들이 학교 공간 조성에 참여하게 되면 공간에 대한 애정을 가질 수 있고 다양한 협력적 인성을 기를 수 있답니다.

[출처 : 서울교육 2019 여름호 '학교급별 공간혁신 사례1, 김태구 명예기자]

최근에는 이런 꿈담터 사업을 확장해서 꿈을 담은 도서관, 교실 등을 각 학교에서 많이 만들고 있어요. 이러한 사업들이 면접 문제에 나오게 되면 구체적으로 어떤 교실을 만들어서 어떤 교육적 효과를 만들어내고 싶은지에 대한 문제가 나올 수 있겠죠? 이런 구체적인 방안들을 한번 생각해 보는 것도 면접 대비에 좋을 것입니다.

(2) 학교 교육 여건 개선
① 정보화 환경 조성
- 스마트 학습을 위한 무선 네트워크망 설치
- 3단계 스쿨넷 서비스 운영
  * 스쿨넷 서비스 : 교육부와 시도교육청이 통신사와 계약하여 학교에 제공하는 인터넷 서비스

> ○ 꿈을 담은 교실 : 학생들의 창의적이고 협력적인 배움에 맞게 교실을 바꾸는 사업. 카페테리아 형태의 소통 공간, 맨발로 들어갈 수 있는 교실 바닥 등

현장 이야기

무선 네트워크망 설치는 코로나19의 여파로 온라인 수업으로 전환이 되면서 학교 현장에 가장 필요한 것이었습니다. 이전에는 무선 네트워크가 없었기 때문에 태블릿 PC 등의 스마트기기를 적극적으로 활용할 수 없었기 때문이죠. 지금은 학교 전체에 무선 네트워크가 설치되어서 다양한 스마트 교육이 가능해졌습니다. 온라인 수업뿐만 아니라 태블릿 PC를 활용하여 인공지능 학습, 소프트웨어 교육, 코딩 수업 등에도 큰 도움을 주는 것이니 알아두는 것이 좋겠죠?

Topic 03 민주적 학교 문화 조성

[1] 필요성
(1) 학교운영 전반에 대한 실질적 고민과 토론 활성화
(2) 학교혁신은 소통문화 혁신으로 시작
(2) 교원학습공동체와 연계한 일상적인 토론 및 회의 문화 안착

[2] 목표
(1) 민주적 공동체 문화 형성 및 소통 활성화
(2) 다툼의 장이 아닌 상호 소통의 장이 되는 교직원 회의
(3) 교사의 능동적 자기결정이 넘쳐나는 자율적 공간으로서의 교직원 회의
(4) 교사의 자존감과 자발성 함양
(5) 학교혁신 주체로서의 교사(수업 혁신·생활교육 혁신·교육과정 혁신 등)
　　→ 미래핵심역량을 기르고 전인교실 실현 가능케 함

[3] (경기도교육청)학교민주주의 지수 활용으로 민주적 학교문화 조성
(1) 학교민주주의 지수 조사를 통한 학교별 민주적 학교 문화 진단 및 결과 공유
(2) 민주적 학교문화 개선을 위한 교육공동체 대토론회 운영
(3) 지역별 학교민주주의 정착을 위한 공감토론회 운영

Topic 04 학교운영위원회 및 학부모회

[1] 학교운영위원회
(1) **구성** : 학부모위원, 교원위원, 지역위원
(2) **성격** : 교육자치 심의(자문)기구
(3) **역할** : 학교교육 서비스의 수요자인 학생과 학부모 및 지역사회의 요구 반영
(4) **장점**
    ① 정책 결정의 민주성·합리성·투명성 제고
    ② 학교의 자율성과 책무성 강화
(5) **활성화 방안**
    ① 온·오프라인 병행 학교운영위원회 구성 및 운영체제 장착
    ② 학부모교육 및 소통 강화
       - 유튜브 채널(경기학부모 TV) 활용 온라인 학부모교육 콘텐츠 개발 및 보급

[2] 학부모회
(1) **구성** : 학부모 전체
(2) **성격** : 학교교육활동 참여·지원 기구
(3) **역할** : 학교 운영에 대한 의견 제시, 학교 교육 모니터링, 자원봉사 등 학교와 관련된 다양한 활동
(4) **장점** : 교육의 한 주체인 학부모들도 자유롭게 학교 정책에 참여할 수 있음

Topic 05 교원의 교육활동 보호 강화

[1] 목적
(1) 교원이 안심하고 교육 활동에 전념할 수 있도록 지원
(2) 교육활동 침해 예방활동 강화
(3) 악성 민원인으로부터 교원 보호

[2] 종류
교원치유센터 심리상담, 상해·심리 치료비, 심리검사 지원, 교원안심공제 서비스 등

> ● 교원안심공제 서비스 : 긴급경호부터 상담, 치료, 분쟁조정, 배상까지 지원하는 서비스

현장 이야기
교원과 학부모, 학생과의 대치 상황에서 교원이 피해를 받는 상황에 대한 문제가 종종 발생합니다. 따라서 이 부분에 관한 문제에 대해 답변을 할 때 위와 관련된 구체적인 서비스를 말해보면 어떨까요? 실제로 피해 교원에 대한 '교권보호위원회'도 종종 열리고 있기 때문에 알아가시면 좋을 듯 합니다.

Topic 06 마을결합혁신학교(마을결합형학교)

★ '한 아이를 키우려면 온 마을이 필요하다'

[1] 정의
(1) 마을과 학교가 협력하여 교육 활동을 운영하는 학교
(2) 교과서 안의 지식을 실제 학생들의 삶과 연계하여 가르치는 학교

[2] 목적
(1) 학생들이 학교와 마을에서 행복한 배움과 성장 경험
(2) 지식 위주 교육의 한계를 극복하고 삶의 문제를 인식 가능하게 함
(3) 한 아이도 포기하지 않는 모든 아이들을 위한 교육 실천
(4) 학생 간 교육격차 완화
(5) 공동체 문화 활성화
(6) 학생들의 협력적 인성 교육 실천

[3] 서울시 운영 방법
(1) 방과후 마을학교(마을 주민이 운영하는 마을 곳곳의 배움터)와 마을 강사 적극 활용한 수업 지원, 멘토링
  • 기초학력 도움, 심리 정서 상담 활동, 북멘토 활동
(2) 캠페인 활동
  • 마을 쓰레기 줍기 활동, 몽당 크레파스 기부 활동, 봉사 활동 등
(3) 교육거버넌스의 확장과 성숙
(4) 학교와 마을 연계 협력사업 지속적 확대

> • 서울형혁신교육지구: 어린이·청소년이 학교와 마을에서 삶의 주체로 성장할 수 있도록 서울시, 교육청, 자치구, 지역사회가 함께 참여하고 학교-마을교육공동체를 실현해 나가는 지역. 2019년부터 서울시 25개 모든 자치구로 확대
> • 마을결합형교육과정: 학생들이 학교에서 배운 내용을 삶의 현장(마을)에서 익히고 실천할 수 있도록 교육 내용, 방법, 평가를 체계적으로 구성한 교육과정
> • 더불어교실: 학교와 마을이 함께하는 협력교육활동, 마을 교육단체와 기관이 제안한 교육활동을 학교가 선택하고, 교사와 마을강사가 함께 협력수업을 추진하는 프로그램
> • 교육후견인: 교육지원이 필요한 어린이·청소년과의 지속적 만남으로 [학습 지원], [정서·심리 지원'], [특별 돌봄] 등, 어린이·청소년 입장에서 적절한 교육지원 프로그램을 연결, 빈틈을 메울 수 있는 건강한 이웃이자, 사회적 보호자
> • 도담도담 마을학교: 코로나19 장기화에 따른 교육격차 및 정서심리 결손 회복을 위해 마을과 함께 기초학력 및 원격수업, 방과후활동, 멘토링 등을 지원하는 사업

[4] 경기도 교육청 운영 방법
(1) 지역기반 학교예술교육 생태계 확장
(2) 학교 안과 밖 예술교육 연계 경기학교예술창작소 운영
(3) 지역별 진로체험지원센터 운영

(4) 삶터와 학습을 잇는 교육생태계 운영
(5) 경기꿈의학교 운영
- 학생이 만들어가는 꿈의학교 활성화 및 네트워크 활동 강화
(6) 독서생태계 확장

> **현장 이야기**
>
> 마을결합형학교라고 이야기하면 자칫 추상적으로 생각할 수 있습니다. 저도 처음 들었을 때는 생소한 개념이었는데요, 쉽게 생각하면 교육이 학교 안에서만 끝나는 것이 아니라 학생이 자신의 삶을 영위해 나가는 공간인 마을에서도 교육이 이루어지는 것이라고 생각하면 됩니다. 지역 곳곳의 배움터와 강사를 활용하여 배운 것을 실천, 적용해볼 수 있도록 지역사회와 학교가 협력하여 아이들을 함께 키우는 것이죠. 실제로 제가 아는 선생님 한 분은 환경 보호를 위해 몽당 크레파스 기부 활동을 진행했는데 한 반에서 시작된 캠페인이 학교 전체로 확대되었고 꽤 많은 양의 크레파스를 지역 사회에 기부하였습니다. 이를 통해 학생들은 자신이 사회에 무언가를 할 수 있다는 기여감, 소속감 또한 이타적인 마음을 키워나갈 수 있었습니다. 2차를 준비하다보면 교육의 주체는 교사뿐 아니라 지역사회도 해당한다는 것을 알게됩니다. 따라서 교육의 주체를 확장하는 것과 관련한 문제가 나오면 '마을결합형학교를 적극 활용하겠다.'라고 답변하면 좋은 인상을 주겠죠?

CHAPTER II 교육연구부

Topic 01 초1~2학년 맞춤형 교육과정

[1] 개요
유치원과 연계한 교육 환경 조성을 통하여 초1,2학년 학생의 정서적, 신체적 안정과 발달 단계에 맞는 인지적, 관계적 성장을 지원하는 맞춤형 교육과정

[2] 서울시 교육청 '안정과 성장 맞춤 교육과정' '꿈잼 교실'
(1) 배움이 재미있는 교육과정
- 교육과정 재구성을 통해 학생의 배움이 있는 수업을 만들고 성장을 돕는 평가를 지향함

(2) 함께 성장하는 교육공동체
- 안성맞춤교육과정을 지원하는 꿈잼 네트워크(꿈잼 교실)를 운영하여 교사의 역량을 강화함

(3) 놀이하듯 공부하는 교육환경
- 학생들이 가고 싶은 교실 환경을 구축하고, 편안하게 학습할 수 있는 교실 문화를 조성

[3] 서울시 교육청 '꿈잼 교실'
(1) 정의: 초1,2 학생의 정서적, 신체적 안정과 인지적, 관계적 성장을 위해 통합적 감각 활동, 협력적 놀이 학습 등의 학생 맞춤교육을 실천하며 재미있게 꿈을 키우는 교실을 의미

(2) 협력적 놀이학습: 놀이를 통한 학생의 호기심과 탐구 의욕을 자극하는 활기찬 수업

(3) 통합적 감각 활동: 성장 발달 단계에 맞는 감각 활용 조작 체험을 통한 통합적 교육활동

[3] 경기도 교육청 '성장 배려 학년제'
(1) 정의: 초등 저학년(1~2학년군) 학생 대상 관계형성-놀이활동-기초학습을 집중적으로 지원하는 교육과정

[4] 기대 효과
(1) 입학 전 선행학습 및 사교육 풍토 근절
(2) 저학년 학생 발달 단계에 따른 맞춤형 교육과정 운영
(3) 학생의 학습 부담을 줄이고 즐거운 학교 환경 조성
(4) 한글 교육과 내실화 및 기초 수학 수업 강조

> **현장 이야기**
> 저학년 맞춤 교육과정은 1,2학년 학생들의 학습 부담을 낮추고 학교 적응력을 높이는 데 있어요. 기초·기본 교육은 확실히 하되, 학생들이 즐겁게 배울 수 있도록 교육과정을 혁신하려는 노력이랍니다. 이를 위해 현장에서는 학습에 다양한 놀이를 활용하고 있어요. 구체적인 학습 놀이와 협력 놀이의 예시를 미리 준비해두면 훨씬 더 좋은 답변을 만들 수 있을 거예요.

Topic 02 초3~6학년 맞춤형 교육과정

[1] 정의
교사의 교육과정 문해력 향상을 지원하고, 학생 중심의 교육과정 운영을 지향하여 학습의 질을 제고함

[2] 서울시 교육청 사례 '초3~6 창의공감 교육과정'

다르게 새롭게 미래를 살아갈 힘을 키우는 서울초등교육

- 미래로: 미래사회에 필요한 인간상을 초3~6학년 교육의 중심으로 함
- 공감으로: 교육공동체의 공감·공존·연대·참여를 바탕으로 함
- 자발적으로: 학생과 교사로부터 교실 혁신을 시작하고 지속할 수 있도록 지원함
- 전문적으로: 교육과정-수업-평가 전문가가 될 수 있도록 지원함

창의와 공감 기반 교육과정 운영
- 창의와 공감 기반 학생 역량 중심 미래형 교육과정 운영
- 교육과정-수업-평가 일체화로 학생 맞춤형 교육 실천
- 초3~6 「우리가 꿈꾸는 교실」 프로젝트 운영 내실화

배움-나눔-성장 교원역량 강화 지원
- 초3~6 교육과정 재구성 및 프로젝트수업 역량 지원
- 전문가 중심 현장지원단 운영으로 교사 수업 역량 강화 지원
- 자발적 학습공동체 운영으로 교실 수업 사례 나눔 확산

유연하게 적응하는 미래교육 환경 조성
- 온·오프라인 연계 다양한 수업 나눔 플랫폼 운영
- 디지털 기반 창의적인 온·오프라인 수업 활성화 지원

(1) 정의: 창의성, 공존 및 감성을 바탕으로 인공지능, 기후 변화 등 불확실성이 증가하는 미래사회에서 자기 주도적으로 살아갈 수 있는 힘을 키우는 초3~6 맞춤형 교육과정

[3] 경기도 교육청의 '특색있는 교육과정 운영' 강화

> ○ 경기도 교육청의 경우 저학년, 고학년으로 구분하여 맞춤형 교육과정 운영을 지원하기 보다는 다양한 주제를 중심으로 한 특색있는 교육과정 운영을 지원하고 있음

(1) 학생 맞춤형 창의적 체육교육과정 운영
- 체육교육 전문성 역량 강화 지원 (교수학습 연수, 정책연구, 자율연구회 지원
- 학교체육 공간 혁신 프로젝트 추진(초등놀이교육 공간(바닥그림)조성, 운동장 등 체육활동 공간의 가변적 재구조화 환경 조성)
- 경기학생스포츠센터 운영: 학생 체력 및 건강증진교육을 위한 학교체육 연구, 연수, 체험의 융합 R&D 센터 운영

(2) **독서기반 교육과정 모델 개발 운영**
- 책 읽는 학교 모델 확산
- 독서인문교육공동체 정책 공유 포럼 운영
- 독서기반 교육과정 지속적인 연구 개발 확장

(3) **소프트웨어·인공지능교육 활성화 지원**
- 인공지능교육 선도학교 확대 운영
- 교육대학원 연계인공지능 융합교육 교사 역량강화
- SW·AI교육 지원 센터 운영
- 4차 산업혁명 교육 기본계획 수립 및 추진

> **현장 이야기**
>
> 서울시교육청의 경우 학기초에 '우리가 꿈꾸는 교실(꿈실)'의 학생중심 교육활동 운영비 지원 신청을 받습니다. 학급이나 학년 단위로 신청을 하고, 어떤 감성에 중점을 두어 교육과정을 재구성할 것인지 계획을 함께 제출하게 됩니다. 저는 '자연감성'을 기르는 꿈실을 운영한 경험이 있는데 학급 텃밭 가꾸기, 새활용 화분 만들기, 새활용 팔찌 만들기 등의 활동을 했습니다. 여러분이 꿈실을 운영한다면 어떤 감성에 중점을 두고 싶으신가요? 우리 반 아이들에게 어떤 감성을 길러주고 싶은지, 각 감성을 기를 수 있는 활동에는 어떤 것들이 있는지 한번 생각해보세요. 미리 생각해두시면 관련 질문이 나왔을 때 쉽게 대답하실 수 있을 거예요.

Topic 03 학생중심 교육과정·수업·평가 혁신

[1] 서울시 교육청 정책

(1) 추진 방향
① 학생 개별 맞춤형 교육 강화를 위한 협력적 교육과정 편성·운영 지원
② 학생 중심 수업혁신을 위한 교사의 '교육과정-수업-평가' 전문성과 자율성 강화
③ 교사의 평가 전문성 함양을 위한 학생평가 거점학교 및 학생평가 현장지원단 운영

(2) 추진 내용
① 학생 개별 맞춤형 교육 강화를 위한 교육과정 운영 지원
 - 신학년 집중 준비 기간 운영을 통한 '교육과정-수업-평가' 계획 수립
 - 교사가 자율권을 가지고 능동적으로 디자인하는 교육과정
 - 학습자 성장과 발달, 환경을 고려한 맞춤형 교육과정
② 학생 삶과 연계한 미래형 수업 운영 다양화
 - AI 활용 학습, 블렌디드 학습, 프로젝트 학습 등 강조
 - 교육과정 재구성을 통한 프로젝트 수업 확대
③ 성장과 발달을 돕는 초등 과정 중심 평가
 - 평가 결과가 다시 학습에 반영되는 순환적 연계 추구
 - 학습의 과정이 곧 평가의 과정
 - 자기 성찰적 평가, 동료 평가 등 다양한 평가 주체 활용

(3) 지원 방안
① 수업나눔 문화 확산 및 수업혁신 역량 강화 지원
 - '수업나눔의 날', '수업나눔 콘서트' 등을 통한 우수 사례 발굴 및 공유
 - 협력과 참여 중심 수업 활성화를 위한 자문단, 현장 지원단 운영 및 핵심 교원 양성
 - 우수 수업 콘텐츠, 수업 자료 나눔 플랫폼 운영
② 교원 전문성 신장 지원
 - 교원 연구 문화 확산을 위한 학교 간 교원학습공동체 운영 및 지원
 - '우리학교 연수원' 등 맞춤형 교원 연수 확대
③ 과정중심 평가 내실화
 - 학생평가 이해를 위한 학부모 연수 지원
 - 원격 및 등교 수업을 위한 과정중심 평가 도구, 학생평가 장학 자료집 개발 및 보급

[2] 경기도 교육청 정책

(1) 추진 내용(역량 기반 교육과정)
① 학생중심 교육과정 운영
 - 학생의 학습 주도성 및 책무성 강화를 통해 주체적 삶의 역량을 기르는 교육과정 운영
 - 학생이 배움이 주체가 되어 고유성과 독특성을 발현하는 교육과정 운영
 - 학생 개개인의 차이와 다양성을 존중하는 교육과정 운영
 - 교과 특성 및 학생의 요구를 반영한 교육과정 재구성 역량 강화
 - 교육과정 전문가 인력풀 구축 및 정책추진단 운영을 통한 현장지원 강화

② 학교교육과정 자율화 기반 확대
- 교육공동체가 함께 참여하는 학교 교육과정 운영, 평가, 성찰, 환류
- 단위학교 교육과정 자율화를 위한 현장 소통 강화
- 학생의 삶을 반영한 교육과정 개발자로서의 교사 역할 확대
- 교사교육과정 내실화를 위한 포럼, 워크숍 운영 및 지역 네트워크 활성화
- 교사교육과정 기반 학교자율과정 실천학교 운영을 통한 우수 모델 발굴

현장 이야기

2차를 준비하시면서 '교육과정-수업-평가-기록'의 일체화라는 말을 정말 많이 듣게 되실 거예요. 교육계에서 가장 강조하고 신경 쓰는 부분이기 때문이랍니다. 학교 현장에서 일하게 된 이후에도 계속 고민하는 문제이지만 늘 가장 어려운 부분이기도 합니다. 평가를 통해 학생의 성취 여부를 포함한 여러 정보를 제공하기 때문에 저는 '평가'가 굉장히 중요한 요소라고 생각합니다. '평가'는 학생이 학습 목표를 수행할 수 있는지를 파악하는 활동이라면 무엇이든 괜찮습니다. 저의 경우에는 '무게 재기'를 평가하기 위해 학생들과 '정확히 계량해 쿠키 만들기' 활동도 해보고, '렌즈의 특징'에 대한 이해도를 평가하기 위해 렌즈의 왜곡을 이용한 '사진 찍기 대회' 활동도 해보았습니다. 교육과정, 수업, 평가를 너무 딱딱하게만 생각하지 마시고 이에 대한 여러분들의 생각을 정리해보시는 것을 추천합니다. 2차 준비는 물론 현장에 나가서도 큰 도움이 되실 거라고 생각합니다.

Topic 04 협력적 독서 인문교육 활성화

[1] 정의
삶 속에서 함께 읽고 토론하고 쓰면서 함께 성장하도록 지원하는 소통과 협력 중심의 독서·인문 교육

[2] 필요성
(1) 공감 능력 신장
① 인물의 감정에 이입하여 문제를 해결해나가는 과정에서 인물에 대한 공감
② 책을 읽고 다른 사람과 이야기 나누는 과정에서 다른 사람에 대한 공감

(2) 의사소통능력 신장
- 책을 읽은 뒤 느낌이나 생각을 다른 사람과 공유하는 과정에서 자신의 의견을 말하고 다른 사람의 의견을 경청하면서 의사소통 능력 신장

(3) 자신의 삶을 성찰
① 전기문 등 여러 인물의 가치관이 담긴 책을 접하며 자신의 삶, 태도 반성
② 자신은 어떤 사람인지 숙고하고 자아 정체성 형성

(4) 간접 경험을 통해 세상을 바라보는 안목 넓힐 수 있음
- 세계 여러 나라 문학 작품 읽는 과정을 통해 문화 다양성에 대해 이해하고, 세계 문제 해결에 기여하는 세계시민으로서의 역량을 신장시킬 수 있음

(5) 언어 지능 향상
① 비유적 표현, 함축적 표현을 읽고 이해하는 능력/ 자신만의 개성이 담긴 방법으로 글로써 표현하는 능력
② 문해력을 기를 수 있음

[3] 활성화 방안
(1) 독서 환경 조성: 학급문고에 학생들의 흥미 반영한 책 구비
(2) 도서관 활용 수업: 도서관을 친근하게 느끼고 독서에 대해 열린 마음을 갖도록 함
(3) 놀이 중심의 독서활동
(4) 독서 · 토론 · 글쓰기 교육 활성화
　① 한 학기 한 권 읽기
　② 독서 토론 교육
　　- 하브루타: 짝 토론과 모둠 토론의 결합을 통한 통합적 사고 촉진, 확산적이고 통합적인 사고력 신장에 초점을 맞춤
　　- 탐구중심의 질문을 통한 문제해결력 신장: 학생 스스로 질문을 만들고, 그 질문을 중심으로 탐구하고 문제를 해결하는 자기주도학습을 경험
　　- 비경쟁적 토론으로 공동체 의식 함양: 모두가 토론에 참여하여 자신의 의견을 자유롭게 표현하고, 상대방의 의견을 존중하는 비경쟁적인 토론을 통해 더불어 성장
　　- 시사점이 있고, 여러 관점에서 토론하기 용이한 책을 활용할 수 있음
　　- 발표에 소극적인 학생들이 단계적 의견 나눔을 통해 의견 제시를 더욱 자신감 있게 할 수 있음.

③ 협력적 글쓰기: 주어진 글이나 문제 상황에 대해 스스로 질문을 갖고, 함께 토론하고 탐색하는 과정을 통해 다양한 생각을 만나며, 자신의 생각을 글로 표현하고 그 결과물을 함께 공유하는 협력 중심 글쓰기

(5) 학생주도 독서 프로젝트 활성화
　① 학생들이 직접 주도하고 기획하는 독서교육 콘텐츠 및 독서프로그램
　② 학생참여 설계를 통한 교육도서관 공간 재구조화

(6) 독서 기반 수업 혁신
　① 독서기반 프로젝트 수업 및 독서기반 교육과정 지속적 연구·개발
　② 온라인 독서교육 활성화

[4] 구체적 독서 활동 예시

(1) 아침맞이 책읽기
　매일 아침마다 둥그렇게 둘러 앉아 교사가 책을 읽어주는 활동. 책을 혼자 읽기 어려워하는 학생들이 책에 흥미와 관심을 갖게 되고, 스스로 독서 하고자 하는 의지를 갖게 됨. 또한 반 학생들 모두가 함께 책을 한 공간에서 읽는 과정을 통해 따뜻한 학급 분위기 형성 가능.

(2) 서로가 읽은 책을 소개해주는 활동
　학생들은 외부 전문가나 교사가 추천해주는 책보다는 자신과 가까운 학급의 친구들이 책을 소개해줄 때 흥미와 관심을 가질 수 있음.

(3) 핫시팅 활동
　학생들은 책 속의 주인공이 되어 다른 학생들의 질문에 답을 하며 책에 더욱 몰입하게 됨. 등장인물의 입장에서 생각해보면서 인물에 대한 이해도 높일 수 있고, 질문을 하는 학생들 또한 내용을 깊이 이해할 수 있음.

(4) 독서 골든벨
　책 내용을 바탕으로 퀴즈를 내고 학생들이 답을 맞히는 놀이기반 독서 수업. 학생들이 이해를 못한 부분이나 쉽게 놓치고 넘어갈 수 있는 부분을 다시 한 번 돌이켜보게 함으로써, 책 내용에 대한 깊은 이해를 도모할 수 있음.

(5) 밑줄독서법
　책을 읽으면서 마음에 드는 구절이나 생각거리를 가져다주는 구절에 밑줄을 긋고 다른 학생들과 나누는 활동. 같은 구절에 밑줄을 그은 친구를 발견하고, 같은 구절을 보고도 다른 생각을 할 수 있다는 것을 알 수 있으므로 더욱 폭넓은 이해가 가능함.

(6) 책 추천 쪽지활동
　학급 문고에 있는 책을 읽고 책 속에서 좋았던 구절, 추천하는 이유 등을 짧게 붙임 쪽지에 적어 책 앞표지에 붙여놓도록 함. 이렇게 함으로써 다른 친구들이 붙여둔 쪽지를 보고 책을 펼쳐보고 싶은 마음 갖게 됨

(7) 나만의 독서 계획표 작성 활동
　① 학생들은 독서 속도 다 다름. 글을 빨리 읽는 학생 있고, 천천히 여러 번 읽는 학생 있음. 교사가 한 달에 몇 권 이상 읽도록 하기 보단 학생들 스스로 독서 계획할 수 있도록 함. 이를 통해 자기주도적 학습 능력 향상

② 독서 계획 세우고 실천하는 과정에서 한 분야의 책만 읽는 등 편협한 독서 습관 개선할 수 있음. 독서 계획표를 보고 학생 스스로 반성하도록 하거나 교사가 조언을 통해 여러 분야의 책을 읽도록 할 수 있음

(8) 독서 노트

독서 노트에 인상 깊은 구절, 인물의 성격, 이야기의 교훈 등 정리하고 싶은 내용을 기록하면서 독서. 책을 읽은 기억이 오래 가고 깊이 있는 이해를 도움

(9) 독서 습관 만들기 프로젝트

학급에서 습관을 들이고 싶은 독서 습관을 토의하고 정해진 기간동안 그 독서습관을 실천하여 습관으로 만드는 프로젝트. 예를 들어 학교에 도착한 후 5분 안에 책을 펼쳐서 1교시 시작 전까지 읽는 습관, 쉬는 시간 10분 동안 집중해서 책 읽는 습관 등을 정할 수 있음

[5] 경기도교육청 독서기반 교육과정 모델 개발 운영

(1) 책 읽는 학교 모델 확산
(2) 독서인문교육공동체 정책 공유 포럼 운영
(3) 독서인문교육정책실행 연구회 운영
(4) 독서기반 교육과정의 지속적인 연구 및 개발·확장
(5) 학교 도서관 기반 독서협력 유형 확대

현장 이야기

최근 학생들의 문해력에 대한 관심이 높아지며 독서교육의 중요성이 더욱 중시되고 있습니다. 독서교육은 문학작품에서는 학생들의 공감능력, 맥락파악능력을 키울 수 있고, 비문학작품에서는 요약 및 정리능력, 독해력 등을 키울 수 있기 때문에 다양한 문제에서 방안으로 제시할 수 있는 교육입니다. 독서교육은 만능답으로 사용할 수 있는 답안이기 때문에 구체적인 실천방안을 함께 제시해야 답변이 설득력있게 느껴집니다. 최대한 다양한 실천 사례를 담으려 노력했으니 취합 및 수정하며 자신만의 답안을 만들어나가시길 바랍니다.

Topic 05 창의성 교육

[1] 필요성
(1) **개인**: 자유로운 자기표현을 통한 자아실현을 위해
(2) **국가**: 우수한 인적자원을 확보하기 위해(인재 배출하여 국가경쟁력을 확보)

[2] 종류
(1) **확산적 사고**: 많은 아이디어를 산출하는 것
   확산적 사고 기법: 브레인스토밍, 마인드맵, SCAMPER 등
(2) **수렴적 사고**: 여러 아이디어 중 좋은 것을 추리거나, 정답을 찾는 것
   수렴적 사고 기법: PMI, 하이라이팅 등

[3] 구현 방안
(1) **학생들에게 다양한 체험 활동과 경험을 제공**
   ① 다양한 경험 통해 기존의 것을 배우고 익힌 후 거기에 새로운 생각을 더하여 나오는 것이 창의력
   ② 오감교육, 감성교육 등 다양한 체험 활동을 통해 학생들이 생활 속에서 많은 것을 배우고 느끼도록 함
      ⇨ 새로운 것을 창출하는 창의성의 기반

(2) **수업시간 중 다양한 창의성 기법을 사용**
   • 관련 교과나 창의적 체험활동 시간에 브레인 스토밍, 마인드맵 등의 다양한 사고 기법을 통해 학생의 확산적 사고를 촉진하고, PMI 기법 등을 통해 학생들의 사고를 정교화할 수 있도록 도움

(3) **허용적인 수업 분위기 조성**
   ① 학생들이 다양한 질문을 하고 자유롭게 대답할 수 있는 교실 분위기를 형성.
   ② 학생들이 수업 중 궁금한 것이 생기면 언제든지 교사나 친구들에게 질문할 수 있게 함, 그러한 질문에 대해 함께 머리 맞대고 생각. 다양한 질문에 대답하면서 나와 타인의 생각이 다르다는 것 인식, 사고의 시평 넓어짐

(4) **실생활과 연계하는 수업**: 실생활 속에서 발견된 문제로부터 시작, 학습 내용 실생활에 다양하게 적용. 학습한 내용을 바탕으로 실생활 문제 해결하는 과정에서 창의성 신장

(5) **교육과정 재구성을 통한 창의적 산출물 메이킹형 교육활동을 수시로 이루지도록 함**
   ① 학생들이 새로운 산출물을 구상하고 제작하고 공유하는 과정에서 창의성을 기를 수 있음
   ② 공동작업에서 협력적 인성도 기를 수 있음

(6) **교과수업에서 문제해결 중심의 수업을 운영**
   ① 복잡하고 다양한, 정답이 없는 문제상황을 탐색하고 해결방안을 도출하는 과정은 학생들의 창의성을 요구
   ② 이를 위해 교과수업에서는 다양한 문제상황을 제시하고, 스스로 탐색과 해결방안 도출하게 하는 교육활동을 하여 학생들의 창의성 기를 수 있음

> **현장 이야기**
>
> 창의성교육은 크게 주목받는다기보다는 이제는 너무나 당연히 추구해야 할 방향입니다. 면접 문제가 아니더라도 수업실연에서 반성적 성찰 문제로 충분히 다루어질 수 있으니, 창의성을 신장하기 위한 방안들은 기억해두시길 바랍니다. 수업실연 때 확산적 발문, 허용적 분위기는 필수입니다. 창의성은 기본적인 지식을 바탕으로 아이디어를 발전시켜나가는 역량이기 때문에 '기본 개념 익히기' 등의 활동들 또한 창의성을 위한 교육이라고 할 수 있습니다. 답안이 생각이 나지 않으면 이런 식으로 논거를 들며 답변을 할 수 있으니 참고해주세요.

Topic 06　기초학력 책임지도

[1] 〈예방〉
(1) 다양한 수준의 개별 수업 자료 준비
(2) 교육과정 상 지난 학년과 연계되는 내용을 함께 복습
(3) 초등학교 입문기 진단 및 한글해득 지도 강화

[2] 〈진단〉 - 개별 학생 맞춤 성장을 위한 다층적·전문적 진단

[3] 〈맞춤형 지원〉 - 학습지원대상학생 부진요인별 지원
(1) **교실안 지원**
　① 학습 공백으로 인한 부진일 경우, 또래 교수를 활용할 수 있음 → 눈높이에 맞는 설명으로 이해도도 높고, 설명해주는 학생도 함께 공부가 됨.
　② 무기력으로 인한 부진일 경우, 진로교육과 연계하여 학습의 필요성을 느끼게 해야 함. 학습에 참여하도록 흥미로운 소재를 활용하거나 놀이 활동을 활용할 수 있음.
(2) **학교안 지원**
　- 방과후 기초학력 보충 프로그램을 운영할 수 있음. 지역마다 다르지만 과목별, 반 별, 활동 별 다양한 프로그램의 기초학력 보충 프로그램 운영이 가능함.

현장 이야기

기초학력 신장은 〈예방-진단-맞춤형 지원〉의 순서로 이루어진다는 것을 기억해두면 좋습니다. 현재 현장에서는 기초학력 진단을 위해 학년 초에 국·영·수 진단평가가 이루어집니다. 이를 통해 과목별 부진 학생을 선별하고 기초학력 지원 프로그램에 참여시키거나 상담을 받도록 돕는 등의 조치를 취합니다. 이를 지원하기 위해 학교 내에서 진행하는 기초학력 지원 프로그램 또는 학교 밖의 지원을 받습니다. 최근 기초학력 보장 관련 직무연수가 많이 늘어나고 있습니다. 기초학력 보장을 위해 무엇을 할 것이냐는 면접 질문이 있으면, 기초학력 교원 전문성 신장 직무연수에 참여한다고 하면 좋은 답이 되겠습니다.
참고로 최근 대부분의 지역교육청에서 기초학력 관련 예산의 비중을 크게 늘려 기초학력 사업 또한 늘어났습니다. 이는 기초학력의 중요성이 대두되고 있다는 반증이기 때문에 이 부분을 자세히 공부해두시면 도움이 될 것이라고 생각합니다.

Topic 07 교원학습공동체

[1] 정의
공동의 가치와 비전을 가지고 함께 연구, 실천, 나눔을 하면서 전문성을 신장시켜 나가는 교원들의 자발적·협력적 학습공동체

[2] 장점
(1) 교원 간 네트워크 구축 및 수업 나눔 문화 확산
(2) 교원 개개인을 넘는 집단지성 발휘 가능

[3] 연구 내용
교육과정 재구성, 수업·평가, 생활교육, 관심 있는 탐구 주제(ex. 문예체 교육, 소프트웨어 교육, 그림책 등)

[4] 종류
학교 내 교원학습공동체, 학교 간 교원학습공동체

학교 안 교원학습공동체 운영 개요			
누가	교원 3인 이상	언제	정기적·주기적인 시간 확보 (교원학습공동체의 날)
어디서	계획에 따른 지정 장소	무엇을	교육과정 재구성, 수업·평가, 생활교육
왜	함께 배우고 성장하기	어떻게	공동연구-공동실천-나눔으로 자율연수 또는 직무연수로 운영

[5] 사례
(1) **학급긍정훈육(PDC)연구공동체** : PDC와 관련한 책을 읽고 생각 나누기, 학생 상담 기법 공유하기, 생활지도와 관련한 고민을 함께 나누고 해결 및 도움 주기
(2) **AI 기반 융합 교육 교원학습공동체** : AI 기반 생활 속 다양한 문제해결 및 컴퓨팅 사고력 교육 나눔, 교과와 연계한 AI 교육
(3) **생태전환교육 교원학습공동체** : 지속가능발전교육, 비거니즘, 환경교육의 가치 공유 및 교육 방법 논의
(4) **스포츠 가치 교육을 위한 연구회(교원학습공공동체)** : 스포츠 가치 교육 확산, 도전·경쟁·공정·공존·평화 등 스포츠 가치 연구, 협력적 인성 함양을 위한 체육수업모형 개발 및 보급

> **현장 이야기**
>
> 교원학습공동체는 최근 면접 문제에 나왔고, 현장에서 쉽게 경험할 수 있는 내용입니다. 실제로 저는 학교 내 교원학습공동체, 학교 간 교원학습공동체 둘 다 참여한 경험이 있습니다. 각각의 공동체는 학급긍정훈육(PDC)과 프로젝트학습에 주제를 두고 연구하는 공동체였는데요, 장점이 아주 뚜렷합니다. 학교에 대한 소속감도 크게 높아지고, 제가 모르는 것에 대해 자유롭게 질문할 수 있어서 전문성 함양에 많은 도움을 받았습니다. 따라서 면접이나, 반성적 성찰 질문에서 전문성 함양이나 교원 간 소통 활성화를 물어본다면 교원학습공동체를 활용하시면 좋겠습니다!

Topic 08 교원 연구 문화 활성화

[1] 목적
(1) 교원의 전문성 및 혁신역량 강화
(2) 코로나 일상 시대의 수업혁신 역량 향상
(3) 교원의 성찰과 재충전 기회 확대

[2] 수요자 맞춤형 연수
(1) **교원 맞춤식 직무연수 운영** : 학교 내에서 수요가 있는 연수를 조사하여 강사 초빙, 컨설팅 장학 제공
(2) **코로나 일상 시대의 교원 연수**
   ① 온라인 수업에 활용되는 소프트웨어, 하드웨어 등에 대한 연수 적극적 지원
   ② 첨단 연수환경을 갖춘 연수실과 온라인 영상을 통한 연수

[3] 구체적 사례
(1) **교사와 개발자가 알기 쉽게 설명하는 에듀테크 활용법**
   - 서울학생을 위한 원격교육 플랫폼인 뉴쌤 등 공공플랫폼
   - 공공플랫폼을 보완할 수 있는 다양한 국내 민간 교육기술 도구
   - 메타버스·AI 관련 새로운 기술을 적용한 수업 도구

   > ◐ 메타버스 : 가상과 현실이 융복합된 디지털 세계

(2) **꿈을 담은 교실 컨설팅 연수**
   - 꿈실 실제적 운영 사례 소개
   - 꿈실 계획서 및 보고서 검토
   - 꿈실 관련 Q&A 질의응답

(3) **교실 내 위기 학생 이해와 문제 해결을 위한 교사 연수**
   - 시급하게 해결해 주어야 할 학교 현장의 문제에 대한 자문 역할
   - ADHD 아동들의 특징, 교사들의 지도 방법, 가정 및 학교 연계 지원 방안
   - 코로나19로 발생한 교육격차 해결

(4) **교육적 성장이 있는 '저경력교사 맞춤형 멘토링'**
   - 저경력 교사 맞춤형 멘토링 계획 수립
   - 교육활동 역량 신장을 위한 맞춤형 멘토링 운영

(5) **교원 성장단계별 핵심역량 강화** : 미래형 핵심역량 개발, 성장단계별 역량 강화

현장 이야기

현장에서 요즘 선생님들이 관심 있게 참여하는 연수 주제 중 하나는 생태전환교육, 지속가능발전교육, 자연친화교육 등 환경교육과 인공지능, 소프트웨어교육, 코딩교육 등 스마트교육이 있습니다. 이러한 연수를 통해 다양한 분야에 대해 전문성을 키울 수 있고 이는 자연스럽게 학생 교육 활동과 이어집니다. 본인이 전문성을 개발하고 싶은 분야는 어떤 분야인지 생각해보고, 면접에서 선생님께서 생각한 바를 자신 있게 말해보세요!

III 과학정보부

Topic 01 메이커 교육

[1] 정의
(1) **메이커 교육**: 학생 스스로 상상하고 생각한 것을 디지털 기기와 다양한 도구를 사용하여 직접 제작하고, 그 과정에서 획득한 지식과 경험을 다른 사람과 공유하도록 이끄는 과정 중심의 미래형 프로젝트 교육

(2) **메이커**: 디지털 기기와 다양한 도구를 사용한 창의적인 만들기 활동을 통해 자신의 아이디어를 실현하고, 만든 결과물과 지식, 경험을 공유하는 사람

(3) **메이커 운동**: 필요한 물건을 만들며 살아온 인간 본능과 첨단 디지털 제작기술, 공유문화 등이 만나 새로움을 만들고 확산시키는 운동

새롭지 않은 것		새로운 것		메이커 운동
오랜 인류 역사 속에서 생활의 필요에 의한 개인 DIY 활동	+	공유문화, 디지털 기술, 메이커 스페이스 등 발전된 기술 환경	=	새로운 것과 새롭지 않은 것이 합쳐져 새롭게 형성된 대중문화

(4) **3요소**: 창작 활동, 창작자, 창작 공간 또는 공동체

(5) **특징**: 나의 가치 발견, 타인과 소통 및 집단 지성을 통한 더 나은 발견, 결과물 공유

[2] 필요성
(1) 우리 주변의 문제를 발견하고 스스로 해결하는 과정에서 문제해결력을 기름
(2) 문제해결의 과정에서 시행착오를 반복하며 끊임없이 도전하는 도전정신을 기름
(3) 상상하고 사고하는 과정을 통해 창의적 사고 역량을 함양
(4) 공유와 협력의 과정을 통해 의사소통역량, 공동체 의식을 함양

[3] 교사의 역할
(1) 기본적인 도구의 사용방법 및 안전 수칙 교육
(2) 학생들이 스스로 주변의 문제를 발견할 수 있도록 질문 제공 및 학생 간 소통 촉진
(3) 메이킹 과정에서 시행착오는 자연스러운 것임을 알려주고 격려

[4] 교육 사례
(1) **안전한 우리 학교 만들기**
  ① 학교 공간을 살피며 위험 요소 발견하기
  ② 위험 요소를 없애는 방법 생각해 적용하기/ 위험 요소를 알리는 포스터 만들기

(2) 내 주변의 공기질 높이기
   ① 공기청정기의 원리 및 구조 이해하기
   ② 전선 연결 방법 알아보기
   ③ 공기청정기 구상 및 설계하기
   ④ 공기청정기 제작하고 발표하기

> **현장 이야기**
>
> 메이커 활동에 있어 가장 중요한 것은 문제를 발견하고 창작을 통해 해결하는 것입니다. 만들기 그 자체보다는 문제해결의 전 과정을 학생들에게 경험하게 하는 것이 활동의 주된 목적이며, 일반적인 공작 활동과 가장 구별되는 특징입니다. 일부 학교에서는 '메이커 스페이스'를 마련하여 메이커 활동을 하기도 합니다. '메이키 메이키' 등을 이용해 소프트웨어를 활용하거나 '3D 펜'같은 새로운 도구를 활용하기도 하지만 꼭 화려하고 새로운 도구를 활용하는 것이 메이커 교육은 아니랍니다. 예를 들어, 우리 학교 공간을 개선하는 아이디어를 내고 우리 주변의 재료로 모형을 만들어보는 것도 메이커 활동이 될 수 있답니다.

Topic 02 미래 사회를 대비한 미래 교육

[1] 미래사회

미래사회	미래학교	미래 대비 교육	미래학생	미래교사
빅데이터, 지식의 홍수, 직업세계의 변화, 인공지능의 실생활화	재택수업, 영상수업, 교실의 확장, 무학년제	컴퓨터 활용 교육, 메이커 공방 교육, 진로교육, 협업체험, 프로젝트 수업	멀티미디어 활용능력, 소프트스킬, 통합적 사고, 의사소통능력, 문제해결능력, 창의력, 인성, 협업능력, 지식디자인	가이드, 조력자, 코치, 파트너, 동반자

[2] 대비 방안

(1) 소프트웨어 교육
① 앞으로 없어질 직업의 대부분은 사람의 단순노동과 관련된 것일 수 있음
② 컴퓨터 활용 기술이 필요한 직업은 더욱 늘어날 것이기 때문

(2) 인성교육
① 새로 생겨날 직업의 대부분은 다양한 기술을 가진 집단의 사람들이 융합적, 협력적으로 함께 일을 할 수 있을 때, 더 우수한 산출물이 나올 수 있는 것들
② 언제라도 누구와 협력적으로 소통, 공감할 수 있는 인성교육 필요

(3) 메이커교육
① 미래 사회 직업들은 단순 기술, 지식 습득하고 산출하는 것보다, 새로운 것을 창출하는 직업일 것
② 따라서 자신이 창의적인 생각을 바탕으로 새로운 산출물 계획하고 창작하는 메이커 교육 실시해야 함
  * 학생 스스로 생각한 것을 디지털 기기와 다양한 도구를 사용하여 직접 제작하고 그 과정에서 얻은 지식과 경험을 공유할 수 있도록 해야 함

(4) 진로교육
① 미래에는 평생 하나의 직업을 가지는 것이 아니라 서너개의 직업을 가지는 것이 보편적일 것임
② 자신이 갖고 있는 모든 재능과 가능성, 흥미를 이해하고 찾을 수 있는 진로교육을 어려서부터 해주어야 함

(5) 철학교육
① 미래사회에서는 인공지능은 갖지 못하는 인간의 사유능력이 더욱 돋보일 것임.
② 스스로 끊임없이 사고하고 질문하고 답하는 과정을 거치며, 급변하는 세상을 견뎌낼 수 있는 자신만의 철학을 가진 사람이야말로 미래인재라고 할 수 있음.

(6) 미래형 과학 교육 기반 조성
- 탐구·창작·토론이 가능한 학교 내 다양한 융합형 공간 활용
- 학교안 전문적 학습공동체를 통한 다양한 융합 수업 모델 설계·운영
- 실생활 중심 학생의 자기주도적 융합교육 참여 확대 (교과 연계 주제 중심 융합 프로젝트 교육과정 운영 활성화, 학생 주도 융합형 동아리 운영 활성화 등)

현장 이야기

교육은 미래사회를 살아갈 학생을 대상으로 하기 때문에 미래사회에 대한 고민은 항상 할 수밖에 없습니다. 하루가 다르게 변하는 세상 속에서 변하지 않는 가치를 학생들에게 어떻게 전해줄 수 있을지, 변하는 세상에 적응하려면 어떤 능력을 신장시켜주어야 할지 스스로 꼭 생각해보세요. 미래교육에 대한 답안은 극과 극으로 다를 수 있습니다. 미래사회의 '기술'을 위해서 소프트웨어 교육 및 AI 교육 등이 실시되어야 한다고 할 수 있지만, 미래사회의 '가치'를 위해 스스로 사유할 수 있도록 하는 독서·토론 등의 교육들도 필요합니다. 이 부분을 고려하여 적절하게 답변을 배분해서 한다면 더욱 기억에 남는 답안이 될 것입니다.

Topic 03 스마트교육

[1] 정의
스마트교육은 21세기 학습자 역량 강화를 위한 지능형 맞춤 체제로, 교육 환경, 교육 내용 교육 방법 및 평가 등 교육체제를 혁신하는 동력

(1) **Self-directed**: 교사 주도적인 교육과정 구성에서 학생 스스로 학습을 계획하고 수행하는 자기주도적 학습 지향
(2) **Motivated**: 정형화된 교과서 강의식 수업에서 다양한 활동, 콘텐츠를 활용한 체험 기반의 학습 지향
(3) **Adaptive**: 1과목 단일과정의 획일적인 수업에서 학생 개별의 수준과 적성을 고려한 유연하고 개별화된 학습 지향
(4) **Resource Enriched**: 서책형 교과서 위주의 교육에서 디지털 콘텐츠 및 온라인 학습과정을 활용한 풍부한 교육 콘텐츠 활용 학습 지향
(5) **Technology Embeded**: 교실, 집으로 국한된 교육기회에서 언제 어디서나 동일한 학습환경 조성의 기술 기반의 학습 지향

[2] 필요성
(1) **미래사회에 필요한 인재 육성**
 미래 사회에는 급변하는 기술로 인한 다양한 스마트 기기를 활용하는 교육 필요

(2) **교수학습자료의 다양화**
 학생들의 특성에 맞게 영상과 같은 다양한 자료를 사용함으로써 풍부한 학습경험을 제공할 수 있음

(3) **시공간을 초월한 학습 가능**
 직접적인 체험이 불가능한 내용을 간접적으로 체험할 수 있게 도와줌

[3] 교육 방안
(1) **스마트기기 사용방법 안내**
 스마트패드, VR 등의 스마트기기를 이용하는 방법 교육

(2) **스마트기기 사용 시 규칙 제정**
 수업 시간과 관련된 것만 사용하기, 폭력적인 매체 사용하지 않기

(3) **수업 중 스마트기기 사용하여 자료 찾기 활동**
 사회 google earth, 수학 원의 넓이 어플, 과학 몸의 구조

(4) **수업 기법적인 측면에서 사용**
 (예 : 미러링 통해 학생들의 활동 촬영하여 한 번에 볼 수 있도록 함으로써 효율적인 시간 운영)

[4] 유의점
(1) 수단과 목적이 뒤바뀌는 가능성 → 학습목표를 명확하게 제시 및 이해
(2) 교사의 전문성 부족 → 스마트 교육 관련 교사협의회 마련, 교사연수
(3) 학습자의 능력 차이 → 학습자의 흥미와 특성을 반영한 스마트 교수·학습 설계

[5] 소프트웨어 교육

(1) 필요성
① 4차 산업혁명 시대에 필요한 핵심역량을 갖춘 미래 시민 육성
② IT 인프라가 있는 곳이면 어디든 양질의 교육을 받을 수 있음 → 지역의 편차로 발생하는 교육의 불균형 문제 해소, 교육의 효율성을 높일 수 있음
③ 가상현실과 증강현실의 열풍, 체험의 기회 부여
④ 스마트폰을 교실로 옮겨옴 (체계적인 학습 관리 기능 제공 → 자기주도적 학습습관 형성)

(2) 지도 방안
① 체험과 놀이 활동 중심으로 문제해결 방법을 배우게 함.
② 교구 활용 교육 (실생활의 유용한 도구를 만들어 로봇 원리 이해)
③ 스마트폰을 교실로 옮겨옴 (체계적인 학습 관리 기능 제공 → 자기주도적 학습습관 형성)

(3) 효과
① 컴퓨팅 사고력 ② 논리력 ③ 문제해결력 ④ 창의적사고 ⑤ 협동심 ⑥ 자기주도성

[6] 디지털 리터러시

디지털 정보에 대한 이해력과 비판적 사고력을 바탕으로 디지털 정보를 자신의 목적에 맞게 활용할 수 있는 능력

(1) 역량
① 정보처리능력
  - 자신에게 필요한 정보 찾고, 목적에 맞게 활용할 수 있는 능력
  - 미래에는 지식과 기능을 습득하는 것보다 자신의 목적에 맞게 처리하고 활용하는 능력 중요
    교육방안 → 스마트 교육, 디지털 기기 활용한 교과 수업.
② 비판적 사고력
  - 학생들이 디지털 정보를 있는 그대로 수용하는 것이 아니라 정보의 정확성, 사실성에 대해 사고하여 선별적으로 정보를 받아들일 수 있는 역량
  - 미래의 정보 홍수 사회에서는 다량의 정보가 만연. 이에 정보를 선별적 수용하는 능력 중요
    교육방안 → 신문 활용 교육, 독서 교육
③ 자기주도적 학습 능력
  - 자신이 필요한 것이 무엇인지 알고 자발적, 주체적으로 정보 탐색하고 활용하는 능력
  - 과제를 수행함에 있어서 자신의 목적에 맞게 효과적으로
    교육방안 → 프로젝트 학습: 자신이 주제 설정, 계획, 탐구하는 학습, 메이커 공방교육, 디지털 기기 활용한 메이커 교육

(2) 구체적인 방안
① 디지털 리터러시는 전교과에 걸쳐 통합적으로 교육
  - 디지털 리터러시는 글을 읽고 쓰고 소통하는 능력에서 시작되기 때문
  - 따라서 전교과에서 이루어지는 독서교육, 글쓰기활동, 토의토론학습 등을 이용하여 디지털리터러시의 기반을 다짐
② 프로젝트학습, 문제해결학습 등의 학생중심수업
  - 문제를 해결하는 과정에서 디지털 기기를 활용하여 다양한 정보를 처리하고 목적에 맞게 활용하

           는 역량을 기를 수 있음
        ③ 가정과 연계
           - 함께 책 읽기, 학생들의 질문의 답에 대해 인터넷으로 함께 찾아보기
        ④ 신문 활용교육
           - 지식을 단순히 받아들이는 것이 아니라 비판적 창의적으로 받아들임
        ⑤ 저작권보호 등의 정보윤리교육
           - 디지털 정보를 수집하고 활용할 때 지켜야하는 시민적 자질인 디지털시민성을 길러주어야 함
           - 올바른 민주시민으로서 디지털 리터러시를 함양할 수 있음

[7] 디지털 시민성

(1) **정의**: 디지털 기반 네트워크로 연결된 사람들 간의 가져야 할 시민적 소양으로서 디지털 자원의 생산, 공유, 활용 과정에서 요구되는 시민으로서의 자질

(2) **교육방안**
    ① 정보 통신 윤리 교육
       - 다른 사람의 저작권 보호, 존중
       - 자신의 정보 보호할 줄 아는 것
    ② 학급 누리집을 이용한 지속적이고 실천적인 교육을 실시
       - 디지털 시민성은 지식 위주로 배워 습득되는 것이 아니라 실천하면서 내면화되는 것
       - 학급 누리집에서 서로 릴레이 칭찬을 하거나, 지나친 비속어 은어 사용 안하는 등의 작은 실천 습관화
       - 이러한 작은 실천이 습관화된다면 디지털 시민성의 기초가 됨
    ③ 인성교육
       - 디지털 시민성은 다른 사람을 배려하고 존중하는 바른 인성에서부터 시작됨
       - 교육활동 전반에 걸쳐 인성교육 실시해야 함
    ④ 가정과 연계
       - 학부모 대상 디지털 시민성 교육을 실시
       - 가정에서도 학생이 디지털 시민성 역량 지속적, 일관되게 함양할 수 있도록 협조 요청

(3) **경기도 교육청의 인터넷 중독 예방교육 지원**
    - 기존의 인터넷 중독 예방교육 지원에서 나아가 교육공동체 대상(학생, 학부모, 교원)별 맞춤형 자료 개발 및 보급
    - 인터넷 과의존 예방 및 치유를 위한 유관기관과의 협조 체제 강화

[8] AI 기반 융합교육

(1) **필요성**
    ① 첨단 과학정보기술을 포용하고, 인간의 존엄성 및 감성을 이해·공감할 수 있는 미래지향적 인재 필요
    ② 미래혁신 역량을 갖춘 자기주도적 인재 필요
    ③ 사회 취약계층의 교육격차 해소 등 교육복지 확대 및 학생 개별 맞춤형 교육 실현 요구 증가

(2) 목적
① 인공지능(AI) 기반 융합 미래 교육 기회 제공
② 컴퓨팅 사고력, 실생활 문제해결 및 인공지능(AI) 윤리·디지털 리터러시 교육 강화
③ 사회 취약계층의 기초학력 보장 및 교육격차 해소 등 교육복지 확대

(3) 서울시교육청 중점과제
① AI 기반 융합 교육을 통한 공교육 혁신
  - 미래 핵심역량 중심 교육과정 운영
    • 초등학교: 학생의 흥미 유발 및 자기 주도적 학습을 위한 AI 관련 언플러그드 활동 기반 놀이·체험 중심 초등 교육과정 운영
  - AI 핵심교과 및 진로교육을 내실화한 교육과정 재구성
  - 학생이 자유롭게 도전하는 자기주도적 학습환경 조성
  - 학부모 AI 융합 미래교육 이해 및 참여 지원
② AI 기반 맞춤형 교육 및 교육격차 해소
  - 학생의 학습 습관 및 오답을 점검하는 AI 프로그램을 이용하여 학생 개별 맞춤형 성장 지원 가능
  - AI 튜터 활용하여 취약계층 맞춤형 책임교육 강화
③ AI 기반 초개인화 교육환경 조성

[출처: 서울시 교육청 교육혁신과 인공지능(AI) 기반 융합 혁신미래교육 중장기 발전 계획]

(4) 경기도교육청의 소프트웨어·인공지능 활성화 지원
- 인공지능교육 선도학교(90교) 역할 강화 (다양한 수업모델 개발 및 우수 사례공유, 정보(SW·AI) 교육 활성화 지원단 지역별 운영, 교원 및 학부모 대상 '인공지능 왜? 어떻게?' 웨비나 운영, 콘텐츠 공유
- 교육대학원 연계 인공지능 융합교육 교사 역량강화
- SW·AI교육 지원 센터 구축
- 4차 산업혁명 기술을 학교 교육과정, 교육방법 및 평가, 교육환경에 적용하는 정책 수립

> **현장 이야기**
>
> 스마트 교육은 사실 여러분이 생각하는 것처럼 단편적으로 스마트 기기를 사용하는 교육이 아닙니다. 그저 스마트 기기를 사용하기만 하면 큰 효과를 이룰 수 있는 것이 아니기 때문에, 단순히 스마트 기기를 사용하는 교육이라고 생각하고 답변하면 위험할 수 있습니다. 다양한 매체와 컨텐츠를 사용하되 그 것이 학생들의 자기주도적 학습 능력을 향상시키는 데 도움이 된다거나 개별화된 학습을 가능하게 한다는 장점이 있어야 한다는 것을 강조하며 답변하길 바랍니다.

Topic 04 생태시민 육성을 위한 생태전환교육

[1] 정의
기후위기 비상시대, 인간중심적 사고에서 벗어나 인간과 자연의 공존과 지속가능성을 위해 개인의 생각과 행동, 그리고 조직문화 및 시스템까지의 총체적 변화를 추구하는 교육 (교과연계 생태환경교육, 동물·생명교육, 마을결합형 교육, 학교 협동조합, 사회적 경제 교육 모두 포함 가능한 개념)

[2] 과거 환경교육과의 차별점
단순 체험 위주로 이루어졌던 과거의 환경교육과는 달리 생태전환교육은 보다 학생들의 삶에서 경험하고 실천할 수 있는 것 위주로 이루어지고 있음 (예: 환경보호 포스터 그리기, 자원절약 캠페인 → 교내 쓰레기 줍기, 분리배출 올바르게 하기 등)

[3] 생태전환교육의 필요성
(1) 2050 대한민국 탄소중립 선언
(2) 「지구온난화 1.5 °C」 IPCC(기후변화에 관한 정부간 협의체) 1.5 °C 특별보고서
(3) 전 세계 과학자들의 기후 비상 경고
(4) 전 지구에서 발생하는 전례 없는 기상이변 현상
(5) 폐기물 발생량 증가 및 지구 환경 지속가능성 문제 야기
(6) 플라스틱으로 인한 심각한 해양오염 및 생물의 건강 위협 문제 대두
(7) 국가 지속가능발전목표(K-SDGs: Korean Sustainable Development Goals)

[4] 학교 현장에서의 생태전환교육을 위한 노력
(1) 환경에 관심을 가질 수 있는 소재를 교육과정과 연계
(2) 생태전환 실천 의지 확산을 위한 생태학급(동아리) 운영
(3) 생태전환교육 실행 및 나눔을 위한 학교 간 교원학습공동체 운영
(4) 생태전환교육 역량강화 연수
(5) 생태행동을 실천하는 조직문화 전환
   - 일회용 화장지 대신 손수건 사용
   - 새 종이 대신 재생 용지 사용
   - 종이 없는(paperless) 업무환경 구축(회의 시에 종이가 아닌 태블릿, 노트북 활용) 등

[5] 생태전환교육의 구체적 사례
(1) 채식 급식
   - 2021년부터 서울 시내 모든 학교는 한 달에 2차례 '그린 급식의 날'(채식 식단 제공) 운영
     - 지나친 육식 위주 식습관이 기후 위기의 주원인이므로 육식 섭취를 줄이는 식습관을 실천하는 급식 문화를 조성하기 위함
     - 생태전환교육 중점·선도학교 23곳에서는 '그린바'를 설치해 채식 식단만 따로 선택할 수 있게 하는 '채식선택제'를 시범 운영 중이며 서울시교육청에서는 채식선택제를 확대할 예정

(2) 생태 동아리의 활동
- 학교 및 학교 일대 지역 플로깅하기
  - 플로깅: 조깅을 하면서 길가의 쓰레기를 수거한다는 뜻의 신조어로 스웨덴에서 2016년에 처음 시작됨
- 학교 텃밭 가꾸기
  - 학교의 텃밭을 동아리 학생들이 힘을 모아 가꾸고 이를 수확하고 판매하여 수익금 기부

(3) 몽땅 크레파스 재활용 나눔 활동
더 이상 사용하지 않는 몽땅 크레파스를 학교·지자체에서 모아 재활용 과정을 거쳐 새 크레파스로 제작 후 기부

(4) 지자체, 기업, 환경단체와 함께하는 블루우체통
- 2020년 강동구에서 기업 및 환경단체와 업무협약을 맺고 주민과 학생들을 대상으로 블루우체통을 설치하여 폐칫솔을 모으고 학생들을 위한 줄넘기로 업사이클링(업그레이드(Upgrade)+리사이클링(Recycling))되어 강동구 학생들에게 기부됨

(5) 학교와 가정에서 실천할 수 있는 생태전환운동 미션 만들기
- 1달에 1번 날을 정해서 학교와 가정에서 환경을 지키는 활동을 미션처럼 정해서 수행하는 것. 회를 거듭할수록 미션의 가짓수를 늘려갈 수 있음.
  - 하루 동안 학교·가정에서 일회용품 쓰지 않기
  - 사용하지 않는 전기제품 플러그 바로 바로 뽑기
  - 가족과 함께 플로깅 산책하기 (산책+쓰레기 줍기)
  - 1시간 동안 전등과 전자제품을 끄고 가족끼리 한데 모여 이야기하는 시간 갖기 등

(6) 교육과정 재구성을 통한 프로젝트 수업 (출처: 서울교육 웹진 2021 여름호 (243호), 서울 염리초등학교)
- 전교생을 대상으로 생태전환교육 운영을 위해 '탐·험·대 (탐구-체험-연대)'란 이름으로 학교교육계획을 수립
- 총 교과시수의 10%(1·2학년군 88시간, 3·4학년군 98시간, 5·6학년군 110시간)를 확보하여 운영하되 학년별로 생태환경에 대한 다양한 흥미와 호기심을 자극할 수 있도록 발달 단계별 차별화된 콘텐츠를 제공

현장 이야기

최근에는 '친환경'을 넘어 '필환경'('반드시 필(必)'과 '환경'의 합성어로 필수로 환경을 생각해야 한다는 의미, 네이버 어학사전 오픈사전)으로 가야한다는 목소리가 학교 현장에서도 높아지고 있습니다. 이에 따라 생태전환교육 선도학교가 아니더라도 생태전환교육은 학교에서 필수적인 교육이 되었습니다. 학교 선생님들과 학생 모두 일회용품 사용과 에너지 사용을 줄이기 위해 동참하며 교내에 생태 동아리가 만들어지기도 하고 지자체들과 협력하에 생태전환교육을 실시하기도 합니다. 위의 사례들은 지면의 한계로 간단히 기록해둔 것이니 '서울교육 웹진'이나 '생태전환교육' 대한 사례를 통해 꼭! 다시 한 번 확인해 보시면 좋겠습니다.

Ⅳ 문화예술진로체육부

Topic 01 학교예술교육 활성화

[1] 의의
(1) 학생들의 소질과 재능을 발견하는 계기가 되어 진로교육으로 연계 가능
(2) 작품에 대한 감상 공유, 작가에 대한 이해를 바탕으로 공감 능력을 배양
(3) 예술 작품을 매개로 생각을 공유하고 다양한 의견을 수용하며 안목을 기름
(4) 직접 예술 활동에 참여하며 감성, 협력적 인성 등을 함양
(5) 학생들의 예술에 대한 접근성을 높임

[2] 서울시교육청의 지원 사례
(1) **교육과정 연계 학교예술수업 지원**
   - 학교 교육과정과 연계한 학교 예술강사(아르떼) 예술강사 협력 수업 지원

(2) **학생 중심 예술 동아리 지원을 통한 맞춤형 예술교육 기회 확대**

(3) **학교가 선택하는 다양한 문화예술교육 지원**
   - 지역 연계 학교예술교육 프로그램 다양화
   - 공연예술기관과 연계해 학교로 찾아가는 예술교육 활성화(문화소외지역 학교의 체험 기회 제공)
   - 찾아가는 미술관(도슨트) 활동 지원

(4) **학교예술교육을 위한 교원 역량 강화 연수 지원**

(5) **일상에서 즐기는 악기교육 활성화**
   - 「서울학생 악기하나」정책을 통해 악기 교육 및 악기 구입비 지원

(6) **일상 속 예술을 위한 비대면 학교예술교육 지원 강화**
   - 학교예술 콘텐츠 보급 및 학교예술교육 유튜브 채널 「예술樂Knock」운영 활성화

[3] 경기도교육청의 지원 사례
(1) **학교 안과 밖의 예술교육 연계 경기학교예술창작소 운영**
   - 융합예술체험 중심 창의예술 교육프로그램 운영 (초·중·고, 대안학교 학급 및 동아리, 초등 연령대의 학교 밖 청소년 대상으로 하는 융합예술교육 프로그램 및 온라인 콘텐츠 개발 및 보급)
   - 지역예술가 협력 지역연계 교육프로그램 운영(초·중·고, 대안학교 학급 및 동아리, 초등 연령대의 학교 밖 청소년 대상으로 하여 지역의 특색, 문화, 전통, 역사 등의 내용을 반영하고 마을 자원을 활용한 프로그램 개발)

[4] 초등학교 사례

(1) 1인 1악기
- 초등 현장에 가장 많이 도입되어 있는 학교예술교육
- 리코더, 오카리나와 같이 접근하기 쉬운 악기를 활용하거나 교육청의 악기 지원 사업을 활용해 바이올린, 첼로 등 다양한 악기 교육을 시도할 수 있음
- 모든 학생이 꾸준히 하나의 악기를 배우는 과정에서 성취감을 경험함
- 쉬는시간, 놀이시간 등의 자투리 시간을 활용할 수 있음

(2) 지역 미술관 활용
- 찾아가는 미술관(도슨트)을 활용하여 교내에서 미술 작품을 감상할 수 있는 기회 제공
- 코로나19 이후 미술관에서 제공하고 있는 온라인 예술교육 자료를 활용

> **현장 이야기**
>
> 예술교육을 할 때는 지역사회 자원을 잘 활용하는 것이 매우 중요합니다. 요즘 학교 현장에서는 우리 지역에 있는 전문가를 강사로 초빙하거나 지역의 미술관, 공연예술기관과 협력하여 학교예술교육에 힘쓰고 있어요. 학교예술교육에 대한 답안을 떠올릴 때 '지역사회' 또는 '마을 연계'를 절대 놓치지 마세요!

Topic 02 협력종합예술활동

[1] 정의
한 학기 이상 교육과정 내 종합예술활동(뮤지컬, 연극, 영화 등)에 학급의 모든 학생들이 역할을 분담하여 참여하고 발표하는 학생 중심 예술 체험 교육 활동

[2] 도입 배경
(1) OECD 교육지표 상 우리나라 학생들의 '타인에 대한 배려', '사회적 상호수준' 최하위
(2) 학부모, 교원 의견 수렴 결과 인성교육 지원 방안으로 '문화예술교육'이 대두

[3] 지원
(1) 교원예술교육역량 강화 연수, 워크숍 진행
(2) 교육과정 연계 아르떼 학교예술강사 지원
(3) 비대면 예술교육 콘텐츠 개발 및 보급

[4] 초등학교 사례
(1) **협력종합예술실 마련**
   교내에 협력종합예술실을 마련하여 학생들이 꾸준히 연습할 수 있는 환경을 구축

(2) **창의적 체험활동 시간을 활용한 협력종합예술활동**
   - 창의적 체험활동 시간에 외부 강사를 초빙해 주 1회 이상의 협력종합예술 활동을 진행
   - 저학년의 경우 놀이 중심(역할 놀이, 마임놀이, 책놀이)의 활동으로 진행하고 중학년 이상에서는 무대 상연을 목표로 연극이나 뮤지컬 작품 하나를 꾸미는 경우가 많음
   - 창체 동아리 시간을 통해 학급 동아리 활동의 일환으로 협력종합예술활동 도입도 가능

(3) **교육과정 재구성을 통한 협력종합예술활동**
   - 협력종합예술활동을 위해 따로 시수 확보가 어려운 경우, 교육과정 재구성을 통해 수업 시간에 협력종합예술 활동을 시도할 수 있음

현장 이야기

협력종합예술활동은 현재 중학교를 중심으로 도입되고 있어요. 하지만 학교예술교육을 강조하는 흐름에 발맞춰 초등현장에도 연극교육과 같은 협력종합예술활동이 조금씩 도입되고 있으니 이 용어도 잊지 말고 함께 기억해두세요. 보통 창의적체험활동 시간을 활용하거나 국어 교과와 연계하여 수업이 이뤄지는 경우가 많답니다. 협력종합예술활동은 보통 교육과정과 연계하여 진행되니 이 부분도 함께 기억해두시면 좋을 듯 합니다.

Topic 03 성평등 교육 및 성폭력 예방 교육

[1] 개념
(1) **성평등** : 남성과 여성의 차이 및 다양성을 인정하고, 차별없이 동등한 권리를 지니는 것

(2) **성평등 교육**
- 인간의 '성(性)'에 대한 전반적인 지식을 학생들이 익힐 수 있도록 하는 모든 교육 활동
- 성에 대한 지식을 바탕으로 학생들에게 성평등에 대한 개념과 필요성 등 전반적인 지식을 교육하는 것

(3) **성폭력 예방 교육** : [양성평등기본법]에 근거한 성희롱 성폭력 및 이에 따른 2차 피해 등의 성폭력 범죄가 발생하지 않도록 실시하는 교육

[2] 중요성
(1) 성에 대한 올바른 지식을 습득하고 이를 통해 분별력 있는 성인지감수성을 지니는 것이 매우 중요
(2) 성폭력은 학생의 올바른 성장 및 성 가치관 정립을 방해하고, 신체 및 정신에 심각한 피해를 입히기 때문에 범죄를 예방하기 위한 교육이 필수적임

> ◐ **성인지감수성** : 남녀 성별 간 불균형에 대해 이해하고 이에 대한 지식을 갖춰 생활 속에서의 성차별적 요소를 감지해 내는 민감성. 좁은 의미에서는 성범죄 사건 등에서 피해자가 처한 상황을 피해자의 맥락과 눈높이에서 이해하는 것을 말함

[3] 교사의 역할
(1) **역량 강화**
- 교사 전문성 향상 직무연수, 교직원 성희롱/성폭력/성매매 예방 교육, 학교로 찾아가는 교직원 대상 성폭력 예방 교육, 교원학습공동체 등 다양한 방법으로 교육 역량 강화
- 교사 스스로 성인지 감수성을 높이기 위해 평소 독서, 연수 이수 등의 노력이 필요

(2) **교육**
- 일상생활 속 사례와 연관지어 학생들의 경각심 고취 및 이해도를 높임
- 시·도교육청 누리집, 성교육 관련 전문 기관 누리집 등의 교수·학습 자료를 적극 활용

(3) **매뉴얼 숙지**
- 교내 성폭력 상황 발생 시 신속하고 올바른 대처를 위해 신고 매뉴얼 상시 숙지

(4) **관찰 및 상담**
- 학생에 대한 세심한 관찰을 통해 사전 징후를 감지할 수 있도록 해야 함
- 꾸준한 상담을 통해 학생들의 심리 상태를 상시 파악하고 있어야 함

[4] 사이버 성폭력
(1) **개요**
정보통신기기의 발달로 사진, 영상, 소셜 네트워크 서비스 등 디지털 환경에서 일어나는 성폭력의 사례가 급증

(2) 문제점
① 광범위한 범위에서 일어나기 때문에 피해 정도를 가늠하기가 어려움
② 주 범죄자가 누구인지 알아내는 것에 어려움이 있음
③ 피해자와 피의자 중 다수가 미성년자이기 때문에 더욱 심각성이 큼

현장 이야기

최근 이슈가 되었던 '딥페이크'(인공지능을 활용하여 인간의 이미지를 합성, 형성하는 기술)는 실제 학생들이 다룰 수 있는 프로그램입니다. 딥페이크가 악용되면서 성희롱, 디지털 성폭력 등으로 이어지는 사례들이 최근 급증하고 있습니다. 어린 학생들은 개인정보에 대한 개념이 아직 잡혀있지 않아 SNS 등에 자신의 개인 정보, 사진 등을 올리는 경우가 많아요. 틱*, 릴* 등 학생들 사이에서 유행하는 SNS는 더 그러합니다. 때문에 디지털 성폭력 범죄에 노출될 확률이 더 높습니다. 범죄에 노출될 경우 대처도 미흡하기 때문에 사전 조기 예방 교육이 꼭 필수입니다. 만약에 발생하였을 경우에도 올바르게 대처할 수 있도록 교육하는 것이 중요해요.

---

(3) 교사 역할
① 주기적인 정보통신윤리 교육을 통하여 디지털 환경에서 지녀야 할 도덕적 인성을 함양할 수 있도록 함
② 사이버 성폭력은 자신도 모르는 사이에 피해자 또는 가해자가 될 수 있기 때문에 구체적으로 어떤 사례들이 해당할 수 있는지 사례 중심으로 지도
③ 학생들이 올바른 성인지 감수성을 지닐 수 있도록 성교육 강화

[5] 교육 방안

(1) 사례 중심의 교육
- 실제 사례를 중심으로 심각성을 살펴보고, 학생 스스로 예방 및 대처 방안을 생각해 볼 수 있도록 교육
- 사례를 바탕으로 서로의 의견을 제시하는 토의 형식의 수업도 가능
- 책, 영화, 뉴스 등 다양한 교육 자료 활용 가능

(2) 발달 단계에 맞는 교육
- 초등 저학년
  - 사춘기에 나타나는 성적 변화, 임신과 출생에서 발생하는 신체적 변화 등 성과 관련된 기초적인 지식 교육
  - 성폭력이 발생하는 경우와 예방 및 대처 방법 교육
- 초등 고학년
  - 자신의 신체 발달에 대해 두려움을 가지지 않도록 심리적 안정감을 제공하는 것이 필요
  - 개인의 신체적 변화에는 다양성이 있음을 알 수 있도록 교육 필요

[6] 성폭력 신고 절차 및 대응 방안

(1) 교직원에 의한 학생 성폭력 대응 절차 (2) 학생에 의한 교직원 성폭력 대응 절차

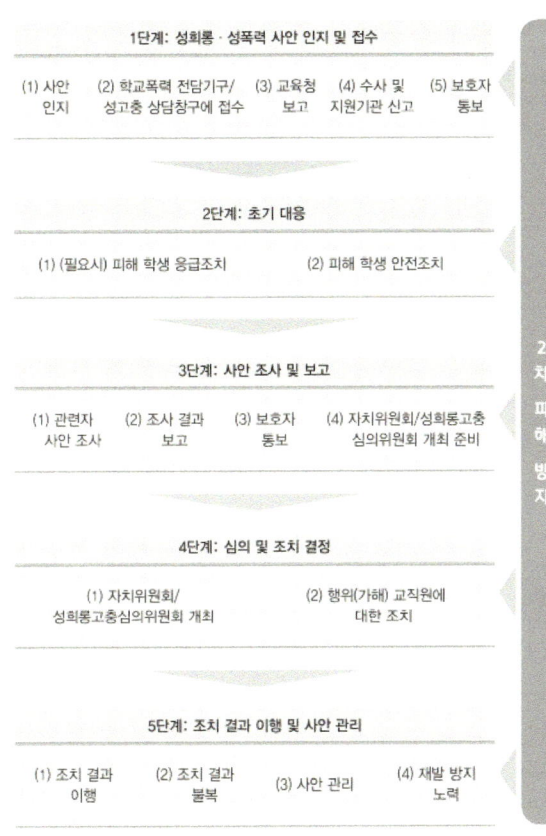

[출처 : 교육부 '학교 내 성희롱·성폭력 대응 매뉴얼']

Topic 04 학생 건강 증진

[1] 필요성
학생의 건강 관리 능력 및 성장을 위해 필요한 신체 건강 증진을 위해 교육 및 제도의 필요성

[2] 학교 감염병 예방 관리 강화
(1) 학생 감염병 예방 종합대책 수립을 통한 학생, 교직원 건강 보호
(2) 모든 교원 대상 감염병 대응 역량 강화 연수 실시, 방역당국 연계 감염병 위기 대응 모의 훈련 강화

[3] 학생 건강 교육 내실화
(1) **학생 건강 정책 기반 학교 문화**
- 교육과정 연계 자기주도적 건강관리 역량 강화
- 학교, 마을의 체육 인프라 구축을 통한 마을 중심 학생 선수 육성
- 지역연계 스포츠 클럽 운영
- 교육과정 연계 예시(경기)

건강/미래	융합형 건강 교육 학교 공동지원 시스템
자치/역량	융합형 학생건강드림 교육과정 실천
지역/특색	지역단위 〈건강지킴이〉 마을 거버넌스 조성

(2) **학생 참여 급식**
- 학생 주도 영양, 식생활 교육 사례 공모전
- 학생 및 학부모 참여 교육 급식 정책 활성화
- 친환경, 미래 기후, 생태환경 변화에 대비하는 우수 식재료 학교 급식 지원 확대

[4] 경기도 교육청의 학생 맞춤형 창의적 체육교육과정
- 체육교육 전문성 역량 강화 지원 (교수학습 연수, 정책연구, 자율연구회 지원)
- 학교체육 공간 혁신 프로젝트 추진 (초등 놀이교육 공간(바닥그림)조성, 운동장 등 체육활동 공간의 가변적 재구조화 환경 조성)
- 경기학생스포츠센터 운영: 학생 체력 및 건강증진교육을 위한 학교체육 연구, 연수, 체험의 융합 R&D 센터 운영

Topic 05 | 맞춤식 미래 진로교육 운영

[1] 필요성
(1) 미래사회의 다양한 직업군의 출현을 대비할 수 있는 교육을 실시해야 함
(2) 이를 위해 학생들 개개인의 재능과 자질을 이해하고 진로와 직업을 선택할 수 있는 역량을 길러주어야 함

[2] 문제점
(1) **학생 차원**: 자신에 대한 이해 부족
(2) **학교 차원**: 학생 발달 정도를 고려하지 않은 진로교육
(3) **가정 차원**: 부모 주도의 진로 지도

[3] 교육 방안
(1) **자기 이해 활동**
   ① '자기성장소개서'를 만드는 활동 통해 학생들이 자신이 좋아하는 것, 잘하는 것 등을 찾을 수 있음.
   ② 학생이 자신의 적성, 흥미, 가치관 등을 스스로 파악하는 데 효과적
   ③ 애니어그램, MBTI, 다중지능검사 등 다양한 검사도구를 활용하여 스스로를 다면적으로 이해할 수 있음.

(2) **진로 탐색 활동**
   ① 직업이 끊임없이 변화하는 사회에서 학생은 스스로 직업을 탐색하는 능력을 갖추어야 함.
   ② 따라서 학생이 스스로 다양한 매체를 활용하여 직업을 조사하고 체험할 수 있는 기회를 가져야 함
   ③ 지역사회와 연계하여 실제 그 직업을 가진 사람의 강의를 듣거나 학생들이 스스로 체험할 수 있는 기회를 가질 수 있음.

(3) **진로 설계 활동**
   ① 일주일, 한 달, 1년 계획을 세우며 자신의 진로를 스스로 설계할 수 있는 기초적인 능력을 갖추도록 해야 함
   ② 자신이 정한 진로를 위해 어떤 노력이 필요한지 단기, 중기, 장기 목표를 세우는 경험을 하도록 해야 함.

(4) **학부모진로교육**
   • 진로에 대한 부모의 의견을 강요하지 않고, 학생의 적성과 희망에 대한 이해를 바탕으로 학생의 생각을 존중하는 자세가 필요함

[4] 경기도 교육청 진로 교육 추진 내용
(1) **특수교육대상자 진로직업교육 확대**
   - 초·중·고 진로직업교육과정 연계 및 특화교육과정 운영 지원

(2) **다양성을 존중하는 진로·직업 교육과정 운영**
   - 초중고 연계 진로직업교육 활성화 (학생 맞춤형 기초학력 보장을 위한 온라인 튜터 지원, 초등 두드림학교 운영, 학생맞춤형교육 선도학교 운영, 학생종합클리닉센터 확대 등)

(3) 개방적인 진로직업교육 체제 구축
 - 초 5·6학년 온라인 진로교육과정 운영

(4) 다양성을 존중하는 진로직업교육과정 운영
 - 초·중·고 연계진로직업교육, 노동인권교육 활성화

CHAPTER V 인성안전부

Topic 01 학생 상담

[1] 정의
학생 상담은 학생과 교사 사이에 이루어지는 상담으로 집단 상담을 제외하고는 1:1로 이뤄짐. 학생의 학교생활에서 생기는 고민이나 현재 겪고 있는 문제점을 해결하는 과정이며 학생의 성장을 도울 수 있음

[2] 학생 상담의 목표
학생의 변화 (문제의 해결, 학생의 성장 또는 발달)

[3] 학생 상담의 효과
(1) 학생 자신에 대한 이해 및 교사의 학생에 대한 이해
(2) 학생의 성장 및 발달
(3) 학생의 사고 및 행동의 긍정적인 변화
(4) 학생의 문제해결능력, 의사결정 능력의 개발

[4] 학생 상담의 단계
(1) 상담 초기 단계
① 우호적인 분위기 조성
② 학생의 문제 이해 (도움을 청하는 이유, 문제 발생 배경, 과거 비슷한 경험 등)
③ 학생의 문제해결동기(상담을 통해 해결하고자 하는 동기) 확인
④ 상담의 목표 및 진행방식에 대한 합의
  * 상담의 목표: 구체적, 명확, 현실적(달성 가능)이어야 함
⑤ 촉진적인 상담 관계의 형성
  효과적인 상담을 위해서는 솔직하고 서로 신뢰할 수 있는 관계를 형성해야 함
  이를 위해 교사의 공감적인 이해, 학생 중심적인 태도, 학생을 비판하지 않고 존중하는 자세, 학생을 도와주겠다는 성실한 태도가 필요

현장 이야기

학교 현장에서 학생에게 '선생님과 상담을 해야겠네요.'라고하며 상담이 시작되지는 않습니다. '상담'이라는 말보다는 '티타임' 또는 '이야기하는 시간' 등 보다 가벼운 분위기의 단어가 사용되는 경우도 많습니다. 학생이 교사와 상담을 하기까지 학생 스스로 문제에 대해 많은 고민과 생각을 했을테니 따뜻한 마음으로 우호적인 분위기를 조성하여 학생의 이야기에 귀를 귀울여 주시는 것이 가장 중요합니다! 또한 전문가 또는 가족과의 연계한 도움이 크게 필요하지 않다고 판단되는 경우 사춘기를 겪고 있을 고학년 학생들에게 상담 내용의 비밀 보장은 꼭 필요하겠죠? (자해와 같은 사안은 함부로 비밀 보장을 약속하지 않아야 합니다.)

(2) 상담 중기 단계
① 문제 해결을 위한 대안 모색
문제 해결 과정에서 학생의 저항 발생 가능
② 문제의 원인을 파악하고 학생의 변화에 대한 동기와 의지 고취
③ 상담 과정에서 얻은 깨달음이나 해결 방법을 학생 스스로 실천하도록 도움

현장 이야기

상담 과정에서 비우호적인 분위기, 교사의 일방적인 지시나 통제, 학생에게 큰 변화를 강압하는 언행 등이 있다면 학생들이 상담을 거부하는 등의 저항을 할 수 있습니다. 이러한 저항은 문제해결을 더욱 어렵게 만들기도 하죠. 상담 시에는 학생에 대한 지나친 판단(또는 비난)은 삼가고 적극적인 경청 태도를 보인다면 학생들이 스스로 자신의 이야기를 선생님께 들려드릴 것입니다. 만약 면접에서 상담과 관련된 문제가 나온다면 상담의 단계를 대략적으로 설명하고 각 단계에서 내가 교사로서 학생 상담에서 어떤 태도를 보일지, 그것이 학생에게 어떤 긍정적인 영향을 미칠지 함께 설명하신다면 만점 답변이 될 것입니다!

(3) 상담 후기 단계
① 학생의 문제가 해결되면 상담 종료 (간혹 상담 거부로 상담 종료되기도 함)
② 학생의 판단과 결정 존중하고 응원
③ 문제가 해결되지 않을 경우에 대한 대처방법 논의
④ 문제가 재발될 경우 추가적인 상담이 필요함을 학생에게 안내

현장 이야기

위의 상담 단계는 다음에 나올 '감정 코칭'의 단계와 유사한 점이 많답니다. 감정 코칭은 학생의 생활 전반을 다루는 학생 상담과는 달리 학생들의 감정을 다루는 영역이라고 보면 될 것 같습니다. 다양한 상담 이론이나 기법들은 학교에서 학생들과 상담을 할 때뿐만 아니라 관계 맺기, 생활 지도 시에도 유용하게 사용됩니다.

[5] 감정 코칭의 단계
(1) **감정코칭 1단계**: 아이의 감정을 인식하기
(2) **감정코칭 2단계**: 감정적 순간을 좋은 기회로 삼기
(3) **감정코칭 3단계**: 아이가 스스로 감정을 말할 수 있게 도와주기
(4) **감정코칭 4단계**: 아이의 감정을 공감하고 경청하기
(5) **감정코칭 5단계**: 아이 스스로 문제를 해결할 수 있도록 하기

[출처: 『내 아이를 위한 감정코칭』, 최성애, 조벽, 존 가트만 저, 해냄(2020)]

[6] 학급 학생들과 함께하는 상담수업 사례
(1) 학기 초 대인관계 향상 프로그램 예시
- 창체 시간 등을 활용하여 여러 차시에 걸쳐 수업

1회	프로그램 안내 및 자기 소개	교사가 프로그램을 안내하고 학생들이 돌아가며 자기 소개 하기 (좋아하는 것, 불리고 싶은 별명 등)
2회	마음의 벽 허물기	'당신은 당신의 이웃을 사랑하십니까?'와 같은 게임을 통해 편안한 분위기를 느끼도록 하기
3회	0학년이 된 나는?	새학년(새학기)이 된 나의 변화 표현 (새롭게 사귄 친구, 새롭게 알게 된 점, 내가 하고 싶은 일 등)
4회	나의 장점 돌아보기	자신의 장점을 돌아보고 나(학생 자신)는 어떤 사람인지 파악하기
5회	좋은 친구는 어떤 친구일까?	친구가 많고 인기가 많은 좋은 친구란 어떤 특성이 있을지 서로 공유하기 + 좋은 장점을 갖고 있는 다른 친구 칭찬하기
6회	좋은 친구가 되어볼까?	자신이 좋은 친구가 되기 위한 방법 찾아보기 + 친해지고 싶은 친구에게 찾아가 말을 걸어보고 서로 칭찬 교환(혹은 칭찬 카드 교환) 미션하기

(2) 책과 함께하는 상담수업
- 감정 표현 또는 자기 이해와 관련된 그림책을 학생들과 함께 읽으며 현재 학생들의 마음은 어떤 상태인지, 책의 주인공과 비슷한 경험이 있는지 등을 같이 이야기하며 학생들이 더 나은 감정 표현 방법, 자기 이해를 할 수 있게 돕기
- 스무고개(말놀이), 책 내용과 관련된 활동지(내가 주인공이었다면?, 주인공에게 어떤 변화가 있었을까요? 등), 역할극 등을 독후활동으로 제시 가능

(3) 카드와 함께하는 상담수업
- 시중에 마인드업 카드(칭찬, 응원, 공감의 말이 적혀 있는 카드), 마음아 놀자 카드(느낌과 가치가 적혀 있는 카드)와 같은 여러 카드 활용 가능
- 마인드업 카드 활용 예: 테이블에 카드를 펼쳐 놓고 한 학생이 자기소개/발표/상황을 말하면 다른 학생들이 마인드업 카드를 하나 골라 그 문장을 활용한 피드백(칭찬, 응원, 공감)을 해당 학생에게 해주기
- 마음아 놀자 카드 활용 예: 가치 카드를 충분히 살펴본 뒤에 진행자가 활동에 필요한 주제를 제시(나의 어려움을 이겨내는 데 힘이 되는 가치, 내 꿈을 이루기 위해 필요한 가치 등)하면 나에게 필요한 가치를 먼저 찾아보고, 모둠 친구의 이야기를 듣고 내가 갖고 있는 가치 카드 중 하나를 선물하는 활동 가능

> **현장 이야기**
>
> 위의 사례는 사실 우리가 '상담'이라고 들으면 떠올리는 모습과는 조금 거리가 있다고 느낄 수도 있는데요, 제가 들어드린 예시는 엄밀하게 '상담 수업'이라기보단 학급 구성원이 서로 소통하고 자신의 정서를 표현할 수 있도록 돕는 수업이라고도 할 수 있겠네요! 학급에서 이런 소통 활동, 집단상담 활동들을 하다보면 학생들이 자신의 감정을 잘 표현할 수 있게 되고 친구들에 대해서도 더 잘 알게 되는 기회가 됩니다.

[7] 유형별 문제아동을 위한 상담 및 교육방법

(1) 우울하고 무기력한 학생	초등학생들은 '우울하다'라는 표현을 직접적으로 하지 않는 경우가 많으므로 교사의 관찰과 질문지를 작성하여 학생의 현재 상태 파악 • 선생님은 이렇게 도와주세요 ① 학생의 마음에 대해 궁금함 표현하기 ("00야, 요새 속상한 일은 없니?") ② 학생 자신의 심리적 어려움과 문제해결의지에 대해 스스로 표현해보도록 돕기 ("00가 바라는 마음 점수는 몇 점일까?") ③ 학생의 소망 탐색하기 ("나에게 만약 기적이 일어난다면 어떤 일이 일어날까?") ④ 무기력을 보이는 학생들을 위해 귀인 재훈련하기 ("친구들과 오해가 있었던 건 다시 이야기하면 해결할 수 있어.") ⑤ 스스로에 대해 갖고 있는 비합리적 신념을 전환하도록 돕기 ("친구들이 나를 빼고 놀고 있잖아."→"친구들이 일부러 나를 빼고 노는 건 아니야.") ⑥ 학생들이 갖고 있는 긍정적인 면을 포착하기 • 그 밖의 고려해야 할 점 - 우울감이 심하여 우울증으로 판단되는 경우 자해, 자살 시도로 이어질 가능성이 있으므로 학부모와의 긴밀한 협조 및 전문가와의 상담 및 치료가 필요 - 학부모에게는 학생의 부정적인 면을 강조하지 않고 가정에서도 긍정적인 환경을 조성해주실 수 있도록 협조 요청하기
(2) 부주의하고 산만한 학생/ ADHD 학생	교사가 사전에 관찰(과잉행동, 충동적인 모습)을 통해 문제 행동을 발견하고, 학습 시 어려움은 없는지 확인 • 학급에서 필요한 도움 ① 오해하지 않기 (ADHD 진단을 받았더라도 반드시 학습부진, 과잉행동이 관찰되는 것은 아님) ② 교실 구조를 바꿔주기 (주의력이 쉽게 분산되는 창가나 문 옆은 피하고 차분한 학생을 짝으로 배정하기) ③ 수업 방법은 간결하게 제시하기 (색깔을 이용해 흥미를 유발하거나 접 보고 만질 수 있는- 구체적 조작이 가능한- 교육 자료를 활용하기) ④ 대안행동을 제시하기 ('줄서기가 어려운 경우 특정 장소에 서 있기' 등 움직여도 되는 적절한 시간과 장소 알려주기) ⑤ 교실 적응을 돕기 (지켜야 하는 행동을 기록해 눈에 잘 띄는 곳에 부착하고, 잘 지켰을 때 긍정적 피드백 제공) • 선생님은 이렇게 도와주세요 ① 구체적이고 긍정적으로 칭찬하기 ("우와 이렇게 스스로 노력하고 있구나, 정말 멋진데!") ② 학습 면에서 어려워하는 부분이 있다면 도움 주기 ③ 학생에게 올바른 대화법 알려주기 ("친구에게 소리 질렀을 때 친구가 00의 속마음을 알 수 있었을까?") ADHD는 또래 관계에 부정적 영향을 미칠 수도 있습니다. 학부모 상담시에 부모님이 전문기관 방문을 주저하신다면 현재 가장 힘든 것은 학생임을 강조해주세요. 또한 학부모에게도 학생에 대한 긍정적인 칭찬과 적극적인 도움이 필요하다는 것을 안내해야 합니다.

	• 사회성이 부족한 학생의 유형		
	번호	내용	성향
	1	"나는 친구가 없어. 난 외톨이야."	관계 고립형
	2	"친구는 필요 없어. 나는 혼자가 좋아."	상호 무관심형
	3	"같이 놀고 싶지만 방법을 잘 모르겠어."	놀이기능 미숙형
	4	"친구들에게 말 걸기가 어려워." 나를 어떻게 생각할까?"	위축형
	5	"내 마음을 어떻게 표현해야 할지 잘 모르겠어."	언어발달 지연형
	6	"너 때문이야! 네가 나를 화나게 했잖아!"	공격형

(3) 사회성이 부족한 학생

• 사회성이 부족한 학생 발견 방법
① 학급 학생 관찰 (관계고립형은 좀 더 세밀한 관찰이 필요)
② 교육관계 설문조사 (예: '자리를 바꿀 경우 짝이 되지 않았으면 하는 친구 3명의 이름을 써보세요.')
③ 자기보고식 질문지 활용 (문장완성검사, 대인관계척도 활용)
④ 부모면담 (학생에게 중요한 사건이나 특이사항 탐색)
* 주의점: 학생의 정신건강의학적 문제로 인한 것은 아닌지 판단 필요

• 학급에서 필요한 도움
① 모둠 편성 시 도움이 될 만한 친구 고려 (도우미가 될 만한 친구 1~2명을 반드시 포함하고, 협력하는 행동을 할 경우 지지와 격려하기)
② 학급 이벤트 개최 (함께 참여해 즐기는 시간을 제공하기)
③ 수업에 참여하게 하기 (게임과 같은 즐거운 활동을 통해 친구와 대화하는 기회 제공하기)
④ 학급회의를 열어 친구를 도와줄 방법을 토의하기 (학친구를 위해 함께 고민하는 시간 갖기)
⑤ 학생이 돌발행동을 했을 경우 힐링공간 활용하기 (의자나 쿠션 같은 안락한 공간에서 진정할 수 있게 돕기)

• 선생님은 이렇게 도와주세요
① 긍정행동 강화하기 (언어적, 비언어적 칭찬(고개 끄덕여 주기, 미소짓기, 엄지 올리기 등) 히기)
② 부정행동 소거하기 (처벌보다는 보상, 필요시 보상 제거. 이때 교사는 감정적으로 대응하지 않는 것이 중요)
③ 학생의 돌발행동에 대해 공개적으로 지도하지 않기 (수업이 끝난 후 별도의 시간을 마련해 마음 다독여주는 시간 갖기)

(4) 게임·SNS 과몰입 학생

• 게임·SNS 과몰입의 원인
- 심리적 요인: 낮은 자존감, 학업 스트레스, 소속과 인정의 요구 불충족
- 사회적 요인: 가족의 지지 부족, 관계의 결핍 또는 단절, 문제가 많은 부모의 양육태도 등

• 게임·SNS 과몰입 학생에게 나타나는 어려움
① 심리적·신체적·행동적 변화
 - 늘 피곤해하고 체중의 급격한 변화가 있음
 - 시력저하, 손목 및 어깨 통증 호소
 - 인터넷이나 스마트폰 사용을 제지하면 강한 분노를 표출하고 중단시 불안·초조해 함
 - 현실적인 시간 감각이 둔해짐

② 학교 폭력에 노출될 위험 발생
- 게임 아이템을 사기 위해 친구에게 돈을 요구
- SNS나 채팅방 상에서 사이버 폭력 및 각종 범죄에 노출될 위험 증가

• 선생님은 이렇게 도와주세요
① 1:1 면담 등을 통해 과몰입 징후를 발견하기 (평소 학생들이 사용하는 인터넷 서비스, 어플리케이션 등에 관심을 갖는 자세 필요)
② 나-전달법으로 학생의 생각을 묻기 ("선생님(나)이 보기에 게임하는 시간이 긴 것 같아. 네 생각은 어떠니?")
③ 대안 활동과 취미활동을 찾아 실천하고 생활 속에서 만족감을 얻도록 돕기
④ 학부모의 역할이 중요함을 이해시키고 적극적인 협력 이끌어내기

• 일상생활이 어려울 정도로 과몰입이 심각할 경우 관계기관과 연계해 진단 후 상담 가능 (우울증, ADHD, 불안장애의 가능성 있음)

---

(5) 공격적·폭력적인 학생

• 공격성 관련 심리 장애 (진단은 전문가에 의해 이뤄져야 함)

적대적 반항장애	분노와 반항적 행동이 지속적이며, 자신의 행동을 정당한 반응으로 합리화 함
간헐적 폭발장애	본인의 공격적인 충동을 통제하지 못하고 사소한 자극에도 충동적으로 반응함
품행장애	협박, 시비, 방화, 사람이나 동물에 대한 잔인한 행위, 책임 회피를 위한 거짓말을 하기도 함

• 학급에서 필요한 도움
① 연락체계 마련하기 (동료 선생님에게 도움을 요청할 수 있는 협력 연락체계 만들기)
② 안전을 보장하기 (폭력으로부터 학생과 교사 모두의 안전보장을 위한 조치 실시)
③ 가정 살피기 (학생의 가정 상황을 살펴서 아동학대나 가정폭력이 의심되면 신고하기)

• 선생님은 이렇게 도와주세요
① 학생의 감정에 이름 붙이기
② 학급 규칙 함께 만들기
- "친구에게 물건을 던졌을 때 사과 편지를 쓰기로 한 우리반 규칙 기억하고 있지? 친구에게 너의 마음을 어떻게 전할 수 있을지 선생님과 같이 생각해보자."
- 학급 규칙상의 문제행동은 구체적이며, 관찰 가능하고, 대안 행동이 가능한 것이어야만 함
③ 감정일기 쓰도록 지도하기
- 학생의 공격행동과 전조증상을 관찰해 문제를 예방할 수 있음
④ 학생 스스로 진정시킬 수 있는 방법 알려주기
- 숨을 들이마시고 내쉬며 1부터 10까지 세기
- 그래도 진정되지 않으면 다시 호흡과 함께 숫자 거꾸로 세기
⑤ 선생님이 먼저 마음의 평정을 찾기
- 화가 난 것보다 자신의 호흡에 집중하기
⑥ 수업 중 반항적인 태도를 보일 경우 일일이 반응하기보다 차분히 '반항적인 태도 자체'를 지적하고 진정된 뒤 개별 상담하기
- 학생의 불만을 회피하는 것이 아님을 알 수 있도록

	• 불안·공포 관련심리 장애 (이를 경험한다고 하여 무조건 정신의학적으로 접근하는 것은 안됨)			
	분리불안 장애	특정공포증	사회공포 (대인공포증)	범불안 장애
(6) 불안과 걱정이 많은 학생	애착대상과의 분리가 예상되면 두통이나 복통이 나타나고 우울증, 학업수행 저하가 나타나기도 함	특정대상(동물, 주사 등)나 밀폐된 공간에서 공포를 느끼고, 나이가 들며 증상이 완화되기도 함	타인에 대한 심각한 불안과 공포로 몸이 떨리고, 소화불량의 증상이 나타남	학업, 일처럼 누구나 걱정할 주제를 유독 심하게, 비현실적으로 걱정함

(6) 불안과 걱정이 많은 학생

• 선생님은 이렇게 도와주세요
① 학생이 원하는 도움이 무엇인지 질문하기
  - "요즘 답답하거나 짜증나는 일은 없니?"
  - "불안할 때 선생님이 어떻게 도와줄까?"
② 수업 장면에서 불안을 줄일 수 있도록 돕기
  - 수업 중 심하게 불안해하면 심호흡을 통해 이완을 돕고 차분하고 부드러운 어조로 이야기 하기
③ 분리불안을 경험하는 학생을 공감하고 격려하기
  - "엄마랑 떨어져 있는게 많이 힘들구나, 그럴 수 있어. 힘들었을텐데 ○○이가 정말 잘 참았구나."
④ 스트레스 감소와 안정화 방법 활용하기 (학급 전체 대상 지도 가능)
  - 심호흡하기 (교실에서 볼 수 있는 책상, 칠판 등 5가지 물건을 한 번씩 보게 하면서 천천히 심호흡)
  - "괜찮아, 잘할 수 있어."등의 긍정적 혼잣말을 할 수 있게 하기

(7) 자해하는 학생

• 자해행동이란?
죽으려는 의도와 상관없이 자신의 신체에 해를 주는 반복적 행동

• 자해행동의 특징
① 전염성: 학생들의 호기심을 자극하고 그들만의 소속감의 상징이 되기도 함
② 중독성: 반복적인 신체 손상은 통증 민감도를 낮춰 빈도를 늘리거나 강도를 올리게 됨

• 자해 위험군 학생의 발견
- 계절에 맞지 않는 복장 (따뜻한 날씨에도 긴소매 옷과 긴 바지)
- 손목 밴드/ 붕대를 자주 사용
- 면도날과 같은 적절하지 않은 용품의 소지
- 피부 위에 설명되지 않은 상처
- 화장실이나 고립된 장소에 오래 머뭄
- 그림이나 글을 통해 자해나 우울감 표현
- 자해 이슈 관련 SNS에 대한 과도한 관심과 몰입

• 선생님은 이렇게 도와주세요
① 감정을 표현할 수 있게 돕기
  - "선생님이 우연히 네 상처를 보게 되었어. 도울 수 있는 일이 있으면 도와주고 싶어."
② 편안하고 안정된 환경 만들기
③ 감정표현에 충분히 공감하기
  - "선생님이 너의 마음을 다 이해하지는 못하지만, 선생님도 정말 많이 속상하네."

④ 계획적·원칙적 태도 유지
  - 자해행동을 멈추기 위해 거래하지 않고(보상이나 처벌) 비밀보장을 쉽게 약속하지 않기 (일반적인 상담과 다름)
⑤ 솔직한 태도
  - "선생님이 다 알지는 못하지만 너무 자주 하지는 않았으면 좋겠어."
⑥ 학생이 마음의 준비가 되었을 때 질문하기
  - "언제부터 자해행동을 시작하게 되었나요? 어떤 스트레스 상황이었나요?"
⑦ 적절한 대안행동 지도하기
  - 불안을 낮추는 호흡법이나 명상하기 방법 함께 찾기
⑧ 전문가를 통해 도움을 받을 수 있도록 권유하기

[출처: 서울시교육청 블로그 교육정책알림E]

ⓘ 학생 유형별로 더욱 자세한 설명이 궁금하시다면 본 자료의 원출처인 「서울시교육청 2019 중·고등학생 심리·정서 및 행동 이해를 위한 안내서 '마음공감' 학생 상담 길라잡이」를 참고하세요. 중·고등학생 심리·정서 및 행동 이해를 위한 안내서이지만 초등학생에게도 해당되는 내용이 많습니다.

Topic 02 학부모 상담

[1] 중요성
(1) 학부모는 교사, 학생과 더불어 교육에 함께 참여하는 중요한 주체임
(2) 학생의 문제 행동 발생 시 학부모의 도움이 필수적임
(3) 학급에서 발생하는 다양한 일들에 대한 오해를 방지할 수 있음
(4) 학부모 상담은 교사와 학급에 대한 신뢰와 믿음의 첫 단추임

[2] 학부모의 심리
(1) 학부모는 아동과 학부모 스스로를 동일시하는 경우가 많아, 아동의 잘못을 자신의 잘못으로 인식함. 따라서 아동에 대한 질책을 자신에 대한 질책으로 생각하는 경우가 많음
(2) 자녀가 학교에서 어떻게 행동하는지 궁금해하고, 교사에게 인정받고자 하는 욕구가 큼
(3) 자녀가 담임 선생님께 사랑받고 있으며, 지지와 관심을 받고 있다는 것에 큰 안정감을 느낌

[3] 학부모와의 관계 형성 방법
(1) 학기 초부터 지속적인 소통을 통한 래포 형성
(2) 학생의 장점과 학생이 우리반에 꼭 필요한 보석같은 존재임을 어필
(3) 학부모 총회나 상담 시 교사의 교육 목표와 학급 운영 방법을 명확하게 설명
(4) 교사와 학부모를 서로 협력하는 관계로 인식할 것을 부탁
(5) 문제 행동이 발생하기 전 학부모에게 자녀에 대한 긍정적인 상담을 자주하며, 상담에 대한 부담감 줄이기

[4] 상담 자세
(1) 학부모의 감정을 공감하고 수용하기
(2) 문제 상황이 발생했을 시 학부모님의 도움을 받고 싶다고 도움 요청하기
(3) 학생에 대한 칭찬과 관심 표현하기
(4) 학부모 이야기 적극적으로 경청
(5) 중립적인 언어 사용하기 (ex. 한쪽 편 들지 않기)
(6) 전문적인 용어보다는 쉬운 말 사용하기
(7) 관찰 일지를 활용한 객관적 상담 실시
(8) 자녀의 긍정적인 변화를 이끌어낼 것임을 어필

현장 이야기
학부모 상담은 면접에서 나오는 단골 주제입니다. 교사로서 학부모를 상대하다 보면 우호적인 분들도 많으시지만, 문제 상황에서 흥분하시는 분들도 참 많습니다. 이때는 학부모의 감정을 무조건적으로 수용하고 감정이 가라앉은 후에 따뜻한 자세로 상담을 진행하면 상담 분위기가 우호적으로 변하더라구요. 단순히 내용을 외우기 보다는 '내가 실제로 교직에 나가서 학부모 상담을 한다면 어떻게 해야 할까?'를 고민해 보시면 면접에서 외운듯한 느낌이 아니라 고민했다는 어필을 할 수 있으실 거에요.

Topic 03 | 공존과 상생의 다문화 교육

[1] 정의

문화적으로 다원적인 사회를 살아갈 학생들에게 자신의 문화에 대한 정체성을 갖고 타문화에 대한 개방적이고 이해적인 태도를 가질 수 있게 하는 교육

[2] 목표

(1) 차이와 다양성에 대한 존중과 교육의 기회 균등
(2) 모든 학생들의 민주시민적 자질 육성
(3) 지구촌 공동체 일원으로서의 역량 함양

[3] 다문화 학생을 위한 교사의 자세

(1) 다문화 가정의 학생을 '도움이 필요한 학생'이라고만 바라보지 않고 '학생' 자체로 바라보기

　다문화 가정의 학생이라고 해서 무조건 한국어 수준이 부족하거나, 도움이 필요하다거나, 매운 음식은 먹지 못할 것이라는 등의 선입견 주의하기

(2) 다문화교육의 대상은 다문화 가정 학생이 아닌 학급 전체임을 알기

(3) 긍정적인 피드백 제공하기

(4) 다문화학생이 한국어에 어려움을 겪을 경우 학생 수준에 맞는 과제 제시하기

　다른 학생들이 주제 글쓰기를 한다면 다문화 학생은 그림일기를 작성하는 식으로 학생의 한국어 수준에 맞는 과제를 제시하고 이를 계속적으로 지도하기

현장 이야기

학급에 다문화 학생도 다른 학생들과 마찬가지로 학생이해자료와 학부모 상담, 학생 상담, 면밀한 관찰 등을 통해서 학생이 처한 상황을 정확히 이해할 필요가 있습니다. 또한 학교 적응이나 한국어 능력 부족으로 어려움을 겪고 있는 다문화 학생의 경우 서울다문화교육지원센터인 '다+온센터'를 통해 다양한 지원(한국어 교실, 다문화 학생·학부모상담 등)을 받을 수 있습니다.

---

[4] 다문화교육의 사례

(1) 한국인은 누구일까? (다양성 존중 수업)
- 다양한 배경을 가진 사람들의 사진과 부모님/본인의 출신 국가, 국적 등이 담긴 카드 준비 (외국 국적의 아이돌, 부모님 중 한 분이 외국인인 가수, 귀화하여 한국인이 된 방송인 등)
- 인물 카드를 보고 모둠/개인별로 각자의 기준에 따라 한국인이라고 생각되는 사람과 그렇지 않은 사람을 나누기
- 모둠 내/ 학급 전체에서 의견 공유하기(발표)
- 발표를 마친 뒤 피부색, 언어, 국적 등으로 한국인/비한국인을 나눌 때의 문제점은 무엇인지 토의하기
- 자신이 갖고 있었던 편견 깨닫고 다양성을 존중하는 마음 갖기

(2) 언어 속 차별 찾기

- 국어 또는 사회 교과와 연계하여 그림책, 교과서, 뉴스, SNS 등에서 찾을 수 있는 언어 속 차별 사례(혐오 표현) 찾기
- 언어 속 차별 사례 발표하기
- 언어 속 차별을 없애고 바른말로 고쳐보기

[5] 경기도교육청의 다문화 교육 추진 내용 (2022)

- 학교 다문화 감수성 교육 활성화
  - 교과, 비교과 연계를 통해 연간 2시간 이상 다문화교육 운영 필수, 다문화 감수성 교육 컨텐츠 개발 보급
  - 교원 연수과정 체계화 (의무이수과정-3년 내 15시간, 전문과정-교장/교감/전문직 대상, 자격과정-특별학급, 국제화특구, 정책학교)
  - 다문화교육 현장 정책 연구 역량 강화를 위한 정책실행 연구회 강화
  - 다문화 가정 학부모 진로, 진학 연수 확대

Topic 04 세계시민교육

[1] 정의
인류가 보편적으로 공유하고 있는 평화, 인권, 다양성 등에 대한 지식, 기술을 습득하고 그 가치를 내면화하며 책임 있는 태도를 함양하는 교육

[2] 2021 평화·세계시민교육 기본 방향 (출처: 서울특별시교육청)
(1) 지구촌의 세계시민으로서 공존과 상생의 가치를 실현하는 교육 구현
(2) 평화·세계시민교육 역량 개발을 통해 글로벌 인재 육성의 기반 조성
(3) 미래교육의 새로운 패러다임으로서 평화·세계시민교육의 모델 구축
(4) 평화에 대한 상상력과 평화 감수성을 촉진하는 글로컬 평화 교육 실현

> ● 글로컬: 글로컬라이제이션(glocalization) 세계화를 뜻하는 '글로벌(global)'과 지역화를 뜻하는 '로컬(local)'이 합쳐져 만들어진 용어

(5) 평화 세계시민교육 네트워크 구축을 통해 참여와 협업의 사회기반 조성

[3] 세계시민교육의 필요성
(1) **지구 공동체의 일원으로서 정체성과 소속감을 갖게 함**
인종, 종교, 국적이 다르더라도 지구 공동체의 일원으로서 서로의 다양성을 인정하며 살아갈 수 있는 힘을 기를 수 있게 함

(2) **글로벌 역량 개발함**
세계화된 세상에서 필요한 지식, 기술, 언어 능력, 태도 등을 함양

(3) **시민의식을 함양함**
지구 공동체에 일어나는 일에 대한 문제의식을 갖고 사회 변화를 위해 적극적으로 참여하여 학생들의 시민의식이 함양됨

(4) **인권, 평화, 사랑, 정의와 같은 인류 보편의 가치를 내면화함**

[4] 세계시민교육의 사례
(1) **지구촌 문제에 대하여 토의·토론하기**
국제적으로 이슈에 대해 토론하고 학생들이 다양성, 인권, 평화 감수성을 바탕으로 세계시민의식을 함양할 수 있게 함 (예: 서울특별시교육청은 2021년 4월 '미얀마의 봄을 기다리며'라는 계기교육 자료를 제작 및 보급)

(2) **국어, 사회, 도덕, 음악, 미술 등 교과재구성을 통한 세계시민교육**
- 내가 사용하는 물품이 어디에서 만들어졌는지 조사하고 무역의 필요성과 세계화의 장점을 이야기해 보고 이로 인해 발생된 단점은 무엇일지 이야기하기 (사회+국어)
- 세계 여러 나라의 동요를 배우며 해당 나라에 대해서 조사하고 발표하며 지구 공동체의 이웃에 대해 알아보기 (음악+사회) 등

[5] 경기도 교육청의 시민교육 추진 내용

(1) 시민교육 중심의 교육과정 운영
- 시민교육 중심 교육과정 운영 (민주주의 가치를 추구하는 학교 비전 수립 및 학교 구성원 간 공유, 학교구성원의 합의를 통한 민주시민으로서의 학생상 수립, 기존 교과에 민주시민교육내용 요소를 강화 또는 교과간 융합수업 운영, 민주시민교육 교과통합교육과정(초)운영, 경기도교육과정 '학교자율과정'을 시민교육 주제 또는 역량 중심으로 재편하여 운영)
- 배움의 과정에서의 민주주의 실천 (교육과정-수업-평가 과정에서 민주주의 가치를 반영하여 운영, 원격수업시 수업의 민주성을 고려한 협력적 온라인 도구 선택 활용 등, 학생 삶에 기반하고 사회의 현안을 다루는 일상적 토의토론 문화 실천, 교육과정과 연계한 학생주도 사회참여 프로젝트 운영)
- 지역기반의 민주학교 운영 및 지역 네트워크 구축으로 민주시민교육 확산

(2) 새로운 시대가 요구하는 시민성 교육 강화
- 비판적 사고력 함양을 위한 미디어 리터러시 교육 강화
- 참여와 실천의 시민적 권리 행사를 위한 학생 참정권교육 강화
- 연대와 협력으로 공동체의 가치를 위한 세계시민교육 활성화

(3) 지역사회 시민교육 네트워크 강화
- 교원 대상 평화·통일교육, 다문화교육 등 관련 연수 지원
- 경기도교육청 시민교육 통합 공유회 운영 (민주학교, 공감통일학교, 다문화교육, 근현대사교육, 학교자치, 학생자치 등)

> **현장 이야기**
>
> 세계시민교육은 사실 민주시민교육, 생태전환교육, 다문화 교육과 분리해서 보기 힘든 존재가 되었습니다. 민주시민교육이 곧 세계시민교육이 되며, 생태전환교육이 곧 세계시민교육이 되고 있으니까요.

Topic 05 협력적 인성교육 내실화

[1] 정의
(1) 인성교육
자신의 내면을 바르고 건전하게 가꾸고 타인·공동체·자연과 더불어 살아가는 데 필요한 인간다운 성품과 역량을 기르는 것을 목적으로 하는 교육(인성교육진흥법 제2조)

(2) 협력적 인성교육
더불어 살아가는 세상을 만들기 위해 지녀야 할 성품과 역량(존중, 배려, 소통, 참여, 공감 책임, 협력, 공공선 등)을 키우는 교육

[2] 주제별 인성교육
(1) 조화로운 인성 함양을 위한 학교체육교육
- 팀워크 수업
  팀워크에 대해 알아보고 체육 수업의 평가 기준을 다른 팀을 이기는 것이 아니라 자기 팀의 점수 향상(1차 기록→2차 기록)에 둠으로써 팀원 간 협력 도모
- 탁구공 전달 놀이
  학생들이 함께 모여 책으로 탁구공을 이동시켜 목표지점까지 옮기는 교실놀이로 점점 기록을 단축해 가며 학생들이 협력하며 특히 학기 초에 친해질 수 있는 기회가 될 수 있음

(2) 감성·정서함양을 위한 협력종합예술활동
- 학급 연극
  학급의 모든 학생이 역할을 맡아서(1인 1역할 이상) 책임감을 갖고 하나의 작품을 완성하는 과정에서 학생의 감성·정서 함양
- 언택트 합창
  원격수업·블렌디드 수업을 진행하며 학급별 도전곡을 정하고 여러 차시에 걸쳐 노래를 배운 뒤 최종적으로 학생들이 각자 개인 영상을 촬영하여 제출하면 교사가 수합하여 하나의 영상으로 제작하여 원격 수업 가운데에서도 함께하는 예술활동
- 1인 1악기로 완성하는 우리 반의 하모니
  1인 1악기를 맡아 연습하여 합주를 완성하는 과정에서 학생들이 자신이 맡은 역할에 책임감을 느끼며 학급 친구와 합을 맞춰가는 과정에서 심미적 감성 역량 및 공동체 역량 함양

(3) 협력적 가치 제고를 위한 독서인문교육
- 서울형 독서 기반 프로젝트 수업

(4) 자연과 더불어 살기 위한 생태전환교육

(5) 소통·존중·배려를 위한 학교폭력 예방 교육
- '다섯 글자 예쁜 말' 노래를 함께 듣고 다섯 글자의 예쁜 말을 찾아 서로에게 해주기 (저학년 대상 언어폭력 예방 교육)

(6) 소통과 갈등 해결 능력 함양을 위한 디지털 시민성 및 미디어 활용 교육
- 올바른 자료 찾기(미디어 리터러시) 교육
  미디어 리터러시의 뜻을 알고 여러 매체에 등장하는 가짜 정보로 발생하는 문제점을 알아본 뒤 정보의 진위 여부를 판단하여 내가 필요한 진짜 정보 찾는 능력 기르기

> **현장 이야기**
>
> 이렇게 보니 인성교육이 정말 전 영역에 걸쳐 관계되고 있다는 사실이 보이시죠? 체육교육, 예술활동, 독서교육, 생태전환교육, 학교폭력 예방교육, 디지털 시민성 및 미디어 활용 교육 모두 인성교육과 연결되어 있습니다. 협력종합예술활동의 경우 중학교 단위(재학 중 1학기 이상)에서 보다 활발하게 이루어지고 있는 활동인데요, 예술 강사가 학교로 파견되어 연극, 뮤지컬, 영화 등의 협력적종합예술활동을 돕습니다. 제가 들어드린 예시들은 중학교에서 이루어지는 협력종합예술활동과 같은 예시라기보다는 학생들의 협력적 인성 함양을 도모할 수 있는 구체적 활동의 예라고 보시면 됩니다.

[3] 인성교육의 변화

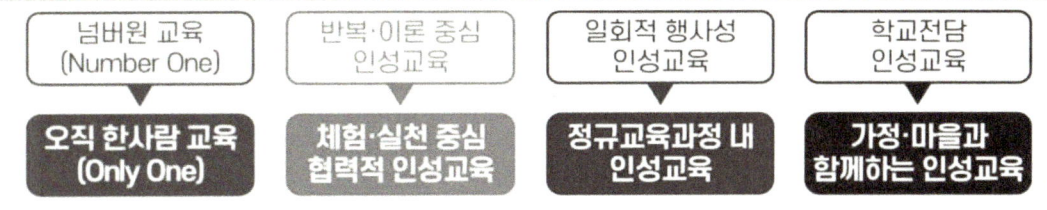

[4] 그 밖에 인성교육과 관련된 교실 활동

(1) 모둠 활동

① 모둠 활동의 장점
  - 친구들과 함께 활동하여 따분하지 않게 수업을 들을 수 있음
  - 학생들의 구체적 조작시간이 늘어남
  - 모둠원과 협동하는 과정에서 인성 발달에 도움이 됨
  - 모둠원이 감시자이자 조력자가 되어 모든 학생들의 참여를 독려할 수 있음
  - 모둠 발표를 이용할 경우 학생들의 발표 부담을 덜고 수업 시간을 알차게 활용할 수 있음
  - 모둠을 바꾸면서 새로운 학급 친구와 친밀한 관계를 맺을 수 있는 기회를 제공함

② 모둠 활동의 단점
  - 학생들이 서로를 바라보고 있으므로 집중이 흩어지면 소란스러워질 수 있음
  - 모둠 내 사이가 좋지 않은 학생이 있을 경우 다툼이 쉽게 발생할 수 있음
  - 모둠 구성에 따라 모둠 간, 모둠 내 성취도 편차가 클 수 있음

③ 모둠 구성 시 주의사항
  - 평가 결과 등을 활용하여 수준이 골고루 섞이도록 이질 모둠을 구성하기 (동일한 주제나 관심사를 가진 학생끼리 모여야 할 경우 동질집단 구성이 필요할 때도 있음)
  - 개인적 책임을 부여하여 무임승차가 발생하지 않고 협력할 수 있도록 구성하기 (기록이, 점검이, 나눔이, 이끔이 등)
  - 모둠 내 역할을 돌아가게 해서 모든 역할을 수행할 기회 제공하기 등

(2) 가치보석(미덕) 사전 활동

① 미덕이 무엇인지 알아보고 미덕 통장(사전) 만들기
② 매주 월요일(혹은 매일) 아침에 실천할 미덕 카드 뽑고 미덕 통장에 적기
③ 학교에서 생활하며 미덕 실천(말/행동)하기
④ 알림장 쓰는 시간에 오늘의 미덕 실천사항(말 또는 행동)을 한 줄 적기

(3) 학급긍정훈육법 (PDC, Positive Discipline in the Classroom)
- 친절하면서도 단호한 교사가 되어 학생의 동의와 협력으로 학급을 운영하며 협력적이며 상호존중하는 교실을 만드는 훈육법
  - 학급 규칙 함께 만들기 (우리가 원하는 반을 위해서 우리가 해야 할 말과 행동 논의)
  - 우리 반의 학급일과 만들기 (교사가 일방적으로 생활 절차를 안내하는 것이 아니라 학생들이 학교생활을 되돌아보고 스스로 목표를 정해 약속하고 책임지는 방식)
  - 존중의 학급 회의 (서로 고마웠던 점, 미안했던 점, 격려할 점을 말하며 따뜻한 분위기로 회의를 시작하고 지난 회의에서 정한 내용을 잘 지켰는지 반성하고 서로 비난하지 않고 친구를 도울 수 있는 해결책을 찾는 회의) 진행하기
  - 학급 회의에서 해결책을 결정할 때는 3H1R로 결정하기 (Related-관련성이 있는가?, Reasonable-합리적인가?, Respectful-존중하는 방식인가?, Helpful-해결에 도움이 되는가?)

Topic 06 인권 존중 학교 문화 조성

[1] 정의
'인권교육'은 인권에 대한 이해와 지식을 습득하고 인권을 존중하는 가치와 태도, 품성을 키우며 인권침해 및 차별행위를 당할 경우 이를 극복할 수 있는 역량을 기르고, 타인의 인권보호와 증진을 위한 실천력을 길러냄으로써 인권이 존중되는 사회를 만드는데 기여하는 일체의 교육적 활동 (국가 인권위원회)

[2] 학생 인권을 위한 지원
(1) 찾아가는 학생인권교실(교육지원청, 학교), 인권토론 공연 프로그램 운영(초등 20교)
(2) 학교 인권교육 활성화
 - 교육과정과 연계한 인권 교육
 - 놀이, 토의토론, 연극 등을 통한 인권교육 (예: 학기 초 자신이 보호받고 싶은 권리를 작성한 '나 사용법 설명서'를 통해 권리의 개념 파악하기)
(4) 교직원 대상 인권역량 강화 연수
(5) 학생 인권친화적인 학생생활규정을 위한 지속적인 모니터링 및 컨설팅, 연수 운영

[3] 인권교육의 사례
(1) **프로젝트로 살아있는 인권교육 만들기** [출처: 서울웹진 VOL.229.겨울호, 정득년 선생님]
 - 6학년 사회 '행복한 삶과 인권' 단원을 프로젝트 수업으로 재구성
 - 6학년 학생들이 학교의 '안전지킴이'가 되어 학생들의 안전하고 행복한 학교생활을 누릴 권리를 보장받기 위해 우리 학교 내의 문제점을 찾고 이를 해결하는 과정으로 구성

<표 3> 프로젝트 세부과정

차시	과정	학생활동	활동 내용 및 결과물
1	문제 만나기	문제의 출발점 파악	- 문제파악, 학습계획서 작성
2~4	문제해결안 모색	현장 답사하기	- 인권지킴이 이름 짓기 - 학교 구석구석 현장 답사 - 불편한 시설물 찾아서 목록 만들기
		답사 목록 분석 및 주제 선정	- 답사 목록 중 시급하고 실현 가능한 것 우선 순위 1개 선정하기
		설문조사 및 해결방안 제시	- 설문조사를 통해 현황파악 및 학생 인터뷰 - 해결방안을 위한 자료수집 및 아이디어회의
		보고서 작성 및 실행하기	- 문제 상황, 설문결과, 해결방안이 담긴 활동보고서 작성하기 - 학생들이 해결할 수 있는 것은 직접 실행하기
5	결과 발표	인권지킴이 활동보고	보고서 및 활동 발표하기
6	보고서 제출	교장선생님께 보고서 제출	교장선생님의 답변 읽고 활동 마무리하기
	평가하기	성찰일기 작성	성찰일기, 상호평가표, 활동결과평가

[이미지 출처: 서울웹진 VOL.229.겨울호, 정득년 선생님]

(2) 교과 연계 수업
- 국어, 사회 등 관련 교과를 재구성하여 어린이 인권과 관련된 사회 문제에 대해 함께 이야기하고 어린이 인권 신장을 위한 방법 찾기 (노키즈존, ~린이 표현 등)

(3) 독서교육 연계
- 인권과 관련된 도서(예: 거짓말 같은 이야기)를 선정하여 읽고 인권이란 무엇인지, 책 속에서 인권이 침해받는 이유는 무엇인지 이야기하며 인권의 개념과 소중함 알기

Topic 07 학교 폭력 대응

[출처 및 참조 : 학교폭력예방교육지원센터 홈페이지(https://www.stopbullying.re.kr/mps)]

[1] 학교 폭력 정의
학교 내외에서 일어나는 신체적, 정서적, 언어적 등 개인에게 큰 피해를 주는 행동의 총칭

[2] 학교 폭력 문제점
(1) 청소년기에 발생한 폭력의 피해자는 씻을 수 없는 상처로 남게 되고, 이는 곧 성인이 된 후에도 트라우마로 작용함
(2) 피해자의 자존감이 매우 낮아지고, 심한 경우 정신 질환에 시달림
(3) 자살, 자해 등 심각한 상황으로 이어질 수 있음

[3] 학교 폭력 종류

신체 폭력	- 고의적으로 건드리거나 치는 행위 - 때리는 행위 - 장난을 가장해서 때리거나 밀치는 행위 등
사이버 폭력	- 정보통신망을 이용해 남에게 해를 가하는 행위 - 최근 청소년의 스마트 기기 사용 비율이 높아지면서 가장 문제가 되는 유형
언어 폭력	- 말로 위협, 협박하는 행위 - 험담을 통해 따돌리는 행위 - 남을 조롱하거나 비웃는 행위
따돌림	- 고의적으로 한 사람을 따돌리는 행위(일명 왕따) - 따돌림은 다른 유형의 폭력을 모두 수반하기 때문에 가장 심각한 유형이 될 수 있음
금품 갈취	- 돈이나 물건을 빼앗아 재산상의 손해를 입히는 행위 - 돈을 걷어오도록 시키는 행위
강요	- 본인의 의사에 반하는 행동을 강요하는 행위 - OO 셔틀이 이에 해당함
성폭력	- 상대방에게 폭행, 협박을 가해 성적 모멸감을 느끼도록 신체적 접촉을 하는 행위

[4] 학교 폭력 피해 징후
(1) 지각, 또는 결석을 자주 함
(2) 성적이 갑자기 떨어짐(천천히 떨어지기도 함)
(3) 표정이 우울하고 평소보다 기운이 없음

[5] 학교 폭력 대응 방안

(1) 학급 담임 대응

① 사태 파악 및 신변 보호	- 피해 상황을 알게된 즉시 피해 학생의 상태, 신변 보호 - 보호자가 심리적으로 매우 혼란스러우므로 안심할 수 있도록 믿음 주기 - 보호자와의 협력 관계 유지
② 신고 행동 칭찬 및 협력 관계 구축	- 신고 학생이 있을 경우 행동을 칭찬하고, 2차 피해가 발생하지 않도록 조치 - 신고 학생이 불안감을 느끼지 않도록 조치
③ 다른 목격학생이 있는지 확인	- 학급 실태 파악 및 학생 관계 파악 - 다른 목격 학생이 있는지 확인
④ 객관적인 해결자 역할	- 문제를 객관적 시선에서 파악하고 확대, 축소하지 않도록 노력 - 가해 학생과 피해 학생 대질 금지 - 가해 학생과 피해 학생 양측의 이야기를 신중하게 듣고 중립적인 태도를 유지
⑤ 상담	- 피해 학생의 정서적, 심리적 치료를 위한 상담 실시 - 피해 학생 및 가해 학생 보호자 상담

현장 이야기

학교 폭력에서는 학급 담임의 역할을 명확히 이해하는 것이 중요합니다. 초등에서 학교 폭력은 대부분 같은 학급 내에서 일어나기 때문에 가해자와 피해자가 둘 다 같은 교사의 학생인 경우가 많습니다. 이때 교사는 어느 한쪽에도 치우쳐지지 않는 객관적인 자세를 유지하는 것이 중요합니다. 이 자세를 항상 기본으로 두고 객관적 자료를 조사한 후 이를 바탕으로 사안을 처리할 수 있도록 노력해야 합니다. 객관적 자료는 사건이 발생한 후에 모으려고 하면 이미 객관적이지 않은 경우가 많습니다. 그렇기 때문에 평소에 학급 학생들과의 면담 내용, 관찰 내용 등을 학급 일지에 상세하게 적어두는 것이 필요하겠죠? 그리고 가해자와 피해자가 서로 만나지 못하도록 분리 조취를 취하고, 피해자 학부모님이 안심할 수 있도록 세심하게 상담해야 합니다.

(2) 학교 대응

① 초기 대응	〈교사 및 보호자의 인지〉 - 학교 폭력 실태조사, 학교 폭력 신고, 관찰, 상담, 교내외 순찰 등 일상 속에서 학교 폭력 인지 - 학교 폭력 피해 학생 징후 알아두기 〈신고 접수〉 - 신고 접수 대장 기록 : 신고된 내용 기재 후 보관 - 학교장 보고 : 신고된 내용 학교장에게 보고, 학교장은 학교폭력전담기구에 사안 조사 요청 - 담임교사, 보호자 통보 : 담임교사와 피해자, 가해자 학생에게 신고 사실 통보 - 교육청 보고 : 인지 후 48시간 이내 교육(지원)청에 보고 〈초기 대응〉 - 관련 학생들의 안전 조치 - 보호자에게 즉시 연락

② 사안 조사	〈긴급 조치〉 ★ 학교장 실시 - 피해학생 보호하기 : 심리상담 / 일시보호 / 그 외 조치 - 가해학생 선도 : 서면사과 / 보복행위 금지 / 학교 봉사 / 심리치료 / 출석정지 / 병과조치	
	〈전담기구 사안조사〉 ★ 학교폭력 전담기구 실시 - 구체적인 피해 및 가해 사안 조사 - 조사 내용 및 향후 처리 내용 보호자 통보 - 조사 내용 학교장 및 교육(지원)청에 보고 - 학교장 자체해결 여부 심의(아래 두 가지 모두 충족)	
	〈객관적 조건 충족 여부 확인〉 - 2주 이상의 신체적, 정신적 치료가 필요한 진단서 발급받지 않은 경우 - 재산상 피해가 없거나 즉각 복귀된 경우 - 학교 폭력이 지속적이지 않은 경우 - 학교폭력에 대한 신고, 진술, 자료 제공에 대한 보복 행위가 아닌 경우	피해자 측의 학교폭력대책심의의원회 개최 요구 의사 확인
	- 가해 학생 조치사항 삭제 여부 심의	
③ 학교장 자체 해결 (심의 결과)	〈학교장 자체 해결〉 - 학교장이 자체적으로 가해학생과 피해학생에 대한 조치를 내림 - 학교 내 자체적 해결	
	〈심의위원회 보고〉 - 학교장 자체 해결 결과 심의위원회에 보고	
④ 조치 결정 (학교장 자체 해결 불가능할 경우)	〈학교폭력대책심의위원회 심의 및 의결〉 ★ 학교폭력대책심의위원회, 교육장 실시 - 심의 결과는 교육장에게 보고, 교육장은 조치 결정 후 학교장 통보 - 피하 및 가해 학생에게 서면으로 조치 결정 통보 - 학교장에게 통보, 학교장은 이행 후 교육(지원)청에 결과 보고	
⑤ 조치 수용 및 불복	〈조치 이행 및 지도〉 ★ 사안의 심각성을 따져 조치 선택	

피해 학생 보호 조치	가해 학생 교육 및 선도 조치
- 심리 상담 및 조언 - 일시 보호 - 치료, 요양 - 학급 교체 - 그 외 조치	- 서면 사과 - 피해학생 및 신고 학생에 대한 접촉, 협박, 보복 행위 금지 - 학교 봉사 - 사회 봉사 - 특별 교육이구 및 심리 치료 - 출석 정지 - 학급 교체 - 전학 - 퇴학

Topic 08 학교 폭력 예방 활동 내실화

[1] 중요성
학교 폭력은 발생하는 것 자체가 큰 사회적 문제이기 때문에 사전 교육을 통하여 예방하는 것이 근본적인 해결 방안임

[2] 학교 폭력 예방의 주안점
(1) 학교 폭력을 관계적 폭력으로 인식하고, 관계 회복에 주안점을 두어 접근해야 함
(2) 가해자의 무조건적인 처벌을 하는 '응보적 정의'가 아닌, 피해자와 가해자를 포함 공동체의 관계 회복을 중시하는 '회복적 정의'를 기반으로 함

[3] 회복적 생활교육 [출처 및 참조 : 서울교육 2019 가을호 '평화로운 공동체를 세우는', 회복적 생활교육, 박숙영]

(1) 정의
관계 강화를 통해 평화로운 공동체를 세우기 위한 교육

(2) 개요
- '잘못'에 대한 처벌이 아닌 교육을 통해 해결하는 것을 주안점으로 함
  - 잘못에 대한 관점 : 인간 관계에 대한 침해
  - 잘못의 결과 : 피해에 대한 책임질 의무를 인식, 책임을 이행하고 피해 회복
  - 책임자 : 개인과 개인이 포함된 공동체
  - 누가 피해자인지? / 어떤 피해가 발생했는지? / 피해 회복을 위해 무엇이 필요한지? 등에 주안점
- 피해자와 가해자를 분리하지 않음. 가해자도 학급의 일원으로서 회복할 수 있는 가능성을 지닌 사람으로 바라보고 범죄자로 낙인찍지 않음

(3) 실천 방안
- 회복 서클
  - 갈등을 평화적으로 다루기 위한 대화 프로그램
  - 대화 참여자들은 갈등에 직면하고 해결하는 과정을 통해 성장과 배움의 기회를 얻음

(4) 담임 교사의 역할
- 소통하는 사람 : 학생들의 필요를 파악하기 위해 질문을 하고, 이를 바탕으로 대화의 장을 여는 사람
- 협력적 리더십을 지닌 리더 : 학생들을 이끌되 학생과 함께 하는, 일방적 리더가 아닌 소통하는 리더가 될 수 있도록 해야 함
- 갈등 전환의 안내자 : 학생들이 갈등에 대해 평화적으로 다룰 수 있도록 객관적인 지표를 제시해주고 평화적으로 해결할 수 있도록 안내
- 평화적 공간 조성자 : 배움, 소통, 대화가 일어날 수 있는 평화적인 공간을 조성하여 학생들의 참여를 유도

[4] 학교 폭력 예방 교육
(1) 어울림 프로그램 (학교폭력예방교육지원센터)
- 온라인, 오프라인상의 학교폭력 위험으로부터 자신과 친구들을 적극적으로 방어할 수 있도록 학교 폭력 예방 역량 함양을 위한 학교 폭력 예방 교육 프로그램

- 학교 교육과정 기반 학생 중심의 맞춤형 예방 교육 프로그램
- 교육과정과 연계, 교과 성취기준 달성과 학생 참여 활동 중심 수업으로 교수·학습 방법 개선 및 생활 밀착형 교육 달성 목표
- 학교 폭력 예방을 위한 역량 함양을 위한 교육 (역량은 아래 표 참조)

어울림 프로그램	사이버 어울림 프로그램
- 공감 - 의사소통 - 갈등해결 - 감정조절 - 자기존중감 - 학교폭력 인식 및 대처	- 사이버 공감 - 사이버 의사소통 - 사이버상의 갈등 관리와 문제 해결 - 사이버 감정조절 - 사이버 자기존중감 - 사이버폭력 인식 및 대처 - 사이버 자기조절 - 인터넷 윤리의식 및 활용

- 구체적 사례
  - 국어, 미술, 창의적 체험활동을 연계한 학교 폭력 연극 활동
  - 바람직한 친구 관계를 형성하는 학급 우체통
  - 학교 폭력과 관련된 도서를 국어과 '한 학기 한 권 읽기'와 연계하여 지도
  - 협력 종합 예술 활동과 연계하여 지도도 가능
  - 친구에게 미안하고 고마운 마음을 전하는 '애플 데이'

(2) 학교 폭력 실태 조사 실시
- 매년 학기 초, 총 2회 실시
- 초등학교 4학년~고등학교 3학년

[5] 교사 역할

(1) 학교 폭력 발생 징후가 있는지를 꾸준한 관찰, 상담, 설문 조사 등을 통해 수시로 확인
(2) 교사와 학생의 긍정적인 래포가 형성될 수 있도록 하는 것이 중요
- 교사와 학생이 편하게 소통할 수 있는 분위기 형성
- 친구 관계 설문지, 학급 우체통 등 특색 활동 활용
(3) 교육과정 재구성 등으로 교과와 연계하여 학교 생활 전반에서 학교 폭력 예방 역량이 길러질 수 있도록 노력

> **현장 이야기**
>
> 학교 폭력은 기본적으로 '일어나지 말아야 할 일'입니다. 그렇기 때문에 예방이 매우 중요합니다. 현재 학교 폭력 예방 및 대처에 대한 관점은 '응보적'에서 '회복적'으로 변하고 있습니다. 따라서 '회복적 정의'와 '회복적 생활교육'에 대해서는 잘 알아두고 가는 것이 좋습니다.
>
> 특히 학교 폭력 예방은 학생의 인성교육, 학급 특색 활동 등과 연결되는 경우가 많아요. 배려, 존중, 소통 등의 협력적 인성을 기르는 것이 학교 폭력의 근본적인 해결 방안으로 중요하게 작용하기 때문입니다. 따라서 여러분이 생각하는 다양한 인성 교육 방안들을 학교 폭력 예방 교육과 연관 지어서 답변을 구성하는 것도 가능합니다.

Topic 09 안전 교육

[1] 필요성
학생들의 안전하고 즐거운 학교 생활을 위해서는 안전에 대한 기본적인 개념 및 안전 사고 예방, 안전사고 대응에 대한 구체적인 교육이 필요

[2] 교육 사례

> ● 학교 안전교육 7대 표준안 : 생활 / 교통 / 폭력·신변 / 약물·사이버 / 재난 / 직업 / 응급처치 (초등은 생활, 폭력·신변 해당)

(1) 창의적 체험활동 연계 지도
- 초등 1~2학년 창의적 체험활동 시수 중 주 1시수는 '안전한 생활' 교과로 편성

(2) 체험 중심의 안전 교육
① 소방의 날 안전 체험
 - 학생들이 실제적인 상황에서 안전 수칙을 직접적으로 경험할 수 있도록 함
 - 화재경보기, 비상구 확인 등 실제 안전 사고 발생 시 필수적으로 알아야 할 지식들을 경험을 통해 체득
 - 화재 발생 시 대피 방법을 교사 지도 하에 직접 체험
② 생존 수영
 - 2014년 세월호 사고 이후 생존 수영 교육에 대한 필요성이 높아짐(초등 3~4학년 생존 수영 교육 의무)
 - 구명조끼 착용 및 사용법, 안전 사고 발생 시 체온 유지 방법, 선박 사고 대처 방법, 다양한 뜨기 방법 등 체험 중심의 수영 교육
③ 안전 체험 시설 방문

[3] 교사 역할
(1) 안전 사고 교육 관련 연수 이수 등을 통해 교육 전문성 신장
(2) 평소 안전과 관련된 이슈에 주의 기울이기
(3) 안전 교육은 일회성이 아닌 주기적으로 꾸준하게 이루어지는 것이 중요
(4) 직접 체험 중심의 교육이 이루어질 수 있도록 안전 교육 내용 재구성

VI. 복지방과후부

Topic 01 통합교육 내실화 및 특수교육지원 강화

[1] 정의
특수교육대상 학생을 일반학교에서 장애유형이나 장애정도에 따라 차별을 하지 않고 비장애 또래학생들과 함께 가르치는 교육

[2] 교사의 노력
(1) 특수 학급 교사와 지속적으로 교류 → 지도 방안, 팀티칭 협의, 더불어통합공동체 참여
(2) 통합 교육에 대한 전문성 신장 → 장애아 교육 방법 관련 책 읽기, 교원연수
(3) 학부모 인식 개선 → 무조건 나쁘게 볼 것X. 다양한 특성 가진 학생들과 함께하면 성장가능

[3] 교육 방안
(1) **민주적 학급 공동체를 위한 나눔과 배려의 장애 공감 문화 조성**
  • 인성요소 반영한 학급 규칙 제정, 교사가 솔선수범하여 나눔과 배려의 따뜻한 학급 분위기 조성

(2) **장애인식 개선 교육**
  ① 도덕 교과와 연계하여 틀림과 차이 명시, 장애는 틀린 것이 아니라 다른 것임을 알게 함
  ② 장애아는 무조건 도와줘야 하는 존재가 아니라는 것을 인식

(3) **협동 학습** - 일반 학생과 장애 학생이 상호작용이 활발하게 이루어질 수 있는 기회

(4) **창의적 체험활동 시간을 활용하여 함께하는 놀이 시간 마련**
  ① 학급 스포츠의 날을 운영하여 모든 학생이 어울릴 수 있도록
  ② 장애 학생이 함께 즐길 수 있으면서 서로 협력하는 활동 이루어진다면 학급 공동체 의식 강화

> **현장 이야기**
> 최근 장애체험프로그램 뿐 아니라 장애인식개선을 위한 장애이해교육이 교실에서 이루어지고 있습니다. 장애이해교육에서 흔히 저지를 수 있는 실수가 시혜적 태도로 장애인을 대하도록 하는 것입니다. '불쌍하니까, 도움이 필요하니까'라는 이유로 장애인을 특별하게 대우해야 한다고 가르치는 것은 겉으로는 좋아보일 수 있으나, 장애인의 입장에서 보았을 때 자존심이 상할 수 있는 교육입니다. 그러므로 장애이해교육은 장애인의 입장을 깊이 이해하되 우리와 크게 다를 것이 없는 똑같은 사람임을 강조하는 교육이 되어야 함을 내면화하셔야 합니다. 이러한 생각을 바탕으로 답변에 살을 붙여 나가면 훨씬 내실있는 답변을 만들 수 있을 것입니다. 더 나아가 교육연극기법을 이용해 장애공감문화를 조성하는 활동 또한 주목받고 있습니다.

Topic 02 맞춤형 대안교육

[1] 정의

(1) 대안교육

대안학교에서 실시하는 교육. 개인적 특성과 필요에 맞는 다양한 교육 내용 및 교육방법을 통하여 학생 개인의 소질과 적성을 개발할 수 있는 학습자 중심의 교육

(2) 대안학교: 정규 공교육과정을 벗어나 '학업을 중단하거나 개인적 특성에 맞는 교육을 받으려난 학생을 대상으로 현장 실습 등 체험 위주의 교육, 인성 위주의 교육 또는 소질 적성 개발 위주의 교육 등 다양한 교육을 하는 학교'(초중등 교육법 제60조의 3). 초기에는 비인가 기관이 많았으나 학교 부적응학생 지원을 위해 공교육 내 대안교육 기회를 확대 중

(3) 대안교육 위탁교육기관: 학업중단 위기 학생의 중도탈락 예방을 위하여 일반학교와 다른 교육과정(대안교육)을 실시하는 곳. 관내 초중고 재학생 중 학교생활을 하기 어려운 학생 및 학업 중단 위기 학생을 대상으로 함

[출처 : 서울특별시교육청 대안교육지원센터]

[2] (맞춤형) 대안 교육의 목적
(1) 학교부적응 학생의 예방과 치유
(2) 학업중단 위기학생에게 진로·적성에 맞는 맞춤식 교육 제공

Topic 03 교육복지

[1] 정의
학생들이 처한 환경적 요인으로 인한 문제를 예방하고 해결을 도와 학생들이 평등한 교육기회를 누리고 학생 개인의 잠재적인 능력을 충분히 발휘할 수 있도록 지원하는 것

[2] 목적
교육기본권 실현 및 저소득가정 학생을 위한 정의로운 차등 구현

[3] 지원대상
(1) 법정 저소득가정 학생 (집중지원 대상)
- 국민기초생활보장수급자, 한부모가족 보호대상, 법정 차상위

(2) 기타 저소득가정 학생 (경제적 저소득학생)
- 교육비 지원 학생, 차차상위 등 경제적 사유로 인한 추천 학생

(3) 그 외 교육 취약 학생
- 북한이탈주민, 다문화가족, 위기 및 결손가정, 부적응 등의 사유로 인한 추천 학생

[4] 교육복지 활동과 지원
(1) 서울희망교실
- 교원 단위 공모로 이루어지며 불리한 여건에 있거나 학교 생활에 어려움을 겪는 학생과 함께하는 사제멘토링(사제동행) 활동
- 교사가 학생들과 함께 학습(도서 구입, 학습 코칭 등), 문화체험(전통놀이, 온라인 공예체험, 영화 감상 등), 진로체험(직업 체험 프로그램, 외부인사 특강 등), 봉사(쓰레기 줍기, 환경보호 캠페인 참가 등), 생활지원등 다양한 활동을 하도록 팀별 50~70만원 지원

현장 이야기

학교의 수익자부담 경비(사업이나 행사, 특정한 서비스를 운영함에 따라 그 이익을 받는 사람(수익자)이 부담하는 경비)에는 교육과정 운영 등을 위한 현장체험학습비, 방과 후 교육활동비, 급식비(2012년부터 초등 전체), 교과서비(초등 해당 X), 운동부 지원비 등이 있습니다. 법정 저소득 가정의 학생이 아니더라도 이러한 지원이 필요하다고 판단되는 경우 학교장(교사) 추천과 교육복지센터와의 면담을 통해 지원받을 수 있습니다. 학기 초 학생이해자료(또는 '학생기초조사표': 학생 정보, 가족 사항, 학원 수강, 아동의 흥미·욕구, 담임선생님께 바라는 점 또는 참고사항 등을 적)를 확인했고 학부모 상담을 통해 학생이 처한 상황을 파악할 수 있습니다. 교사의 경우 긴급복지신고의무자이므로 학기 초 뿐만 아니라 계속해서 학급 내에 도움이 필요한 학생은 없는지 면밀히 살펴야 합니다. 교육복지와 관련된 지원 내용은 학습(일대일 학습, 방과후학교 프로그램, 방학 중 캠프, 대학생 멘토링 등), 문화 체험(예술제, 축제, 캠프, 자원봉사활동, 박물관 및 미술관 견학 등), 맞춤형 상담 및 심리치료 지원, 복지(치과·안과 치료, 가정 방문, 간식비 등)으로 매우 다양합니다. 다만 교육복지 사업이 비대상 학생들에게 역차별로 느껴지거나 대상 학생에게 낙인을 찍는 일이 되지 않도록 주의해주세요.

Topic 04 탈북학생지원

[1] 탈북학생의 지도
❑ 담임교사로서 유의할 점
- 편입학 초기에 학생에게 관심 갖고 주의 깊게 관찰하기
- 대화 시간을 통해 이해하기(경청하는 자세 갖기)
- 한국 언어에 적응할 수 있도록 남북한 언어차이에 대해 알아보기
- 과제나 학습 활동에 대해 따로 용어 해설 해주기

[2] 탈북학생 교육 지원
(1) 탈북학생의 학교생활 적응을 위한 학교별 멘토링
(2) 탈북학생 방학 학교 운영
 - 코로나 19로 인해 온오프라인 학습 멘토링, 진로활동, 심층상담 등 운영
(3) 탈북학생 학부모 진로교육 운영
(4) 남북학생 및 학부모 동아리 운영

Topic 05 아동학대

[1] 정의
(1) **아동학대** : 보호자를 포함한 성인이 아동의 건강 또는 복지를 해치거나 정상적 발달을 저해할 수 있는 신체적·정신적·성적 폭력이나 가혹행위를 하는 것과 아동의 보호자가 아동을 유기하거나 방임하는 것 (아동복지법 제3조 제7호)

(2) **아동학대와 가정폭력**
- 가정폭력은 아동이 직접적인 피해자가 아닌 경우에도 폭력행위에 노출되어 아동의 건강과 복지에 해를 끼칠 수 있으므로 아동학대와 관련이 있음

[2] 유형
(1) **신체학대** : 우발적 사고가 아닌 상황에서 성인이 아동에게 신체적 손상을 입히는 모든 행위
(2) **정서학대** : 성인이 아동에게 행하는 언어적 모욕, 정서적 위협, 감금이나 억제, 기타 가학적인 행위
(3) **성학대** : 성인이 자신의 성적 충족을 목적으로 18세 미만의 아동에게 행하는 모든 성적 행위
(4) **방임** : 아동을 위험한 환경에 처하게 하거나 아동에게 필요한 의식주, 의무교육, 의료적 조치 등을 제공하지 않는 행위

[3] 아동학대 발견을 위한 노력
★ 교사는 아동학대 신고 의무자에 해당

(1) **관찰**
① 매일 아동의 건강과 안전 살피기
② 평상시와 다른 상흔 또는 감정의 변화가 있는지 확인
③ 계절에 맞지 않는 옷을 입거나 비위생적인 신체 상태 확인
④ 아동의 신체 또는 정서적 이상 징후에 대해 꼼꼼하게 기록

(2) **상담**
① 아동의 이상 징후 발견 시 상담
② 전문적인 상담이 필요할 경우 Wee 클래스 및 Wee 센터에 상담 의뢰
③ 건강상 문제가 발견될 경우 보건교사에게 상담 의뢰
④ 아동의 상담 내용 등을 기록

(3) **지속적인 관심**
① 학생, 학부모, 동료교사 등의 제보에 대한 관심 갖기
② 주변의 이야기에 주의를 기울이고 기록

[4] 아동학대를 신고해야 하는 경우
(1) 폭력·방임·유기 등 아동학대 정황 발견
(2) 보호자가 정당한 사유 없이 아동 면담을 거절하여 학대가 의심되는 경우
(3) 출석이 확인되지 않거나 이유 없이 2일 이상 연락이 되지 않는 경우(온라인 수업 포함)
(4) 보호자 연락, 영상통화, 가정방문 등으로 아동학대 의심이 해소되지 않는 경우
(5) 학생으로부터 SNS 등을 통해 자신이 학대받았다고 호소하는 경우

[5] 아동학대 신고 및 사후 조치

(1) 아동학대 최초 인지
(2) 수사기관(112) 또는 아이지킴콜 앱으로 즉시 신고 및 학교장, 교육(지원)청 보고
　★ 단, 수사기관에 신고하지 않고, 학교 자체적으로 종결하거나 신고를 늦추지 않도록 주의
(3) 피해아동에 대한 응급조치 및 보호 명령 / 학대 행위자에 대한 긴급임시조치 및 임시조치
(4) 사후지원, 사례관리 및 서비스 협조
(5) 학생에 대한 지속적 경과 관찰 및 다각적 지원 방안 마련
(6) 아동학대 신고 및 최초 보고 이후 변동 사항 발생 시 교육(지원)청 수시 보고

[6] 피해아동에 대한 교사의 태도

★ 피해아동에 대한 정보가 외부나 다른 아동들에게 노출되지 않도록 주의

(1) 아동이 불안에 빠지지 않도록 큰일이 난 것처럼 하지 않기
(2) 성학대의 경우 증거 확보를 위해 씻기거나 옷을 갈아입히지 않음
(3) 아동학대로 인한 사망 사건 발생 시 나머지 학생들에 대한 트라우마 상담, 치료 고려
(4) 신고 전과 후, 동일한 태도로 피해아동을 대해야 함
(5) 2차 피해가 발생하지 않도록 아동학대 신고자에 대한 비밀엄수 및 보호
(6) 재학대 여부 지속 관찰, 의심스러운 상황 시 신속하게 112 신고

[7] 피해아동 치료 및 상담

(1) 우울해 하거나 불안해 할 수 있으므로 아동의 심리 상태 파악 및 요구 적극 반영
(2) 아동보호전문기관과 연계한 상담·보호·심리치료 진행

> ◆ 아동보호전문기관 : 위(Wee)센터 및 위(Wee)클래스, 학대피해아동쉼터, 아동보호전문기관 등

[8] 아동학대 예방 교육

(1) 학교교육과정과 연계·통합하여 실시 가능
(2) 일상생활을 통한 반복 지도 및 부모 교육과 연계
(3) 교육 내용
　① 성폭력을 포함한 아동학대 개념
　② 성폭력 예방법과 대처법
　③ 나와 타인의 권리 인식
　④ 아동학대 실제 사례

현장 이야기

교사는 아동학대 신고 의무자이며, 교실에서 아이와 오랜 시간 함께하기 때문에 아동 학대의 징후를 발견할 수 있습니다. 학교에서 매우 민감하게 다루어지는 문제이기도 하고, 특히 최근 온라인 수업 기간 동안 아동에 대한 방임으로 인해 발생한 안타까운 사건들도 많이 있었습니다. 비단 면접을 위해 외우는 것이 아니라 아동학대에 대한 개념과 징후들을 숙지하는 것이 앞으로 여러분들의 교직 생활과 피해 받는 학생들을 한명이라도 더 구제할 수 있다는 생각으로 한번이라도 더 읽어보시길 바랍니다.

Chapter 03 심층면접 기출분석

> **이 장의 목차**

1. **2022학년도 기출 문제 및 분석 (서울)**
   ① 2022학년도 심층면접 문제지
   ② 구상형 문제 분석
   ③ 구상형 예시 답안
   ④ 즉답형 1 문제 분석
   ⑤ 즉답형 1 예시 답안
   ⑥ 즉답형 2 문제 분석
   ⑦ 즉답형 2 예시 답안

2. **2021학년도 기출 문제 및 분석 (서울)**
   ① 2021학년도 심층면접 문제지
   ② 구상형 문제 분석
   ③ 구상형 예시 답안
   ④ 즉답형 1 문제 분석
   ⑤ 즉답형 1 예시 답안
   ⑥ 즉답형 2 문제 분석
   ⑦ 즉답형 2 예시 답안

3. **2020학년도 기출 문제 및 분석 (서울)**
   ① 2020학년도 심층면접 문제지
   ② 구상형 문제 분석
   ③ 구상형 예시 답안
   ④ 즉답형 1 문제 분석
   ⑤ 즉답형 1 예시 답안
   ⑥ 추가질의 문제 분석
   ⑦ 추가질의 예시 답안
   ⑧ 즉답형 2 문제 분석
   ⑨ 즉답형 2 예시 답안

1 2022학년도 기출 문제 및 분석 (서울)

2022학년도 서울특별시교육청 초등교사 임용후보자 선정경쟁시험(2차 전형)

심층면접(구상형) 문제지

| 관리번호 | | 성명 | | 감독관 서명 | |

가. 신학년 집중 준비기간의 필요성 2가지를 설명하시오.

나. 아래의 학급에서 학급 특색 활동을 운영한다면 어떤 주제를 가지고 활동을 운영할 것인지 이유와 함께 제시하시오.

* 학급 교육 목표: 학생 개개인을 고려한 맞춤형 교육
* 한국어가 서툴러 소극적인 다문화 학생이 1명 있음
* 5학년 남학생 7명, 여학생 7명 총 14명으로 이루어진 학급임

2022학년도 서울특별시교육청 초등교사 임용후보자 선정경쟁시험(2차 전형)

심층면접(즉답형 1) 문제지

| 관리번호 | | 성명 | | 감독관 서명 | |

※ 신규교사가 쓴 아래 일지를 참고하여 고민을 해결하기 위한 실천 방안 3가지를 제시하시오.

- 기대에 찬 아이들의 눈빛이 부담스럽다.
- 생활지도가 어렵다.
- 학부모 민원이 잦아 상담 주간이 두렵다.

2022학년도 서울특별시교육청 초등교사 임용후보자 선정경쟁시험(2차 전형)

심층면접(즉답형 2) 문제지

| 관리번호 | | 성명 | | 감독관 서명 | |

※ 다음 연수 주제에 대한 나의 생각과 교사로서 갖추고 싶은 자질을 이유와 함께 설명하시오.

〈연수 주제〉
'교사는 살아있는 교육과정'

 **심층면접(구상형) 문제 분석**

2022학년도 서울특별시교육청 초등교사 임용후보자 선정경쟁시험(2차 전형)

심층면접(구상형) 문제 분석

가. 신학년 집중 준비기간의 필요성 2가지를 설명하시오.

 문제 분석

많은 수험생이 '신학년 집중 준비기간'의 의미를 몰라 잘못된 방향의 답변을 했던 문항입니다. 게다가 조건이 많지 않아서 '신학년 집중 준비기간'에 대한 이해가 없었다면 답변하기가 꽤 까다로운 문항이었죠.

'신학년 집중 준비기간'이란 개학을 앞둔 2월 중 교사들이 미리 학교에 출근하여 구성원들과 인사를 나누고, 새로 맡게 된 학년이나 교과의 교육과정을 고민하는 기간입니다. 많은 수험생이 학기 초 학급 단위로 이뤄지는 '학기 초 적응 활동', '학급 세우기 활동' 등으로 생각하고 답변을 했답니다. 맞춤형 교육과정, 교사 교육과정이 강조됨에 따라 '신학년 집중 준비기간'의 필요성이 높아져 시·도 교육청 차원에서 '신학년 집중 준비기간' 운영 계획 등을 마련하고 있으니 이를 참고하면 도움이 될 것입니다.

또한, 심층 면접 답변을 할 때 가짓수를 정확히 채우는 것이 매우 중요합니다. 본 문항의 경우 신학년 집중 준비기간의 필요성 2가지를 묻고 있으므로 2가지에 대해 첫째, 둘째로 나누어 명확히 제시해야 합니다.

나. 아래의 학급에서 학급 특색 활동을 운영한다면 어떤 주제를 가지고 활동을 운영할 것인지 이유와 함께 제시하시오.

* 학급 교육 목표: 학생 개개인을 고려한 맞춤형 교육
* 한국어가 서툴러 소극적인 다문화 학생이 1명 있음
* 5학년 남학생 7명, 여학생 7명 총 14명으로 이루어진 학급임

문제 분석

최근 들어, 구체적인 상황을 주고 그에 맞는 교육활동을 묻는 문항이 꾸준히 출제되고 있습니다. 이런 문항에 대비하기 위해 신규교사가 되어 선생님이 맡을 학급의 모습을 한번 그려보는 것을 추천합니다. 내가 원하는 학급의 모습, 우리 학급의 가치, 이를 실현하기 위한 구체적인 학급 특색 활동, 생활지도 방안 등을 미리 생각해두면 위와 같은 문항에 대한 훌륭한 대비책이 될 것입니다.

본 문항에서 제시된 학급 교육 목표는 '학생 개개인을 고려한 맞춤형 교육'입니다. 맞춤형 교육과정, 교사 교육과정을 강조하는 2022 개정 교육과정의 특징을 반영한 문제로 보입니다. 서로 다른 수준의 학생들 그리고 한국어와 우리 문화가 익숙하지 않은 다문화 학생을 어떻게 지도할 것인지와 서로 다른 개성의 학생들이 모인 교실을 어떻게 하나로 만들 것인지 등을 고려해 주제를 설정하고 구체적인 학습 지도 및 생활지도 방안을 제시하면 좋은 답변이 할 수 있습니다.

 예시 답안

2022학년도 서울특별시교육청 초등교사 임용후보자 선정경쟁시험(2차 전형)
심층면접(구상형) 예시 답안

 예시 답안

답변드리겠습니다.

새로운 한 해를 시작하는 '신학년 집중 준비기간'은 교육공동체의 소통과 교육과정의 효과적인 운영을 위한 매우 중요한 시기입니다. 시작이 반이라는 말처럼 이 기간을 통해 한 해를 어떻게 준비하느냐에 따라 교사와 학생들이 보내는 1년이 달라질 수 있다고 생각합니다. '신학년 집중 준비기간'의 필요성을 말씀드리겠습니다.

첫째, 교육공동체 간 소통의 장을 마련할 수 있습니다.

새로운 해가 되면 학교에는 새로운 교사들이 부임을 하게 되므로, 새롭게 모인 구성원들끼리 마음을 열고 공동체의 구성원으로 역할을 나누는 과정이 필요합니다. 이를 통해 각자가 맡은 업무를 확인하고 필요한 경우 협조를 요청하며 함께 학교를 위해 일할 수 있습니다. 또한, 관심을 가진 분야에 따라 교원학습공동체 등을 꾸리며 공동체 구성원끼리 함께 배우고 성장하는 기반을 다질 수 있습니다.

둘째, 효과적인 교육과정 운영을 위한 준비를 할 수 있습니다.

2022 개정 교육과정은 '맞춤형 교육과정', '교사 교육과정'을 강조하고 있습니다. 각 학급에 맞는 교육과정을 수립하기 위해선 교육과정에 대한 충분한 이해가 필요합니다. 학생들을 만나기 전 '신학년 집중 준비기간'을 잘 활용한다면 학교의 특성이나 특색 사업, 학생 발달단계 등을 종합적으로 고려한 나만의 교육과정을 수립할 수 있으며, 이는 학생 중심의 맞춤형 교육활동 운영으로 이어질 것입니다. 또한 학년 단위로 모여 함께 교육과정에 대해 고민하고, 계획을 세워 보다 체계적인 교육과정 운영의 틀을 마련할 수 있습니다.

다음으로 주어진 학급 상황을 고려한 학급 특색 활동의 주제와 이유를 말씀드리겠습니다.

코로나19, 기후 위기 등 국가적 차원에서 해결할 수 없는 문제들이 발생하며 국가를 넘어 전 지구적 관점에서의 문제 해결의 필요성이 대두되고 있으며, 교육에서도 이를 반영하여 '세계시민교육'의 중요성을 강조하고 있습니다. 다문화 학생이 있는 학급의 특성을 고려하여 저는 '우리는 세계시민'이라는 주제로 학급을 운영하고 싶습니다. 이를 통해 학생들의 문제 해결 능력과 공동체 의식, 상호 문화 역량을 함양하고 싶습니다.

첫째, 교육과정 재구성을 통해 주제 중심 프로젝트를 운영하여 문제 해결 능력과 공동체 의식을 기르겠습니다. 학생들에게 지구촌 문제에 대해 서로 머리를 맞대고 고민하는 기회를 주고, 스스로 실천할 수 있는 해결 방안을 찾아 직접 실행에 옮기는 프로젝트 수업을 운영할 것입니다. 이를 통해 학생들은 뉴스 속 지구촌 문제를 나의 문제로 느끼고 고민하며 문제 해결 능력을 기르고, 협력의 중요성을 통해 공동체 의식을 함양하게 될 것입니다.

둘째, 문화 큐레이터 활동을 통해 상호 문화 역량을 기르겠습니다. 서로의 문화를 이해하려면 먼저 내가 속한 문화를 제대로 이해하는 것이 필요하다고 생각합니다. 학생들에게 가장 익숙한 우리 가족의 문화를 소개하는 것에서 시작하여 서로를 알아보고, 각자 관심을 둔 나라의 대사이자 문화 큐레이터가 되어 각 문화를 소개하고 알아보는 축제 또는 전시회를 열어보고 싶습니다. 이를 통해 학생들은 다양한 문화를 배우고 서로의 다름을 자연스럽게 받아들이며 상호 문화 역량을 기르게 될 것입니다.

'우리는 세계시민'이라는 특색 활동을 통해 서로를 존중하는 학급 문화를 만들어가고 싶습니다. 그 문화를 만드는 시작은 교사가 학생들에게 보여주는 존중의 자세라고 생각합니다. 학생들과 끊임없이 소통하고 스스로 성찰하며 학생들과 함께 존중의 교실을 만들어가겠습니다.

 **심층면접(즉답형 1) 문제 분석**

2022학년도 서울특별시교육청 초등교사 임용후보자 선정경쟁시험(2차 전형)

심층면접(즉답형 1) 문제 분석

※ 신규교사가 쓴 아래 일지를 참고하여 고민을 해결하기 위한 실천 방안 3가지를 제시하시오.

- 기대에 찬 아이들의 눈빛이 부담스럽다.
- 생활지도가 어렵다.
- 학부모 민원이 잦아 상담 주간이 두렵다.

 문제 분석

이 문제는 신규교사가 실제로 어려움을 겪을 만한 부분을 다루고 있기 때문에, 선생님들이 실제 발령을 받아 교사로 부임한 후 생기는 문제를 어떻게 해결할지를 묻는 문제입니다. 이러한 문제에서 답변자에게 바라는 것은 두 가지입니다. 첫째로는 '답변하는 방안이 실제로 실천 가능한가'일 것이고, 둘째로는 '문제를 해결하려는 태도가 바람직한가'일 것입니다. 즉 선생님이 답변해야 하는 모범답안은 '실천 가능한 답변이며 적극적인 문제 해결 태도를 보이는 답변'이어야 합니다.

저는 선생님이 즉답형에서 이러한 문제를 받았을 때 바로 논지 3개를 찾기보다는, 이 문제를 낸 의도가 무엇인지 찰나라도 생각을 해보셨으면 좋겠습니다. 지금 당장은 불가능할 것 같지만 면접 연습을 하실 때 이렇게 한 발짝씩 나아간 생각을 하는 연습을 한다면, 나중에는 스스로도 모르는 사이에 문제의 의도를 꿰뚫는 답변을 하게 될 거예요.

실천 가능한 답변으로는 관련 연수 참여, 관련 도서 탐독 등이 있겠지만 적극적인 문제 해결태도 및 선배에게 배우려는 바람직한 신규교사의 태도를 보여주기 위해서는, '관련 연수 참여'가 조금 더 적합할 것입니다. 이런 식으로 평가관의 입맛에 맞는 답변을 할 수 있는 연습이 필요합니다. 또한 동학년 교사와의 잦은 수업 나눔은 교육청에서도 권장하는 수업 발전 방법이기 때문에 만능답으로 가져가셔도 좋습니다.

학부모 관련 문제는 무조건 '공감과 소통'이라는 키워드를 떠올리세요. 학부모의 입장을 공감하고 소통을 더욱 활발히 할 수 있는 방안이라면 만능답이 될 수 있습니다.

명심하세요. 우리는 평가관이 보기에 '똑똑하되 겸손한' 예비교사여야 합니다!

 예시 답안

2022학년도 서울특별시교육청 초등교사 임용후보자 선정경쟁시험(2차 전형)
심층면접(즉답형 1) 예시 답안

 예시 답안

잠시 생각한 뒤 답변 드리겠습니다.

답변 드리겠습니다.
신규교사가 쓴 일지를 참고했을 때 고민을 해결하기 위한 실천방안 3가지를 말씀드리겠습니다.

첫째, 동학년 선생님들과 일상적 수업 나눔을 하고 이를 성찰해야 합니다. 많은 사람들 앞에 선 경험이 없는 신규 교사가 아이들의 눈빛이 부담스럽게 느껴지는 것은 당연한 일입니다. 그러므로 조금씩 다른 사람들 앞에서 발표하거나 수업을 실연하는 경험을 늘려나가는 과정이 필요하다고 생각합니다. 동학년 선생님들과 일상적으로 수업 나눔을 하면 사람들 앞에 서는 경험이 늘어날 뿐 아니라 성찰을 통해 수업의 질도 높아져 스스로 자신감을 가질 수도 있습니다.

둘째, 생활지도 교사연수에 참여합니다. 학생들의 생활을 지도하는 능력은 교사에게 필수적이지만 경력이 적으면 부족할 수밖에 없습니다. 그러므로 여러 선생님들의 노하우가 담긴 생활지도 교사 연수를 듣고 그 중 자신에게 맞는 방법을 체화하여 적용하는 과정이 필요합니다.

셋째, 학급 소통망을 활성화합니다. 학부모의 민원이 잦은 이유는 학급의 일이 활발히 공유가 되지 않기 때문이라는 이유도 있습니다. 상담 주간이 아닐 때에도 학부모와 소통을 꾸준히 한다면, 상담 주간에 상담 수가 적거나 스스로 느끼는 부담이 적어질 것입니다.

저는 신규교사가 겪는 어려움을 해결하기 위해 동학년 선생님들과의 수업 나눔, 생활지도 교사 연수 참여, 학급 소통망 활성화가 필요하다고 생각합니다.

이상입니다.

 심층면접(즉답형 2) 문제 분석

2022학년도 서울특별시교육청 초등교사 임용후보자 선정경쟁시험(2차 전형)

심층면접(즉답형 2) 문제 분석

※ 다음 연수 주제에 대한 나의 생각과 교사로서 갖추고 싶은 자질을 이유와 함께 설명하시오.

〈연수 주제〉
'교사는 살아있는 교육과정'

 문제 분석

　이 문제는 답변자의 '교육과정관'을 묻는 문제라고 할 수 있습니다. 2022개정 교육과정의 고시가 코앞에 있는 만큼, 그 교육과정을 수행할 신규교사들의 교육과정을 대하는 태도 또한 중요하기 때문에 나온 문제입니다. 이처럼 교육청 혹은 교육 정책의 흐름을 생각해서 예상 문제를 출제하는 연습을 해본다면, 이런 문제를 보고 조금 더 수월하게 답변할 수 있을 것입니다.

　꽤 오랜 시간 교육대학교에서 '교과서는 교육자료일 뿐이다.'라고 가르치고 있습니다. 저 또한 그렇게 배웠습니다. 하지만 현장에서는 아직도 교과서에 의존하는 분위기가 남아있습니다. 때문에 교육계에서는 교육과정의 실천자인 교사의 인식 변화가 가장 중요하다고 여기고 있습니다. 신규교사 또한 '교육과정은 교사가 만들어 나가는 것'이라는 능동적인 교육과정관을 가진 교사를 뽑고 싶겠지요. 그러므로 선생님은 저 문구를 보고 최근 교육의 기조를 떠올려서 긍정적인 답변을 해야 합니다. 초등교육은 학문의 전달보다 학생들의 특성에 맞게 가장 적합한 방법으로 수업을 하는 것이 가장 중요하기 때문에, 성취기준을 도달한다면 교사가 하는 모든 것이 교육과정이 된다고 생각합니다. 이러한 관점에서 답변을 하시면 됩니다.

　이에 필요한 자질을 말할 때에는 교사가 능동적으로 교육과정을 자신만의 방법으로 재구성하여 수업할 때 실제로 필요한 자질이 무엇일지 생각해보면 좋습니다. 저는 '교육과정'이라는 단어가 나오면 '교육과정-수업-평가 일체화'라는 말이 자동적으로 떠올라서 수업 개발 능력과 평가 능력이라는 답변이 나왔습니다. 하지만 선생님이 생각할 때 실제로 필요한 자질이라면 이와 다른 자질이더라도 충분히 답안으로 인정되리라고 생각합니다.

 예시 답안

2022학년도 서울특별시교육청 초등교사 임용후보자 선정경쟁시험(2차 전형)

심층면접(즉답형 2) 예시 답안

 예시 답안

잠시 생각한 뒤 답변 드리겠습니다.

답변 드리겠습니다.
먼저 '교사는 살아있는 교육과정'이라는 말에 대한 저의 생각을 말씀드리겠습니다. '교사는 살아있는 교육과정'이라는 말은 교과서나 교육 자료가 없더라도 교사 그 자체만으로도 교육을 할 수 있다는 말이라고 생각합니다. 이 말은 교육에 있어 교사를 성문화된 틀에 가두는 것이 아니라, 교사가 주도적으로 교육을 계획하고 실행할 수 있다는 말이기 때문에 교사의 능력을 믿어주는 말이며 이와 동시에 교사의 효능감을 높일 수 있는 말이라고 생각합니다.

다음으로 이와 관련해 교사로서 갖추고 싶은 자질을 두 가지 말씀드리겠습니다.
첫째, 수업 개발 능력을 갖추고 싶습니다. 초등교육에서 교사는 학생들의 흥미와 발달단계를 고려하여 가장 적합한 수업을 할 수 있다고 생각합니다. 저는 다양한 수업 아이디어를 통해 교과를 통합한 프로젝트 수업 등을 활용하여 학생들에게 실제적인 지식을 적용할 수 있는 기회를 제공하고 싶습니다. 대상의 특성에 따라 가장 적합한 수업 방법을 결정하고 수업 주제를 선택함으로써 교사가 살아있는 교육과정이 된다고 생각합니다.

둘째, 학생들의 평가능력을 갖추고 싶습니다. 초등교육에서 교사는 학생들의 발달과정을 고려하고 평가 내용을 환류하여 학생들에게 가장 적합한 교육을 할 수 있다고 생각합니다. 이를 위해서는 학생들의 현재 도달도를 정확하게 판단하는 것이 우선적이라고 생각합니다. 이를 통해 평가 내용을 학생들에게 다시금 환류하여 모두가 학습목표에 도달하게 하는 일련의 과정들이 바로 살아있는 교육과정이라고 생각합니다.

이상입니다.

2 2021학년도 기출 문제 및 분석 (서울)

2021학년도 서울특별시교육청 초등교사 임용후보자 선정경쟁시험(2차 전형)

심층면접(구상형) 문제지

관리번호		성명		감독관 서명	

※ 〈자료 1〉과 〈자료 2〉를 읽고 요구되는 교사의 역할 3가지를 말하고, 각각의 역할을 실천하기 위한 방안을 설명하시오.

〈자료 1〉
(신문 기사 1)
서울시교육청의 초1~2 매일 등교제 실시 관련 기사
학교 생활 적응 및 교육 격차 해소에 도움 될 전망

〈자료 2〉
(신문 기사 2)
온라인 수업에 대한 교사들의 부담에 대한 설문 조사 결과(수업, 평가 등)
(신문 기사 3)
코로나19로 인한 학생들의 정서 불안, 학생들의 고립. 코로나로 인한 우울감과 불안감 확대, 친구 관계 형성 능력 부족 등

2021학년도 서울특별시교육청 초등교사 임용후보자 선정경쟁시험(2차 전형)

심층면접(즉답형 1) 문제지

| 관리번호 | | 성명 | | 감독관 서명 | |

※ 다음 학생관에 관한 두 문장 중 한 가지를 선택하고, 그 이유를 자신의 삶의 경험과 관련지어 설명하시오.

- 너는 특별하단다.
- 너는 특별하지 않단다.

2021학년도 서울특별시교육청 초등교사 임용후보자 선정경쟁시험(2차 전형)

심층면접(즉답형 2) 문제지

| 관리번호 | | 성명 | | 감독관 서명 | |

※ 서울시교육청의 각 학교에서는 코로나19로 인한 원격 수업 등에 대한 교원학습공동체가 활발히 운영되고 있다. 교원학습공동체 활성화를 위해 신규교사로의 역할을 말하시오.

 심층면접(구상형) 문제 분석

2021학년도 서울특별시교육청 초등교사 임용후보자 선정경쟁시험(2차 전형)

심층면접(구상형) 문제 분석

※ 〈자료 1〉과 〈자료 2〉를 읽고 요구되는 교사의 역할 3가지를 말하고, 각각의 역할을 실천하기 위한 방안을 설명하시오.

 문제 분석

〈자료 1〉의 내용은 초등학교 저학년의 매일 등교에 관한 내용이었습니다. 코로나 19라는 전세계를 뒤흔든 전염병 상황 속에서 학교 운영이 중지되는 초유의 사태가 일어났습니다. 학교가 문을 닫게 되고 얼마 지나지 않아 학교의 역할 부재로 학생들의 성장에 심각한 문제가 나타나기 시작합니다. 이를 감지한 교육 당국에서는 학교를 다시 열기 위해 1학년 전면등교를 시작합니다. 이렇게 전염병이라는 위험 속에서 등교를 하려면 어떤 태도를 취해야 하는지를 짚어야 하는, 현 사회의 문제를 전반적으로 꿰뚫고 그 속에서 교사의 역할을 찾아내야 하는 자료였습니다.

〈자료 2〉는 온라인 수업이라는 새로운 수업 상황과 교우 관계 및 사회성이 결여된 학생들의 문제 상황을 해결하는 교사의 태도를 묻는 문제였습니다. 이것도 마찬가지로 온라인 수업이 어떻게 흘러가는지를 구체적으로 알고, 대처 방안을 생각해 보았더라면 무난하게 답변이 가능했습니다. 또한 코로나 19로 인한 학생들의 우울증 증가, 대인관계에서의 어려움을 겪는 것 등은 많은 교육 기사에서 시사하는 문제이기도 합니다. 이를 종합적으로 고려하여 교사의 역할을 찾아내면 됩니다. 이처럼 면접의 경우, 해당 연도에서 어떤 이슈가 가장 주목받았는지를 살펴보고 그 이슈에 대해서 어떤 관점을 가지고 있는지를 생각한 후, 예상 답변을 준비하는 것도 필요합니다.

현재 문제에서는 역할을 3가지 말하고, 구체적인 실천 방안을 말하라고 하였습니다. 따라서 역할을 3가지 말하고 해당 실천 방안을 자세하게 풀어서 설명하면 됩니다. 이때 각 역할에 맞는 실천 방안을 말해야 더욱 구조적이고 분명한 답변이 될 것입니다. 이때는 "역할은 다음과 같습니다. 첫째~, 구체적인 실천 방안은~ 등으로 문장을 시작하여 자신이 답변의 가짓수를 채우고 있음을 명확하게 드러내야 합니다.

 **예시 답안**

2021학년도 서울특별시교육청 초등교사 임용후보자 선정경쟁시험(2차 전형)

심층면접(구상형) 예시 답안

 예시 답안

답변드리겠습니다.

코로나 19로 급격하게 변화하는 학교에서 학생들에게 올바른 교육을 하기 위해서는 교사의 역할 변화도 중요합니다. 첫 번째 역할은 방역을 철저히 하고, 학생을 보호하는 역할입니다. <자료 1>의 내용인 저학년 학생들이 매일 등교하는 것은, 학생들의 기본 생활 습관을 바로 잡고 교육 격차를 해소하는데 꼭 필요합니다. 하지만 그 무엇보다도 학생들이 전염병으로부터 안전하게 학교 생활을 하는 것이 우선시 되어야 합니다. 따라서 교사는 학생들을 전염병으로부터 보호할 수 있도록 힘써야 합니다. 구체적으로는 평소 교실, 책상, 각종 물품 등에 대한 방역을 철저히 하고 학생들이 등교 시 수시로 손, 개인 물품 등을 소독할 수 있도록 지도해야 합니다. 또한 학생들이 방역 지침을 철저히 지킬 수 있도록 수준에 맞는 방역 수칙 교육을 통해 손 씻기, 마스크 착용 등을 생활화할 수 있도록 해야 합니다. 수업 중에도 방역 지침을 준수하여 수업을 진행할 수 있도록 해야 합니다. 특히 점심시간의 경우 방역의 사각지대가 가장 많아질 수 있기 때문에, 각별히 주의를 기울여 전염병 확산이 일어나지 않도록 해야 합니다.

두 번째 역할은 교육과정, 수업, 평가, 기록의 전 과정을 비대면 상황에 맞게 적절히 재구성하는 역할입니다. 비대면 상황 속에서도 대면 수업만큼의 효과를 이끌어내야 하는 것 역시 교사의 중요한 역할입니다. 따라서 수업의 전반적 내용, 기술 등을 온라인 상황에 맞게 재구성하는 것이 필요합니다. 구체적으로는 먼저 온라인 수업 플랫폼을 활용하는 것입니다. 학급 학생들의 가정 환경 및 학습 수준 등을 고려하여 학생들이 이해하기 쉽고 잘 활용할 수 있는 플랫폼을 선정하고, 이를 꾸준히 활용하는 것이 필요합니다. 이를 위해 교사는 평소에 어떤 플랫폼이 활용되고 있는지 유심히 살펴보는 것이 필요합니다. 그중에서 쌍방향으로 교사와 학생이 함께 소통할 수 있는 플랫폼이 많기 때문에 이러한 것들을 적극 활용하여 학생들이 대면이 아니더라도 서로 소통하고 협력할 수 있는 기회를 만들어야 합니다. 그리고 교과서에만 국한되는 것이 아니라, 교육과정의 성취기준을 분석하여 온라인 상황에서 학생들이 성취기준을 달성할 수 있도록 자료를 찾고, 재구성을 하는 것이 필요합니다. 교과서 일부 자료는 비대면 상황에서는 시행하기 어려운 것이 많습니다. 따라서 이러한 자료는 재구성 노력을 적극 해야합니다. 마지막으로 평가는 기록으로 남을 수 있다는 온라인 시스템의 장점을 활용하여 문서작성, 프리젠테이션 과제물 만들기 등 학생들의 학습 과정이 기록으로 남을 수 있는 프로그램들을 적절히 활용하는 것이 필요합니다.

세 번째 역할은 학생의 안정적 정서를 형성해주는 역할을 해야 합니다. 학생들이 집에서 혼자만 지내는 시간이 늘어나면서 사람과의 소통이 줄어들고, 사회성이 결여됩니다. 더한 문제점은, 학교에 대한 두려움이 생기게 되어 등교를 거부하는 경우가 생기거나 소아 우울증과 같은 정서적 불안정 상태를 호소할 수 있습니다. 따라서 교사는 이를 방지할 수 있도록 노력해야 합니다. 구체적으로는 우선 실시간 소통 시스템을 마련하는 것입니다. 학교에서 상담이 수시로 이루어지는 것처럼 온라인 상에서도 학생이 자유롭게 원하면 언제든지 교사에게 상담을 요청할 수 있도록 시스템을 구축해야 합니다. 이를 통해 학생의 심리 상태를 수시로 체크하고, 다독여줄 수 있습니다. 또한 학생들이 만나지 않더라도 서로 협력할 수 있는 다양한 비대면 활동에 대해 연구해야 합니다. 비대면 상황에서도 학생들이 협력할 수 있는 방법이나 정서적으로 교류할 수 있는 방법이 있습니다. 이에 대해 교사가 연구하고, 학생들이 정서적 교류를 할 수 있도록 노력해야 합니다. 그리고 학부모와 수시로 소통하여 가정에서 학생에 대한 안정적인 환경을 제공할 수 있도록 협조를 부탁드립니다.

비대면 학교라는 새로운 상황 속에서 교사는 학생의 교육을 위해 언제나 연구하고 힘써야 합니다. 어려운 상황 속에서 다음과 같은 역할을 잊지 않는다면, 학생 한명 한명의 성장을 이끌어 낼 수 있을 것입니다. 감사합니다.

 심층면접(즉답형 1) 문제 분석

2021학년도 서울특별시교육청 초등교사 임용후보자 선정경쟁시험(2차 전형)

심층면접(즉답형 1) 문제 분석

※ 다음 학생관에 관한 두 문장 중 한 가지를 선택하고, 그 이유를 자신의 삶의 경험과 관련지어 설명하시오.

- 너는 특별하단다.
- 너는 특별하지 않단다.

 문제 분석

답변자의 학생관, 즉 기르고 싶은 학생의 모습을 묻는 문제였습니다. 이런 문제에는 정답은 없기 때문에 자신의 신념을 확고하게 반영하여 답변하는 것이 좋습니다. 즉, 답변에 '일관성'이 중요한 것이죠. 만약 '너는 특별하단다.'를 선택하고, 공동체 일원으로서의 가치에 대한 경험을 덧붙인다면 답변에 일관성이 떨어져 보일 수 있겠죠. 여러분이 선택한 학생관을 잘 받침해줄 수 있는 경험을 덧붙이는 것이 중요합니다.

첫 번째 문제는 학생의 개별 특성, 개성 등에 관한 학생관과 연결되는 문장이라고 볼 수 있습니다. 따라서 이 문장을 골랐다면 꾸준한 상담을 통해 학생이 무엇을 좋아하는지, 어떤 것을 잘하는지 등을 파악하는 것 등의 근거를 대면 됩니다. 그리고 이와 관련된 선생님의 삶의 경험을 제시하면 되겠죠? 삶의 경험도 제시해야 하기 때문에 학생관을 고른 이유는 짧게 대답하고 바로 가짓수를 채우시는 것도 필요합니다. 이와 관련된 자신의 삶의 경험은 '진짜 좋아하는 것을 공부할 때 그 교육적 효과가 높았다' 등이 예가 될 수 있습니다.

두 번째 문장은 개별 특성보다는 공동체 의식, 다른 친구들을 배려하는 마음, 협력 등과 연결될 수 있겠네요! 이와 관련된 근거를 제시하고 자신의 경험을 이야기하면 됩니다. 서로 협력을 통해 결과물을 이뤄낸 경험과 이때 타인을 배려하고 양보를 하는 것이 중요하다는 것을 느꼈다 등의 이야기를 근거로 풀어내면 됩니다.

 **예시 답안**

2021학년도 서울특별시교육청 초등교사 임용후보자 선정경쟁시험(2차 전형)
심층면접(즉답형 1) 예시 답안

 예시 답안

선택 : 너는 특별하단다.

 답변드리겠습니다. 저는 학생들은 저마다의 개성을 가지고 있고, 그 개성을 찾고 빛나게 해주는 것이 교사의 역할이라고 생각합니다. 그래서 '너는 특별하단다.' 문장을 선택하겠습니다. 초등학교 때 저는 다른 친구들이 다니는 학원이나 푸는 문제집, 입고 다니는 옷 등을 따라 하는 경우가 종종 있었습니다. 하지만 그럴 때마다 돌아오는건 저에게 맞지 않는 배움, 옷, 문제집으로 제가 원하는 것을 포기하게 되는 것이었습니다. 지속적으로 그런 경험을 하다보니 문득 '과연 내가 진정으로 좋아하고 잘하는 것은 무엇일까?' 라는 생각을 하게 되었습니다. 그리고 그때 내가 누군가에게 이것 하나만큼은 자신있게 나의 것이라고 이야기할 수 있을 만한 것이 없다는 것을 알게 되었습니다. 그 이후로 저만의 색깔, 내가 좋아하고 잘 하는 것을 찾기 위해 노력하였습니다. 시작이 따라하는 것이었기 때문에 그 과정이 매우 힘들었지만, 찾아가는 과정 속에서 사람이 자신의 특별함을 믿을 때 자기 자신을 믿는 힘이 생기고, 이는 곧 자신감 및 자존감과 직결된다는 것을 알 수 있었습니다. 저는 학생들이 자신의 색깔을 정확히 파악하고 이를 바탕으로 삶을 살아가는 힘을 가질 수 있도록 이끄는 것이 교사의 역할이라고 생각합니다. 따라서 저는 '너는 특별하단다' 문장을 아이들에게 이야기할 것입니다. 답변 마치겠습니다.

선택 : 너는 특별하지 않단다.

 답변드리겠습니다. 저는 '너는 특별하지 않단다.'를 선택하겠습니다. 저는 모든 학생은 평등하고 동등한 존재라고 생각합니다. 따라서 모든 학생 한명이 소중하며 나와 다를지라도 다른 학생을 동등한 존재로 인식하는 것을 학생들이 배워야 한다고 생각합니다. 교실이라는 작은 사회에서 학생들은 자신과 다른 사람을 배려하는 법을 배우는 경험은 학생들이 훗날 사회에 나왔을 때 다른 사람들과 어울리며 살아갈 수 있는 토대가 됩니다. 저는 어렸을 쩍 타국에 나가서 공부를 한 적이 있었습니다. 그때 제가 다녔던 학교에는 동양인이 전혀 없었기 때문에 반에 잘 못 어울릴 것 같아 걱정을 했습니다. 그런데 친구들이 저를 전혀 소외시키지 않고 너무나도 배려해준 덕분에 즐겁게 생활을 하고 돌아왔습니다. 이때 경험을 통해서 다른 사람을 인정하는 삶의 자세를 배울 수 있었고 저의 자존감에 주춧돌이 되었습니다. 따라서 저는 이러한 경험을 학생들에게 꼭 알려주고 싶고, 학생들에게 큰 힘이 되어주고 싶습니다.

 **심층면접(즉답형 2) 문제 분석**

2021학년도 서울특별시교육청 초등교사 임용후보자 선정경쟁시험(2차 전형)

심층면접(즉답형 2) 문제 분석

※ 서울시교육청의 각 학교에서는 코로나19로 인한 원격 수업 등에 대한 교원학습공동체가 활발히 운영되고 있다. 교원학습공동체 활성화를 위해 신규교사로의 역할을 말하시오.

 문제 분석

교원학습공동체 문제는 이전에도 여러 번 출시가 되었고, 이렇게 2021학년도에도 다시 출제가 되었을 만큼 중요한 이슈입니다. 교원들이 서로 협력하여 공동의 연구를 시행할 때, 교육의 질과 전문성 제고가 더욱 크게 일어날 수 있다는 것이죠. 코로나 19로 학교가 큰 변화를 맞이하게 되면서 교사들은 이에 발 빠르게 대처하는 것이 필요해졌습니다. 온라인 수업을 어떻게 할 것인지 교재를 연구하고, 자료를 빠르게 개발해야 했죠. 이것을 혼자 하는 것은 불가능합니다. 그렇기 때문에 교원학습공동체가 필요한 것입니다. 교원들이 서로 역할을 분담하여 자료 제작 및 교재를 연구하고, 수업에 적용하여 이를 나눔하는 과정을 거치면서 온라인 수업에 대한 피드백과 개선이 활발하게 이루어질 수 있었습니다. 즉답형 2번은 이런 교원학습공동체에 대해 면접 대상자는 교사로서 어떤 역할을 수행해야 하는지를 묻는 문제였습니다. <성실하게 참여한다> 등의 문장으로 끝나는 것도 좋으나, 이때는 꼭 '~하는 역할'로 답변을 완성하여 가짓수를 채웠다는 것을 강조해 주는 것도 좋습니다.

 예시 답안

2021학년도 서울특별시교육청 초등교사 임용후보자 선정경쟁시험(2차 전형)

심층면접(즉답형 2) 예시 답안

 예시 답안

답변 드리겠습니다. 코로나19로 가장 급격하게 변화한 곳은 학교라 해도 과언이 아닙니다. 급변하는 상황에서 발 빠르게 대처하기 위해서는 무엇보다 동료 교사들과 협력하여 집단 지성의 힘을 이끌어내는 것이 중요합니다. 저는 이러한 상황에서 바람직한 신규의 역할은 다음과 같다고 생각합니다.

첫째, 어떤 것이든 두려움 없이 적극적으로 시도하는 역할입니다. 신규의 시기에는 모든 것이 처음이라 막막하기 때문에 실수를 할까봐 도전하기를 주저하기 마련입니다. 이 때문에 처음에는 나서기를 꺼리는 경우가 많습니다. 그러나 변화에 적응하기 위해서는 그 변화를 맞서기 위해 항상 도전하는 자세를 지녀야 합니다. 따라서 적극적으로 시도하고 도전하는 자세를 지니는 것이 필요하다고 생각합니다.

둘째, 동료 교사 및 선배 선생님들과 협력하는 역할입니다. 교원학습공동체와 같이 공동의 연구를 진행하는 모임은 협력하지 않으면 이뤄질 수 없습니다. 개인의 역량을 스스로 키우는 것도 중요하지만, 주변에서 협력이 이루어지지 않는다면 역량은 절대 그 이상 성장하지 않습니다. 따라서 교원학습공동체에서 연구하는 분야에서 맡은 역할에 책임감을 가지고 협력하는 자세를 지녀야 한다고 생각합니다.

3 2020학년도 기출 문제 및 분석 (서울)

2020학년도 초등교사 임용후보자 선정경쟁시험(2차 전형)

심층면접(구상형) 문제지

| 관리번호 | | 성명 | | 감독관 서명 | |

※ 제시문 가와 제시문 나에서 나타난 문제점 3가지를 찾고, 각각의 문제점을 어떻게 해결할 것인지 구체적인 해결 방안을 말하시오.

[제시문 가]

교사 A: 저는 이번에 초등학교 3학년 담임을 맡게 되었는데, 읽고 쓰는 것을 못하는 학생들이 점점 늘어나는 것 같아 걱정이에요. 또 수업시간에 바른 자세로 앉아 수업에 집중을 하는 태도도 부족합니다. 수업 시간에 집중하지 못하고 교실을 돌아다니며 장난을 치는 학생들도 많아요. 요즘 학생들은 집중력이 부족하고, 경청하는 자세가 없어서 문제입니다.

교사 B: 맞아요. 저는 5학년 담임을 맡고 있는데, 수학에서 기본적인 셈하기도 어려워하는 학생이 많아 수업을 진행하기가 어렵습니다.

교사 C: 저는 초등학교 2학년 3학년 담임을 연임했는데요. 공부도 문제지만, 학생들이 다른 학생들과 소통하는 것 자체를 어려워하고 있습니다. 자꾸만 자기중심적으로 행동하기만 해서 다른 사람의 말을 듣는 자세, 배려하며 서로 함께 돕는 자세가 부족합니다.

[제시문 나]

학부모 A: 요즘 아이들의 기초 학력이 점점 떨어지는 것 같아요. 아이들의 학업 능력을 향상하려면 어떻게 해야 할까요?

학부모 B: 저희 아이도 학교 수업이 어렵다고 자주 이야기해요. 아이가 수업을 따라가지 못해서 학업에 흥미를 잃을까봐 걱정이 됩니다.

2020학년도 초등교사 임용후보자 선정경쟁시험(2차 전형)

심층면접(즉답형 1) 문제지

| 관리번호 | | 성명 | | 감독관 서명 | |

※ 교직 생활을 할 때는 단순히 인지적 지식뿐 아니라 교사들이 행함으로써 얻는 실천적 지식도 매우 중요하다. 교육 현장에서 자신이 동료 교사들을 통해 배우고 싶은 실천적 지식은 무엇인지 말하고, 그 이유를 말하시오.

2020학년도 초등교사 임용후보자 선정경쟁시험(2차 전형)

심층면접(추가질의) 문제지

| 관리번호 | | 성명 | | 감독관 서명 | |

※ 자신이 동료 교사에게 공유하고 싶은 실천적 지식은 무엇인지 말하고, 그 이유를 말하시오.

2020학년도 초등교사 임용후보자 선정경쟁시험(2차 전형)

심층면접(즉답형 2) 문제지

| 관리번호 | | 성명 | | 감독관 서명 | |

※ 최근 서울시 관할 초등학교에서는 중간놀이시간을 기존 15분에서 30분으로 확대하여 운영하는 것을 권장하고 있다. 이러한 상황에서 교육적이며 안전한 중간놀이시간 운영을 위해 교사로서의 방안을 말하시오.

심층면접(구상형) 문제 분석

2020학년도 초등교사 임용후보자 선정경쟁시험(2차 전형)

심층면접(구상형) 문제 분석

문제 분석

코로나 19로 인해 가장 관심이 높아진 부분이 바로 이 '기초학력'입니다. 사실 코로나 19 이전에도 기초학력 부진은 학교에서 큰 문제 중 하나였고 학력 격차 또한 점차 심각해지고 있는 문제였습니다. 그러나 코로나 19는 그동안 주목받지 못하던 기초학력 부진의 문제를 사회적 문제로 대두시켰습니다. 실제로 학교 현장에서는 온라인 학습의 한계로 인해 기초학력 부진 학생이 늘어나고 있습니다. 이에 발맞추어 서울시 교육청에서는 교사가 방과 후에 학생들을 가르치는 '점프 up', '키다리샘 2.0' 프로그램을 더욱 활발히 운영하도록 추가 예산을 배부했습니다. 또한 학습 및 심리 지원이 필요한 학생을 위해 '토닥토닥 키다리샘' 프로그램도 운영하고 있습니다. '작년에 나왔기 때문에 올해에는 안나오겠지?'라고 생각하지 말고 기초학력 부분은 한 번더 깊이 공부하고 생각해보시길 바랍니다.

제시문에서는 다양한 문제점이 나타나고 있습니다.

먼저 [제시문 가]를 살펴보면, 첫째로 교사 A와 교사 B의 교실에는 읽고 쓰기, 셈하기를 못하는 전형적인 기초학력 3R's가 부족한 학생들이 있습니다. 둘째로 교사 A의 교실에는 집중력이 부족하고 경청하는 태도가 부족한, 기본 학습 습관이 부재한 학생들이 있습니다. 셋째로 교사 C의 교실에는 다른 사람의 말을 듣는 자세, 배려하며 서로 함께 돕는 자세가 부족한 사회적 역량이 부족한 학생들이 있습니다.

다음으로 [제시문 나]의 학부모들의 대화를 살펴보면, 학생들이 수업을 따라가지 못하면 학업에 흥미를 잃을 수도 있다는 위험성을 알 수 있습니다. 그러므로 기초학력의 보장이 학교에서 반드시 필요한 부분이라는 것입니다.

답변을 구성하실 때 [제시문 나]에서 나온 '기초학력의 부족이 이어지면 학습 흥미가 감소하여 지속적인 학습 부진이 발생한다.'는 서론을 만들면 좋습니다. 그 후 각 문제점을 말하고, 그에 따른 해결방안을 순서로 구성하시면 됩니다. 또는 '문제점 1 → 해결방안 1, 문제점 2 → 해결방안 2,...'와 같은 순서로 답해도 무관합니다.

 예시 답안

2020학년도 초등교사 임용후보자 선정경쟁시험(2차 전형)

심층면접(구상형) 예시 답안

 예시 답안

답변 드리겠습니다.

코로나 19로 학생들의 기초학력 저하가 두드러짐에 따라, 이에 대한 심각성이 사회적으로 대두되고 있습니다. 또한 [제시문 나]에서 알 수 있듯 기초 학력의 부진은 학습 흥미의 저하로 이어져 지속적인 학습 부진이 발생할 수 있기 때문에, 초등학교에서 기초학력의 보장은 필수적입니다.

먼저 제시문에서 찾을 수 있는 문제점 3가지를 말씀드리겠습니다.
첫째, 기초 학습 능력인 읽기, 쓰기, 셈하기를 못하는 학생들이 있다는 것입니다. 읽기, 쓰기, 셈하기는 학습에 가장 기초적인 능력으로 3R's라고 불립니다. 3R's가 부족하면 학년이 올라갈수록 배우는 심화적인 내용들을 학습하는 것이 불가능합니다. 특히 초등학교 3학년임에도 이러한 3Rs를 함양하지 못했다는 것은 큰 문제라고 할 수 있습니다.

둘째, 기본 학습 습관의 부재입니다. 제시문 가의 교사 A의 교실에는 수업시간에 집중을 하지 못하고, 교실을 돌아다니며 장난을 치는 학생들이 많다는 것을 알 수 있습니다. 또한 학생들이 집중력이 부족하고, 경청하는 자세가 부족하다는 말에서 학생들이 기본 학습 습관을 익히지 못했다는 것을 알 수 있습니다. 학습자의 태도와 수업 집중도에 따라 학습의 효과는 달라집니다. 그러므로 학교에서 학생들이 기본 학습 습관을 익힐 수 있도록 도움을 주어야 합니다.

셋째, 사회적 역량이 부족합니다. 제시문 가의 교사 C의 말에서, 학생들이 자기중심적이고 경청과 배려의 자세가 부족하다는 것을 알 수 있습니다. 학교는 작은 사회입니다. 학생들은 미래에 사회에 나아가 적응하기 위해, 학교에서 또래를 만나며 집단에서 생활하는 법을 배워야 합니다. 특히 미래사회는 사람들 사이의 협력이 매우 중요해질 것이라고 예상되기 때문에, 서로 배려하며 협력하지 못하는 태도는 큰 문제입니다.

다음으로 각 문제점들의 해결방안을 말씀드리겠습니다.
첫째, 기초 학력 보장을 위해 보충 학습을 실시합니다. 기초 학력 보장을 위해 서울시 교육청은 3단계 학습안전망 체계를 제시하고 있습니다. 그 중 가장 첫 번째 단계가 바로 담임교사입니다. 그러므로 담임교사는 학생들의 기초

학력 부진을 가장 빠르게 파악하고 이를 위한 보충학습을 실시해야 합니다. 담임교사는 점프 up, 키다리샘과 같은 교과보충 집중 프로그램을 이용하여 내실있는 보충 학습이 이루어질 수 있도록 해야합니다. 방과 후뿐 아니라 아침 시간을 활용하여 셈하기와 같은 기초 수학을 복습하도록 할 수 있습니다. 또한 수업 시간에는 수준별 학습지를 제공할 수 있습니다.

둘째, 기본 학습 습관을 만들기 위해 작은 습관부터 실천합니다. 습관은 하루아침에 만들 수 있는 것이 아닙니다. 작은 습관부터 시작해서 천천히 습관을 늘려나가는 방법이 필요합니다. 예를 들어 수업 시간에 앉아있는 것을 힘들어하는 학생이라면, 5분 동안 앉아있는 것부터 시작하여 점차 시간을 늘려나가야 합니다. 학생들이 자신만의 학습 습관을 만들 수 있도록 교사는 단계를 정해주거나, 체크리스트를 활용할 수 있도록 지도해야 합니다.

셋째, 사회성 향상을 위해 협력 종합 예술 활동을 실시합니다. 이를 통해 다른 사람과 함께 작품을 만들어나가는 활동을 하며 의견 조율의 과정을 겪고 다른 사람의 의견을 경청하는 태도를 함양할 수 있습니다. 이에 더하여 다른 학생들과 함께 몸을 움직이는 활동을 통해 서로 더욱 가까워지며 래포를 형성할 수 있습니다. 또한 연극 수업에서 '핫시팅'과 같은 활동을 통해 타인의 심정을 이해해보는 활동을 진행할 수 있습니다.

초등학교에서 교사는 단 한 명의 학생도 놓치지 않는 책임교육을 실천해야 합니다. 학습의 초기단계에서 이미 실패를 겪은 학생이 학교급이 올라간다고 공부에 흥미를 갖거나 뛰어난 성취를 얻어내기는 어렵습니다. 그러므로 초등학교에서 기초학력 부진학생을 민감하게 파악하고, 발빠른 대처를 해야한다고 생각합니다. 교사의 이러한 노력이 학생의 삶에서는 큰 영향을 미칠 수 있을 것입니다. 감사합니다.

* 3단계 학습안전망 체계: 학생들의 기초학력을 보장하기 위해 '교실(담임교사)-학교 안(기초학력 다중지원팀)-학교 밖(서울 및 지역학습도움센터)'으로 구성된 체계를 말한다.

심층면접(즉답형 1) 문제 분석

2020학년도 초등교사 임용후보자 선정경쟁시험(2차 전형)

심층면접(즉답형 1) 문제 분석

※ 교직 생활을 할 때는 단순히 인지적 지식뿐 아니라 교사들이 행함으로써 얻는 실천적 지식도 매우 중요하다. 교육 현장에서 자신이 동료 교사들을 통해 배우고 싶은 실천적 지식은 무엇인지 말하고, 그 이유를 말하시오.

문제 분석

문제를 보자마자 현장 경험이 있는 선생님에게 굉장히 유리한 질문이라는 생각이 들었습니다. 수험생이 대학 공부 외에, 현장에 대해 얼마나 고민을 했는지를 보기 위한 문제라고 생각합니다. '준비된 인재'를 뽑겠다는 서울시교육청의 의도로 파악됩니다.

실제로 교직에 나오면 지금까지 공부한 교육학적인 지식보다는 실천적인 지식이 필요합니다. '학생들의 자리를 정하는 법', '발표 순서 정하는 법' 등 정말 사소하다고 느낀 부분이 교사에게는 매우 중요해집니다. 막연하게 교단에 선 자신의 모습을 상상하는 것이 아니라, 실제로 나의 학급을 어떻게 꾸려나갈 것인지 하루하루를 구체적으로 생각해볼 필요가 있습니다.

특히 이 문제에서는 '동료 교사들을 통해 배우고 싶은' 실천적 지식을 묻고 있습니다. 이는 수험생의 입장에서 '중요할 것 같아 많이 고민했지만, 혼자 고민해서는 답이 나오지 않는' 지식을 묻고 있는 것입니다. 실제 교직생활을 하며 익히지 않으면 알기 어려운 것들은 무엇이 있을지 고민하고 답을 해야 하는 문제입니다. 이 문제는 답이 있다기 보다는 수험생이 얼마나 많은 고민을 했는지 그 깊이를 알아보는 문제이기 때문에, 여러분만의 답변을 만들며 꼭 많이 고민해보시길 바랍니다.

뒤에 달아드릴 답변들은 참고로만 생각하시고 스스로의 답변을 꼭 만들어보세요!

 예시 답안

2020학년도 초등교사 임용후보자 선정경쟁시험(2차 전형)
심층면접(즉답형 1) 예시 답안

 예시 답안

제가 동료 교사들을 통해 배우고 싶은 실천적 지식은 다음과 같습니다.

첫째, 협력 학습 기법에 대한 실천적 지식입니다. 최근 사회가 다양화되고 복잡해지면서 협력의 중요성이 높아지고 있습니다. 이에 따라 학생들이 학교에서 다양한 협력을 경험하는 것이 중요하기 때문에 협력학습 기법에 대해 찾아보았습니다. 조사를 통해 '돌아가며 말하기', '멀티보팅'과 같은 협력학습 기법을 알게 되었지만, 실제로 학생들에게 적용해보지 못했기 때문에 이러한 협력학습기법이 언제, 어떻게 적용되는지 알지 못합니다. 그러므로 저는 동료교사에게 협력학습 기법의 실제적 활용과 함께 그 효과의 사례 또한 듣고 싶습니다.

둘째, 제가 동료 교사들을 통해 배우고 싶은 실천적 지식은 PDC, 즉 학급 긍정 훈육법에 대한 실천적 지식입니다. 평소 학급 긍정 훈육에 대해 관심이 많아 '1.2.3 매직'과 같은 관련 서적도 읽어보며 전문성 함양에 노력했습니다. 이러한 이론에 살을 붙여서 실제로 이 훈육법이 어떻게 활용이 되고 정말 효과가 있는지 현장에서 적용해보면서 알고 싶습니다. 학생들의 가능성을 믿고 성장을 도울 수 있는 PDC에 대한 실천적인 지식을 동료 교사에게 배우고 싶습니다.

셋째, 제가 동료 교사들을 통해 배우고 싶은 실천적 지식은 독서 교육에 대한 실천적 지식입니다. 독서는 기본적인 문해력과 학습 습관에 지대한 영향을 미칩니다. 특히 독서 습관이 잡혀 있는 학생은 학습에 쉽게 흥미를 느끼고, 학습의 효율이 높습니다. 그러나 독서 교육을 실제로 적용하는 방법은 많이 접해보지 못했습니다. 그러므로 저는 동료교사에게 학생이 독서 습관을 가질 수 있도록 지도할 수 있는 독서 교육의 실천적 지식을 배우고 싶습니다.

넷째, 제가 동료 교사들을 통해 배우고 싶은 실천적 지식은 회복적 생활교육에 대한 실천적 지식입니다. 최근 초등학교에서도 학교 폭력 문제가 많이 나타나고 있고, 학생들간의 관계가 학급 운영에 굉장히 중요한 부분을 차지한다고 배웠습니다. 이러한 측면에서 회복적 생활교육은 학생들이 서로의 관계를 스스로 회복한다는 측면에서 학생들의 사회성 함양에도 도움이 될 것 같아 관심이 있었지만, 실제 적용 방법이나 사례를 접하기는 어려웠습니다. 그러므로 이에 대해 저보다 연륜이 있는 동료교사에게 실천적 지식을 배우고 싶습니다.

여러분이 참고하실 수 있도록 일부러 많은 답변을 예시답변으로 달아두었습니다. 실제 시험에서는 세 개정도만 이야기해도 충분합니다. 이 밖에도 교실 놀이, 학급 특색 활동, 교육과정 재구성 방법, 다양한 동기유발 방법, 학부모와의 소통방법, 학생 생활지도 및 상담 방법 등 다양한 답변이 가능합니다. 자신만의 답변을 만들어보시길 바랍니다.

 심층면접(추가질의) 문제 분석

2020학년도 초등교사 임용후보자 선정경쟁시험(2차 전형)

심층면접(추가질의) 문제 분석

※ 자신이 동료 교사에게 공유하고 싶은 실천적 지식은 무엇인지 말하고, 그 이유를 말하시오.

 문제 분석

위의 즉답형 문제는 '자신이 배우고 싶은 지식'이라면 이번에는 '자신이 공유하고 싶은 지식'입니다. 수험생 본인이 신규교사로서 어떤 강점을 가지고 있는지 생각해본 적이 있어야 답변을 하기 쉬웠을 것이라고 생각합니다. 또한 최근 교육계에서 주목하고 있는 다양한 분야들이 새롭고 독특한 것들이기 때문에, 오히려 신규 교사가 강점을 가지고 있는 경우가 많습니다. 저는 이 문제가 어느 정도는 이러한 점을 고려하고 출제된 문제라는 생각을 했습니다. 즉, "너는 신규교사로서 우리가 원하는 방향의 교육을 할 수 있니? 그리고 그걸 동료교사에게도 공유할 수 있니?"라고 묻고 있는 문제라고 생각을 했습니다.

최근 교육계가 전반적으로 관심을 가지고 있는 분야는 메타버스와 같은 'AI 교육', 학급 뮤지컬과 같은 '협력종합예술교육', '경제금융교육' 등 이라고 생각합니다. 그 중에서도 AI 교육은 대학원도 지원해줄 정도로 전폭적인 지원을 받고 있는 분야입니다. 그러므로 여러분께 교육계의 트렌드를 발빠르게 파악하시는 것을 추천드립니다.

하지만 이러한 트렌드 교육에만 국한되지 않고 여러분들이 가지고 있는 강점을 솔직하게 드러내는 것도 진정성있는 답변으로, 좋은 평가를 받을 수 있으리라 생각됩니다. 평소 관심이 있는 분야가 있고 스스로 강점이라고 생각하는 부분이 있다면 당당하게 말해봅시다. 다만 그 강점들이 현직 교사들이 함양하기 어렵거나 부족함이 있는 부분이어야 문제의 의도에 부합함을 잊지 마세요.

 예시 답안

2020학년도 초등교사 임용후보자 선정경쟁시험(2차 전형)
심층면접(추가질의) 예시 답안

 예시 답안

제가 동료 교사들에게 공유하고 싶은 실천적 지식은 다음과 같습니다.

첫째, AI, 소프트웨어 교육과 관련된 실천적 지식입니다. 학생들을 가르친 경력은 부족하지만 새로운 지식에 관심이 많고 적응이 빠르기 때문에 게더타운과 같은 메타버스 학습 매체에도 관심이 많습니다. 새로운 것에 두려움을 느끼거나 배우기 어려워하는 동료 교사가 있다면 공유하고 함께 발전시켜나가고 싶습니다.

둘째, 제가 동료 교사들에게 공유하고 싶은 실천적 지식은 협력종합예술활동과 관련된 실천적 지식입니다. 평소 악기 연주나 공연 관람에 관심이 많아 이를 교육과 연계할 수 있는 방법에 대해 고민을 많이 했습니다. 예술은 많이 접하지 않은 사람은 막연히 어려움을 느낄 수 있는 분야이기 때문에, 동료 교사에게 공유하고 싶습니다.

셋째, 제가 동료 교사들에게 공유하고 싶은 실천적 지식은 경제 금융 교육에 대한 실천적 지식입니다. 저는 평소 재테크나 세계 경제 흐름에 관심이 많아 초등학교에서 금융 교육의 필요성을 느꼈습니다. 초등학교에서 이루어지는 금융교육이기 때문에 저만의 쉬운 방법으로 학생들이 이해할 수 있도록 점진적으로 시행하고자 합니다. 하지만 경제분야는 딱딱하고 어렵다고 생각하는 사람들이 많기 때문에 이러한 경제 금융 교육의 방법들을 동료교사들에게 공유하고 싶습니다.

넷째, 제가 동료 교사들에게 공유하고 싶은 실천적 지식은 다양한 동기 유발 전략과 교육과정 재구성입니다. 선배들과의 대화가 아닌 신규 선생님들끼리의 모임에서 이러한 내용을 공유하면서 함께 성장해나가고 싶습니다. 인터넷 영상과 매체 프로그램들을 자주 감상하기 때문에, 학생들과 비슷한 관심사를 가지고 있거나 비슷한 유행을 따라가고 있다고 생각합니다. 그러므로 학생들의 동기를 유발할 수 있는 트렌디하고 다양한 컨텐츠가 있습니다. 이를 동료 교사들과 공유하여 학생들의 학습 효과를 높이고 싶습니다.

이 문제도 마찬가지로 참고하실 수 있도록 다양한 답변을 달아드렸습니다. 이 밖에도 다양한 답변이 가능하니, 자신만의 답변을 만들어보시길 바랍니다. 최근 코로나 19 상황으로 인해 원격 수업에 능한 선생님께서 많은 연수를 진행하고 계시는데, 아무래도 인터넷이나 기기 사용을 잘하는 신규 선생님들의 강점으로 어필할 수 있는 부분들이 많아서 영상 제작, 기기 사용법 연수 등을 말씀하시는 것도 좋을 것 같습니다.

 심층면접(즉답형 2) 문제 분석

2020학년도 초등교사 임용후보자 선정경쟁시험(2차 전형)

심층면접(즉답형 2) 문제 분석

※ 최근 서울시 관할 초등학교에서는 중간놀이시간을 기존 15분에서 30분으로 확대하여 운영하는 것을 권장하고 있다. 이러한 상황에서 교육적이며 안전한 중간놀이시간 운영을 위해 교사로서의 방안을 말하시오.

 문제 분석

중간놀이시간의 확대는 서울시 교육청의 초1,2 안정과 성장맞춤 교육과정, 그리고 놀이중심 교육과정과 연관이 있습니다. '가고 싶은 학교'를 만들겠다는 교육계 전체의 트렌드와도 일맥상통합니다. 그러므로 이 문제는 '우리의 교육 정책은 이런데, 너는 우리의 교육정책을 얼마나 잘 이해하고 있고 이를 실제로 운영할 수 있을까?'를 이면에서 묻고 있는 문제라고 생각합니다. 이렇게 정책에 대한 언급이 확실하게 문제에 제시될 수도 있기 때문에, 수험생 여러분들은 더욱 시책이나 교육의 트렌드에 관심을 가져야 할 것 같습니다.

 **예시 답안**

2020학년도 초등교사 임용후보자 선정경쟁시험(2차 전형)

심층면접(즉답형 2) 예시 답안

 예시 답안

제가 생각한 교육적이며 안전한 중간놀이시간 운영을 위한 교사로서의 방안은 다음과 같습니다.

첫째, 안전한 놀이 공간을 조성할 것입니다. 학생들이 노는 공간은 기본적으로 안전해야 안전한 놀이시간이 이루어질 수 있습니다. 뾰족한 물건이나 다칠 수 있는 요소들을 교사가 수시로 관찰하고 점검하여 안전성을 확보해야 합니다. 또한 모서리같은 부분은 메모리폼과 같은 도구들을 활용하여 더욱 안전한 환경을 만들 것입니다.

둘째, 학생들과 안전 규칙을 함께 만들 것입니다. 교사가 일방적으로 제시하는 규칙이 아니라, 학생들과 함께 만든 규칙이라면 학생들이 더욱 책임감을 가지고 자발적으로 규칙을 지키려고 하기 때문입니다. 또한 놀이를 실제로 하는 주체가 학생들이기 때문에 교사가 미처 생각하지 못한 규칙을 제시할 수 있습니다.

셋째, 다양한 놀이 방법을 안내할 것입니다. 교사가 학생들에게 안전한 놀이 방법을 소개하고, 교과와 연계한 놀이 또는 학습 놀이 등을 안내한다면 중간놀이시간이 더욱 알차고 안전한 시간이 될 것입니다. 함께 놀이를 진행하는 과정을 거쳐 이후에는 학생들이 그 놀이를 자발적으로 즐길 수 있도록 할 것입니다.

넷째, 서로 존중하는 태도를 심어줄 것입니다. 평소에도 서로를 존중하고 함부로 대하지 않는 태도를 가지고 있다면, 놀이시간에도 안전하게 놀 수 있을 것이라고 생각하기 때문입니다. 놀이시간에도 서로 존중어를 사용하게 하는 등 서로 존중할 수 있도록 할 것입니다.

다섯째, 승부보다는 놀이 자체의 즐거움을 알 수 있도록 할 것입니다. 승부의 가치를 지나치게 중시하다보니 놀이 자체를 즐기지 못하고, 놀이에서 지면 우울해하거나 화를 내는 학생이 있을 수 있습니다. 그러므로 지속적으로 놀이 자체의 즐거움에 대해 언급하고 그 과정을 즐길 수 있도록 할 것입니다.

여섯째, 학급의 공동체 의식을 심어줄 것입니다. 학급이 공동체의식을 가지고 있다면 학생들은 놀이의 결과에 따라 승자와 패자로 나뉘는 것이 아니라, 함께 즐겁게 놀았다고 생각할 것입니다. 그러므로 어울림 놀이를 통해 서로 이해하고 협력하여 공동체 의식을 심어줄 것입니다.

일곱째, 학생들이 직접 만든 놀이도구를 놀이 시간에 활용할 수 있도록 할 것입니다. 주어진 놀이도구를 갖고 노는 것 외에도 직접 만드는 과정에서 성취감도 가질 수 있고, 손조작 활동을 통해 신체 발달에도 도움이 될 수 있기 때문입니다. 또한 다양한 재료를 활용해서 물건을 만드는 과정에서 창의성을 신장할 수 있습니다.

여덟째, 안전 지킴이 학생을 배치하도록 하겠습니다. 학급에서 역할을 정해 학생이 직접 안전 지킴이 활동을 한다면 역할에 대한 책임감을 느끼며 교사가 일방적으로 지시하는 것보다 훨씬 학생들에게 효과적인 방법으로 작용할 수 있기 때문입니다. 이를 통해 안전은 우리가 함께 만들어가는 것임을 교육할 수 있습니다.

→ 이 문제도 마찬가지로 참고하실 수 있도록 다양한 답변을 달아드렸습니다. 이 밖에도 다양한 답변이 가능하니, 자신만의 답변을 만들어보시길 바랍니다.

Chapter 04 면접 연습 문제

Exercise 1일차

2023학년도 초등교사 임용후보자 선정경쟁시험(2차 전형)

심층면접(구상형) 문제지

| 관리번호 | | 성명 | | 감독관 서명 | |

아래 제시된 문장을 종합적으로 고려했을 때 바람직한 교육 방향은 무엇인지 3가지 말하고, 교사가 이를 실천할 수 있는 구체적인 교육방안을 3가지 말하시오.

- 지식이 아닌 삶 속의 지혜가 중요하다 - 『논어』
- 책은 가장 조용하고 변함 없는 벗이다. 책은 가장 쉽게 다가갈 수 있고 가장 현명한 상담자이자, 가장 인내심 있는 교사이다 - Charles W. Eliot
- 우리 모두를 합친 것 보다 더 현명한 사람은 없다. - Kenneth Hartley Blanchard

2023학년도 초등교사 임용후보자 선정경쟁시험(2차 전형)

심층면접(즉답형 1) 문제지

관리번호		성명		감독관 서명	

스스로 생각하는 20년 후 미래 사회의 모습은 어떤 모습이며, 이를 대비하기 위해 교사로서 실천할 수 있는 교수·학습방법을 3가지 말하시오.

2023학년도 초등교사 임용후보자 선정경쟁시험(2차 전형)

심층면접(즉답형 2) 문제지

| 관리번호 | | 성명 | | 감독관 서명 | |

코로나 19 이후 학생 간 학습 격차가 심각한 교육 문제로 떠오르고 있다. A 교육청이 주최한 설문 조사 결과 교사·학생·학부모 96% 이상이 원격수업의 가장 큰 문제로 '학습 격차'를 뽑았다. 교사로서 학습 격차를 줄일 수 있는 구체적인 방안 세 가지를 설명하시오.

Exercise — 2일차

2023학년도 초등교사 임용후보자 선정경쟁시험(2차 전형)

심층면접(구상형) 문제지

관리번호		성명		감독관 서명	

다음 제시문을 읽고 정보 교육의 필요성을 말하고, 교사가 관련 분야 역량 강화를 위해 어떤 노력을 할 수 있는지 방안 2가지와 실천할 수 있는 구체적인 교육 활동을 2가지 말하시오.

'컴퓨터과학을 배우는 것은 개인에게만 중요할 뿐만 아니라 미국의 미래에도 중요하다. 남녀 어린이 모두 미국의 미래를 만들어가기 위해 컴퓨터과학을 배워야 한다.'
- 버락 오바마(전 미국 대통령) -

'아이들이 컴퓨터에 의해 프로그램(Programmed)되는 것이 아니라,
아이들이 컴퓨터를 프로그래밍(Programming)하는 법을 배워야 한다.'
- 시모어 페퍼트(로고 창시자, MIT 인공지능연구소 공동설립자) -

'컴퓨팅 교육의 개혁은 모든 아이에게 컴퓨터과학과 디지털 문해력을 가르치고
미래를 위한 준비를 하기 위한 것이다.'
- 마이클 고브(전 영국 교육부 장관) -

[SPRI(소프트웨어정책연구소), 디지털 대전환 시대의 모든 아이를 위한 보편적 정보 교육 확대 방안, 2021]

2023학년도 초등교사 임용후보자 선정경쟁시험(2차 전형)

심층면접(즉답형 1) 문제지

| 관리번호 | | 성명 | | 감독관 서명 | |

한국지능정보사회진흥원의 사이버폭력 실태조사 보고서에 따르면 지난해 전체 사이버 폭력 경험률(가해 또는 피해)은 33.5%에 달한다. 스마트폰의 보편화로 사이버 폭력이 빈번해지고, 그 유형도 점점 더 다양해지고 있는 오늘날 디지털 시민성 함양 교육의 중요성이 더욱 커지고 있다. 학생들의 올바른 디지털 시민성을 함양하기 위해 교사로서 할 수 있는 구체적인 활동 방안 3가지를 설명하시오.

* 디지털 시민성: 디지털사회 구성원으로서 자주적 삶을 살기 위해 필요한 기본 소양과 윤리적 태도

2023학년도 초등교사 임용후보자 선정경쟁시험(2차 전형)

심층면접(즉답형 2) 문제지

| 관리번호 | | 성명 | | 감독관 서명 | |

*튜브, *톡 등 미디어 콘텐츠의 발달로 학생들의 문해력은 이전보다 30% 이상 떨어졌다. 문해력이 학습에 미치는 영향을 말하고, 문해력을 향상시킬 수 있는 교육 방안을 2가지 이상 말하시오.

Exercise 3일차

2023학년도 초등교사 임용후보자 선정경쟁시험(2차 전형)

심층면접(구상형) 문제지

| 관리번호 | | 성명 | | 감독관 서명 | |

아래 제시된 기사를 읽고 초등학교에서 환경교육을 실시해야 하는 이유 3가지를 말하고, 이와 관련하여 교사가 실천할 수 있는 구체적인 교육방안을 3가지 말하시오.

일상이 된 '극단 기후' 위기의 동아시아

기후변화에 관한 정부 간 협의체(IPCC·아이피시시)는 산업화 이전 대비 2100년의 지표면 상승 온도를 1.5℃ 이하로 저지해야만 기후변화 위험을 예방할 수 있다고 경고해왔다. 상시화된 이 재앙은 화석연료에 의존한 에너지 소비로 온실가스 배출이 야기한 지구온난화 때문이다. 8월 6일 막을 내린 아이피시시 총회가 승인한 보고서를 보면, 인류가 현 수준의 온실가스 배출량을 유지할 경우 2021~2040년에 지구 기온 상승 폭이 1.5℃를 넘어설 것이라고 전망한다. 2018년 특별보고서보다 10년 이상 앞당겨진 셈이다. 극단기후 현상은 극한기온과 해수면 상승, 잦은 집중호우를 통해 더 강하고 빈번하게 일어날 전망이다.

국립기상과학원이 국가 기후변화 표준 시나리오를 기반으로 수행한 연구('SSP 시나리오에 따른 동아시아 극한기후 미래전망') 결과 동아시아, 특히 중국 남부와 한반도, 일본에서 "극한기온의 강도와 관련된 지수들은 모든 시나리오에서 증가 경향"을 보였다. 이로 인해 "폭염과 같은 극한고온 현상이 미래에 더 강하고 빈번하게 발생할 것"으로 전망된다.

[출처 : 홍명교, 일상이 된 '극단 기후' 위기의 동아시아, 한겨레, 2021.08.28]

2023학년도 초등교사 임용후보자 선정경쟁시험(2차 전형)

심층면접(즉답형 1) 문제지

| 관리번호 | | 성명 | | 감독관 서명 | |

평화와 공존을 위한 민주시민교육의 필요성을 말하고, 이를 통해 학생들이 얻을 수 있는 역량을 두 가지 이야기 하시오.

2023학년도 초등교사 임용후보자 선정경쟁시험(2차 전형)

심층면접(즉답형 2) 문제지

| 관리번호 | | 성명 | | 감독관 서명 | |

계기 교육이란 학교 교육과정에 제시되지 않은 특정 주제에 대해 이루어지는 교육이다. 추석과 같은 명절을 맞아 추석에 대한 교육이 이루어지기도 하고, 사회 문제로 떠오르는 사안에 대해 토론을 하는 등의 교육이 이루어지기도 한다. 자신의 학급에서 수업하고 싶은 계기 교육 주제는 무엇이며 그 이유는 무엇인지 말하시오.

2023학년도 초등교사 임용후보자 선정경쟁시험(2차 전형)

심층면접(추가질의) 문제지

| 관리번호 | | 성명 | | 감독관 서명 | |

선택한 계기 교육을 어떻게 실행할 것인지 구체적인 활동방안을 2가지 말하시오.

Exercise 4일차

2023학년도 초등교사 임용후보자 선정경쟁시험(2차 전형)

심층면접(구상형) 문제지

| 관리번호 | | 성명 | | 감독관 서명 | |

아래 제시된 기사를 읽고 이러한 상황이 지속될 때 나타날 사회의 변화 3가지와, 이에 따라 새롭게 필요한 교육방안을 3가지를 말하시오.

7월 출생아 수 2만441명 '역대 최저'…33개월째 인구 자연감소

7월에도 출생아 수가 전년 동월 대비 대폭 감소하며 역대 최저치를 경신했다.

통계청이 28일 발표한 '인구 동향' 통계에 따르면 7월 전국의 출생아 수는 2만 441명에 그쳐 전년 동월 대비 8.6% 줄어들었다. 올해 1월부터 7월까지 누계 출생아 수는 14만 8579명으로 지난해 같은 기간보다 6.3% 줄었다. 이 같은 추세가 지속된다면 올해 출생아 수는 20만 명대 초반까지 추락할 수 있다는 우려가 나오고 있다.

(중략)

출생아 수는 가파르게 줄고 있지만 사망자 수는 지속적으로 늘어나면서 인구 자연 감소 폭은 점점 더 커지는 모양새다. 7월 사망자 수는 2만 6030명으로 인구 자연 감소분은 5588명을 기록했다. 올해 7월까지 누계로 보면 벌써 7만 1219명이 자연 감소했다. 2020년과 2021년 한 해 동안 각각 3만 2611명, 5만 7118명의 인구가 자연 감소한 점을 고려하면 감소세가 더욱 강해지고 있는 것이다. 2019년 11월 이후 올해 7월까지 33개월 연속으로 사망자 수가 출생아 수를 앞지르는 '인구 데드크로스' 현상이 이어지고 있다.

[출처: 권혁준, 7개월 출생아 수 2만 441명 '역대 최저'…33개월째 인구 자연감소, 서울경제, 2022. 09.28.]

2023학년도 초등교사 임용후보자 선정경쟁시험(2차 전형)

심층면접(즉답형 1) 문제지

| 관리번호 | | 성명 | | 감독관 서명 | |

자신의 학급에서 직접적인 폭력은 일어나지 않지만 간접적으로 학생 한 명을 따돌리고 있다는 사실을 알게 되었다. 이러한 상황에서 선생님이 실천할 수 있는 구체적인 교육방안을 3가지 말하시오.

안 교사: 학교에 오기 싫다고 한 이유가 무엇이니?
학   생: 그냥 친구도 없고 학교가 재미없어요.
안 교사: 친구가 없어? 혹시 따돌림을 당하는 거라면 선생님이 도와줄게.
학   생: 사실 우리 반 애들이 절 괴롭히거나 때리는 건 아닌데, 저만 빼고 놀러가거나 뒤에서 험담을 하는 거 같기도 하고 전달사항 같은 걸 일부러 잘못 알려주는 것 같아서 속상해요.
이 교사: 그렇구나. 직접적으로 피해를 끼친 건 없니?
학   생: 네. 그런 게 없어서 누구한테 말하기도 어렵고... 그냥 애들이 저를 다 싫어하는 것처럼 느껴져서 학교에 오는 게 너무 싫어요.

2023학년도 초등교사 임용후보자 선정경쟁시험(2차 전형)

심층면접(즉답형 2) 문제지

| 관리번호 | | 성명 | | 감독관 서명 | |

금융 문맹이란 금융 관련 지식이 부족하여 돈의 소중함과 관리방식을 모르고 돈을 제대로 활용하지 못하는 것을 말한다. (금융감독용어사전 참고) 이와 관련하여 초등학교에서 경제 교육이 필요한 이유를 설명하고 구체적인 교육방안을 2가지 말하시오.

Exercise 5일차

2023학년도 초등교사 임용후보자 선정경쟁시험(2차 전형)

심층면접(구상형) 문제지

| 관리번호 | | 성명 | | 감독관 서명 | |

아래 제시된 기사를 읽고 학교에서 강조해야 할 가치가 무엇인지 3가지 말하고, 이러한 가치를 학생들에게 전달할 수 있는 구체적인 교육방안을 3가지 말하시오.

성남 청소년 10명 중 8명 "남녀갈등 심각하다"

성남 청소년 10명 중 8명이 남녀갈등 문제에 대해 "매우 심각하다"고 우려를 나타냈다.

성남시청소년재단은 19일 성남 내 거주하거나 활동하는 청소년과 청년 온라인 패널 514명을 대상으로 '남녀갈등에 관한 인식'에 대해 조사한 설문 결과를 발표했다.

조사에 따르면 응답자들은 '최근 사회 전반에 보여지는 남녀갈등 이슈에 대해 어떻게 느끼는가'라는 질문에 30.2%가 '매우 심각', 56.6%가 '심각함'으로 86.8%가 남녀갈등 문제에 대한 우려를 나타냈다.

[출처 : 신동원, 성남 청소년 10명 중 8명 "남녀갈등 심각하다", 서울신문, 2021.06.19)]

2023학년도 초등교사 임용후보자 선정경쟁시험(2차 전형)

심층면접(즉답형 1) 문제지

| 관리번호 | | 성명 | | 감독관 서명 | |

다음은 강 교사와 학부모의 상담내용이다. 강 교사의 상담 태도를 보고 강 교사가 함양해야 할 인성적 자질 3가지를 말하시오.

강 교사: 어머님, 오늘 상담을 신청하신 이유가 무엇인가요?
학부모: 요즘 우리 아이가 눈에 띄게 우울해 보여서요. 혹시 학교에서 문제는 없나요?
강 교사: 우울해 보인다니요. 요즘 ○○이가 얼마나 차분해졌는데요. 그렇게 생각하지 않으셔도 됩니다.
학부모: 그렇지만 ○○이의 일기장을 봐도 우울한 내용뿐인걸요. 혹시라도 나쁜 길로 빠지지는 않을까 걱정이 돼요.
강 교사: 어머님, 학생의 일기를 훔쳐보신 건가요? 아무리 부모님이셔도 ○○이의 사생활은 지켜주셔야죠. 다음부터는 ○○이를 조금 더 존중해주세요.
학부모: 이렇게라도 하지 않으면 아이의 변화를 알기 어려운 걸요.
강 교사: 어머니, 저만 믿으세요. 제가 ○○이를 더 잘 지켜보도록 하겠습니다. 그럼 오늘은 이만 돌아가시는 게 좋을 것 같습니다.

2023학년도 초등교사 임용후보자 선정경쟁시험(2차 전형)

심층면접(즉답형 2) 문제지

| 관리번호 | | 성명 | | 감독관 서명 | |

3월 담임 교사로서 처음 만난 학생들에게 자신이 가장 중요하게 여기는 가치 3가지를 소개하듯이 실연해보시오.

Exercise 6일차

2023학년도 초등교사 임용후보자 선정경쟁시험(2차 전형)

심층면접(구상형) 문제지

관리번호		성명		감독관 서명	

세계 여러 나라에서 메이커 교육을 새로운 교육 패러다임으로 강조하고 나서고, 우리나라 역시 교육 현장에 메이커 교육을 도입하고 있다. 메이커 교육의 의미를 설명하고, 메이커 교육의 교육적 효과와 메이커 교육에서 교사의 역할을 각각 3가지 제시하시오.

2014년 6월, 미국 오바마 전 대통령은 '전국 메이커의 날'을 지정한다. 백악관은 메이커 페어를 열고 앞으로 4년 동안 미국 학교 1,000곳에 메이커 스페이스를 조성하겠다고 선언했다. 메이커 스페이스에는 3D프린터나 레이저 커터 등 학생들이 메이커 교육을 받을 수 있는 환경이 구축된 공간이다. 같은 해 12월에는 메이크 얼라이언스(Make Alliance)를 조직하겠다고 발표하기도 했다. 약 50개 고등교육 기관과 손잡고 메이킹 교육을 촉진하는 단체다. 이보다 2년 앞서, 오바마 전 대통령은 "오늘의 DIY는 내일의 메이드 인 아메리카"라고 메이커 교육을 표현하기도 했다.

중국은 리커창 당시 총리 시기를 기준으로 메이커 교육을 주목하기 시작했다. 이어 '대중창업, 만중창의' 구호를 앞세워 메이커 운동을 촉진했다. 이는 대중의 창업과 만인의 혁신이라는 뜻이다. 중국 정부가 과학기술 발전을 위한 국가 계획에서 표현한 문구다. 여기서 창업자를 뜻하는 촹커(創客)는 메이커와 동일한 의미로 사용되며 중국 경제를 일으키는 초석 역할로 강조됐다. 중국에서는 상하이와 선전을 중심으로 메이커 운동과 교육이 전개됐다. 2012년 상하이 메이커 카니발에는 약 5만명이 참석했다. 2년 뒤 선전 메이커 페어에도 3만 명이 자리했다. 선전시는 중학교 등 9개 학교에서 이른바 창조형 인재 양성 시범 사업을 진행하기도 했다.

독일은 2012년부터 메이커 운동을 전개해왔다. 당시 연방 교육·연구부는 메이크 라이트 이니셔티브(Make Light Initiative)를 시작해 메이커 교육 확산에 앞장섰다. 이는 독일 연방 정부의 하이테크 전략을 지원하는 정책이었다. 학생들은 물론 시민들이 메이커 운동에 참여하고 새로운 문제를 향한 도전을 지원하는 지원책이 주요 골자다. 메이커 교육에 집중하면, 초·중학교 학생들을 대상으로 진행된 '빛의 조성과 종이, 직물, 전기'를 활용한 발명품을 개발하는 워크샵이나 '광자학 워크샵', '학생 실험실 워크샵' 등이 대표적이다.

[출처 : 차진희 기자, 한 발짝 앞선 미국·중국·독일의 메이커 교육, 글로벌 에픽, 2021.01.07.]

2023학년도 초등교사 임용후보자 선정경쟁시험(2차 전형)

심층면접(즉답형 1) 문제지

| 관리번호 | | 성명 | | 감독관 서명 | |

미래 사회를 살아갈 역량을 지닌 인재 양성을 위해 학생 개개인의 능력을 존중하고 이를 키울 수 있는 맞춤형 교육이 대두되고 있다. 맞춤형 교육의 필요성을 설명하고 이를 실현하기 위해 학급 내에서 어떤 교육활동을 전개할 수 있을지 2가지 이상 설명하시오.

2023학년도 초등교사 임용후보자 선정경쟁시험(2차 전형)

심층면접(즉답형 2) 문제지

| 관리번호 | | 성명 | | | 감독관 서명 | |

'채식 급식', '학교 텃밭 운영' 등 기후 위기 대응을 위한 실천이 학교 현장에서도 적극적으로 이루어지고 있다. 기후 위기에 대응하기 위한 학생 실천 중심의 교육활동 방안을 2가지 이상 제시하시오.

Exercise | 7일차

2023학년도 초등교사 임용후보자 선정경쟁시험(2차 전형)

심층면접(구상형) 문제지

| 관리번호 | | 성명 | | 감독관 서명 | |

다음의 사례를 참고하여 예술교육의 필요성 3가지와 지역 사회와 연계한 체험형 학교예술활동 3가지를 제시하시오.

 호주의 시드니 오페라하우스에는 무려 44년간 사랑받아 온 전통의 예술교육 프로그램이 있다. 오페라하우스 개장 4년 후인 1977년부터 시작한 '어린이, 가족 그리고 창의적 학습'이라는 이름의 교육 프로그램이다.

 '어린이, 가족 그리고 창의적 학습'은 매년 19만 명이 참여해 온 그야말로 빅 히트 프로그램이다. 이 프로그램을 통해 호주의 어린이들은 최고의 공연을 관람하고 방학 기간엔 다양한 무료 예술 워크숍에 참여해 예술과 가까워진다.

 작년 한 해 코로나19로 호주 내에서도 수많은 예술교육 프로그램이 취소되었지만 시드니 오페라하우스는 달랐다. 오히려 더 창의적이고 재미있는 프로그램을 제공했을 뿐 아니라 그간 예술교육에서 소외되었던 학생층까지 끌어들인 것이다.

 '디지털 환경'을 예술 교육에 접목해 전략적으로 시도해온 '디지털 크리에이티브 러닝(Digital Creative Learning : DCL)'프로그램 덕분이었다.

 유명 예술가와 학생들이 온라인으로 소통하며 예술 활동을 하는 '디지털 크리에이티브 러닝'(DCL)은 〈어린이 가족 그리고 창의적 학습〉의 대표적인 프로그램으로 자리 잡았다.

 작년엔 베스트셀러 그림책을 각색한 연극 '그루팔로의 아이(The Gruffalo's Child)'가 라이브 스트리밍을 통해 공연되었고 이 공연을 감상한 아이들은 '크리에이티브 플레이'라는 인터랙티브 프로그램을 통해 예술가와 온라인 워크숍을 하며 창의성과 예술 경험을 더욱 확장할 수 있었다.

 '어린이, 가족 그리고 창의적 학습' (Children, Families and Creative Learning) 의 프로듀서 멜린다 드랜스필드(Melinda Dransfield)는 디지털 기술을 활용한 온라인 예술 교육 프로그램은 지역과 계층의 벽을 뛰어넘어 더 많은 학생에게 수준 높은 예술 교육을 제공할 수 있는 가능성을 보여준다고 말한다. (5월 17일자, 더 에듀케이터 인터뷰)

(하략)

[출처 : 이지예 기자, '오페라하우스의 '예술교육', 코로나에도 멈추지 않았다.', EBS, 2021.06.09.]

2023학년도 초등교사 임용후보자 선정경쟁시험(2차 전형)

심층면접(즉답형 1) 문제지

| 관리번호 | | 성명 | | 감독관 서명 | |

나의 인생에 영향을 미친 책 1권과 이를 통해 배운 내용을 말하고, 책을 통해 배운 내용을 자신의 교육에 어떻게 적용할 것인지 말하시오.

2023학년도 초등교사 임용후보자 선정경쟁시험(2차 전형)

심층면접(즉답형 2) 문제지

| 관리번호 | | 성명 | | 감독관 서명 | |

다음은 초등학교 2학년 학생들의 학교생활에 대한 고민이다. 아직 기본 학습 습관이 갖춰지지 않은 2학년 학생들에게 적합한 놀이 중심의 학습활동을 3가지 제시하시오.

학생 A: 40분 동안 계속 앉아서 수업을 듣는 게 너무 지루하고 힘들어요.
학생 B: 저는 수학을 어려워해서 수학 시간에 수업 내용이 잘 이해가 되지 않아서 답답할 때가 많아요.

Exercise 8일차

2023학년도 초등교사 임용후보자 선정경쟁시험(2차 전형)

심층면접(구상형) 문제지

| 관리번호 | | 성명 | | 감독관 서명 | |

스마트 기기 활용 학습의 장점과 예상되는 문제점을 각각 2가지씩 설명하고, 기사에 나타난 정책의 학교 현장 정착을 방안을 3가지 이상 제시하시오.

(가)

서울시교육청이 디지털 교육 활성화 차원에서 학생들에게 스마트 기기를 지급하는 '디벗' 사업을 내년부터 고등학교에도 도입하고, 2024년부터는 초등학생으로도 확대하는 방안을 검토한다.

'디지털'과 '벗'을 합쳐 줄인 '디벗'은 학생들에게 △태블릿PC △노트북 △전자펜 등을 지급하고 수업과 학습에 활용하는 사업으로, 올해 중학교 1학년에게 먼저 7만2070대 기기 지급이 시작됐다.

(중략)

한편 교육 당국이 기기 보급보다는 이를 활용해 학생들의 디지털 역량을 어떻게 함양하고, 학습적으로 어떤 내용을 교육할지에 대한 체계적인 접근이 필요하다는 지적도 제기된다.

[출처: 박규빈 기자, '1인 1스마트 기기 서울시교육청 '디벗 사업', 초등학생 확대 검토', 미디어펜, 2022.07.17.]

(나)

울산지역 초등학교 3학년부터 고등학교 3학년 학생 1명당 태블릿PC, 노트북 등 최신형 스마트기기 1개가 보급된다. 울산시교육청에 따르면 올해 11월까지 울산 190개 학교(초 96교, 중 48교, 고 43교, 특 3교) 초3~ 고3을 대상으로 학생 1명당 1대씩 스마트기기를 지급한다.

(중략)

노OO 교육감은 "1인 1스마트기기 보급사업은 학생들의 디지털 역량을 높여 미래 사회에 신속히 적응할 수 있도록 하고자 함이다"라며 "더불어 협력수업, 토의·토론·발표수업, 디지털기기 활용 수업 등 학생 참여 중심의 다양한 교수·학습 방법이 적용된 수업의 활성화에 기여할 것으로 기대한다"고 밝혔다.

[출처: '울산 학생 1명당 스마트기기 1대씩 준다…초3~고3 대상', 뉴시스, 2022.07.06.]

2023학년도 초등교사 임용후보자 선정경쟁시험(2차 전형)

심층면접(즉답형 1) 문제지

| 관리번호 | | 성명 | | 감독관 서명 | |

학생 중심 예술 체험 교육의 일환으로 연극, 뮤지컬 등의 종합적 예술 교육이 학교 현장에 도입되고 있다. 예술 중심의 교육과정 운영의 긍정적 효과를 3가지 이상 설명하시오

2023학년도 초등교사 임용후보자 선정경쟁시험(2차 전형)

심층면접(즉답형 2) 문제지

초등학교 학생들의 사회성 발달 지연으로 인한 여러 가지 문제가 교실에서 발생하고 있습니다. 학생들의 사회성을 길러줄 수 있는 학급 활동을 3가지 이상 제시하시오.

Exercise 9일차

2023학년도 초등교사 임용후보자 선정경쟁시험(2차 전형)

심층면접(구상형) 문제지

관리번호		성명		감독관 서명	

교사 커뮤니티 속 신규 교사 고민 상담소 내용의 일부이다. 각 교사가 토로한 문제의 해결방안을 제시하시오.

- (닉네임: 선생님 재 뛰어요): 저희 반 아이가 친한 친구들과 모두 다른 반이 되어 우리 반에는 친한 친구가 없다고 외로워하는데 어떻게 해야 할까요?.
- (닉네임: 급식메뉴 뭐예요?): 아이가 학교에서 놀림을 받아 힘들어한다고 보호자님께서 연락을 주셨는데 교실에서 본 적이 한 번도 없었는데... 당황스러워요.
- (닉네임: 체육 시간에 뭐해요?): 저희 반 아이 표정이 어두워 무슨 일이 있느냐 물어보니 6학년 선배에게 학교폭력을 당했다고 하네요. 이야기를 들어보니 지속적인 괴롭힘이 있던 것 같은데 아이는 보복이 무서워 절대 신고하고 싶지 않다고 합니다. 어떻게 하는 것이 좋을까요...
- (닉네임: 선생님 몇 쪽이에요?): 학급에 무엇을 하던 의욕이 없고, 늘 재미없다는 말을 달고 사는 아이가 있어요. 어떻게 하면 학습 동기를 높일 수 있을까요?

2023학년도 초등교사 임용후보자 선정경쟁시험(2차 전형)

심층면접(즉답형 1) 문제지

초등학교 저학년은 기초 생활 습관을 배우고 다지는 중요한 시기이다. 초등학교 1, 2학년 학생들의 기초 생활 습관 형성을 위한 학부모와의 협력 방안 3가지를 제시하시오.

2023학년도 초등교사 임용후보자 선정경쟁시험(2차 전형)

심층면접(즉답형 2) 문제지

| 관리번호 | | 성명 | | 감독관 서명 | |

학생의 성장과 발달을 지원하는 과정중심평가의 중요성이 강조되고 있다. 과정중심평가의 필요성을 설명하고, 학교 현장에 적용 가능한 과정중심평가 방법 2가지를 제시하시오.

Exercise 10일차

2023학년도 초등교사 임용후보자 선정경쟁시험(2차 전형)

심층면접(구상형) 문제지

관리번호		성명		감독관 서명	

다음 제시문을 읽고 교사 교육과정의 필요성을 2가지 이상 논하고, 교사 교육과정의 설계 및 운영을 위해 교사에게 필요한 자질 3가지를 설명하시오.

(가)

교사 교육과정은 국가·지역·학교 교육과정에 대한 교사의 해석과 번역을 통해 만들어지는 각양각색의 실천 교육과정이며 '교사가 개발·실행하는 교육과정'이다. 학교 교육과정이 학교의 비전과 철학을 제시하는 교육과정이라면, 교사 교육과정은 학교의 비전과 철학이 어떻게 학생과 맞닿아 실현되는가를 볼 수 있는 실천적 교육과정이다.

[출처 : 서울특별시교육청 교육연구정보원(2021). 학교 교육과정과 교사 교육과정]

(나)

교육부는 오는 10월 이 같은 '2022 개정 교육과정'을 최종 확정 고시할 방침이다. 이번 개정 교육과정은 대한민국의 11번째 교육과정이자 7차 교육과정 이래 4번째 수시 개정 교육과정으로 초1·2학년은 2024년부터, 중1·고1학년은 2025년부터 적용된다. 교육부가 발표한 개정 교육과정 총론에 따르면 주요 개정 방향은 △미래 대응을 위한 교육과정 △학교 현장의 자율적인 혁신 지원 △학습자 맞춤형 교육 강화 △교육환경 변화 대응 지원 등이다. 개정 교육과정의 큰 특징은 학생 맞춤형과 교육과정의 자율권을 확대했다는 점이다.

(후략)

[출처 : 김용훈 기자, '[달라지는 2022 개정 교육과정] 미래사회 대비 '학생 맞춤형 · 자율권' 확대', 경남일보, 2021.07.27.]

(다)

신규 교사 A는 요즘 수업 준비로 인해 고민이 많다. 늘 열심히 수업 준비를 하고 있지만, 학급 학생들의 수준 차이가 커 계획대로 수업이 진행되지 않는 경우가 많다. 이렇다 보니 경제금융교육, 환경교육, 세계시민교육과 같이 다양한 주제 중심의 수업을 해보고 싶어도 진도를 따라가기 바빠 쉽게 시도하기가 어려운 상황이다.

2023학년도 초등교사 임용후보자 선정경쟁시험(2차 전형)

심층면접(즉답형 1) 문제지

| 관리번호 | | 성명 | | 감독관 서명 | |

다음은 담임교사가 한 학생에 대해 기록한 학급 일지의 일부 내용이다. 다음 학생에게 알맞은 지도방안을 3가지 제시하시오.

- 다른 사람들의 시선에 예민하고, 눈치를 많이 봄
- 학습활동 중 '망했어.' '짜증나.'와 같은 부정적 표현을 많이 사용함
- 자신 없는 활동은 하지 않으려는 태도를 보임

2023학년도 초등교사 임용후보자 선정경쟁시험(2차 전형)

심층면접(즉답형 2) 문제지

| 관리번호 | | 성명 | | 감독관 서명 | |

교사의 수요를 반영한 맞춤형 연수를 위해 교사들의 의견을 조사하고 있다. 다음 중 듣고 싶은 연수 1가지를 선택하고 그 이유와 자신의 교육 활동에의 적용 방안을 2가지 제시하시오.

- 신규 교사를 위한 AI 융합교육 연수
- 선생님을 위한 메타버스 탐구생활 연수
- 학생들의 문제해결력을 기르는 프로젝트 수업연수

Exercise | **11일차**

2023학년도 초등교사 임용후보자 선정경쟁시험(2차 전형)

심층면접(구상형) 문제지

| 관리번호 | | 성명 | | 감독관 서명 | |

아래 기사를 참고하여 미래교육을 통해 학생들에게 길러주어야 할 역량 3가지와 각 역량을 길러줄 수 있는 교육 활동을 제시하고, 이에 대비하기 위한 교사로서의 전문성 신장 방안 2가지를 제시하시오.

> 4차 산업혁명과 교육의 관계는 첨단 기술을 교육에 활용하는 단선적인 관계를 넘어 과학 기술이 인간의 사유방식과 삶의 방식을 변화시키는 복합적인 관계에 있다. 포드(Ford) 자동차를 대량 생산하는 근대적 공장이 출현한 이후 공장의 생산방식은 자동차나 다른 제품의 생산에만 영향을 미친 것이 아니라, 인간 삶의 다양한 부분에 큰 영향을 미쳤다. 4차 산업혁명이 기존의 산업혁명으로 그친다면 교육에 미칠 영향은 단선적이고 제한적일 수 있지만, 4차 산업혁명이 하나의 이즘(ism)으로 발전한다면 상황은 달라진다. 바로 이런 연유로 우리는 4차 산업혁명과 교육의 관계에 대해 좀 더 심각하게 고민해 볼 필요가 있다.
>
> 4차 산업혁명은 산업계나 경제계의 변화로만 끝나지 않고 이미 우리 사회와 문화 전반에 커다란 영향을 미치고 있다. 우리는 뉴 노멀(new normal) 시대라는 얘기를 종종 듣는다. 우리 사회를 움직이는 기본 원칙이 예전과 달라졌음을 뜻한다. 예전에 당연하게 생각했던 것들이 더 이상 당연하지 않고, 새로운 당연함이 생겨난다는 의미다. 이 말은 4차 산업혁명이 단순한 기술과 산업의 변화로만 끝나지 않고 하나의 이즘(ism)으로 등극했다는 뜻이다. 포디즘이 현대 학교체제를 출현시켰듯이, 4차 산업혁명은 교육에서도 뉴 노멀을 생성시키면서 새로운 교육체제를 출현시킬 것이라고 예측할 수 있다.
>
> 한 국가나 사회의 경제 성장이 곧 일자리 증가와 소득 증대를 의미했던 시대는 지나갔다. 4차 산업혁명 시대의 진입 초기에 해당하는 현재에도 생산성과 GDP 증가로 경제는 조금 성장하지만 일자리와 소득 증가는 따르지 않는 현상이 나타나고 있다. 좀 더 정확히 말하자면, 경제가 성장하는데도 불구하고 일자리는 감소하고 임금소득은 낮아지는 현상이 나타나고 있다는 말이다. 미래 사회에서는 일자리가 줄어들 뿐만 아니라 필요한 일자리도 현재와는 많이 달라질 것이다. 이러한 경제사회적 상황 변화는 교육의 성격이나 내용뿐만 아니라 교육의 목적에 대해서도 다시 생각하게끔 만들고 있다.
>
> [출처: 이상수, '4차 산업혁명, 미래교육의 방향은?', 시민의 소리, 2018.05.10.]

2023학년도 초등교사 임용후보자 선정경쟁시험(2차 전형)

심층면접(즉답형 1) 문제지

| 관리번호 | | 성명 | | 감독관 서명 | |

민주적인 학교 문화 정착을 위해 교사가 할 수 있는 일을 동료 교사와의 관계 측면, 학급 운영 측면에서 각각 2가지씩 제시하시오.

2023학년도 초등교사 임용후보자 선정경쟁시험(2차 전형)

심층면접(즉답형 2) 문제지

| 관리번호 | | 성명 | | 감독관 서명 | |

6학년 담임으로서 학기를 시작하는 첫날 우리 반 학생들 앞에 섰다고 생각하고, 선생님이 학생들과 꾸려가고 싶은 학급에 대해 안내하시오.

Exercise 12일차

2023학년도 초등교사 임용후보자 선정경쟁시험(2차 전형)

심층면접(구상형) 문제지

관리번호		성명		감독관 서명	

다음 리포트가 학교 교육에 시사하는 점을 찾고, 이와 관련하여 미래 사회를 살아갈 초등학생에게 필요하다고 생각되는 교육 활동 3가지와 구체적인 운영방안을 설명하시오.

[리포트]
내년 9월에 발표되는 IPCC 6차 보고서를 앞두고, 기후변화에 대한 과학적 근거를 담은 실무 보고서가 나왔습니다. 2013년 5차 보고서 이후 8년만입니다.
최근 10년간 지구의 평균 기온은 산업화 이전과 비교해 1.09도 높아졌습니다.
5차 보고서 때보다 0.3도 넘게 상승한 건데, 파리협정에서 약속한 기후재앙의 마지노선, 즉 1.5도까지 0.41도밖에 남지 않았습니다. 그렇다면, 인류에 큰 위협이 될 수 있는 1.5도에 도달하는 시점, 얼마나 남은 걸까요? 온실가스를 지금처럼 배출할 경우, 올해부터 오는 2040년까지 20년 기간 내에 기온 상승폭이 1.5도를 넘어설 가능성이 높았습니다. 이전 예측보다 그 시점이 10년 정도 빨라진 겁니다.

[이준이/부산대 교수·IPCC 제1실무그룹 총괄 저자 : "지구 온도 상승은 누적 이산화탄소 배출량에 비례하기 때문에 평가된 시나리오에 상관없이 2040년 이전에 1.5도 온난화에 도달할 가능성이 높습니다."]
이렇게 되면 50년 빈도의 극한 폭염은 과거보다 8.6배 증가하고 집중호우와 가뭄 등 극단적인 기상이변도 최고 2배 잦아질 전망입니다.

[변영화/국립기상과학원 기상연구관 : "지구 온도를 1.5도 온난화로 제한하기 위해서는 온실가스의 감축, 즉 지속적이고 빠른 그리고 즉각적인 감축이 필요하다고 이야기를 하고 있고요."]
(하략)
[출처:신방실 기자, 10년 빨라진 기후재앙의 '마지노선', IPCC 보고서의 경고, KBS NEWS, 2021.08.10]

2023학년도 초등교사 임용후보자 선정경쟁시험(2차 전형)

심층면접(즉답형 1) 문제지

| 관리번호 | | 성명 | | 감독관 서명 | |

최근 학생들의 PC 및 스마트 기기 사용이 더욱 늘어나면서 게임·SNS 중독 학생이 늘어나고 있다. 담임교사로서 게임·SNS 중독 또는 중독 위험군 학생들을 도울 수 있는 방법을 3가지 이상 말하시오.

2023학년도 초등교사 임용후보자 선정경쟁시험(2차 전형)

심층면접(즉답형 2) 문제지

| 관리번호 | | 성명 | | 감독관 서명 | |

아래는 초등학교 4학년 학생 두 명의 대화이다. 두 학생의 발언에서 공통적으로 나타난 문제점을 찾고 이를 지도할 수 있는 방법을 2가지 이상 말하시오.

민기(남): 야, 너랑 나랑 학습준비물실 가는데 왜 너만 가벼운 거 들려고 해?
예나(여): 넌 그런 것이 불만이니? 넌 남자애잖아. 나보다 힘도 세면서 왜 그래? 그리고 나도 들고 있는 거 안보여? 네가 나보다 힘이 세니까 이 정도는 당연한 것 아니야?
민기(남): 네가 무슨 여자라고 그러냐. 너 옷도 맨날 남자같이 입잖아?

Exercise — 13일차

2023학년도 초등교사 임용후보자 선정경쟁시험(2차 전형)

심층면접(구상형) 문제지

| 관리번호 | | 성명 | | 감독관 서명 | |

자료를 참고하여 손 교사가 상담 과정에서 개선하면 좋을 점을 3가지 이상 찾고 교사로서 학생 상담에 대한 전문성을 신장하기 위해 할 수 있는 노력을 4가지 이상 논하시오.

손 교사: 어떤 것이 고민이길래 선생님과 이야기를 하고 싶었니?
학　　생: 선생님... 저는 반에서 생활하는 게 즐겁지 않아요.
손 교사: 그래? 갑자기 그런거니? 혹시 그런 생각이 왜 들었을까?
학　　생: 반 친구들이 저를 좋아하는 것 같지도 않고... 그냥 다 재미가 없고 학교에 나오고 싶지도 않아요.
손 교사: (다그치듯) 그냥이라는 게 어딨니. 원래 지난번에 같은 모둠이었던 ○○와 □□와는 싸우기라도 한 거니? 원래 그 친구들이랑 친하게 지냈었잖아?
학　　생: 아뇨, 그런 건 아닌데... 요즘 가까이 지내기 싫어져서 그래요.
손 교사: 왜 그랬을까? 네가 잘못했든, 그 친구들이 잘못했든 무슨 사건이 있었을텐데 짐작되는 일 없니? 아무 이유 없이 가까이 지내기 싫어졌다는 게 이해하기 조금 어렵구나.
(중략)
손 교사: 혹시 네가 친구들에게도 솔직해져야 할 때가 있는데 그러지 않아서 그런 게 아닐까? 선생님이 생각하기에는 친구들에게 솔직하지 않았던 것이 문제가 아닐까 생각하는데...
학　　생: .... 그런 건 아니에요. 그 친구들이 좋아하는 건 별로 재미가 없고 ○○와 □□는 이미 3학년 때부터 친해서 제가 사이에 낀 것 같아요.
손 교사: 그럼 다른 친구들과도 친해져 볼 기회를 찾아보는 게 어떨까? 축구를 좋아하니까 축구를 좋아하는 다른 친구들과 친하게 지내면 좋겠네!
(하략)

심층면접(즉답형 1) 문제지

등교 후 1교시가 시작하기 전까지의 아침 시간에 운영하고 싶은 학급 아침 활동 3가지 이상을 운영 효과와 함께 말하시오.

2023학년도 초등교사 임용후보자 선정경쟁시험(2차 전형)

심층면접(즉답형 2) 문제지

| 관리번호 | | 성명 | | 감독관 서명 | |

5학년 학생들에게 사회 수업을 위해 조사 활동을 과제로 내주었으나 많은 학생들이 자료의 진위를 확인하지 않은 탓에 조사 결과에 잘못된 정보가 꽤나 있었다. 담임교사로서 이러한 문제 상황에 대처할 수 있는 방안과 추후 조사활동에서 이 같은 문제가 재발하는 것을 막기 위한 지도 방안을 설명하시오.

Exercise 14일차

2023학년도 초등교사 임용후보자 선정경쟁시험(2차 전형)

심층면접(구상형) 문제지

| 관리번호 | | 성명 | | 감독관 서명 | |

다음 제시문을 읽고, 답변하시오.

> 교육 철학이란 교육 활동에 '왜?'라는 질문을 던지고 그에 대한 답을 고민하는 것이다. 이는 교육관, 수업관, 교사관, 학생관, 지식관, 개인적인 신념* 등으로 나누어 생각해 볼 수 있다.
>
> * 개인적인 신념: 교사가 가지고 있는 가치관 또는 신념
>
> [출처: 〈수업성장〉, 김현섭 지음]

교사의 교육 철학은 수업 및 학급 운영 전반의 기초 토대가 되는 것입니다. 위 제시문을 참고하여 선생님의 교육 철학을 자세하게 설명해주세요.

2023학년도 초등교사 임용후보자 선정경쟁시험(2차 전형)

심층면접(즉답형 1) 문제지

| 관리번호 | | 성명 | | 감독관 서명 | |

심리적 또는 신체적인 이유로 체육 수업에 참여도가 떨어지는 학생들을 고려한 체육 시간 지도 방법을 구체적인 예와 함께 설명하시오.

2023학년도 초등교사 임용후보자 선정경쟁시험(2차 전형)

심층면접(즉답형 2) 문제지

학생의 예술 활동 경험은 학생의 심미적 감성 역량 함양에 도움이 된다고 알려져 있다. 학급 단위에서 실시하고 싶은 예술 활동 2가지 이상과 각 활동을 하고 싶은 이유를 설명하시오.

Exercise — 15일차

2023학년도 초등교사 임용후보자 선정경쟁시험(2차 전형)

심층면접(구상형) 문제지

관리번호		성명		감독관 서명	

자료는 한 초등학교 6학년 담임교사의 성찰일지의 일부이다. 일지를 바탕으로 현재 담임 교사의 수업에서 발생한 문제점 2가지를 찾고 본인이 아래의 상황이라면 각각의 문제점을 해결하기 위해 어떤 노력을 취할 것인지 구체적인 예와 함께 설명하시오.

[자료]

  오늘은 지난주에 시작한 과학 모둠 과제를 발표하도록 하였다. 여러 가지 기체와 그 쓰임새에 대해서 조사하고 그것을 동영상으로 만들어 발표하도록 하였다. 학급 학습방에 올려진 수업 영상과 학교에서의 실습으로 영상 만드는 것을 여러 번에 걸쳐 함께 배웠지만 아무래도 영상으로 결과물을 제작하는 것이 시간이 많이 걸리고 쉽지 않다보니 발표 준비 상태가 좋지 않은 모둠도 있었다. 특히 자료 정리를 잘 하거나 영상 편집 어플리케이션을 잘 다루는 학생이 포함된 모둠과 그렇지 않은 모둠의 결과물 수준 차이가 많이 났다.
  그런데 배려 모둠의 결과물은 좋았지만 발표하는 과정을 보니 모둠 내에 역할 분담이 잘 이루어진 것 같지 않아 수업이 끝난 뒤 배려 모둠인 민아와 정안이에게 물었더니 현수가 이번 모둠 과제에 거의 참여하지 않았다고 했다. 그래서 점심 시간에 현수를 따로 불러 확인해보았더니 자신은 자료 조사나 정리도 잘 못하고, 동영상 제작 어플리케이션도 어려워서 참여하지 않았고 자기보다 친구들이 잘 하니까 참여하지 못했다고 한다.

(중략)

2023학년도 초등교사 임용후보자 선정경쟁시험(2차 전형)

심층면접(즉답형 1) 문제지

| 관리번호 | | 성명 | | 감독관 서명 | |

친환경 시대에서 필환경 시대로 접어듦에 따라 생태전환교육이 학교 현장에서 필수적인 존재가 되었다. 담임교사로서 학급 학생들과 하고 싶은 생태전환교육을 3가지 이상 말하시오.

2023학년도 초등교사 임용후보자 선정경쟁시험(2차 전형)

심층면접(추가질의) 문제지

| 관리번호 | | 성명 | | 감독관 서명 | |

생태전환교육이 일상이 되기 위해서는 학교 구성원 전체의 실천이 필수적이다. 본인이 학교 현장에서 실천할 수 있는 환경을 위한 노력을 3가지 말하시오.

2023학년도 초등교사 임용후보자 선정경쟁시험(2차 전형)

심층면접(즉답형 2) 문제지

| 관리번호 | | 성명 | | | 감독관 서명 | |

많은 학급에서 학생들이 사회성 부족으로 친구 관계 형성에 어려움을 겪고 있으며, 심각한 경우 우울증이나 학업 중단 등의 문제로 이어지기도 한다. 이러한 어려움을 겪고 있는 학생을 발견할 수 있는 방법을 2가지 이상 말하고, 사회성이 부족한 학생을 위해 학급 또는 교사가 할 수 있는 노력을 2가지 이상 말하시오.

Exercise 16일차

2023학년도 초등교사 임용후보자 선정경쟁시험(2차 전형)

심층면접(구상형) 문제지

관리번호		성명		감독관 서명	

자료는 다문화 학생 비율이 높은 서울의 한 초등학교 6학년 교실의 모습이다. 아래와 같은 상황에서 교사가 학생들의 수업 이해도를 높이기 위해 할 수 있는 노력 2가지와 평소 학급에서 학생들의 한국어 능력 향상을 위해 할 수 있는 학급 특색 활동을 구체적인 운영 예시와 함께 2가지 이상 말하시오.

[자료]

"선생님이 부탁해볼까요? 아무도 없어요?"

1교시 수학 시간. '우주의 언어' 수학 앞에 지구 어느 곳에서 태어났는지는 중요하지 않았습니다. 퀴즈로 진행되는 수업에 모두 신나게 참여했습니다. 더하기 빼기에 웃고 곱하기 나누기에 우는, 영락없는 초등학생의 모습입니다.

2교시 사회 시간이 되면서 수업 분위기가 살짝 애매해졌습니다. 민주, 정치 등등의 개념을 골든벨 형식으로 수업하는데, 중도입국 학생들은 어디서 손을 들어야 할지 어리둥절합니다. 한국어가 서투르다 보니 낄 수가 없는 겁니다.

가라앉던 수업 분위기는 3교시 국어 시간에 이르러 기어이 '갑분싸'에 도달하고야 맙니다. 언어의 벽은 그 어느 때보다 높아집니다. 떠듬떠듬 읽어 나가는 국어교과서는 암호책 그 자체입니다. 한글 대신 한자로 답을 써넣는 친구도 나옵니다.

발표할 사람을 찾는 선생님 질문엔 대답이 없습니다. 선생님 표정에도 난처한 모습이 살짝 비칩니다.

[출처: 기획 김양순, KBS NEWS '다문화 교실 가보셨습니까' https://news.kbs.co.kr/special/multiculture.html]

2023학년도 초등교사 임용후보자 선정경쟁시험(2차 전형)

심층면접(즉답형 1) 문제지

| 관리번호 | | 성명 | | 감독관 서명 | |

2학년 담임이 되어 새학기 첫날을 맞이하였다. 새학기를 맞이하며 학생들과 하고 싶은 활동 3가지와 그 이유를 설명하시오.

2023학년도 초등교사 임용후보자 선정경쟁시험(2차 전형)

심층면접(즉답형 2) 문제지

| 관리번호 | | 성명 | | 감독관 서명 | |

곽 교사의 교실에는 공격적인 충동을 통제하는 것에 어려움을 느끼며 친구들의 사소한 장난에도 위협적으로 반응하는 학생 A가 있다. A가 충동적으로 반응하면 교사의 지도가 영향을 미치지 못할 정도로 화를 내기 때문에 학생들이 A와 놀고 싶어 하지 않고 A는 더욱 예민하게 반응하는 악순환을 겪고 있다. A를 위해 곽 교사가 할 수 있는 노력을 3가지 이상 말하시오.

Exercise 17일차

2023학년도 초등교사 임용후보자 선정경쟁시험(2차 전형)

심층면접(구상형) 문제지

관리번호		성명		감독관 서명	

현대 사회가 급격하게 변화함에 따라 미래 사회를 어떻게 대비해야 할 것인지가 우리 사회의 화두이다. 미래 사회를 대비하기 위해 현재 학교 교육에서 더욱 강화 또는 추가적으로 지도되어야 한다고 생각하는 교육 분야 3가지와 그에 대한 교육적 활동의 구체적인 예시를 함께 말하시오.

2023학년도 초등교사 임용후보자 선정경쟁시험(2차 전형)

심층면접(즉답형 1) 문제지

| 관리번호 | | 성명 | | 감독관 서명 | |

세계시민교육의 필요성을 설명하고, 본인이 고학년 담임 교사라면 어떤 방법으로 학급에서 세계시민교육을 실시할 수 있는지 2가지의 학급 운영 방법을 말하시오.

2023학년도 초등교사 임용후보자 선정경쟁시험(2차 전형)

심층면접(추가질의) 문제지

| 관리번호 | | 성명 | | 감독관 서명 | |

앞서 언급한 세계시민교육이 잘 운영되지 않았다고 할 때, 교사로서 어떤 방법을 통해 수업 개선을 할 수 있는지 말하시오.

2023학년도 초등교사 임용후보자 선정경쟁시험(2차 전형)

심층면접(즉답형 2) 문제지

| 관리번호 | | 성명 | | 감독관 서명 | |

초등교사로서 꼭 필요하다고 생각되는 능력 3가지와 그 이유를 말하시오.

Exercise 18일차

2023학년도 초등교사 임용후보자 선정경쟁시험(2차 전형)

심층면접(구상형) 문제지

| 관리번호 | | 성명 | | 감독관 서명 | |

아래 대화는 '사이버 학교 폭력' 사례 중 한 가지이다. 학급 담임으로서 사이버 학교 폭력 예방을 위해 지녀야 할 태도를 2가지 말하고, 사이버 학교폭력을 예방하기 위해 학생들과 할 수 있는 구체적인 교육 활동 3가지를 논하시오.

〈학생 채팅방〉

학생 A : 야, 우리 반 ○○○, 카메라에 나온 얼굴 봤냐?
학생 B : 봤어. 완전 못생겼던데? 진짜 못 봐주겠더라.
학생 C : 내가 캡처했는데 한 번 더 볼래? 다시 봐도 웃기더라.
학생 B : 오 여기 올려봐 한번!
　　　　　　　　　　　(사진 업로드)
학생 E : 진짜 웃긴다! 우리 얘 여기 초대도 해볼까? 재밌을 것 같은데.
　　　　　　　　　　　(…하략…)

2023학년도 초등교사 임용후보자 선정경쟁시험(2차 전형)

심층면접(즉답형 1) 문제지

| 관리번호 | | 성명 | | 감독관 서명 | |

선생님께서 한 학급의 담임 교사가 되었을 때, 1년 동안 학생들이 배웠으면 하는 인성 요소 또는 덕목을 2가지 말하고, 각각을 길러주기 위해 학급 운영을 어떻게 할 것인지를 구체적으로 설명하시오.

2023학년도 초등교사 임용후보자 선정경쟁시험(2차 전형)

심층면접(즉답형 2) 문제지

| 관리번호 | | 성명 | | 감독관 서명 | |

사용자의 요구, 삶의 방식 등에 따라 설계부터 완성까지 설계의 전반적인 과정에 사용자가 참여하는 것을 사용자 참여 설계라고 한다. 학교 사용자로서 민주적인 학교 분위기의 조성을 위해 설계하고 싶은 공간(학급 외)의 이름과 그 이유를 말하고, 어떻게 활용될 수 있는지 설명하시오.

2023학년도 초등교사 임용후보자 선정경쟁시험(2차 전형)

심층면접(추가질의) 문제지

관리번호		성명		감독관 서명	

학급의 사용자로서 학급 내에 설계하고 싶은 공간을 구상하고, 해당 공간을 만들고 싶은 이유를 설명하시오.

2023학년도 초등교사 임용후보자 선정경쟁시험(2차 전형)

심층면접(구상형) 문제지

관리번호		성명		감독관 서명	

학생의 자발적인 참여를 중심으로 이루어지는 학생 자치는 민주적 시민으로서 갖춰야 할 역량 함양에 중요한 역할을 한다. 제시문을 읽고 선생님의 학급에서 하고 싶은 학생 자치 활동 2가지와 각 활동의 교육적 효과를 설명하시오. 그리고 지도 교사로서 어떤 역할을 할 것인지 설명하시오.

교사 A: 요즘 우리 학급 학생들을 어떻게 지도해야 하는지 고민이 많습니다.

교사 B: 어떤 측면에서 고민이 되시나요?

교사 A: 우리 반 대부분의 학생들이 자기 의견을 명확하게 표현하지 못해요. 수업 시간에 발표를 할 때에도 의견을 말하는 도중에 본인의 의견에 맞지않는 다른 말을 하거나, 자기 의견에 대한 충분한 근거를 제시하는걸 어려워 하더라구요.

교사 B: 학생들이 자기 표현에 있어서 아직 미숙한 모습을 많이 보이는군요.

교사 A: 네, 그리고 최근 들어서는 학급 규칙도 잘 지키지 않는 경우가 많아요.

교사 C: 선생님, 그렇다면 학급 자치 활동을 활용해 보시는 건 어떤가요? 저는 학급 운영에 필요한 업무를 중심으로 학급 부서를 조직하고 주 1회 학급 회의를 실시합니다. 학급 부서에서 하는 일을 학생들에게 알려주고, 자신이 원하는 학급 부서에 지원하도록 합니다. 학급 회의에서는 부서별 보고 사항을 확인하고 학급 문제점이 발생했을 시 함께 해결할 수 있도록 합니다. 학생들이 스스로 운영에 참여하니 규칙도 잘 지키고, 회의를 하면서 자연스럽게 발표 연습도 할 수 있더군요.

교사 A: 아, 정말 좋은 방법이네요. 저도 학급 자치 활동을 한번 활용해 봐야겠습니다. 그럼 이번 주 동학년 회의에서는 다양한 자치 활동에는 어떤 것이 있을지 협의해 볼까요?

… 하략 …

2023학년도 초등교사 임용후보자 선정경쟁시험(2차 전형)

심층면접(즉답형 1) 문제지

| 관리번호 | | 성명 | | 감독관 서명 | |

성인지 감수성은 남녀 성별 간 불균형에 대해 이해하고 이에 대한 지식을 갖춰 생활 속에서 성차별적 요소를 감지해내는 민감성을 말한다. 특히 고학년은 사춘기가 시작되어 성에 대한 의식이 강해지는 시기로, 성에 대한 올바른 지식을 갖추도록 지도하는 것이 중요하다. 학생들의 성인지 감수성 함양을 위해 교실에서 수행할 학급 특색 활동 2가지를 말하고, 어떤 측면에서 성인지 감수성을 기를 수 있는지 설명하시오.

2023학년도 초등교사 임용후보자 선정경쟁시험(2차 전형)

심층면접(즉답형 2) 문제지

| 관리번호 | | 성명 | | 감독관 서명 | |

'칭찬은 고래도 춤추게 한다.'라는 말이 있다. 칭찬은 긍정적인 사고방식을 기르도록 하고 자발적 참여와 내적 동기를 불러일으키는 데에도 매우 효과적이다. 선생님께서 생각하는 바람직한 칭찬의 방식이 무엇인지 그 이유와 함께 말하시오. 그리고 학급의 학생이 있다고 가정하고 담임으로서 칭찬을 실연하시오.

2023학년도 초등교사 임용후보자 선정경쟁시험(2차 전형)

심층면접(추가질의 1) 문제지

| 관리번호 | | 성명 | | 감독관 서명 | |

평소 학생들에게 칭찬을 하기 위해서는 칭찬을 습관화하는 것이 중요하다. 칭찬을 습관화하기 위해 선생님께서 어떤 노력을 할 수 있을지 3가지 이상 설명하시오.

2023학년도 초등교사 임용후보자 선정경쟁시험(2차 전형)

심층면접(구상형) 문제지

관리번호		성명		감독관 서명	

기후변화에 맞서는 사람들
-일회용품과 헤어질 결심-

 탄소중립은 낯설고, 귀찮고, 되도록 외면하고 싶은 일이다. 사람들은 여전히 카페 등에서 일회용컵 사용을 금지한 정부 정책에 불편함을 느낀다.

 탄소중립으로 가는 2050년까지 우리가 일상에서 느낄 불편함은 일회용컵 사용을 자제하는 것과 비교할 수 없을 만큼 커질 가능성이 높다. 기존 삶의 방식을 송두리째 바꿔야만 하는 상황이 곧 닥칠 것이다.

 한편에선 이러한 현실을 외면하지 않고 올곧이 마주한 사람들이 존재한다. 그리 멀지 않은 곳에 탄소중립을 만들어가는 동네 이웃들이 살아가고 있다.

(하략)

[출처: 배재흥, 김산, 기후변화에 맞서는 사람들, 경인일보, 2022. 08.17]

전 지구에서 발생하는 전례 없는 기상이변 현상과 폐기물 발생량 증가 및 지구 환경 지속 가능성 문제가 끊임없이 발생하고 있다. 따라서 정부는 2050 대한민국 탄소중립을 선언하였다. 이를 실현하기 위해 학교 현장에서 할 수 있는 교육이 무엇인지 설명하고 이러한 교육의 구체적인 예시 4가지를 제시하시오.

2023학년도 초등교사 임용후보자 선정경쟁시험(2차 전형)

심층면접(즉답형 1) 문제지

| 관리번호 | | 성명 | | 감독관 서명 | |

알파 세대는 2010년 전후부터 현재까지 태어난 세대를 일컫는 말로, 다음과 같은 특징을 가진다.

- 유아기부터 디지털 기기에 익숙한 디지털 네이티브
- 수많은 정보 속에 둘러싸인 정보 홍수에 익숙함
- 글보다는 그림, 영상 등 시각적 환경에 더 익숙함

위 특징을 가진 알파 세대 학생들을 지도하기 위한 교육 방안을 교과 지도 측면과 생활 지도 측면으로 나누어 각각 1가지씩 논하시오.

심층면접(즉답형 2) 문제지

최근 교육은 학생 중심의 학생 참여형 교육을 지향하고 있다. 교육의 주체로서 학생들이 자기주도성을 가지고 학교생활에 참여할 수 있도록 돕는 교육 활동 2가지를 구체적으로 논하시오. 그리고 이런 활동에서 지녀야 할 교사의 태도 및 역할을 설명하시오.

Exercise — 21일차

2023학년도 초등교사 임용후보자 선정경쟁시험(2차 전형)

심층면접(구상형) 문제지

관리번호		성명		감독관 서명	

A초등학교에서 학교폭력 예방 프로그램의 일환인 '어울림 프로그램'을 운영하려 한다. 5학년 학생들을 대상으로 어울림 프로그램을 시행한다고 할 때, 중점으로 둘 '학교 폭력 예방 역량' 영역을 2가지 설정하고, 그 이유를 논하시오. 그리고 교과 연계 중심으로 A 초등학교 5학년에 적합한 어울림 프로그램을 3차시로 설계하시오.

(가)

〈A초등학교 5학년 학생 실태〉

- 학생들의 감정 표현 및 소통의 장이 적어짐에 따라 감정 표현에서 충동성을 보이는 경향이 있음
- 친구들과 대면으로 만나는 시간이 적어짐에 따라 개인 생활 시간이 길어짐. 학급 및 학교 학생들 간의 소통이 절대적으로 부족해짐으로 인해 학생들이 타인의 입장에서 생각하는 능력이 매우 부족함

(나)

어울림 프로그램

① 교육과정 기반 학생 중심 맞춤형 학교 폭력 예방 교육 프로그램.
② 교과 및 창의적 체험활동과 연계하여 체험활동 중심의 학생 참여형 수업으로 운영되는 것이 특징.
③ 프로그램을 통해 학교 폭력 예방 역량을 함양할 수 있도록 함.

※ 학교 폭력 예방 역량
공감, 의사소통, 갈등해결, 감정조절, 자기존중감, 학교폭력 인식 및 대처

2023학년도 초등교사 임용후보자 선정경쟁시험(2차 전형)

심층면접(즉답형 1) 문제지

| 관리번호 | | 성명 | | | 감독관 서명 | |

"우리가 이룬 것만큼, 이루지 못한 것 또한 자랑스럽다."

미국 IT계의 거장 스티브 잡스가 남긴 말이다. 이처럼 사람의 인생에는 누구나 겪는 성장통과 같이 성공의 밑거름이 되는 경험들이 있다. 선생님의 이러한 경험은 무엇이 있었는지 말하고, 이 경험을 바탕으로 학생들에게 어떤 교훈을 주고 싶은지 설명하시오.

2023학년도 초등교사 임용후보자 선정경쟁시험(2차 전형)

심층면접(즉답형 2) 문제지

| 관리번호 | | 성명 | | 감독관 서명 | |

교사가 되어 학생들에게 교훈 또는 교육적 이야기를 전달할 수 있는 동화책 한 권을 쓴다고 할 때, 어떤 교육적 이야기를 중심으로 쓸 것인지와 그 이유를 설명하시오.

Exercise 22일차

2023학년도 초등교사 임용후보자 선정경쟁시험(2차 전형)

심층면접(구상형) 문제지

관리번호		성명		감독관 서명	

(가), (나) 신문 기사에서 공통적으로 논하고 있는 교육적 시사점을 설명하시오. 그리고 이와 관련하여 학교에서 시행할 수 있는 교육 활동 3가지를 초등학생의 발달 특성과 관련지어 논하시오.

(가)

서울특별시교육청 산하 학생교육원은 각급 학교 학생과 교직원의 안전의식과 위기대처 능력을 키우고 다양한 안전체험교육을 실시할 수 있는 안전체험관을 개관하고 본격 운영을 시작한다. 안전체험관 개관식은 3월 3일(수) 오전 11시에 축력산본원교육원 내 안전체험관 건물에서 학생교육원 유튜브 채널을 통해 실시간 비대면으로 진행될 예정이다.

[출처: 서울특별시교육청학생교육원 교육기획운영부, 2021.03.02.]

(나)

교육부는 3일 경찰청, 도로교통공단과 함께 어린이 교통사고 분석시스템을 통한 학교 교통 안전교육에 나선다고 밝혔다. 어린이 교통사고 분석시스템은 기존 '교통사고 분석시스템'을 초등학생들이 편리하게 사용할 수 있도록 재구성한 프로그램으로, 학생이 학교 주변에 어떤 교통사고가 발생했는지 확인해 스스로 등하굣길 안전에 대해 학습할 수 있다. 교육부는 이밖에도 학생들이 교내외 안전 위험 요소를 찾아서 표시하고 개선 방안을 만드는 '안전지도 만들기' 동아리 활동을 진행하고, 전 국민이 참여하는 안전한 학교 공모전을 연다.

[출처: 장도영 기자, 에듀인 뉴스, 2021.08.03.]

2023학년도 초등교사 임용후보자 선정경쟁시험(2차 전형)

심층면접(즉답형 1) 문제지

교직을 마무리하며 자신의 교직 생활을 회고하는 자서전을 출간한다고 할 때, 자서전의 제목을 무엇으로 하고 싶은지와 그 이유를 말하시오. 그리고 자서전에 들어갈 주요 내용은 어떤 것이 있을지 말하시오.

2023학년도 초등교사 임용후보자 선정경쟁시험(2차 전형)

심층면접(즉답형 2) 문제지

| 관리번호 | | 성명 | | 감독관 서명 | |

학교 내 동아리 활동의 지도 교사가 되었을 때, 학생들과 만들고 싶은 동아리의 주제를 말하시오. 그리고 어떻게 동아리 활동을 운영할 것인지, 동아리를 통해 이루고 싶은 교육적 효과는 무엇인지 구체적으로 논하시오.

Exercise 23일차

2023학년도 초등교사 임용후보자 선정경쟁시험(2차 전형)

심층면접(구상형) 문제지

| 관리번호 | | 성명 | | 감독관 서명 | |

제시문 (가)와 (나)에 나온 학교가 어떤 교육적 어려움을 겪고 있는지 각각 간단히 논하고, 이러한 어려움이 발생하는 이유를 논하시오. 그리고 해당 문제를 해결하기 위한 구체적인 방안을 2가지를 말하고 각 방안의 교육적 기대 효과를 논하시오.

(가)

 A학교에서 한 학생이 국가 전염병에 감염되어 등교 중지가 되었다. 다행히 빠른 격리 조치 덕분에 학교 내에서 전염이 커지는 일은 없었다. 하지만 해당 학생이 등교 중지를 한 이유가 알려지면서 문제가 시작되었다. 학생이 건강해진 후 다시 등교를 시작했을 때 학급 내에서 학생을 따돌리는 일이 일어나기 시작했고, 어딘가에서 소식을 들은 다른 학년 학생들도 해당 학생에 대한 안 좋은 소문을 퍼뜨리는 일이 있었다.

(나)

 B학교에서는 원격 수업이 시작된 후로 문제가 발생했다. 원격 수업 중 카메라에 나오는 다른 학생이나 교사의 얼굴을 찍어 온라인 홈페이지에 무단으로 게시하는 일이 발생한 것이다. 게다가 어떤 학생은 얼굴을 다른 사진과 합성해 배포하는 일도 하였다. B학교에서는 이같은 문제를 해결하기 위해 어떤 대안을 내야 할지 구성원 간의 협의를 하는 중이다.

2023학년도 초등교사 임용후보자 선정경쟁시험(2차 전형)

심층면접(즉답형 1) 문제지

| 관리번호 | | 성명 | | 감독관 서명 | |

4차 산업혁명으로 빅데이터, 인공지능을 활용한 스마트 교육이 대두되면서 학교 교육 현장의 변화도 필요성이 대두되고 있습니다. 교실 환경을 스마트 교실로 꾸민다고 할 때, 스마트 미래 인재 육성을 위해 교실 환경에 필요한 변화 3가지와 그 이유를 말하시오.

2023학년도 초등교사 임용후보자 선정경쟁시험(2차 전형)

심층면접(즉답형 2) 문제지

| 관리번호 | | 성명 | | 감독관 서명 | |

학생들에게 학교는 (   )이어야 한다.

위 문구의 괄호를 자신의 교육관을 바탕으로 채우고 그 이유를 말하시오. 그리고 그러한 학교를 만들기 위해 교사로서 어떤 교육적 노력을 할지 논하시오.

Exercise 24일차

2023학년도 초등교사 임용후보자 선정경쟁시험(2차 전형)

심층면접(구상형) 문제지

| 관리번호 | | 성명 | | 감독관 서명 | |

아래 자료와 관련하여 담임 교사로서 아동학대를 발견할 수 있는 방안 3가지와 학급에서 아동학대를 목격했을 때 교사의 구체적인 실천 방안 3가지를 각각 제시하시오.

코로나 19 이후 아동학대 52.84% 급증

생후 16개월 입양아가 양부모의 학대로 사망한 이른바 'OOO 사건' 이후 정부가 아동학대 근절 대책 마련에 나섰지만 오히려 코로나19로 인해 외부활동이 줄어들며 아동학대가 늘어난 것으로 조사됐다.

28일 김** 의원이 보건복지부로부터 제출받은 '최근 5년간 아동학대 발생 현황' 자료에 따르면 2019년 3만45건이었던 아동학대 판단사례는 코로나19 발생 해인 2018년 2만4604건에서 2021년 3만7605건을 기록해 53.84%나 급증했다. 아동학대신고(의심사례)의 경우 2019년 3만8380건, 2021년 5만2083건으로 35.70% 증가했다. 특히 코로나19로 외부활동이 준 탓에 가정 내에서 부모에 의한 아동학대가 늘어나는 추세를 보였다. 2017년 1만7177건이었던 부모의 학대는 2021년 3만324건으로 85.1% 증가했다.

부모 중에서도 친부모의 학대가 전체 중 11만923건(76.2%)를 차지해 가장 많았으며, 친모(4만7828건)보다 친부(6만3095건)에 의한 학대가 더 빈번하게 발생했다. 아동학대 가해자 다수가 부모인 만큼 학대가 이뤄진 장소는 대부분 가정인 것으로 드러났다. 아동학대 장소별 현황에 따르면 2017년부터 5년간 전체 아동학대 발생 건수 중 83.2%(12만1070건)이 가정에서 발생했다. 학교가 5.3%(7752건), 어린이집이 3.4%(4916건)으로 그 뒤를 이었다.

한 번 학대에 노출된 아동들은 반복적으로 피해를 입었다. 학대 아동 중 재학대 건수 역시 2017년 2160건에서 2021년 5517건으로 155.4% 급증했다. 아동학대로 인한 사망자 수는 2017년 38명, 2018년 28명을 기록한 이후 2019년 42명, 2020년 43명, 2021년 40명으로 40명대를 유지하고 있다. 김 의원은 "OOO 사건 이후에도 아동학대는 여전히 끊이지 않고 있으며 심지어 가정 내에서 학대가 이뤄지고 있어 적발이 쉽지 않은 상황"이라고 짚었다. 그러면서 "정부는 아동을 보호하기 위해 경찰, 교육청, 의료기관 등 관계 기관 협력 및 관련 인프라를 확충하고 이를 위한 예산과 인력 지원에 힘써야 한다"고 강조했다.

[출처 : 윤혜원 기자, 코로나 19 이후 아동학대 52.84% 급증, 복지타임즈, 2022.09.26]

2023학년도 초등교사 임용후보자 선정경쟁시험(2차 전형)

심층면접(즉답형 1) 문제지

| 관리번호 | | 성명 | | 감독관 서명 | |

교사로서 스스로의 전문성을 신장하고 싶은 분야가 무엇인지 말하고, 해당 분야의 전문성을 신장할 수 있는 방안 3가지를 구체적으로 설명하시오.

2023학년도 초등교사 임용후보자 선정경쟁시험(2차 전형)

심층면접(즉답형 2) 문제지

| 관리번호 | | 성명 | | 감독관 서명 | |

최근 마을과 학교가 협력하여 학생 삶과 교육을 연관지어 교육하는 추세가 늘어나고 있다. 이처럼 학생 삶과 교육이 연결되었을 때의 장점 2가지를 설명하고, 이런 교육을 학급에서 실천할 수 있는 구체적인 활동 2가지를 이야기하시오.

Exercise — 25일차

2023학년도 초등교사 임용후보자 선정경쟁시험(2차 전형)

심층면접(구상형) 문제지

관리번호		성명		감독관 서명	

아래 대화에서 나타나는 김 교사의 문제점 3가지를 이야기하고 이와 같은 상황을 예방하기 위한 구체적인 실천 방안 3가지를 이야기하시오

김 교사 : 선생님, 오늘 저희 반에서 학생 두 명이 크게 싸웠어요.

이 교사 : 놀라셨겠네요 선생님. 혹시 학생들이 무슨 일 때문에 싸웠나요?

김 교사 : 체육 시간에 티볼 게임을 하다가 한 명이 친 공에 다른 학생이 맞았거든요. 평소에 둘이 친해서 별 문제 없을 거라고 생각했는데, 서로 마음이 상했는지 큰 싸움으로 이어지게 되었어요.

이 교사 : 이런... 선생님께서 곤란하셨겠네요. 학부모에게 연락은 드렸나요?

김 교사 : 사실... 그게 더 문제입니다. 아이들이 체육 시간 끝나고 다시 잘 지내는 것 같아 따로 상담하지 않았고, 괜히 걱정하실까봐 학부모에게도 오늘 일에 대한 연락을 하지 않고 넘어갔거든요. 그런데 공에 맞은 학생 학부모가 집에 와서 학생이 한 이야기를 듣고 크게 상심한 채로 전화를 하셨더라고요. 이 일로 학부모의 신뢰를 잃을까봐 걱정이 됩니다.

이 교사 : 참 고민되시겠네요 선생님. 해당 학생 학부모와 평소 관계는 어떠셨어요?

김 교사 : 학부모 상담 기간 이외에는 이야기를 나눠본 적이 없어서... 사실 어떻다고 이야기하기도 어렵습니다. 어떻게 해결하면 좋을까요?

2023학년도 초등교사 임용후보자 선정경쟁시험(2차 전형)

심층면접(즉답형 1) 문제지

| 관리번호 | | 성명 | | 감독관 서명 | |

다음 문제를 읽고, 물음에 답하시오.

교사 교육과정이 무엇인지 설명하고, 교사 교육과정의 관점에서 학생 맞춤형 수업의 필요성 2가지를 이야기하시오.

2023학년도 초등교사 임용후보자 선정경쟁시험(2차 전형)

심층면접(즉답형 2) 문제지

| 관리번호 | | 성명 | | 감독관 서명 | |

학교의 민주적인 문화 형성을 각 학교에서는 수평적인 교직원 회의 방식이 강조되고 있다. 그렇다면 학급 내에서 민주적 분위기를 형성할 수 있는 구체적 활동 3가지를 제시하시오.

2023학년도 초등교사 임용후보자 선정경쟁시험(2차 전형)

심층면접(구상형) 문제지

| 관리번호 | | 성명 | | 감독관 서명 | |

다음 제시문을 보고 교사로서 학급에서 발생하는 집단따돌림을 예방할 수 있는 구체적인 교육방안을 3가지 말하시오.

집단 따돌림을 인간의 본성에 기인하는 행동 양식으로 없어지기 어려울 것으로 생각하는 사람들도 많지만, 표위효넨 박사는 "언젠가는 종식될 수 있는 현상"이라며 낙관적 견해를 피력하기도 했다. 그 방법으로 공감대 형성 교육을 강조했다.

집단 따돌림 주동자에게 부족한 것은 다른 사람의 감정을 인식하는 인지적 공감(cognitive empathy)이 아니라 다른 사람의 감정 상태를 공유하는 정서적 공감(affective empathy) 능력이다. 그들은 자신 행동의 잔인성을 깨닫지 못하고 상대방이 어떤 고통을 받는지 이해하지 못한다. 그들 중 사회성이 높아 보이는 사람들이 많은데 정서적 공감 능력이 함께 발달하지 못했을 때 이런 사회성은 오히려 해악을 끼친다. 이들이 관계를 맺는 주요 목적은 친밀감이 아닌 권력과 영향력의 획득이기 때문이다.

[출처: 이보영, 핀란드 심리 전문가, '집단 따돌림' 분석한 신간 발표, EBS news, 2021.08.24]

2023학년도 초등교사 임용후보자 선정경쟁시험(2차 전형)

심층면접(즉답형 1) 문제지

| 관리번호 | | 성명 | | 감독관 서명 | |

교사의 전문성 신장은 교사 스스로에게도, 학생들에게도 도움이 되는 매우 중요한 일이다. 본인은 전문성 신장을 위해 어떤 노력을 기울일 것인지 교과 지도와 생활 지도 측면에서 각각 한 가지씩 이야기하시오.

2023학년도 초등교사 임용후보자 선정경쟁시험(2차 전형)

심층면접(즉답형 2) 문제지

| 관리번호 | | 성명 | | 감독관 서명 | |

'한 아이를 키우려면 온 마을이 필요하다.'라는 말처럼 교육은 학교뿐만 아니라 교육의 다양한 주체가 함께 협력해야 한다. 이를 위해서 교육 주체들이 함께 실천할 수 있는 구체적인 교육 방법 3가지를 이야기하시오.

Exercise 27일차

2023학년도 초등교사 임용후보자 선정경쟁시험(2차 전형)

심층면접(구상형) 문제지

관리번호		성명		감독관 서명	

최근 학생의 삶과 연계된 교육의 중요성이 대두되면서, 마을과 연계한 학교가 다양한 형태로 운영되고 있다. 제시문을 읽고 이러한 교육의 장점 2가지와 이러한 정책을 활용하여 선생님의 학급에서 실시할 수 있는 교육 활동 3가지를 각각 이야기하시오.

A 지역 : 청소년의 독서역량 강화 및 학교 도서관 지원을 위해 학교로 찾아가는 독서프로그램을 진행한다. 이 프로그램은 생태·환경 관련 도서를 학생들이 함께 읽고 독서 토론 및 질문 만들기 등 생각을 키울 수 있는 독후활동으로 구성되어 있다. 책을 매개로 다른 참여자와 소통하면서 환경의 소중함을 알고 실천 방안을 모색할 수 있다는 것이 활동의 장점이다. 궁극적으로 이 프로그램에 참여함으로써 청소년들이 사회적 독서가로 성장하는 것을 목표로 하고 있다.

B 지역 : 학교 내 오케스트라 활성화를 위해 공공 악기 대여 시스템을 도입하였다. 이 지역에서는 예술 교육에 있어서의 장애물이 악기의 부족함이라고 판단하여, 같은 지역에 있는 학교가 해당 지역 예술회관에서 무료로 악기를 대여하고 반납할 수 있는 시스템을 도입하였다. 이를 통해 학생들의 예술 교육 참여 기회가 확대되며, 1인 1악기 교육을 통해 인성 교육을 실시할 수 있다.

C 지역 : 한 아이도 빠짐없이 성장을 촉진할 수 있도록 지역사회와 학교과 전면적으로 협력하고 있다. 지역사회협력위원회를 두고 학교교육과 지역사회교육을 긴밀하게 결합하고 있으며 이러한 교육의 효과로 기초학력제고 및 학생 맞춤형 수업이 실질적으로 가능해졌고, 학교와 마을에서 행복한 배움과 성장의 기회를 학생에게 제공할 수 있게 되었다.

2023학년도 초등교사 임용후보자 선정경쟁시험(2차 전형)

심층면접(즉답형 1) 문제지

| 관리번호 | | 성명 | | 감독관 서명 | |

신규 교사로서 발령 난 학급의 첫 학부모 총회에서 학부모에게 안내할 학급 운영 목표 한 가지와 교육의 협력 주체로서 학부모와 일년동안 어떻게 협력을 해 나갈 것인지 세 가지를 이야기하시오.

2023학년도 초등교사 임용후보자 선정경쟁시험(2차 전형)

심층면접(즉답형 2) 문제지

| 관리번호 | | 성명 | | 감독관 서명 | |

학생이 자신의 SNS에 부모님으로부터 학대받았다고 호소하는 일이 있었다. 이 학생은 평소 정서 불안과 과잉 행동이 나타나고 있다. 이 학생의 담임으로서 해야 할 일 세 가지를 제시하시오.

Exercise 28일차

2023학년도 초등교사 임용후보자 선정경쟁시험(2차 전형)

심층면접(구상형) 문제지

관리번호		성명		감독관 서명	

제시문을 읽고 학부모와의 관계 형성이 중요한 이유와 관계 형성 방법, 학부모와의 상담 자세를 각각 2가지씩 이야기하시오.

김 교사 : 선생님, 저는 학부모와 관계 형성이 참 어려워요.

박 교사 : 저도 신규 때는 같은 고민으로 애를 먹었던 기억이 납니다.

김 교사 : 사실 교실에서는 학생들만 상대하다 보니, 학부모와의 관계 형성의 필요성도 크게 느끼지 못하는 것 같기도 합니다.

박 교사 : 맞아요. 하지만 학부모와 소통하면서 지내는 일은 정말 중요한 일이에요.

김 교사 : 저도 알고는 있는데... 모든게 어려워요. 지난번에는 저희 반 학부모 한 분이 속상한 마음을 토로하시는데 어떻게 대처해야 할 지를 모르겠더라구요. 어떻게 하면 좋을까요?

2023학년도 초등교사 임용후보자 선정경쟁시험(2차 전형)

심층면접(즉답형 1) 문제지

| 관리번호 | | 성명 | | 감독관 서명 | |

교원 연수는 교원의 전문성 신장을 위한 대표적인 방법이다. 특히 최근 현장에서는 연수를 받는 교원들의 필요와 요구를 적극 반영한 수요자 맞춤형 연수가 많이 이루어지고 있다. 선생님이 신장하고 싶은 전문성과 관련하여 참여하고 싶은 연수는 무엇인지 3가지를 이야기하시오.

2023학년도 초등교사 임용후보자 선정경쟁시험(2차 전형)

심층면접(즉답형 2) 문제지

다음은 A 학급의 현재 상황이다.

- 학급 내 학생 간의 소통이 부족함
- 학급 내 민주적인 문화가 제대로 조성되어 있지 않음
- 학급 내 학생 간 갈등이 심각함

이러한 학급 상황에서 학급 내 갈등을 해결하고 바람직한 학급 문화를 형성하기 위해 담임으로서 할 수 있는 실천 방안 세 가지를 이야기하시오.

Exercise 29일차

2023학년도 초등교사 임용후보자 선정경쟁시험(2차 전형)

심층면접(구상형) 문제지

관리번호		성명		감독관 서명	

교사는 아동학대 신고 의무자로서 아동학대 발생에 대한 주의를 기울이고 있어야 한다. 학급에서 아동학대를 발견할 수 있는 방안과 학급에 피해 아동이 생겼을 때 해당 아동에 대한 교사의 태도를 각각 3가지씩 이야기하시오.

광주시, '따뜻한 관찰' 아동학대 예방사업 추진

경기 광주시가 관내 아동의 안전을 위해 아동학대 예방 교육 및 사례관리를 본격 추진한다. 시는 피해 아동과 원가정, 학대 행위자의 재학대 예방을 위한 사례관리 활성화를 위해 경기광주아동보호전문기관과 협업해 현대자동차 그룹 iCARE(아이케어) 차량 공모사업을 통한 '이동식 상담 차량'을 운영한다고 23일 밝혔다.

이 사업은 공공아동보호체계 강화에 발맞춘 현장 지원을 위한 전국사업이며 선정된 6개소 전국 아동보호전문기관 중 경기광주아동보호전문기관이 선정됨에 따라 대상자의 욕구에 즉각 대응할 수 있는 기회를 마련하게 됐다.

(중략)

또한 시는 이날 송정동 지역사회보장협의체 위원을 대상으로 아동학대 예방 교육을 실시했다. 이번 교육은 아동학대 전담 공무원이 직접 진행하며 다양한 사례를 중심으로 이뤄졌다. 시는 아동학대에 대한 이해와 신고 절차에 대한 전달력을 높여 향후 아동학대에 대한 지역 주민의 관심을 높일 수 있을 것으로 기대하고 있다.

이와 함께 시는 오는 11월 '아동학대 예방의 날'을 맞아 유관 기관과 함께 캠페인을 진행할 예정이며 앞으로도 아동학대 예방 홍보사업을 통해 아동학대에 대한 인식 제고를 위해 노력할 방침이다.

방세환 시장은 "올해 관내 아동학대 신고 건수는 158건으로 절대 낮은 수치가 아니다"며 "아동이 안전하게 보호받고 행복하게 성장할 수 있는 광주시를 만들기 위해 더욱 노력할 것"이라고 말했다.

[출처 : 강정훈 기자, 광주시, '따뜻한 관찰' 아동학대 예방사업 추진, 국제일보, 2022.09.26.]

2023학년도 초등교사 임용후보자 선정경쟁시험(2차 전형)

심층면접(즉답형 1) 문제지

○○학교에서는 마을 주민이 운영하는 배움터와 마을 강사를 적극적으로 활용한 수업이 이루어지고 있다. 이러한 수업의 장점 세 가지를 말하시오.

2023학년도 초등교사 임용후보자 선정경쟁시험(2차 전형)

심층면접(즉답형 2) 문제지

| 관리번호 | | 성명 | | 감독관 서명 | |

선생님은 학생들에게 어떤 선생님으로 기억되고 싶은지 한 문장으로 표현하고, 구체적인 이유를 함께 설명해 보시오.

Exercise 30일차

2023학년도 초등교사 임용후보자 선정경쟁시험(2차 전형)

심층면접(구상형) 문제지

| 관리번호 | | 성명 | | 감독관 서명 | |

제시문을 읽고 아래와 같은 미래가 실현되었을 때의 사회의 변화 모습과 자신이 생각하는 미래학교의 모습을 말하고, 그에 대비하는 교사로서의 자기계발 방법을 2가지 말하시오.

미래학교 시나리오

내가 꿈꾸는 미래의 학교는 이런 모습이다.

이번 주 금요일은 엄마 아빠가 온라인으로 재택근무를 해도 되는 날이다. 목요일 퇴근 후 온 가족이 고창에 내려가서 잠을 잤다. 다음 날인 금요일 아이는 아빠와 고창도서관에 가서 수학, 과학, 한국사 온라인 수업을 들었다. 그날 한국사 수업은 마침 고창에서 처음 시작된 동학운동에 대한 이야기였다. 토요일에 고창의 동학 유적지를 가 보기로 했다.

(중략)

우리는 더 이상 한 장소의 캠퍼스에 국한되어 학업을 할 필요가 없다.

[출처: 유현준, 『공간의 미래』, 을유문화사, 2021, 110쪽]

2023학년도 초등교사 임용후보자 선정경쟁시험(2차 전형)

심층면접(즉답형 1) 문제지

| 관리번호 | | 성명 | | 감독관 서명 | |

현대 사회는 '정보화 사회', '빅데이터 사회' 등의 별명으로 불리고 있다. 현대 사회의 모습과 변화의 방향이 교육에 주는 시사점은 무엇인지 언급하고, 미래 교육이 갖춰야 할 방향성과 이를 위한 구체적인 교육 방안에는 어떤 것이 있는지 설명하시오.

2023학년도 초등교사 임용후보자 선정경쟁시험(2차 전형)

심층면접(즉답형 2) 문제지

| 관리번호 | | 성명 | | 감독관 서명 | |

다음 두 가지 선택지 중에 더 선호하는 리더를 고르고, 그 이유를 3가지 말하시오.

1. 구성원의 의견을 하나하나 수렴하고 모두가 만족할 방안을 찾으려고 노력하지만 일의 진행이 느리고 현실적인 방안보다는 이상을 좇는 리더
2. 구성원의 의견을 모두 수렴하지 않을 때도 있지만, 가장 효율적이고 빠르게 일을 진행해 이상을 좇기보다는 현실적인 방법을 추구하는 리더

Exercise 31일차

2023학년도 초등교사 임용후보자 선정경쟁시험(2차 전형)

심층면접(구상형) 문제지

관리번호		성명		감독관 서명	

아래 제시된 기사의 내용에서 드러나는 문제점을 찾고, 이를 해결하기 위해 교사로서 할 수 있는 노력과 지도 방안을 구체적으로 답하시오.

"문제가 무슨 말인지 몰라 못 풀겠어요"

초등학교 3학년 조카를 돌보는 이모(51·여)씨에게 문제집 채점은 쉬운 일이 아니다. 틀린 문제보다 별표 친 문제가 더 많기 때문이다. 이씨는 "똑같은 유형의 문제를 어떤 건 맞고 어떤 건 별표를 쳤길래 물어봤더니 문제가 무슨 소린지 모르겠다고 한다"며 "10년 전 자녀를 키울 때랑 비교하면 학습량이 적은 것도 아닌데 유독 이해력이 부족해 고민"이라고 말했다.

(중략)

한 온라인 커뮤니티에 올라온 글에 따르면 학부모 A씨는 최근 자녀의 수학학원 선생님으로부터 전화 한 통을 받았다. 아이가 시험을 치르는데 문제가 무슨 말인지 몰라 못 풀었다는 것이었다. (중략) A씨는 "처음 듣는 얘기에 순간 얼음이 됐다"며 "선생님도 분명 수학 문제를 풀긴 푸는데 수학 시간인지 국어 시간인지 모르겠다고 하신다"고 전했다.

(중략)

한국교육과정평가원이 지난해 12월 공개한 '경제협력개발기구(OECD) 국제 학업성취도 평가(PISA) 연구 보고서'에 따르면 한국 학생들의 읽기 영역 평균 학업성취도는 2009년 539.29점에서 2018년 515.72점으로 23.57점 하락했다. 연구진은 "한국은 읽기 영역 평균 점수가 2000년 시작된 조사 이래 지속해서 하락 추세에 있고, 한국 학생들은 복합적 텍스트 읽기에 어려움을 겪는 것으로 나타났다"고 전했다.

(하략)

[출처: 이소현 기자, 뉴시스, 2022.02.23]

2023학년도 초등교사 임용후보자 선정경쟁시험(2차 전형)

심층면접(즉답형 1) 문제지

| 관리번호 | | 성명 | | 감독관 서명 | |

네델란드의 사학자 요한 호위징가(John Huizinga)는 사람을 호모 루덴스(Homo Ludens), 즉 놀이하는 인간으로 보았다. 호모 루덴스로서 학생들과 할 수 있는 놀이 활동을 2가지 이상 말하시오.

2023학년도 초등교사 임용후보자 선정경쟁시험(2차 전형)

심층면접(즉답형 2) 문제지

| 관리번호 | | 성명 | | 감독관 서명 | |

4차 산업혁명으로 인해 급변하는 사회를 대비하기 위한 교육 혁신의 한 방법으로 인공지능(AI)과 메타버스 등 최신 기술 활용이 논의되고 있다. 이를 대비할 수 있는 교사의 개인적 노력을 3가지 말하시오.

2023학년도 초등교사 임용후보자 선정경쟁시험(2차 전형)

심층면접(즉답형 3) 문제지

| 관리번호 | | 성명 | | 감독관 서명 | |

최근 초등학생들 사이에서도 수포자(수학포기자)라는 말이 등장하기 시작했다. 수학에 흥미와 재능을 보이지 않는 학생들이 본인의 학급에 있다고 할 때, 이러한 학생들을 지도하기 위한 교사의 노력을 2가지 이상 이야기하시오.

Exercise 32일차

2023학년도 초등교사 임용후보자 선정경쟁시험(2차 전형)

심층면접(구상형) 문제지

관리번호		성명		감독관 서명	

다음 제시문을 읽고 교직에서 나타나는 세대갈등의 이유와 이를 해결하기 위한 신규 교사로서의 노력을 3가지 말하시오.

> 대구시교육청 산하 대구미래교육연구원은 대구지역 교사들의 특성과 세대 차이를 파악하기 위해 지난해 교사들을 대상으로 교직 인식 관련 설문조사를 실시한 결과 세대 간 생각 차이를 확인할 수 있었다고 13일 밝혔다.
>
> (중략)
>
> 교직생활에서 추구하는 가치 등을 묻는 질문에 X세대 교사들은 책임감(37.1%), 성취감(31.7%), 수업전문성(30.7%), 경제적 안정감(23.3%), 워라밸(22.0%) 순으로 답했다. 반면 MZ세대 교사들은 워라밸(42.5%), 수업전문성(30.8%), 책임감(30.8%), 성취감(24.6%), 자아성장(18.2%) 순으로 답했다. X세대는 책임감을, MZ세대는 워라밸을 가장 중요하게 여겼다.
>
> (하략)
>
> [출처: 대구미래교육연구원]

2023학년도 초등교사 임용후보자 선정경쟁시험(2차 전형)

심층면접(즉답형 1) 문제지

| 관리번호 | | 성명 | | 감독관 서명 | |

다음 제시문을 읽고 물음에 답하시오.

> 6학년 담임 교사인 안 교사는 동학년인 정 교사에게 자신의 반 학생인 A와 B가 점심시간에 싸웠다는 이야기를 들었다. 하지만 안 교사는 평소에 문제 행동을 보이는 학생들이 아니기 때문에 특별히 이 일에 대한 지도를 하지 않았다. 안 교사는 그 이후에도 A가 학교 외의 공간에서 공격적인 행동을 한다는 이야기를 들었다. 하지만 안 교사는 학교 밖에서 일어난 일이며 자신의 앞에서는 공격적인 행동을 하지 않기 때문에 지도하지 않아도 된다고 생각했다.

안 교사가 교사로서 갖추어야 할 인성적 자질 두 가지와 이유에 대해 말하시오.

2023학년도 초등교사 임용후보자 선정경쟁시험(2차 전형)

심층면접(즉답형 2) 문제지

| 관리번호 | | 성명 | | 감독관 서명 | |

학생들은 환경보전의 중요성에 대해서는 잘 알고 있지만 지식이 행동으로 실천하는 데에는 어려움을 느끼는 경우가 많다. 환경을 지키는 행동이 실천으로 이어질 수 있도록 하는 교육방안을 2가지 이상 말하시오.

심층면접(즉답형 3) 문제지

최근 학생인권 뿐 아니라 학교 공동체의 인권에 대한 논의가 활발하다. 학교 공동체의 인권 감수성을 높이기 위한 방안 3가지를 이야기하시오.

Chapter 05 면접 예시 답안

> 면접 연습문제에 대한 예시 답안입니다. 해당 답안만이 모범답안이 아닌 예시 답안이므로, 스터디하실 때 참고용으로만 사용하세요. 가장 중요한 것은 예시 답안을 참고하여 여러분들만의 멋진 답안을 만드는 것입니다.

1일차 심층면접 구상형

● 예시답안

> 나의 답변과 예시 답변을 비교해보세요.

바람직한 교육 방향
1. 도구적 지식이 아닌 실생활에서 활용이 가능한 실천적 지식이 중요함. 학생들이 삶 속에서 필요한 지식을 얻도록 해야 함.
2. 꾸준한 독서 교육의 필요. 학생들은 독서를 통해 스스로 사고하는 힘을 기를 수 있음.
3. 무엇이든 혼자서 하는 것보다 함께 하는 것이 더 나음. 협력의 중요성과 효과를 교육해야 함.

교육방안 3가지
1. 학생의 삶과 연계된 교육의 실천
 - 수업에 실생활 사례 활용
 - 실천 중심 활동 지향
 - 가정, 마을(삶의 터전)과 연계한 프로젝트 학습
 - 학생들이 주제를 선택하는 프로젝트
2. 꾸준한 독서 지도
 - 온책읽기를 통한 책 깊이 읽기
 - 아침시간을 활용한 독서 등을 통한 독서 습관 만들기
 - 수업 주제와 연관된 책 활용
3. 학급 내 협력 강화
 - 협력학습을 통해 함께 배우는 분위기 형성
 - 협력놀이를 통한 공동체 의식 함양
 - 학급 자치 활동 활성화를 통해 공동체 문제를 스스로 해결하는 능력 기르기

동료 피드백 / 메모

> 이 공간을 활용하여 나의 잘한 점/아쉬운 점에 대한 스터디원들의 피드백을 작성하세요.

1일차 심층면접 즉답형 1

> **예시답안 1**
>
> 20년 후 미래 사회의 모습
>
> 1. AI의 보편화
>   - 인공지능의 발달과 보급으로 직업 세계가 재편되고, 새로운 역량이 요구됨
> 2. 교수·학습방법
>   (1) 진로교육
>   - 직업 세계에 대한 변화를 이해하고, AI에 대체되지 않는 능력을 기르는 것이 필요
>   (2) AI교육 강화
>   - 디지털 리터러시를 갖추고 AI를 도구로 자유롭게 활용할 수 있도록 가르치는 것이 필요
>   (3) 인성교육의 강화
>   - AI와 대비되는 인간 고유의 영역에 대한 교육이 필요

> **예시답안 2**
>
> 20년 후 미래 사회의 모습
>
> 1. 환경과 함께하는 사회
>   - 환경오염의 심화가 최근 문제점으로 대두되면서 지속 가능한 사회에 대한 지구촌 각국의 노력이 계속되고 있음. 따라서 20년 뒤에는 탄소 중립, 생태계 보전 등이 더욱 활성화되어 있을 것임
> 2. 교수·학습 방법
>   - 학급 정원 또는 1인 1 식물 키우기를 통해 생명의 소중함 느낄 수 있도록 교육
>   - 생활 속에서 실천할 수 있는 환경 보호 활동을 체험 위주로 경험할 수 있도록 교육
>   - 환경 보호 경각심 제고할 수 있도록 캠페인 활동 실시

추가정보/관련시책

이 문제는 구체적으로 정해진 정답이 없습니다. 여러분이 생각하는 미래 사회의 모습을 떠올려 보시고, 그 미래 사회를 구성하는 구성원으로서 학생들을 지도하려면 교사로서 어떤 전문성을 지녀야 하는지의 관점으로 접근해보세요.

1일차 심층면접 즉답형 2

● 예시답안

학습 격차 해소 방안

1. 정확한 학습 진단 필요
   - 해결방안 마련에 앞서 학생의 현재 수준을 정확히 진단하는 것이 필요함. 학생의 문제를 파악한 뒤 그에 맞는 기초 학력 향상 프로그램 개발 및 적용을 해야 함
2. 수준별 학습 자료 개발
   - 학습에 어려움을 겪는 학생들이 소외되지 않도록 현재 수준에서 달성할 수 있는 과제를 제시하는 것이 필요
3. 교육청 자원 활용
   - 기초학력 예산, 강사 등의 자원을 활용해 정규 수업시간 외에도 지원받을 수 있는 체계를 마련
4. 과정중심평가
   - 학습 과정에 대한 평가를 통해 조기에 학습자의 어려움을 발견하고 피드백
5. 학부모와 협력 필요
   - 가정과 연계하여 꾸준히 학습을 이어나갈 수 있도록 함
6. 학생 상담을 통한 정서적 안정
   - 학습 결손의 근본적인 원인은 불안정한 심리상태로 인한 집중력 부족이 가장 클 수 있음. 학생에 대한 지속적인 관심과 상담을 통해 안정적인 심리 상태를 가질 수 있도록 해야 함

2일차 심층면접 구상형

• 예시답안

정보 교육의 필요성

이미 디지털 기기의 사용이 보편화되었고, 미래에는 그에 대한 의존도가 더욱 높아질 것이며, AI나 빅데이터 활용 능력이 요구될 것이다. 그러므로, 미래를 살아갈 학생들에게 관련 역량을 길러줄 수 있는 정보 교육은 필수적이며, 활용 능력뿐 아니라 이를 올바르게 사용할 수 있는 능력을 길러주는 것이 필요하다.

역량 강화
1. 연수 참여
2. 대학원 진학
3. 관련 도서 탐독
4. 교과연구회/ 교원학습공동체

교육 활동
1. 스마트 기기 활용 수업
  - 학생들은 스마트 기기에 친숙하나 이를 활용하는 능력은 부족한 경우가 많음. 이를 수업에 활용해 정보를 찾는 방법, 정보의 신뢰성을 확인하는 방법 등을 가르치는 것이 필요
2. 디지털 리터러시 교육
  - 디지털 리터러시를 통해 정보를 처리하고 해석하는 방법을 가르쳐야 함. 빅데이터 분석이 강조되는 미래 사회에는 방대한 정보를 정리하고 처리하는 능력이 더욱 중요. 필요에 따라 정보를 처리하고 이를 해석하는 능력을 길러야 함
3. 개인정보보호에 대한 교육
  - 온라인 상에서 개인 정보를 부적절하게 이용하는 등의 문제가 생겨나고 있음. 올바른 정보 이용에 대한 교육이 함께 이뤄져야 함
4. 코딩 교육
  - 코딩 교육은 절차적 사고를 기르는데 적합한 교육. 문제를 스스로 해결해가는 방법을 배우기 좋음
5. 창의적인 사고를 자극할 수 있는 수업 전략 마련
  - 디지털 사회에서는 창의적인 사고의 필요성이 더욱 두드러짐. 평소 학생들의 창의성을 기를 수 있도록 다양한 발문을 마련하도록 연구

추가정보/관련시책

'Chapter Ⅲ. 과학정보부 - Topic 02. 미래사회를 대비한 미래교육'을 참조하세요.

2일차 심층면접 즉답형 1

● 예시답안

구체적인 활동 방안
1. 사이버 폭력 유형 알아보기
   - 사이버 폭력의 사례를 살펴보며 무엇이 잘못된 행동인지 인식하도록 함
2. 사이버 폭력 멈춰! 약속 정하기
   - 학생들과 함께 약속 정하고 실천
3. 캠페인 활동
4. 온책읽기를 통한 인성지도
5. 사이버윤리교육 실시
6. 언어예절 교육

2일차 심층면접 즉답형 2

● 예시답안

영향

문해력은 글을 읽고 글의 내용을 이해하는 능력으로, 언어 능력에 직접적인 영향을 줌. 문해력이 떨어지면 어떤 글에서 중점적으로 전하고자 하는 주제가 무엇인지, 어떤 내용의 글인지 맥락 자체를 이해하지 못할 수 있음. 글을 이해하는 능력의 저하는 학습 내용 자체를 이해하지 못하는 상황을 발생시킴. 학습 내용을 이해하지 못하면 학습에 흥미를 느끼지 못해 학습 의욕이 떨어지고 자신감이 저하되어 무기력한 모습이 생길 수 있음

교육방안

1. 독서 토의 토론 활성화
   - 단순한 책 읽기로는 문해력 향상을 기대하기 어려움. 한 권의 책이라도 제대로 읽고 깊이 생각하는 시간이 필요함. 책읽기에서 그치지 않고 다른 사람들과 이야기를 나누는 과정을 통해 자신의 생각을 표현할 수 있고, 다른 사람들의 생각을 들으며 사고를 확장할 수 있음 (서울형 독서토론 모형, 월드 카페 등의 방식 활용)

2. 주제 글쓰기
   - 반복되는 일기 쓰기는 학생들의 표현력을 자극하기 어려움. 학생들이 흥미를 끌만한 주제를 제시하고 짧은 글이라도 자신의 생각을 표현하는 기회를 지속적으로 부여하는 것이 필요. 학생들과 함께 글쓰기 주제를 선정하는 등 학생의 관심사를 반영하며 보다 즐거운 쓰기 활동 운영이 가능함

3. 온책읽기를 통한 깊이 읽기

3일차 심층면접 구상형

> **예시답안**
>
> 초등학교에서 환경교육의 필요성
> 1. 이상기후 증가 등 지구 환경문제로 인한 심각성이 커짐
> 2. 지구 공동체 일원으로서의 책임감 육성
> 3. 미래 세대의 일원으로서 환경을 지키는 태도, 환경에 대한 인식 함양 필요
>
> 교육방안
> 1. 텃밭 가꾸기: '열대우림 살리기'보다는 당장 내 눈앞에 있는 작은 화분, 우리 반 텃밭 가꾸기가 더욱 와닿는 주제가 될 수 있음. 하나의 식물이나 작물을 가꾸는 과정을 통해 생명과 자연의 소중함을 알도록 함
> 2. 지구 수호대 약속 정하기: 거창한 약속보다는 '월별 환경미션 정하기'와 같이 내가 꾸준히 지킬 수 있는 약속 1가지를 정해 실천하기.
> 3. 환경보호 캠페인
>   - 학교 공간, 거주하는 마을 대상 캠페인 활동 진행(포스터, 표어 만들기 등)
>   - 예 : 나도 툰베리 활동, 작은 약속을 정해 실천한 이후 나의 노력을 알리며 이웃 동참을 독려하는 등의 캠페인 활동
> 4. 새활용 작품만들기 (정크아트 등)
> 5. 플로깅 등을 활용한 현장체험학습
> 6. 지역사회연계하여 지역의 환경인사 초청

추가정보 / 관련시책

'Chapter Ⅲ. 과학정보부 - Topic 03. 생태시민 육성을 위한 생태전환교육'을 참고하세요.

3일차 심층면접 즉답형 1

> **● 예시답안**
>
> **필요성**
> 미래사회를 이끌어나갈 주체, 미래사회의 주인이 되기 위한 자율성, 창의성 함양 필요
>
> **역량**
> 1. 공동체 역량 - 더불어 살아갈 수 있는 능력
> 2. 심미적 감성 역량 - 생명의 소중함, 존중하는 태도
>
> 1. 참여, 자치 역량 - 사회 문제에 참여하는 능력
> 2. 사회, 정서 역량 - 서로를 이해하고 공감하는 능력

추가정보 / 관련시책

서울학생 미래역량 : 지성·감성·인성을 기르는 데 필요한 지식·기능·태도·가치·능력과 의지의 총체로 미래변화에 대응하기 위해 필요한 역량
1. 인지 역량
2. 사회, 정서 역량
3. 참여, 자치 역량

3일차 심층면접 즉답형 2

> **● 예시답안**
>
> 자신의 학급에서 수업하고 싶은 계기교육 주제
> 1. 경제 금융 교육
>   - 학생들이 주체적으로 자기 삶을 살아가는 데 경제에 대한 기본적인 이해는 필수임. 돈을 관리하는 방법, 돈의 가치, 사람의 심리와 돈의 상관관계 등을 이해할 수 있어야 함
>   - 또한 '돈에 대한 가치관을 어떻게 지니느냐'가 윤리적 태도 형성에 직접적인 영향을 주기 때문에 어렸을 때부터 돈에 대한 올바른 가치관을 지닐 수 있도록 해야 함
> 2. 광복절 계기 교육
>   - 역사를 잊은 민족에게 미래는 없음. 식민지 시절의 아픈 과거들을 돌이켜보고 같은 실수를 반복하지 말아야 함
>   - 독립운동가들의 노력을 알려주고 그들의 기개와 위상을 본받을 수 있게 해야 함
> 3. 환경 교육
>   - 이상기후와 같은 문제들을 살펴보며 지구 공동체의 일원으로 책임감을 가지게 해야 함
>   - 환경파괴가 지속된다면 미래 세대 생존 위협이 되기 때문에 경각심을 심어주어야 함

3일차 심층면접

+추가질의

• 예시답안 1

구체적인 활동방안

1. 경매 활동 하기
   - 경매는 자신이 지닌 자산에 대한 제대로 된 이해를 바탕으로, 타인의 심리를 헤아려 전략을 짜고 자신이 원하는 물건을 구매하는 과정임. 경매 활동을 통해 자신의 경제적 수준에 적합한 경제 생활을 이해하고, 문제를 해결하기 위한 문제 해결 전략을 짜는 경험도 할 수 있음. 자리바꾸기, 원하는 1인 1역하기 등을 목표로 하고 학급 내 부여되는 상점이나 토큰 등을 활용하여 경매하는 활동을 할 수 있음

2. 투자 활동
   - 투기가 아닌, 상품의 미래 가치를 분석하고 그에 맞는 판단을 내려 제대로 투자하는 과정을 경험할 수 있게 함. 특정 주제에 대해 학생들이 아이디어를 생산해 상품을 만들고, 상품에 대해 서로 투자하는 활동을 할 수 있음. 투자 유치를 위해 치밀하게 아이디어를 조직하고, 투자 상품에 대한 객관적 분석력을 기를 수 있음

• 예시답안 2

구체적인 활동방안

1. 핫시팅 활동
   - 학생들이 독립운동가가 되어 다른 학생들의 질문에 답변하는 활동을 통해, 독립운동가의 마음을 이해해 봄

2. 역사 뮤지컬 만들기
   - '광복절 노래', '7호 감방의 노래' 등을 활용하여 학생들과 짧은 뮤지컬을 만들 수 있음

4일차 심층면접 구상형

• 예시답안

사회의 변화
1. 학생 수가 줄어들면서 작은 학교가 생겨나고, 교사 1명 당 학생수가 줄어들 것임
2. 초고령사회로의 진입
3. 학교의 크기, 규모 등이 줄어들고 도서벽지 등 인구 수가 상대적으로 적은 곳에 있는 학교는 대도시의 학교와 통폐합이 될 수 있음

대응 방안
1. 교사 1명 당 학생수가 줄어들기 때문에 학생과의 1대 1 대화 및 맞춤형 교육이 더욱 활성화 될 수 있음. 학생 개별 맞춤형 교육을 심화하기 위한 전문성을 확보하고, 다양한 맞춤형 피드백 마련할 수 있도록 함
2. 학생들에게 하나의 직업이 평생 직업인 것이 아니라, 평생 배우면 언제든 새로운 직업을 가질 수 있다는 새로운 진로교육을 실시
3. 거리가 멀어도 양질의 수업을 들을 수 있도록 원격학습의 질을 높여야 함

4일차 심층면접 즉답형 1

• 예시답안

교육 방안
1. 학생 상담을 통한 문제 상황 및 원인을 파악해야 함
2. 학교폭력예방교육
   - 신체적, 물리적 폭력뿐만 아니라 정서적 폭력도 학교폭력임을 알도록 하고, 나의 행동이 누군가에는 큰 상처가 될 수 있음을 가르쳐주어야 함
3. 어울림 활동
   - 학급의 모든 학생이 함께 어울려 놀며 자연스럽게 친해질 수 있는 시간을 줌
4. 또래 상담 활용
5. 대인관계형성 방법에 대한 지도

4일차 심층면접 즉답형 2

• 예시답안

필요성
1. 현재 경제교육은 이론 중심의 교육에 치우쳐져 있고 이는 실생활과 곧장 연결되지 않는 경우가 많음. 특히 초등학생은 직·간접적인 활동을 통한 교육이 효과적임. 따라서 학생들의 발달 수준에 적합하고, 실생활과 연관된 경제 교육이 필요함
2. 돈에 대한 올바른 가치관을 지니지 못하면 올바른 윤리의식 형성에도 악영향을 미침. 자신의 주관에 대해 깊이 고민하고 이를 바탕으로 돈에 대한 올바른 가치관을 바로 잡을 수 있도록 하는 것이 필요함
3. 경제는 사람이 기본적으로 살아가기 위해 필수적으로 이해해야 하는 것임. 인간으로서 기본적인 권리를 누리기 위해 돈에 대해 이해하고, 자신의 주관에 맞게 이를 사용할 줄 아는 것을 배워야 함

구체적 교육 방안
1. 경매 활동 하기
   - 경매는 자신이 지닌 자산에 대한 제대로 된 이해를 바탕으로, 타인의 심리를 헤아려 전략을 짜고 자신이 원하는 물건을 구매하는 과정임. 경매 활동을 통해 자신의 경제적 수준에 적합한 경제 생활을 이해하고, 문제를 해결하기 위한 문제 해결 전략을 짜는 경험도 할 수 있음. 자리바꾸기, 원하는 1인 1역하기 등을 목표로 하고 학급 내 부여되는 상점이나 토큰 등을 활용하여 경매하는 활동을 할 수 있음
2. 투자 활동
   - 투기가 아닌, 상품의 미래 가치를 분석하고 그에 맞는 판단을 내려 제대로 투자하는 과정을 경험할 수 있게 함. 특정 주제에 대해 학생들이 아이디어를 생산해 상품을 만들고, 상품에 대해 서로 투자하는 활동을 할 수 있음. 투자 유치를 위해 치밀하게 아이디어를 조직하고, 투자 상품에 대한 객관적 분석력을 기를 수 있음
3. 독서 연계 활동
   - 경제와 관련된 학생 도서를 하나 선정하여 해당 도서를 다함께 읽고 내용에 대해 집중적으로 탐구하고 직접 실천해보는 활동을 할 수 있음. 이야기 중심으로 진행되기 때문에 더욱 흥미를 가질 수 있고, 스스로 탐구하는 습관 및 비판적 사고력도 함께 기를 수 있음

5일차 심층면접 구상형

> **● 예시답안**
>
> 가치
>
> 1. 평등
> - 성에 대한 차별적 인식과 고정된 성역할에서 벗어나 평등하게 바라보는 관점이 필요
> 2. 존중
> - 서로의 다름은 인정하고, 하나의 소중한 인간으로 바라보는 자세가 필요함
> 3. 배려
> - 성별을 떠나 약자에 대한 배려가 선행되어야 하며, 상대에 대한 이해와 공감의 자세가 필요함
>
> 교육방안
>
> 1. 성평등 교육
> - 성역할에 대한 잘못된 인식, 성에 대한 차별적 인식을 바로잡기 위해 꾸준한 성평등 교육이 필요함
> 2. 학급 다모임
> - 남녀갈등을 비롯한 학생들 사이의 갈등을 스스로 해결할 수 있는 환경을 마련
> 3. 1인 1역
> - 성별에 따라 학급의 역할을 나누는 것이 아니라 모두가 하나의 역할을 번갈아 하며 학급의 일원으로 기여할 수 있도록 함
> 4. 스포츠 활동
> - 함께 땀흘리며 협력의 즐거움을 경험하게 함 (스포츠 활동이 남자 아이들의 전유물이라는 인식에서 벗어나는데 도움이 됨)

📘 추가정보 / 관련시책

최근 사회적 이슈들에 관한 문제들이 심층면접에서 다루어지기도 합니다. 민감한 주제이긴 하지만 자신만의 답변을 준비해봅시다.

5일차　심층면접 즉답형 1

● 예시답안

인성적 자질
1. 경청
   - 공감의 첫걸음은 경청. 제시문에서 강 교사는 학부모의 말을 진심으로 경청하지 않아 공감이 불가능했음. 그러므로 경청이라는 자질을 함양한다면 학부모의 말에 더욱 공감할 수 있었을 것임
2. 겸손
   - 교사는 성인군자도, 완벽한 사람도 아님. 교사는 언제나 스스로 부족할 수 있음을 생각하고, 더 나아질 수 있는 방안을 고민하는 겸손의 자질을 가져야 함
3. 협력
   - 교사 혼자서는 모든 아이들을 완벽하게 돌볼 수 없음. 교사는 이러한 점을 인정하고 학부모와 협력하는 태도를 지녀야 함. 이를 통해 학생을 더욱 효과적으로 지도할 수 있음

추가정보 / 관련시책

'Chapter Ⅴ. 인성안전부 - Topic 02. 학부모 상담'을 참고하세요.

5일차　심층면접 즉답형 2

● 예시답안

중요하게 여기는 가치 3가지
1. 존중
2. 책임
3. 다양성
4. 배려
5. 자신감
6. 창의성
7. 공동체 의식
8. 회복탄력성

추가정보 / 관련시책

수업 실연처럼 개학 첫날, 학부모총회, 학생 상담, 학부모 상담 등은 실제 하는 것처럼 연습하는 것도 필요합니다. 3월 첫날 아이들이 정말로 있다고 생각하고 학급의 목표와 운영 방침을 소개하듯이 해보세요.

6일차 심층면접 구상형

> **예시답안**
>
> 메이커 교육의 의미
> 메이커 교육은 스스로 상상하고 생각한 것을 다양한 도구를 사용해 제작하고 그 과정에서 획득한 지식과 경험을 다른 사람과 공유하도록 이끄는 과정 중심의 프로젝트 교육을 의미함
>
> 메이커 교육의 교육적 효과
> 1. 융합적 사고를 통한 창의력 증진
>   - 스스로 상상하고 생각하는 과정에서 새로운 것을 창조하는 능력을 배양
> 2. 의사소통 역량을 기름
>   - 자신이 얻은 지식과 산출물을 공유하는 과정을 포함하므로 의사소통 능력 함양에 기여함
> 3. 도전정신을 기름
> 4. 협력적 인성 함양
> 5. 자기주도적 학습 태도를 기름
>
> 메이커 교육에서 교사의 역할
> 1. 기본적인 도구 사용법을 가르치고 안전 수칙 안내
> 2. 다양한 발문이나 사고 기법을 활용해 학생들의 창의적 사고를 촉진
> 3. 메이커 활동 중 시행착오가 당연한 과정임을 격려
> 4. 여러 교과와 융합하여 다양한 배움의 기회를 제공
> 5. 교육과정 재구성을 통해 일회성 활동이 되지 않도록 함

추가정보/관련시책

'Chapter Ⅲ. 과학정보부 - Topic 01. 메이커교육'을 참고하세요.

6일차 심층면접 즉답형 1

• 예시답안

맞춤형 교육과정 운영의 긍정적 효과
1. 놀이 중심 교육 활동을 통해 학습 흥미를 잃지 않게 함
2. 학습 부담을 경감하여 학생의 학교 생활 만족도를 높임
3. 스스로 배울 수 있는 기회를 제공하여 학생의 자기 주도적 학습 능력을 신장

초등학교 1, 2학년을 위한 기본 습관 형성 활동
1. 우리 반 인성 열매/ 가치 보석 기르기
 - 핵심 가치 10가지 정도를 정하고, 가치를 실천하기 위한 미션을 정해 꾸준히 실천하기
 - 꾸준히 학생들의 좋은 습관 만들기에 동기 부여할 수 있음
 - 학급 전체가 참여하므로 협력적 인성을 기를 수 있음
2. 감정 출석부
 - 매일 아침 나의 감정을 표시하고, 나의 다양한 감정을 인정하고 보듬음
 - 스스로의 감정을 소중히 여기게 하여 감정 조절 능력을 기름

초등학교 1, 2학년을 위한 기초 학습을 위한 교육 활동
1. 한 줄 글쓰기
 - 1, 2학년 학생들의 특성을 고려하여 글쓰기 주제를 주고, 짧은 글쓰기 연습을 함
 - 짧은 글쓰기로 학생들의 부담을 줄이되, 자신의 생각을 문장 단위로 표현하는 능력을 기름
2. 온 책 읽기
 - 온 책 읽기를 통해 모든 학습의 기초가 되는 문해력을 기름
 - 인상적인 장면 표현하기, 마음에 드는 한 구절 적어두기, 책 표지 만들기 등 쉬운 독후 활동을 통해 즐거운 독서 활동을 지향

추가정보/관련시책

문제에서 초등학교 1, 2학년을 위한 맞춤형 교육과정을 말하고 있으므로, 활동을 제시할 때 '1, 2학년' 수준에 맞는 활동을 제시하는 것이 중요해요. 아무리 좋은 활동이라도 학습자 수준에 맞지 않는다면 좋은 교육 활동이 될 수 없겠죠. 예를 들어, 학급 자치 활동을 통한 학급 규칙 세우기는 정말 좋은 활동이지만 1, 2학년 수준에서는 조금 어려운 활동일 수 있답니다.

6일차 심층면접 즉답형 2

• 예시답안

기후 위기 대응을 위한 실천 중심의 교육활동 방안

1. 실과 교육과정과 연계한 친환경 발명품 제작 프로젝트 활동
   - 발명과 연계하여 가정 및 학교에서 발생하는 쓰레기를 발명품으로 만들어내는 프로젝트 활동 전개
   - 지속가능발전교육과 더불어 생활 속에서 '업사이클링'을 실천할 수 있도록 유도
2. 플로깅 활동
   - 학생들과 조깅을 하면서 쓰레기를 줍는 '플로깅' 활동을 통해 직접 환경 보호 활동을 경험할 수 있도록 함
3. 잔반 줄이기 캠페인
   - 잔반을 처리하는 과정에서 발생하는 탄소 배출을 줄이기 위해 잔반을 줄이는 캠페인을 자체적으로 진행

추가정보/관련시책

'Chapter Ⅲ. 과학정보부 - Topic 05. 생태시민 육성을 위한 생태전환교육'을 참고하세요.

7일차 심층면접 구상형

● 예시답안

예술 교육의 필요성
1. 예술 소외 계층에게 예술을 접할 기회 제공
2. 학생의 심미적 감성 역량 함양
   - 예술을 향유하는 능력을 기름
   - 취미를 만드는 기회를 제공해 삶의 질을 높임
3. 학생의 정서적 안정에 기여
4. 진로 교육으로 활용
   - 학교 교육을 통해 학생들의 소질과 재능을 발견

지역 사회와 연계한 체험형 학교예술활동
1. 지역 사회 예술인(전문가)을 초빙한 예술 교육
   - 지역 내의 연극인, 음악가, 미술가 등의 전문가 자원을 활용
   - 체계적이고 전문적인 예술교육이 가능
2. 지역 내 미술관 등을 활용
   - 지역 내 미술관을 체험학습 장소로 활용
   - 찾아가는 미술관 등의 프로그램 활용
3. 지역 축제에 직접 참여
   - 학생들이 지역 축제에 참여하여 지역의 문화를 체험
   - 학생 동아리 등을 조직하여 학생들이 직접 공연에 참여
4. 지역 내 장소를 활용한 학생 작품 전시회 개최
   - 학생들이 지역의 일원으로 기여할 수 있는 기회 부여

추가정보/관련시책

'Chapter Ⅳ. 문화예술진로체육부 - Topic 01. 학교예술교육 활성화'를 참고하세요.

7일차 심층면접 즉답형 1

● 예시답안

내 인생에 영향을 끼친 책과 교육에의 적용 방안
1. 내 인생에 영향을 끼친 책: '학급긍정훈육법'
   - '학급긍정훈육법'을 읽고 모두가 행복한 교실을 만들고 싶다는 목표를 세움
2. 적용 방안
   1) 학급 티타임
      - 학생 간 갈등이 생겼을 때, 부드러운 분위기에서 서로의 입장을 나누고 이해하는 시간을 가짐
   2) 학급 평화 회의
      - 학급의 문제는 학급의 주인이 우리가 스스로 해결
   3) 우리 반 슈퍼스타
      - 강점 찾기, 칭찬샤워 등을 통해 서로 다른 개성을 발견하고 칭찬하여 건강한 자존감을 세움
   4) 감정 출석부
      - 매일 나의 감정을 알아보고, 감정을 표현하고 해소하며 나의 감정을 소중히 여기는 태도를 배움

▣ 추가정보 / 관련시책

개인적 경험을 묻는 문제들이 매년 1문제 정도씩은 출제가 되는 편이에요. 보통 개인적인 경험을 교육과 연결지어 물어보는 문제가 나온답니다. 2차 준비를 하며 여러분의 교직관을 잘 세워두신다면 개인적 경험을 묻는 질문에 자신있게 답변할 수 있을 거예요!

7일차 심층면접 즉답형 2

● 예시답안

놀이 중심의 학습 활동
1. (국어) 이야기를 몸동작으로 나타내기
2. (수학) 다양한 조작물 활용하기
3. 교실 공간을 활용하여 움직이는 퀴즈게임 (4 corners)

8일차 심층면접 구상형

● 예시답안

스마트 기기 활용 학습의 장점과 문제점

1. 장점
  1) 학생들의 디지털 문해력을 높일 수 있음
  2) 학생 간 정보 격차를 해소할 수 있음
  3) 기기가 필요할 때 대여 등의 절차없이 바로 사용 가능함
  4) AI 융합 교육, 코딩 교육 등이 용이해짐
2. 문제점
  1) 교사에 따라 활용 정도의 편차가 생길 수 있음
     - 교사마다 스마트 기기에 대한 친숙도가 달라 활용 정도에 차이가 생길 수 있음
  2) 수업이나 교육활동 외의 목적(게임, 유튜브 시청)으로 사용될 수 있음
     - 수업에 집중하지 않고 다른 목적으로 게임, 유튜브 시청 등을 할 수 있음

학교 현장 정착 방안

1. 교원 대상 연수나 자료 지원
   - 교사들이 쉽게 스마트 기기 활용 수업을 할 수 있도록 연수 프로그램 마련
   - 스마트 기기 활용 수업에 활용할만한 학습 자료 제작 및 배포
2. 스마트 기기 관리 프로그램 개발
   - 유해 사이트 차단 등을 위한 관리 프로그램을 설치해 목적에 맞게 기기가 사용될 수 있도록 함
3. 학생 대상 정보윤리교육 강화
   - 학생들이 기기를 바르게 사용할 수 있도록 정보윤리교육을 강화하고, 사이버 폭력 등을 예방함

8일차 심층면접 즉답형 1

● 예시답안

협력종합예술활동의 긍정적 효과
1. 협력적 인성 함양
   - 협력종합예술활동은 참여, 소통, 공감, 협력 등을 기르는데 효과적
2. 학생의 심미적 감성 역량 증진
3. 예술 분야에 대한 진로교육의 역할
4. 긍정적 자아 정체감 형성
   - 학급 모두가 참여하는 협력종합예술활동을 통해 학급에 기여한다는 즐거움을 공유

8일차 심층면접 즉답형 2

● 예시답안

사회성을 길러줄 수 있는 학급 활동
1. 학급 평화 회의
   - 공동의 문제 해결 과정에 참여
   - 서로의 다른 입장을 이해하는 기회
2. 학급 놀이
   - 협동을 배울 수 있는 놀이를 통해 가까워지는 기회 마련
3. 학습 도우미
   - 놀이뿐 아니라 학습에서도 협력의 중요성을 배움
   - 배움의 속도가 다른, 잘하는 것이 다른 아이들이 모여 서로 도우며 함께 배울 수 있음

9일차 심층면접 구상형

● 예시답안

교사들의 고민에 대한 해결방안

1. 학생의 교우관계
   - 교실 놀이, 어울림 활동 등 친교 활동을 통해 기회 제공
   - 마니또 활동 등을 통해 새로운 친구와 알아갈 수 있는 기회 제공
2. 학생들 간 교묘한 괴롭힘
   - 면밀한 관찰 및 학생 상담을 통한 학급 내 교우 관계 파악
   - 학교폭력예방 교육
   - 미술교과와 연계하여 지도 가능
3. 선배로부터의 학교 폭력
   - 학생 상담을 통해 피해 사실 기록
   - 학생을 안정시키고 신고의 필요성을 안내
   - 학교 폭력 담당 교원 및 관리자에게 알리고 사안 접수
   - 피해 학생의 보호자에게 연락
4. 낮은 학습 동기
   - 학생 및 학부모 상담을 통해 문제의 원인을 파악
   - 학생의 흥미를 고려하여 선택 활동 제시
   - 긍정적 피드백을 통한 칭찬과 독려

9일차 심층면접 즉답형 1

● 예시답안

저학년 학생들의 기초 생활 습관 형성을 위한 학부모와의 협력 방안
1. 학급 SNS, 오픈 채팅 등을 활용한 소통 창구 마련
2. 학부모 상담을 통한 협력 관계 구축
3. 학생 발달 단계에 대한 학부모 대상 연수 실시
4. 가정에서의 학습 지도 방안 안내

9일차 심층면접 즉답형 2

● 예시답안

과정중심평가의 필요성
평가는 학생의 이해 정도를 점검하고, 학습 목표 달성을 확인하는 지표로 교사는 평가를 통해 수업의 효과를 점검하고, 피드백 방향을 정할 수 있음

과정중심평가 방안
1. 학급 게시판을 활용한 토의 및 토론
   - 학생들의 의견 교환 과정이 드러나 있어 학습 과정을 평가하기 용이함
   - 교사에 의한 평가뿐 아니라 댓글 달기 등을 통해 동료 평가가 가능함
2. 나의 학습 계획서, 배움 일기 작성을 통한 자기 평가 병행
   - 자기 평가를 통해 스스로 학습을 성찰하는 능력을 기를 수 있음
   - 교사는 학생의 일지를 통해 개별 학생들의 이해 정도를 파악하고, 피드백할 수 있음

10일차 심층면접 구상형

● 예시답안

교사 교육과정의 긍정적 효과
1. 학급의 특성을 반영한 학급 교육과정 운영이 가능함
  - 학교와 학급의 실태 학습자의 다양한 요구에 맞추어 교육과정 재구조화가 가능
  - 학생의 수준이나 요구를 고려하여 수업을 준비할 수 있음
2. 교육과정 재구성을 통한 효율적 교육과정 운영이 가능함
  - 교육과정 분석을 통해 교육과정을 재구성하고, 교과 통합 등을 통해 탄력적 시수 운영
3. 학습자 중심의 교육과정 운영이 가능함
  - 배움 중심의 교육, 학생 선택 참여 활동, 프로젝트 학습 등을 학생 중심의 교육 실현
4. 과정중심 평가의 실현이 가능함
  - 교사 교육과정에 따른 문항 개발, 평가 시행, 피드백, 기록의 평가는 진정한 의미의 과정중심평가를 실현하게 함

교사에게 필요한 자질
1. 교육과정 문해력
  - 국가 수준의 교육과정에 대한 이해를 바탕으로 교육과정을 재구성하고 수업을 설계하는 능력이 필요함
2. 학생, 학부모와의 소통
  - 교사 교육과정의 실현은 학생의 배움을 통해 이뤄짐
  - 학생의 요구를 반영하기 위한 끊임없는 소통의 자세가 필요함
3. 시대의 변화에 발맞춰 자기장학하는 자세
  - 사회 변화에 대응하여 학생의 삶을 가꾸는 교육을 실현할 수 있도록, 다양한 분야의 연수(메타버스, 메이커교육, AI융합교육, 코딩교육 등)에 참여하여 스스로 배우는 자세가 필요함

10일차 심층면접 즉답형 1

● 예시답안

학생 지도 방안
1. 학생과의 지속적 상담
   - 학생의 정서적 문제 해결을 위해서는 상담을 통한 래포 형성이 필수적
2. 긍정적 피드백 제공
   - 학생의 활동 과정을 세심히 관찰하고 지속적 격려
3. 자존감 회복 교육
   - 강점 찾기 활동을 통해 나의 강점과 약점을 발견하고 강점을 계발할 수 있도록 독려
   - 누구나 강점과 약점이 있음을 이해하게 함
4. 과정 중심 평가
   - 결과보다는 최선을 다하는 태도와 학습 과정이 중요함을 알려줌
5. 과제 선택형 활동 활용
   - 가능한 경우 과제 선택형 수업을 설계하여 좋아하는 과제에 참여할 수 있게 함

10일차 심층면접 즉답형 2

● 예시답안

듣고 싶은 연수와 교육 방안
1. 신규 교사를 위한 AI 융합교육 연수
   - 인공지능 수학 프로그램을 활용하여 학생 개개인의 맞춤형 수학 학습 활동 전개
   - AI의 기본 기능을 체험할 수 있는 프로그램 제작 수업 활동을 통해 인공지능에 대한 이해도를 높임
2. 선생님을 위한 메타버스 탐구 생활 연수
   - 메타버스를 활용하여 온·오프라인 블렌디드 수업 활동 전개
   - ZEP을 활용한 단원 정리 학습으로 과정중심평가를 진행함과 동시에 학습에 대한 흥미도를 높임
3. 학생들의 문제해결력을 기르는 프로젝트 수업 연수
   - 교육과정 문해력을 길러 환경생태교육, 인성교육 등 미래사회에 필요한 교육 키워드가 교과 수업에 자연스럽게 녹아질 수 있도록 프로젝트 수업을 계획
   - 학생들의 문제 해결력을 높일 수 있는 다양한 프로젝트 학습을 연구, 이를 위한 교원학습공동체의 활성화

11일차 심층면접 구상형

> **예시답안**
>
> **미래 교육을 통해 학생들에게 길러주어야 할 역량 및 교육 활동**
> 1. 창의·융합 사고 역량
>   - SW교육, AI 교육 등을 활용
>   - 교육과정 재구성을 통한 교과 통합 학습
> 2. 자기주도적 학습 역량
>   - 메이커 교육을 통해 학생이 스스로 문제를 해결하는 과정을 배우고 공유할 수 있게 함
>   - 학습 계획서, 배움 공책 등을 활용하여 스스로 학습 과정을 돌아보고 자기 평가하게 함
> 3. 사회 참여 및 자치 역량
>   - 학급 자치 활동을 통해 학급 공동체의 문제를 스스로 해결하게 함
>   - 세계시민교육을 통해 국제 문제에 관심을 갖고 협력하는 태도를 기름
>
> **교사로서의 전문성 신장 방안**
> 1. 교원학습공동체 참여
> 2. 다양한 직무 연수 참여
> 3. 대학원 진학

11일차 심층면접 즉답형 1

● 예시답안

민주적 학교 문화 정착을 위한 방안
1. 교직원 회의에 적극적으로 참여
   - 학교 구성원으로 주인의식을 가지고 나의 의견을 개진
2. 교원학습공동체를 통한 전문성 신장
   - 교원학습공동체를 통해 배우고 싶은 내용을 동료와 함께 배움
3. 학급 평화 회의, 서클회의
   - 학급 문제 해결을 위한 자치 활동의 기회 마련
4. 1인 1역
   - 학급에 대한 학생들의 주인의식 함양
5. 학생 참여 선택 활동
   - 학습의 과정에도 학생이 의견을 개진하도록 함
6. 학부모와 협력 체계 구축
   - 학부모 역시 교육의 주체로 학교 자치 실현을 위해선 학부모와의 협력이 필수적

● 추가정보 / 관련시책

학교 자치는 관리자가 다뤄야 할 문제라고 생각하고 넘어가기 쉬워요. 하지만, 민주적인 학교 문화는 관리자, 교원, 학생, 학부모의 협력을 통해 실현될 수 있답니다. 교사로서 여러분들이 할 수 있는 일을 꼭 한번 생각해보시길 바랍니다!

11일차 심층면접 즉답형 2

● 예시답안

학급 목표를 통한 학급 소개
1. 실패해도 괜찮은 우리 반
   - 배움의 결과보다는 과정을 중시
   - 서로 격려하고 응원하는 학급
2. 다름을 인정하는 우리 반
   - 서로의 다름을 존중하고 인정하는 학급
   - 서로의 장점을 발견하고 칭찬하는 학급
3. 함께함의 가치를 아는 우리 반
   - 조금 느리더라도 함께 끝까지 나아가는 학급
   - 함께 배우고 뛰어노는 즐거움을 아는 학급

● 추가정보 / 관련시책

2차 시험을 준비하면서 여러분의 교직관을 세우셨다면 쉽게 해결할 수 있는 문제입니다. 면접에서 교사 개인의 가치관과 이를 투영한 학급 운영 방안을 종종 묻곤 합니다. 교직관을 잘 세워두셨다면 이런 유형의 문제에 쉽게 대처하실 수 있을 거예요!

12일차 심층면접 구상형

● 예시답안

학교 교육에 시사하는 점
생태전환교육(또는 지속 가능 발전 교육, 환경 교육)의 필요

초등학생에게 필요한 교육활동과 구체적 운영방안
1. 텃밭 가꾸기 활동
2. 새활용 (업사이클링)
3. 환경관련 캠페인 활동
4. 환경지킴이
   - 실천 중심의 환경교육 활동 (예: 한 달에 1개의 미션을 정하여 환경을 위한 습관 차곡차곡 쌓기)
   - 실생활(학교, 가정)에서 환경을 위해 실천 가능한 방안 찾기
5. 탄소발자국, 기후 위기 관련 영상 함께 시청하고 토의하기
6. 환경 일기장 작성하기

▶ 추가정보/관련시책

'Chapter Ⅲ. 과학정보부 - Topic 04. 생태시민 육성을 위한 생태전환교육'을 참고하세요.

12일차 심층면접 즉답형 1

● 예시답안

게임·SNS 중독 또는 중독 위험군 학생을 돕는 방법
1. 학급 대상으로 중독 진단 활동하기
2. 학생 상담을 통해 학생 상태 파악하기
3. 스스로 실천할 수 있는 약속 만들기
4. 성취감을 느낄 수 있는 대체 활동(새로운 취미) 만들기
5. 해당 학생의 학부모 상담을 통해 협력하기
6. 자존감 향상 교육 실시하기
7. 다양한 체육 활동 경험을 통해 정서 환기

12일차 심층면접 즉답형 2

● 예시답안

학생들의 발언에서 나타난 문제점
성역할에 대한 잘못된 인식 등 성차별적 사고

지도방안
1. 성역할에 대한 올바른 인식 지도
2. 학급 내 다양한 역할 경험 기회 제공(1인 1역 등 활용)
3. 다양한 모델(여러 스타일을 가진 남녀의 모습)을 통한 고정적 성관념 바로잡기
4. 공감 및 타인 이해 능력 함양
5. 존중 및 배려하는 태도 지도

13일차 심층면접 구상형

● 예시답안

교사가 개선해야 할 점
1. 다그치듯 말하는 태도
2. 학생의 문제점을 찾으려는 점(학생에게 책임 전가)
3. 학생의 상황에 대해 이해하고 공감하려는 태도가 부족
4. 학생과 대화를 통해 해결방안을 찾으려하기보다는 교사의 일방적 생각(또는 비현실적인 해결방안)을 제안

학생 상담 전문성 신장 방안
1. 상담 관련 서적 탐독
2. 상담 연수 활용
3. 대학원 진학
4. 선배/ 동료 교사들에게 조언 구하기
5. 학생의 말을 경청하고 수용하는 연습

추가정보/관련시책

교사 전문성 신장과 관련해서는 사실 관련 서적 탐독, 연수 참여, 대학원 진학 등이 만능 답안으로 사용되는 경우가 많습니다! 실제 현장에서도 많은 선생님들께서 전문성 신장을 위해 이번 방학/학기에는 어떤 연수를 들어볼까, 대학원을 진학해볼까 고민하시기도 해요!

13일차 심층면접 즉답형 1

● 예시답안

학급 아침 활동 (예시답안 1)
1. 감정출석부
   - 효과: 아침에 자신의 감정을 살펴봄으로써 감정을 민감하게 느낄 수 있고, 부정적인 감정을 건강하게 해소할 수 있음
2. 5분 스피치
   - 자신이 관심 있는 주제나 친구들에게 알리고 싶은 내용을 발표
   - 효과: 자신의 의견을 논리적으로 발표하는 능력이 제고되며 학생들이 서로의 관심사나 다양한 주제의 내용을 알게 됨
3. 다양한 교실놀이
   - 효과: 학생들 간의 친밀도 향상 및 학교에 대한 애정 제고

학급 아침 활동 (예시답안 2)
1. 돌아가며 책 읽어주기
   - 효과: 함께 책 읽는 즐거움 경험, 독서에 관심 없는 아이들도 자연스레 책을 읽음, 소극적 학생들에게 발표 기회 제공
2. 칭찬 샤워
   - 효과: 긍정적 분위기에서 하루를 시작, 긍정적 교우 관계 형성, 학생들의 자존감을 높임
3. 주제 글쓰기
   - 효과: 다양한 주제에 대해 글을 쓰며 표현력 신장, 가벼운 글쓰기를 통해 글쓰기에 대한 자신감을 기름

13일차 심층면접 즉답형 2

● 예시답안

대처방안
자료들끼리 상충된 결과를 보여주며 학생들이 스스로 문제를 찾아내도록 유도한 후 자료의 진위를 확인하여 다시 한 번 조사하도록 함

지도방안
자료의 진위가 제대로 확인되지 않았을 경우 일어날 수 있는 경우를 제시하고 이를 역할극으로 만들어 학생들이 그로 인해 발생하는 문제점을 이해할 수 있게끔 지도

14일차 심층면접 구상형

예시답안

교육관(교육을 바라보는 관점)

교육이란 인간이 사회 구성원으로서 바람직한 지, 덕, 체를 함양할 수 있도록 이끌어주는 것임. 사회를 이끌어가는 것인 인간 개개인임. 건강한 사회 형성을 위해 건강한 자아관과 바람직한 가치관을 형성할 수 있도록 이끌고 스스로 자신의 인생을 개척할 수 있도록 힘을 길러주는 것

교사관(어떤 교사가 되고 싶은가?)

학생들의 인생 한 부분에 선한 영향력을 줄 수 있는 교사. 학습적인 측면, 생활적인 측면, 삶을 바라보는 측면 등 어떤 측면에서든지 학생들이 앞으로 살아가면서 자신의 인생에 도움이 되었다고 느낄 수 있도록 하는 것이 중요함. 스승과 제자라는 특별한 관계 속에서 인간관계의 따뜻함을 느끼고 학생은 물론이고 교사 또한 성장할 수 있어야 함.

학생관(어떤 학생을 만들고 싶은가?)

자기 자신을 사랑하고 스스로 인생을 개척할 수 있는 힘을 가진 학생. 나를 먼저 사랑할 줄 알아야 타인과 건강한 관계를 맺고 어려움을 겪더라도 극복할 수 있는 회복탄력성을 가질 수 있음. 학생 스스로가 자신의 인생을 사랑할 수 있도록 교육하고 싶음.

추가정보 / 관련시책

교사의 철학은 교과 교육, 생활교육 전반에 걸쳐서 그대로 반영되며 이는 학생들에게 아주 큰 영향을 미칩니다. 또한 철학이 없으면 모든 선택의 순간에서 기준을 잡을 수 없고 흔들리게 되어있죠. 여러분은 어떤 교육철학을 가지고 교단에 서고 싶은가요? 이번 질문을 통해 생각해보는 계기가 되어보길 바랍니다.

14일차 심층면접 즉답형 1

● 예시답안

체육 수업 참여도가 떨어지는 학생
신체활동이 많은 체육시간의 경우 심리적 또는 신체적 원인으로 참여가 떨어지는 학생이 있음

체육 수업 참여도가 떨어지는 학생 지도 방법
1. 상담을 통해 문제의 원인 파악
2. 낮은 난이도의 활동부터 단계적으로 지도
3. 긍정적 피드백을 통해 자신감 부여
4. 비슷한 수준의 학생끼리 짝을 지어 함께 배우게 함
5. 신체 제약이 있을 경우 그를 고려한 역할을 부여하여 체육시간을 의미 있게 보낼 수 있게 함
6. 경쟁식이 아닌 협동식 게임을 통해 체육 활동의 즐거움을 느끼도록 함

추가정보/관련시책

이 문제의 즉답형 답안을 구상할 때 학생의 문제 원인을 심리적/신체적 요인으로 나누어 이를 위한 지도 방법을 생각해볼 수도 있습니다. 이런 식으로 답변을 구조화하는 습관을 들이면 면접 준비에 큰 도움이 됩니다.

14일차 심층면접 즉답형 2

● 예시답안

하고 싶은 학급 예술 활동과 그 이유
1. 연극
   - 국어 등 교과와 연계하여 시수 확보 용이
   - 학생들의 의사소통 능력과 표현 능력을 신장할 수 있음
   - 연극놀이부터 시작해 좀 더 발전된 형태의 연극으로 단계적 접근 가능
2. 단편 영화 만들기
   - 영상에 대한 흥미가 높은 요즘 세대에 적합
   - 다양한 기기 활용 능력을 함께 기를 수 있음
   - 다양한 사람들과 공유할 수 있음
3. 아카펠라 or 합창
   - 소리가 어우러지며 하나의 아름다운 소리를 내는 경험으로 협동의 의미를 느낄 수 있음
4. 뮤지컬
   - 춤, 노래, 연기 등 다양한 예술 경험을 접할 수 있음
   - 무대제작 및 극본 작성, 소품제작, 음향 등의 다양한 역할을 수행하며 자신의 가치를 느낄 수 있음
   - 다양한 역할 수행 과정에서 이를 진로 교육과 연결지을 수 있음

15일차 심층면접 구상형

• 예시답안

수업에서 발생한 문제점 1과 해결방안
1. 문제점: 모둠마다 결과물 수준 차이가 큼
2. 해결방안
   - 발표 결과물을 영상으로 한정하지 않고, 모둠에서 다양하게 정하게끔 하기
   - 모둠을 편성할 때 학생들의 능력을 파악하여 골고루 편성하기

수업에서 발생한 문제점 2와 해결방안
1. 문제점: 역할부담이 고르게 되지 않음
2. 해결방안
   - 역할분담 계획서 작성하여 책임 명확히 하기
   - 각자 한 일을 담은 활동일지 작성하기
   - 모둠원의 참여도의 중요성 및 과정의 중요성을 강조

15일차 심층면접 즉답형 1

• 예시답안

학생들과 하고 싶은 생태전환교육 활동
1. 텃밭 가꾸기
   - 학교 공터 및 기타 부지를 활용하여 1학기 초 파종부터 1학기 말~2학기 초 수확까지 경험
   - 과학 교과와 연계하여 지도 가능
2. 새활용 (업사이클링)
   - 물건의 용도를 새로 찾아서 더 가치 있게 만들기
   - 미술교과와 연계하여 지도 가능
3. 환경관련 캠페인 활동
   - 환경을 위해 할 수 있는 실천들을 담은 팻말이나 홍보 자료를 제작하여 교내에 게시
   - 지자체에서 진행하고 있는 환경관련 행사에 적극 참여
4. 환경지킴이 (실천 중심의 환경교육 활동)
   - 매달 미션을 부여하여 학생의 삶에서 환경 보호 및 생태전환교육이 일어나게끔 함
   - 미션 예: 3월-일회용 생수병 사용하지 않기, 4월-플라스틱 빨대 사용하지 않기

추가질의

• 예시답안

교사로서 학교 현장에서 실천할 수 있는 환경을 위한 노력
1. 교실 및 연구실 내 일회용품 사용 줄이기 (종이컵, 비닐봉투, 청소용품 등)
2. 불필요한 전등 끄기
3. 냉난방기 적정 온도로 사용하기
4. 학생들과 함께 실천 활동 참여하고 모범보이기
5. 복사용지 사용을 줄이고 이면지 적극 활용하기

15일차 심층면접 즉답형 2

• 예시답안

사회성 부족 학생의 발견
1. 학생 상담
2. 평소 모습 관찰 및 기록

사회성 부족 학생을 위한 교사의 노력
1. 학급 놀이 등 친교활동 (예: 마니또, 당신은 당신의 이웃을 사랑하십니까 등)
2. 협력학습을 활용하여 모둠원과 협동 기회 부여
3. 협력종합예술활동 활용하여 역할 부여
4. 학급 동아리 활성화하여 좋아하는 활동에 대한 참여

추가정보/관련시책

'Chapter V. 인성안전부 - Topic 01. 학생 상담'을 참고하세요.

16일차 심층면접 구상형

● 예시답안

다문화 학급 수업 이해도 증진 방안
1. 수준별 학습 자료 개발
2. 학생 상담
3. 교육청 지원 활용
4. 모둠활동과 같은 협력 활동 활용

한국어 능력 향상을 위한 학급 특색 활동
1. 또래 도우미
2. 독서 활동
3. 연극 놀이를 활용해 상황별 소통방법 지도
4. 사제동행 활동
5. 멘토링 활동

추가정보/관련시책

'Chapter Ⅴ. 인성안전부 - Topic 03. 공존과 상생의 다문화교육'을 참고하세요.

16일차 심층면접 즉답형 1

• 예시답안

2학년 담임 개학 첫날 활동 3가지

1. 소개 활동
   - 교사인 '나'에 대해서도 한번 생각해볼 수 있음
   - 1년 동안 함께 생활할 학생들에 대해 알아볼 수 있음
   - 학생들에게도 서로를 알 수 있는 기회 제공
2. 학급 놀이
   - 학생들이 즐거운 분위기에서 한 해를 시작하도록 함
   - 자연스레 친해질 수 있는 기회를 제공
3. 학급 규칙세우기
   - 기본적인 학급 규칙을 안내
   - 학생들이 직접 규칙을 만들어 교실의 기본 질서를 마련
4. 배려하는 말하기 연습
   - 저학년의 경우 서로 존중하는 말하기 연습이 안 되어있어 다툼이 쉽게 생기기 때문에 이를 방지하기 위해 필요
5. 교실꾸미기
   - 학생들이 교실에 애착을 느끼고 그 안에서 안정감을 느낄 수 있도록 학생들과 함께 꾸밈

16일차 심층면접 즉답형 2

• 예시답안

공격적인 충동이 있는 학생을 위한 곽 교사의 노력

1. 꾸준한 상담
2. 감정 코칭(자신의 감정을 이해하고, 이를 바람직한 방향으로 표현할 수 있도록)
3. 스스로 약속 세우기(작은 것부터 하나씩 실천하며 행동의 변화가 생기도록 독려)
4. 작은 변화도 격려하는 긍정적 피드백
5. 상담교사와 협력
6. 학부모와 협력

추가정보 / 관련시책

'Chapter V. 인성안전부 - Topic 01. 학생 상담'을 참고하세요.

17일차 심층면접 구상형

● 예시답안

미래에 강화 또는 추가되어야 하는 교육 분야

1. 세계시민교육
   - 다른 나라의 문화 체험
   - 다양한 주제와 가치에 대한 토의토론 활동
2. 지속가능발전교육 (생태전환/환경교육)
   - 지구온난화, 이상 기후 등의 문제를 알고 내가 할 수 있는 일 실천하기, 캠페인 활동, 새활용 활동
3. 디지털 리터러시 교육
   - 다양한 디지털 기기 및 SW 활용법 지도
   - 온라인 예절 교육
   - 저작권 교육
4. 메이커 교육
   - 내 주변의 문제를 찾아보고 해결 방법 찾아보는 미션
   - 내가 원하는/필요한 물건 직접 디자인하여 만들어 보기
5. 경제 교육
   - 교실을 하나의 경제 공동체로 설정하여 학급 화폐를 분배하고 사용하며 경제와 관련된 개념 및 제도와 관련된 교육 실시

추가정보/관련시책

이러한 질문은 교사로서의 가치관과 교육에 대한 진정성을 드러낼 수 있는 질문입니다. 여러분이 평소에 관심 있어 하는 분야와, 이와 관련하여 학교에서 할 수 있는 활동을 생각해두시면 좋습니다. 특히 경제 교육과 관련해서는 「세금내는 아이들」 유튜브 채널을 운영하시는 옥 선생님께서 정말 멋진 예시를 보여주고 계십니다.

17일차 심층면접 즉답형 1

• 예시답안

세계시민교육의 필요성
1. 여러 나라가 협력해야 하는 지구촌 문제들이 생겨나고 있음
2. 교통 및 통신의 발달로 전 세계가 하나의 생활권으로 연결됨
3. 다른 나라와 교류가 잦아짐에 따라 타 문화에 대한 이해와 존중의 자세를 배울 필요가 있음

세계시민교육을 실시할 수 있는 학급 운영 방법
1. 타 문화 체험 활동
2. 사회과와 연계해 여러 나라의 지리적 특성과 문화적 특성 탐구(프로젝트)
3. 국제 이슈에 대한 토의/토론 활동
4. 주기적인 평화 학급회의 등

추가정보 / 관련시책

'Chapter V. 인성안전부 - Topic 03. 공존과 상생의 다문화교육'을 참고하세요.

추가질의

• 예시답안

세계시민교육이 잘 운영되지 않은 이유
1. 필요성 인식 부족
2. 학생이 경험하지 못한 국제적 이슈

수업 개선을 위한 교사의 해결방법
1. 학생들의 의견으로 사회가 바뀐 사례 제시
2. 학생들이 공감하기 쉬운 이슈를 다루기

17일차 심층면접 즉답형 2

• 예시답안

초등교사로서 꼭 필요하다고 생각되는 능력 3가지
1. 인내심
2. 새로운 것에 대한 도전정신
3. 소통
4. 존중
5. 꼼꼼함
6. 성장과 변화에 대한 믿음 등

추가정보 / 관련시책

이런 질문은 열려 있는 질문이기 때문에 능력에 대한 설명이 타당하다면 모두 적합한 답변이 됩니다.

18일차 심층면접 구상형

예시답안

학급 담임의 태도
1. 사이버 학교폭력이 오프라인에서 일어나는 학교폭력과 심각성이 동등하다는 태도
2. 꾸준한 학생 관찰 및 철저한 예방 교육 실시

구체적 교육활동 및 운영 방안
1. 역할극 체험
   - 핫시팅 기법을 통해 역지사지의 마음가짐 갖기
2. 누리소통망 사용 예절 교육
   - 누리소통망의 장단점 논의 및 건전하고 행복하게 사용할 수 있는 언어예절 공부
3. 학급 평화 회의
   - 학생들 스스로 문제 사안을 의제로 올리고, 학급 모두가 함께 해결함으로써 사소한 문제라도 학교폭력으로 이어지지 않도록 함

추가정보 / 관련시책

'Chapter Ⅴ. 인성안전부 - Topic 08. 학교 폭력 예방 활동 내실화'를 참고하세요.

18일차   심층면접 즉답형 1

예시답안

덕목 1 : 협동
- 친구 도우미 활동
- 다양한 협동학습 기법 활용
- 교실 놀이 활용한 협동심 기르기

덕목 2 : 자율
- 1인 1역을 통해 역할 수행하기
- 체크리스트 통해 생활 및 학습 습관 기르기
- 하루 일과표 작성 및 피드백

18일차   심층면접 즉답형 2

예시답안

설계 공간

꿈담 교실
- 카페테리아 형태의 소통 공간으로 학생들의 창의적, 협력적 배움이 일어날 수 있도록 교실 바꾸기

+ 추 가 질 의

예시답안

학급 내 설계 공간
학급 법정

이유
1. 학급 문제를 학생들끼리 자율적으로 함께 해결하면서 협력적 인성과 문제해결능력 함양
2. 학교 폭력 예방, 학급 내 민주적 분위기 조성 등

19일차 심층면접 구상형

> **예시답안**
>
> 학생과 함께 할 학생 자치 활동
> 1. 학급 내 생태동아리
>   - 생태전환교육을 통해 생태보존의 필요성, 환경 보호에 대한 주체성 강화
> 2. 학생 모의 법정
>   - 학급에서 일어나는 문제를 학생들이 주체가 되어 문제 해결 과정에 참여
>
> 지도교사의 역할
> 1. 학생들의 자발적 참여 독려
> 2. 지나친 개입보다는 학생들이 스스로 하는 것을 기다려줌

추가정보/관련시책

'Chapter Ⅰ. 교무기획부 - Topic 01. 학생 자치'를 참고하세요.

19일차 심층면접 즉답형 1

• 예시답안

특색 활동 1 : 우리 반 연극 활동
- 성인지 감수성 교육과 예술 교육을 연계, 학생들이 가상의 상황을 간접적으로 체험할 수 있는 기회 제공

특색 활동 2 : No means no 캠페인
- 상대방이 거절의 의사를 비추었을 때 멈춰야 한다는 것을 인식하도록 함
- 관련 포스터, 표어 등을 만들며 성인지 감수성 기르기

• 추가정보 / 관련시책

'Chapter Ⅳ. 문화예술진로체육부 - Topic 03. 성평등 교육 및 성폭력 예방 교육'을 참고하세요

19일차 심층면접 즉답형 2

• 예시답안

바람직한 칭찬 방식
결과가 아닌 과정을 격려해주는 칭찬

이유
1. 결과에 집중하다보면 학생들은 실패를 두려워하게 됨
2. 과정을 칭찬해 줌으로써 자신의 행동에 대한 자신감 가지도록 함

구체적 칭찬
1. "○○아, 수학 문제를 끝까지 포기하지 않고 푸는 모습이 정말 대견합니다. 특히 이렇게 선생님이 가르쳐 주지 않은 다른 방법을 적용해 보려는 태도가 수학에 대한 ○○이의 열정을 보여주는 것 같아요."
2. "☆☆이네 모둠은 방금 모둠원들 사이에서 의견 다툼이 있었는데, 서로의 의견을 다시 귀기울여 들으며 민주적인 방법으로 해결하려는 노력이 멋집니다." 등

• 추가정보 / 관련시책

'긍정적 피드백'은 학생에게 필수적으로 제공해주어야 하는 것입니다. 수업 뿐 아니라 생활 속에서도 학생에게 어떤 피드백을 제공할지 생각해 보시기 바랍니다.

+ 추 가 질 의

• 예시답안

칭찬을 습관화하기 위한 노력
1. 내 자신을 칭찬하기
2. 주변 사람들의 사소한 부분을 찾아 칭찬하는 습관 기르기
3. 다른 사람에게 관심 기울이기
4. 올바른 칭찬에 관한 책 읽기

20일차 심층면접 구상형

● 예시답안

학교 현장에서 할 수 있는 교육(생태전환교육)
1. 기후위기 비상시대, 인간중심적 사고에서 벗어나 인간과 자연의 공존과 지속가능성을 위해 개인의 생각, 그리고 시스템까지의 총체적 변화를 추구하는 교육
2. 학생들의 삶에서 직접 경험할 수 있는 활동들로 지구의 생물다양성, 생태를 지키고자 하는 교육

구체적인 예시
1. 지구 사랑의 날 운영
  - 한 달에 한 번 지구 사랑의 날을 지정하여, 매달 미션을 주고 실천하도록 함.
2. 생태동아리 운영
3. 나눔장터 개최
  - 학생들에게 필요 없는 물건을 나눔장터에 내놓음으로써 쓰레기를 줄일 수 있으며 나눔의 기쁨까지 체험할 수 있음. 일정 수익금을 환경 단체에 기부까지 이어지는 좋은 활동이 될 수 있음.
4. 학교 산책 플로깅
  - 학교 주변을 친구들과 함께 걸으며 떨어진 쓰레기를 줍기
5. 채식 급식
  - 채식 급식의 필요성에 대해 공부하고, 채식 식단 짜보기 및 채식 급식 경험하기

추가정보 / 관련시책

'Chapter Ⅲ. 과학정보부 - Topic 04. 생태시민 육성을 위한 생태전환교육'을 참고하세요.

20일차 심층면접 즉답형 1

• 예시답안

교과 지도
1. 스마트 기기 활용 교과 수업 진행
   - AI 프로그램으로 영어 대화 수업
   - 엔트리 프로그램과 수학 계산 수업을 융합으로 구성

생활 지도
1. 학급 소통방 적극 활용
   - 학급 내 민주적 소통 창구 마련
2. 게임 중독, 사이버 폭력에 대한 예방 교육 실시

20일차 심층면접 즉답형 2

• 예시답안

교육 활동 1: 1인 1역
   - 학급에 필요한 역할을 스스로 정하고 실천
   - 책임감, 소속감 강화

교육활동 2: 학생 동아리
   - 학생의 흥미와 적성에 맞는 동아리 선택, 활동
   - 학교 생활의 주체로서 참여하게 됨

교사 태도 및 역할
1. 학생들의 주체적 교육 활동 독려
2. 학생 교육 활동에서 보조 역할

추가정보/관련시책

'Chapter I. 교무기획부 - Topic 01. 학생자치'를 참고하세요.

21일차 심층면접 구상형

● 예시답안

예방 역량 1 : 감정 조절
학생들이 충동성을 느끼고 있음

예방 역량 2 : 공감
타인의 입장에서 생각하는 능력이 부족함

어울림 프로그램 설계
국어과 연계 수업

1차시	공감하며 대화하는 것의 중요성 알기
2차시	공감하며 대화하는 방법 알기 - 나 전달법, 감정 코칭 등
3차시	친구의 감정에 공감하며 누리 소통망에서 직접 대화하기

추가정보/관련시책

'Chapter V. 인성안전부 - Topic 08. 학교 폭력 예방 활동 내실화'를 참고하세요.

21일차 심층면접 즉답형 1

• 예시답안

밑거름 경험
3학년 실습 때 대표 수업을 준비했던 경험
 - 다른 실습생 및 교수님 앞에서 대표 수업을 준비하면서 수업 방법에 대한 깊은 고민을 할 수 있었음

교훈
1. 어떤 일이던 책임감을 가지고 열심히 임해야 함
2. 실패를 두려워하지 말고 도전해야 함
3. 자신이 준비한 과정에 대해 자신감을 가지고 자랑스럽게 여겨야 함

추가정보 / 관련시책

이 문제는 답변을 완성하기 전에 여러분들의 삶을 돌아보는 계기가 되었으면 하는 바람이 더 큽니다. 학생들의 인생 선배로서 어떤 마인드를 가지고 학생들을 마주하고 싶은지를 생각해보는 계기가 되기를 바랍니다.

21일차 심층면접 즉답형 2

• 예시답안

교육적 이야기
주인공이 보석을 찾아 떠나지만 그 과정에서 여러 가지 경험을 하게 됨. 처음 목표로 했던 보석을 찾지 못했지만 주인공은 그 과정 내내 행복하고 보람찼다는 것을 느끼는 이야기

이유
결과에 도달해야만 성공하는 것이 아닌, 무엇인가를 이루려고 노력한 것 자체가 성공이라는 것을 학생들에게 알려주고 싶음

추가정보 / 관련시책

교육과 관련해서 학생들에게 들려주고픈 이야기를 한번 생각해보는 기회가 되었으면 합니다.

22일차 심층면접 구상형

예시답안

교육적 시사점
1. 학생들이 직접 체험할 수 있는 체험 중심의 안전 교육
2. 사례 중심의 안전 교육

발달 특성 및 교육 활동
발달 특성 : 움직이고자 하는 욕구가 많음, 신체 활동 및 직접적인 체험을 통해 학습
1. 지진 대피 체험 활동
2. 화재 대피 체험 활동
3. 심폐소생술 체험 활동

추가정보 / 관련시책

'Chapter Ⅴ. 인성안전부 - Topic 09. 안전교육'을 참고하세요.

22일차 심층면접 즉답형 1

• 예시답안

☆ 자서전의 제목과 내용을 여러분이 깊게 생각해보시길 바랍니다. 교사로서 선생님의 인생관을 묻는 문제이기에 모범답안은 없습니다. 대신 '교사로서'의 조건에 집중하여 교육자로서 선생님의 인생에 대해서 고민해 보시기 바랍니다.

22일차 심층면접 즉답형 2

• 예시답안

동아리 주제
학급 오케스트라 동아리
  - 각자 맡은 악기를 연습해 합주하는 동아리

교육적 효과
1. 자신이 맡은 악기를 책임지고 연습해야 하기 때문에 책임감 기를 수 있음
2. 협력적 인성 형성

추가정보 / 관련시책

평소 동아리나 학급 특색 활동은 선생님만의 것을 꼭 만들어 두시기 바랍니다.

23일차 심층면접 구상형

● 예시답안

A학교

1. 교육적 어려움
 - 전염병에 걸린 학생에 대한 편견 및 차별
2. 이유
 - 공감 자세가 부족
 - 남의 일이라고만 생각하고 상대방의 입장에서 생각하는 노력의 부재
3. 해결 방안
 - 전염병에 걸린 학생에 대한 인식 변화 교육, 놀림이나 차별의 대상이 아님을 교육해야 함
 - 회복적 생활 교육을 통해 특정 학생이 소외되지 않고 소속감을 느낄 수 있도록 해야 함

B학교

1. 교육적 어려움
 - 개인정보 유출 및 사생활 침해
2. 이유
 - 개인정보 유출 및 사생활 침해에 대한 예방 교육의 부재 및 심각성 인식 부족
3. 해결 방안
 - 사이버 폭력의 종류를 알려주어 학생들이 사이버 폭력에 대한 인식을 올바르게 가지고, 행동이 교정될 수 있도록 함
 - 개인정보 보호의 중요성을 교육, 온라인 상에서는 개인정보가 쉽게 유출될 수 있다는 것을 지도하고 피해 사례를 알려줌

23일차 심층면접 즉답형 1

● 예시답안

교실 환경에 필요한 변화
1. 학생 맞춤형 교실 구축
   - 학생들이 오고 싶어하는 학교 환경 구축 필요
2. 사물 인터넷 기반 학교 환경 구축
   - 실생활 및 교육에 필요한 사물인터넷 환경을 구축, 교과 교육에 활용함으로써 학생의 컴퓨팅 사고력 형성
3. 협력적 학습 공간 마련
   - 협력적 인성을 기르기 위한 다양한 협력학습 공간을 교과 특성에 맞게 구축

23일차 심층면접 즉답형 2

● 예시답안

학생들에게 학교는 (자신을 꼭 필요로 하는 곳)이어야 한다.

이유
학생들은 학교에서 자신이 소속감을 느낄 때 행복을 느끼고, 이것이 곧 자존감 향상으로 연결됨

교육적 노력
1. 자존감 교육
   - 자신을 있는 그대로 받아들이는 연습
2. 1인 1역
   - 학급에 필요한 역할을 수행함으로써 소속감을 느낌
3. 학급 평화 회의
   - 학급 구성원 모두가 참여해야 공동의 문제를 해결할 수 있도록 함으로써 학생 개개인이 학급, 공동체에 필요한 역할임을 상기시키기

▶ 추가정보 / 관련시책

학교는 학생, 교사 모두 함께 만들어가는 공간입니다. 학교가 가기 싫고 두려움의 공간이 된다면 그 어떤 기술이나 방법도 소용이 없습니다. 학생은 물론, 교사도 항상 가고 싶은 설렘으로 가득한 학교는 어떤 곳인지 생각해보시길 바랍니다.

24일차 심층면접 구상형

● 예시답안

아동학대를 발견할 수 있는 방안
1. 매일 아동의 건강과 안전 살피기
2. 평상시와 다른 상흔 또는 감정의 변화가 있는지 확인
3. 계절에 맞지 않는 옷을 입거나 비위생적인 신체 상태 확인
4. 아동의 신체 또는 정서적 이상 징후에 대한 기록
5. 학생 상담 생활화

구체적인 실천 방안
(교사는 신고 의무자임을 이야기할 것)
1. 수사기관(112) 신고 및 학교장, 교육(지원)청 보고
2. 피해아동에 대한 응급조치 및 보호
3. 학생에 대한 지속적 경과 관찰 및 다각적 지원 방안 마련

▶ 추가정보/관련시책

'Chapter Ⅵ. 복지방과후부 Topic 05 - 아동학대'를 참고하세요.

24일차 심층면접 즉답형 1

예시답안

전문성 신장하고 싶은 분야 및 방안
1. 프로젝트 수업
   - 관련 연수 참여하여 우수 수업 사례 교류
   - 교육과정 분석 및 재구성 통한 프로젝트 주제 연구
   - 교원학습 공동체 참여

추가정보/관련시책

전문성 신장에 대한 추천 만능틀 답안 3가지!
① 도서 탐독
② 연수 참여
③ 교원학습공동체 참여

24일차 심층면접 즉답형 2

예시답안

학생 삶과 교육이 연결되었을 때의 장점
1. 학습에 대한 내적 동기 자연스럽게 형성
2. 학습에 대한 이해도가 높아짐(자신의 삶과 연계되어 있기 때문에)
3. 학생들이 행복한 배움과 성장 경험 가능
4. 모든 아이들을 위한 교육 실천 가능(기초학력교육 가능하기 때문에 소외되는 학생이 없어짐)

구체적 활동
1. 마을 협력 예술 활동(마을의 축제를 학교와 연계하여 예술 활동 전개)
2. 마을 미화 활동(마을에서 꾸미고 싶은 곳 선정하여 미화)
3. 직업 체험 활동(다양한 직업 전문가들을 모셔와서 설명 듣기)
4. 몽당 크레파스 기부하기

추가정보/관련시책

'Chapter I. 교무기획부 - Topic 06. 마을결합혁신학교(마을결합형학교)'를 참고하세요.

25일차 심층면접 구상형

• 예시답안

김 교사의 문제점
1. 학생의 문제를 진지하게 받아들이지 않음
2. 문제가 생겼을 때 학부모에게 연락하지 않음
3. 학부모와 평상시 소통이 부재했음
4. 체육 시간에 안전 교육 실시하지 않음

구체적인 실천 방안
1. 학생에 대한 관찰 강화하고 학생들간 관계에 관심 갖기
2. 작은 문제라도 학부모와 상담하는 태도 갖기
3. 학부모와 소통 창구를 활성화하여 학부모 상담 활성화
4. 체육 등 신체 활동에서 안전 교육 강조
5. 학부모와 협력하겠다는 태도 갖기

추가정보/관련시책

'Chapter Ⅴ. 인성안전부 - Topic 02. 학부모 상담'을 참고하세요.

25일차 심층면접 즉답형 1

● 예시답안

교사 교육과정
1. 국가·지역·학교 교육과정에 대한 교사의 해석과 번역을 통해 만들어지는 각양각색의 교육과정
2. 학교의 비전과 철학이 어떻게 학생과 맞닿아 실현되는가를 볼 수 있는 실천적 교육과정
3. 모든 선생님들이 동일한 교육과정을 운영하는 것이 아니라, 학급, 학년, 학교의 특성에 맞게 자율적으로 재구성하여 운영하는 개별화된 교육과정

학생 맞춤형 수업의 필요성
1. 사회는 빠르게 다원화되며 학생과 학부모의 요구가 다양해지므로 학교와 학급의 실태, 학습자의 다양한 요구에 맞추어 재구조화된 수업이 필요함
2. 교사 교육과정 측면에서 교사는 지식전달자가 아닌 교육과정 개발자이므로, 학생의 흥미와 수준에 맞는 교육과정을 개발하며 학생 맞춤형 수업을 할 필요가 있음
3. 교육과정을 적극적으로 재구조화함으로써 학생 개개인의 성장을 지원하고 자아 실현의 계기를 제공할 수 있음
4. only one 교육을 실천하기 위해서는 단일화된 교육과정으로는 불가피 하기 때문에 교사 교육과정을 개발하여 한 사람도 놓치지 않은 학생 맞춤형 수업을 제공해야 함

25일차 심층면접 즉답형 2

● 예시답안

민주적 분위기 형성할 수 있는 구체적 활동
1. 학급 평화 회의
   - 학생들이 함께 문제를 고민하고 서로를 도와줄 수 있도록
2. 학급 모의 법정
3. 학급 오케스트라
4. 핫시팅 연극(문제 상황 생겼을 때 입장 바꿔 생각해보기)

26일차 심층면접 구상형

예시답안

집단 따돌림을 예방하기 위한 구체적 방안
1. 회복 써클 등을 활용한 활발한 소통 문화 마련
   - 학생들이 서로 마음을 열 수 있는 기회 제공
   - 내 마음을 표현하고 타인의 마음을 경청하면서 서로에 대한 이해 높임
2. 존중의 문화 형성
   - '틀린 것'이 아닌 '서로 다른 것'이라는 것을 인식하게 하는 것 필요
   - '존중' 단어를 함께 깊이 있게 생각해봄으로써 진정한 의미 이해하는 시간 갖기
3. 협력 학습 활용
   - 평소 학생들의 협력적 활동이 활발히 이루어지게 함으로써, 정서적 교류가 일어나도록 함
   - 학교생활은 혼자서 하는 것이 아닌 함께 협력하는 것임을 인식하도록 함

추가정보/관련시책

이 문제는 집단 따돌림을 '해결'하는 것이 아닌, '예방'하는 것임에 주의하세요! 학교폭력은 무엇보다 예방이 중요합니다. 학교폭력 예방을 위해 어떤 학급 문화를 조성해야 하는지 고민해 보세요.

26일차 심층면접 즉답형 1

• 예시답안

전문성 신장하기 위한 노력
1. 교과 지도
   - sw교육, AI교육과 관련한 교원학습공동체 참여
2. 생활 지도
   - 학급긍정훈육법(PDC) 연수에 참여하고 실제로 적용하기

추가정보/관련시책

'Chapter Ⅱ. 교육연구부 - Topic 07. 교원학습공동체'를 참고하세요.

26일차 심층면접 즉답형 2

• 예시답안

구체적 활동
1. 마을 내 다양한 전문가를 강사로 초빙하여 체험 중심의 수업 진행
2. 학생의 마을 친근감 및 기여도를 높일 수 있는 프로젝트 활동 구성
3. 마을 내 배움터를 활용한 기초학력 제고
4. 학교 구성원과 마을 구성원 간 활발한 소통 실시

추가정보/관련시책

'Chapter Ⅰ. 교무기획부 - Topic 06. 마을결합혁신학교(마을결합형학교)'를 참고하세요.

27일차 심층면접 구상형

> **예시답안**
>
> 마을결합형학교 장점
> 1. 학생들이 학교와 마을에서 행복한 배움과 성장 경험
> 2. 지식 위주 교육의 한계 극복
> 3. 삶의 문제 인식 가능
> 4. 학생 간 교육 격차 완화
> 5. 공동체 문화 활성화
>
> 학급에서 활용할 수 있는 교육 활동
> 1. 진로체험 활동(마을에서 전문가 섭외)
> 2. 학급 내 레벨업 프로그램(마을 멘토 섭외하여 기초 학력 높이기)
> 3. 어린이 오케스트라 활동

추가정보/관련시책

'Chapter I. 교무기획부 - Topic 06. 마을결합혁신학교(마을결합형학교)'를 참고하세요.

27일차 심층면접 즉답형 1

● 예시답안

학급 운영 목표
1. 스스로를 믿고, 모두가 소속감을 느끼는 우리반
2. 서로 배려하는 우리반
3. 어떤 일이든 함께하는 우리반

학부모와의 협력 방법
1. 학부모와의 래포 형성
2. 학부모 소통 창구 활성화
3. 수업 공개와 피드백 받기
4. 관찰 일지 작성하여 상담 시 활용

27일차 심층면접 즉답형 2

● 예시답안

담임으로서 해야 할 일
1. 사실 확인
2. 수사기관(112) 신고 및 학교장, 교육(지원)청 보고
3. 피해아동에 대한 응급조치 및 보호
4. 학생에 대한 지속적 경과 관찰 및 다각적 지원 방안 마련
5. 학생의 심리 회복을 위한 상담 지원

추가정보 / 관련시책

'Chapter VI. 복지방과후부 - Topic 05. 아동학대'를 참고하세요.

28일차 심층면접 구상형

예시답안

학부모와의 관계 형성이 중요한 이유
1. 학교와 가정에서의 교육이 일관될수록 교육적 효과가 높아짐
2. 학부모는 학교 교육의 동반자이자 주체이기 때문
3. 정서적 안정이 이루어지는 가정에서 교육의 효과가 극대화될 수 있음

학부모와의 관계 형성 방법
1. 학급 소통방 활용하기
2. 학생에 대한 면밀한 관찰을 일지에 적어놓기(자료 기반한 상담 가능)

학부모 상담의 자세
1. 학부모 감정을 수용하고 공감
2. 학생에 대한 칭찬과 관심 표현
3. 전문적 용어보다는 쉬운 말 사용하기

추가정보/관련시책

'Chapter V. 인성안전부 - Topic 02. 학부모 상담'을 참고하세요.

28일차 심층면접 즉답형 1

• 예시답안

전문성 신장하기 위한 연수
1. 학급긍정훈육법(PDC)
2. 놀이 중심 교육과정 연수
3. 경제 금융교육 연수
4. 소프트웨어 교육
5. 학생 상담 연수

추가정보 / 관련시책

사실 이 문제는 정답이 정해져 있는 문제는 아닙니다. 따라서 부담 갖지 말고, 평소 선생님께서 관심 있었던 분야를 이야기하시면 됩니다.

28일차 심층면접 즉답형 2

• 예시답안

교사의 실천 방안
1. 학급 회의 개최
2. 학급 가이드라인을 학생들과 함께 직접 세우기
3. 학생 동아리 활성화를 통해 협력적 인성 키우기
4. 하부르타 수업을 통해 교과 수업 내에서도 민주적 문화 활성화

추가정보 / 관련시책

학급에서 문제가 생겼을 때, 예시답안을 만능답안으로 활용하시면 수험장에서도 바로바로 생각이 나실 거예요.

29일차 심층면접 구상형

● 예시답안

학대를 발견할 수 있는 방안
1. 학생의 정신적, 신체적 건강을 면밀히 관찰하기
2. 학생과 지속적인 상담을 통해 학생의 상태 파악하기
3. 학생, 학부모, 동료교사 등의 제보에 지속적 관심 갖기

교사의 태도
1. 피해아동에 대한 정보가 유출되지 않도록 비밀 엄수
2. 신고 전과 후에 학생을 동일한 태도로 대하기
3. 아동이 불안해하지 않도록 정서적 지지 제공

추가정보 / 관련시책

'Chapter Ⅵ. 복지방과후부 - Topic 05. 아동학대'를 참고하세요.

29일차 심층면접 즉답형 1

• 예시답안

○○학교와 같은 수업 운영의 장점
1. 학생들이 학교와 마을에서 행복한 배움과 성장 경험
2. 지식 위주 교육의 한계 극복
3. 삶의 문제 인식 가능
4. 학생 간 교육 격차 완화
5. 공동체 문화 활성화

추가정보 / 관련시책

문제 속 사례는 '마을결합형학교'의 대표적 사례입니다. 마을결합형학교가 왜 필요한지, 어떤 목적으로 시행되고 있는지를 자세하게 살펴보신 후 장점과 효과를 정리해보세요!

29일차 심층면접 즉답형 2

• 예시답안

한 문장으로 표현하기
무슨 일이 있어도 편하게 이야기 터놓을 수 있는 선생님

이유
학생들에게 정서적 안정감을 제공해주고 싶고, 이를 통해서 학생들이 소속감을 느끼고 자존감을 높여주고 싶다. 어려운 상황에 처한 학생들이 손 내밀 수 있는 선생님이 되어 아이들을 넓은 품으로 안고 보호해주고 싶다.

추가정보 / 관련시책

이런 문제는 정해진 답은 없습니다. 선생님들께서도 한번 생각해보시면 좋을 것 같아 예시문제로 넣었답니다. 한번 고민해보시고, 나는 어떤 선생님으로 기억되고 싶은지 말해보세요.

30일차 심층면접 구상형

● 예시답안

사회 변화
1. 재택근무의 보편화
2. 평일 여행 활성화

미래 학교의 모습
1. 원격수업의 보편화
   - 재택근무가 보편화됨에 따라 학교에서는 원격수업이 늘어날 것이다. 원격수업의 중요성이 강조됨에 따라 교사에게는 스마트 기기 활용 능력, 콘텐츠 창작 능력이 요구될 것이다.
2. 교육 공간의 확장 및 학교 캠퍼스의 변화
   - 교통 및 통신의 발달로 학습자가 학습하는 공간이 학교나 교실이라는 물리적 공간 이상으로 확장될 것이다.
   - 학교의 물리적 거리가 주는 제약이 사라짐에 따라 학생들은 원한다면 원거리에 있는 학교의 교육을 받을 수 있다. 그러므로, 한 학교가 모든 교육을 하는 것보다는 특화된 하나의 분야를 깊이있게 가르치게 될 것이다. 학생들은 자신이 관심있는 분야의 학교를 선택하여 전 세계의 캠퍼스에서 수업을 받게 될 것이다.
3. 학생 맞춤형 수업
   - 스마트 기기의 발달에 따라 개별 학습자의 요구에 대한 분석이 체계적으로 이루어지고 이에 대한 맞춤형 교육이 가능해질 것이다.

교사로서 자기 계발 방안
1. 특정 분야에 대한 전문성 함양
2. 콘텐츠 개발 능력 함양
   - 원격수업이 확대됨에 따라 교사의 콘텐츠 개발 능력은 더욱 강조될 것이다. 이를 위해 스마트 기기 활용 능력, 소프트웨어 활용 능력을 함양할 수 있는 연수 등의 프로그램에 참여하여 스스로 역량을 계발해가야 한다.
3. 빅데이터 분석 능력 함양
   - 교육정보화에 따라 학생들의 학습에 대한 정보가 교사에게 제공될 것이다. 그러므로 교사는 학습자 정보를 분석하고, 피드백하는 능력이 필요하다.

📢 추가정보/관련시책

미래교육은 미래인재를 키워낼 교사로서 꼭 관심을 가지고 있어야 할 분야입니다. 사실 미래교육 단어 안에는 우리가 평소 접하는 인성, 스마트, AI, 융합교육 등 다양한 분야가 혼재되어있어요. 그렇기 때문에 '미래 사회에 필요한 인재를 육성하려면 어떻게 해야 할까?'라는 관점으로 접근하시면 답변을 정리하기가 쉬워질 겁니다.

30일차 심층면접 즉답형 1

• 예시답안

시사점
지식을 단순히 암기하거나 전달될 수 없으며, 지식을 찾는 방법과 능력을 길러야 함

미래교육의 특징
정보의 홍수 속에서 정확한 정보를 파악할 수 있는 비판적 사고력의 중요성 증대

미래교육 방법
구체적 예시
1. 토의, 토론 학습
   - 학생들이 자신의 의견을 피력할 때 필요한 자료를 찾는 과정에서 비판적 사고 능력과 정보 활용 능력을 기를 수 있음
2. 스마트 기기 활용 검색 수업
   - 정보를 검색할 때에는 어떤 방법으로 검색해야 효율적인지를 알아야 제대로 된 정보를 찾을 수 있음
3. 자료의 정확성 및 신뢰도 판단을 기르는 학습
   - 해당 자료 및 정보가 믿을만한지, 정확한지 등을 판단할 수 있는 방법을 학습하도록 함

30일차 심층면접 즉답형 2

• 예시답안

1번 리더
- 구성원의 의견을 적극적으로 수렴하면서 자유롭고 허용적인 분위기를 조성하는 것이 공동체의 긍정적 관계 형성에 중요함. 의견 수렴을 하지 않는 경우가 생기면 자신의 의견이 무시된다고 생각해 공동체 발전에 대한 책임감을 상실할 수 있음
- 공동체는 리더 혼자서 이끌어가는 것이 아니라 구성원 하나하나가 역할을 다할 때 성장할 수 있음. 구성원이 자신이 속한 공동체에 애정과 책임을 가져야 긍정적인 성장을 기대할 수 있기 때문
- 모두가 만족하지 못하는 결과물은 진정한 결과물이라고 할 수 없음

2번 리더
- 제한된 시간 내에 모든 사람의 의견을 수렴하는 것은 불가능함. 오히려 모든 사람의 의견을 고려하다보면 아무것도 하지 못하게 될 수 있음
- 리더가 효율적으로 일을 진행하고 각자의 역할을 맡김으로써 성취감 증대
- 믿고 따를 수 있는 리더라고 생각함

31일차 심층면접 구상형

• 예시답안

기사에서 드러난 문제점
문해력 부족 또는 문해력(글을 읽고 이해하는 능력) 부족으로 인한 학업성취도 하락

문해력 상승을 위해 할 수 있는 노력과 지도방안
1. 학급 내 꾸준한 독서 지도
   - 온책읽기, 독서 토론, 수업 주제와 관련된 책 활용하기 등을 통해 학생들의 독서습관을 잡을 수 있도록 노력
2. 학급 내 독서 분위기 조성
   - 학급 문고 조성, 책 추천 활동, 아침 독서 시간 활용 등을 통해 학급 내에서 독서 분위기를 형성하고 학생들이 독서를 자연스럽게 받아들일 수 있도록 함
3. 학부모 및 기초학력 전담교사 등 다양한 교육 공동체 구성원과 협력
   - 문해력 향상은 하루아침에 이루어지지 않고 장기적으로 꾸준히 이루어져야만 해결할 수 있는 문제
   - 기초학력 전담교사와 긴밀히 협력하여 학교 안에서 꾸준한 문해력 지도가 이루어지도록 함
   - 학부모와의 협력을 통해 가정에서의 독서활동 장려

코로나 19 이후 문해력 저하, 학력 저하에 대한 문제점이 대두되었습니다. 우리나라는 글자 해독력, 즉 글자 자체를 읽을 수 있는 능력은 뛰어나지만 실질적으로 낱말이나 문장을 읽고 이해하는 능력(=문해력)과는 조금 다릅니다. 글자 자체를 읽을 수는 있지만 어휘를 이해할 수 없거나 문맥을 이해할 수 없는 경우 문해력이 떨어진다고 볼 수 있습니다. 문해력이 부족한 학생의 경우 교과서에 나오는 단어를 이해하지 못해 전체 내용 이해에 큰 어려움을 겪기도 합니다. 특히나 학생들이 스마트폰을 사용하여 유튜브를 비롯한 여러 소셜 미디어 사용이 늘고 그 안에서 신조어나 줄임말 등을 사용하다보니 어휘가 단순해지고 어휘력이 떨어지기 쉬워졌습니다. 따라서 학생들이 읽기의 즐거움을 깨닫고 읽기 활동을 즐길 수 있게 하기 위한 교사의 노력이 필요합니다.

추가정보/관련시책

'Chapter Ⅱ. 교육연구부'의 'Topic 04. 협력적 독서 인문교육 활성화'와 'Topic 06. 기초학력 책임제도'를 참고하세요.

31일차 심층면접 즉답형 1

• 예시답안

교실에서 학생들과 할 수 있는 놀이 활동
1. 당신의 이웃을 사랑하십니까?
2. 앉은뱅이 피구
3. 과자 옮기기 대결
4. 1분 안에 공 옮기기
5. 가라사대 게임 등

강당/운동장에서 할 수 있는 놀이 활동
1. 가위바위보 다리찢기 놀이
2. 줄줄이 피구 등

놀이 활동은 전체활동(학급 전체가 참여) 뿐만 아니라 모둠 활동 또는 짝 활동으로 이루어질 수도 있습니다. 이때 놀이 선정에 있어서 가장 중요한 점은 재미있으면서도 규칙이 단순해야 한다는 것입니다. 그래야 많은 학생들이 규칙 이해에 큰 어려움을 겪지 않고 바로 참여할 수 있겠죠? 학급 놀이 활동에 대해서는 많은 선생님들께서 유튜브에 다양한 활동을 올려주고 계시니 한번 참고해보시는 것을 추천드립니다.

31일차 심층면접 즉답형 2

• 예시답안

미래 사회를 대비하기 위해서는 교사의 끊임없는 배움과 성장 필요

1. AI, 소프트웨어 교육, 메타버스 등 관련 연수 신청
2. 같은 관심사를 가진 선생님들과의 연구회 활동
3. 학생 개개인에 대한 개별학습지도
4. 관련 분야 대학원 진학

31일차 심층면접 즉답형 3

• 예시답안

수학은 기초가 없이는 다음 단계 학습이 매우 어려운 과목. 따라서 학습 부진이 어디에서 비롯되었는지 파악하고 그에 맞는 해결책 제공 필요.

1. 학생 관찰, 학생 상담, 학부모 상담 등을 통해 학생이 수학을 어려워하는 원인 파악
2. 기초 연산이 부족한 경우 기초 학력 향상을 위해 매일 조금씩 연산 연습
3. 자신감이 부족한 학생의 경우 쉬운 문제에 대한 성취 경험 제공

32일차 심층면접 구상형

> **예시답안**
>
> 교직에서 나타나는 세대 갈등의 이유: 세대 간 교직에서 추구하는 가치가 다르기 때문
>
> 이를 해결하기 위해 신규교사가 가져야 하는 태도 3가지
> 1. 선배교사에게 배우려는 태도
>   - 제시문에서 X세대와 MZ세대 모두 수업전문성을 중시한다는 것을 알 수 있음. 그러므로 공통적으로 중시하는 가치를 신규 교사가 선배 교사에게 배운다면 세대 간의 차이가 크지 않다는 것을 느낄 것임.
> 2. 동학년 선생님 뿐 아니라 학교 내 선생님들과 소통하려는 태도
>   - 갈등은 소통의 단절에서 생겨남. 서로 추구하는 가치가 다르다는 것이 갈등으로 이어지지 않으려면 서로의 입장을 이해할 수 있도록 소통할 수 있는 기회가 있어야 함.
> 3. 성찰하는 태도 가지기
>   - '다름'을 인정하지 않고 스스로만 옳다고 생각할 때 갈등이 심화됨. 내 생각만이 옳다는 생각을 버리고 다른 생각을 받아들이며 성찰하는 태도를 가진다면 갈등이 사라질 것임.

32일차 심층면접 즉답형 1

● 예시답안

안 교사가 교사로서 갖추어야 할 인성적 자질 두 가지와 그 이유

1. 민감성
   - 학급 내에서 생긴 문제를 가볍게 여기고 대처하지 않음.
   - 교사는 학급의 문제를 민감하게 파악하고 빠르게 대처해야 함.
2. 책임감
   - 학교 밖에서 일어난 일이고 교사 앞에서 문제 행동을 보이지 않는다고 해서 지도하지 않음.
   - 교사는 학생의 전인적 성장을 도모해야 하기 때문에 학교 밖 행동이더라도 학생을 지도하여 올바른 길로 인도해야 할 의무가 있음

32일차 심층면접 즉답형 2

● 예시답안

환경을 지키는 행동이 실천으로 이어질 수 있도록 하는 교육방안 2가지

1. 환경을 지키는 행동을 습관으로 만들기
   - 생각하지 않아도 습관적으로 환경을 지키는 행동을 하도록 '학교 오는 길에 쓰레기 2개 이상 줍기', '텀블러 가져오기' 등의 실천이 쉬운 행동을 꾸준히 모두 함께 실천하여 습관으로 만든다.
2. 학급 학생 모두 환경 보호 활동에 주기적으로 참여한다.
   - 환경 보전을 실천하는 것이 생각보다 어렵지 않다는 것을 느낄 수 있도록 학급 학생 전체가 조깅을 하며 쓰레기를 줍는 '플로깅' 활동 등을 주기적으로 하여 뿌듯함 또한 느낄 수 있도록 한다.

추가정보 / 관련시책

'Chapter Ⅲ. 과학정보부 - Topic 04. 생태시민 육성을 위한 생태전환교육'을 참고하세요.

32일차 심층면접 즉답형 3

• 예시답안

1. 교육과정과 연계하여 놀이, 토의토론, 연극 등을 통한 인권교육 실시
   - '알게임', '달무티' 등의 계급이 있는 놀이 활동을 통해 모든 사람은 평등해야 하며, 서로의 인권을 존중해야 함을 지도하기
2. 서로의 인권이 침해받는다고 느끼는 순간을 생각하고 규칙을 제정
   - 학기 초 자신이 보호받고 싶은 권리를 작성한 '나 사용법 설명서'를 통해 권리의 개념 파악하기
3. 서로 존중어 사용하기
   - 인권 친화적인 분위기 조성

추가정보/관련시책

'Chapter Ⅴ. 인성안전부 - Topic 06. 인권 존중 학교 문화 조성'을 참고하세요.

2차 시험을 앞둔 여러분에게

 강소희

이 책을 보신 여러분이라면 아마 1차 시험을 끝내셨겠죠? 지난하며 힘들었던 수험 생활이 이제 거의 끝나갑니다. 여러분 여기까지 오기까지 정말 수고하셨습니다! 이 책을 준비하고 작성하는 동안 저의 수험생활이 참 많이 생각났습니다. 2차를 준비하면서 체력도 떨어지고 많은 부담감 속에서 시험을 준비하고 계실 텐데요, 여러분에게 부족한 점이 많다고 걱정하기보다 하루 알차게 연습하고 공부한 뒤 오늘 하루 수고한 나에게 듬뿍 칭찬해주세요. 하루하루를 알차게 보낸 여러분과 옆 교실에서 만나 뵐 수 있었으면 좋겠습니다.

 김지은

1차 시험을 보고 충분히 쉬고 싶고 친구들과 놀러가고 싶은 마음 꾹 참으며 열심히 2차 시험 준비를 하고 계실 여러분. 인내는 참으로 쓰고 열매는 쓴만큼 단 것 같습니다. 이 책으로 공부를 하면서 '이 책에 있는 모든 내용을 외워야겠다!'라는 마음보다는 '이 책에 이런 내용이 있네? 참고하면 도움이 되겠다!'라는 마음으로 정말 부담 없이 시험에 임하셨으면 좋겠습니다. 터널이 아무리 어둡다 하더라도 끝내 빛으로 나오게 되는 것처럼 여러분들의 길고 힘들었던 시간이 곧 끝나고 밝은 교직 생활이 시작될 거라고 믿습니다. 항상 응원하겠습니다.

김희진

교사가 되기 전 최종 관문만을 남겨 두신 여러분, 지금까지 정말 수고 많으셨습니다! 그동안 여러분들이 하신 고민, 걱정 등은 모두 합격을 위한 밑거름입니다. 결코 헛된 시간들이 아니니, 여러분이 지금까지 걸어오신 길에 자신감을 가지시고 시험장에 들어가시기 바랍니다. 여러분은 이미 훌륭한 선생님이라는 것을 기억하세요! 훗날 현장에서 여러분들과 동료 교사로 만나게 될 날을 손꼽아 기다리고 있겠습니다. 여러분, 파이팅입니다!

나혜진

여기까지 오신 여러분 모두 정말 수고 많으셨습니다. 1차 시험을 끝내고 한숨 돌리고 싶은 마음이 가득한 지금, 이 책을 잡고 2차 시험을 준비하는 것만으로도 여러분은 합격에 한 걸음 가까이 다가섰다고 생각합니다. 2차에 있어 가장 중요한 것은 '자신감'입니다. 부디 이 책이 여러분들의 자신감을 지탱해줄 튼튼한 근거를 세우는 데 도움이 되었으면 좋겠습니다. 후회 없이 준비하시고 그동안의 노력을 시험장에서 마음껏 발휘하시길 바랍니다. 지금은 멀게만 느껴지는 끝이지만, 모두 그 끝에서 좋은 결과와 함께하시길 응원하겠습니다.

남누리

'What doesn't kill me makes me stronger' 너무 진부한 말인가요? 하지만 저는 정말 이렇게 생각한답니다. 하루하루가 고통스럽고 힘겨울수록 여러분은 그만큼 성장하고 강해질 거예요. 저에게도 수업실연 때 군말들이 사라지지 않아서, 심층면접의 답변이 생각나지 않아서 밤에 몰래 눈물짓던 날들이 있었어요. 크리스마스나 새해에도 놀고싶은 맘 꾹 참고 스터디로 향하던 무거운 발걸음도 기억에 생생합니다. 그리고 그 경험들이 모두 지금의 저를 만들었다고 생각해요. 임용고시도 해냈는데 뭘 더 못하겠어?'라며 무엇이든 당당히 도전하는 저를요. 여러분들에게도 너무 힘겨운 시간이 되겠지만 그 시간들은 분명 여러분들을 더욱 강하고 단단하게 만드는 시간이 될 거예요. 절대 헛된 시간이 아니니 스스로에게만 집중하고 최선을 다하세요. 여러분을 진심으로 응원합니다.

초등 임용 2차 합격을 위한
수업실연 과정안 면접 안내서

2모저모

2차의 모든것을
저자들의 의견을 모아 알려준다!

초판 1쇄 발행 2021년 11월 15일
개정 1쇄 발행 2022년 11월 21일

편저 강소희, 김지은, 김희진, 나혜진, 남누리
발행인 이향준 **발행처** (주)법률저널
등록일자 2008년 9월 26일 **등록번호** 제15-605호
주소 151-862 서울 관악구 복은4길 50 (서림동 120-32)
대표전화 02)874-1144 **팩스** 02)876-4312
홈페이지 www.lec.co.kr
ISBN 978-89-6336-742-2
정가 32,000원